中国社会科学院大学智库报告
Think Tank Report by University of
Chinese Academy of Social Sciences

中社智库 年度报告 Annual Report

智能媒体发展报告

2019-2020

主　编：漆亚林
副主编：崔波　杜智涛

INTELLIGENT MEDIA
DEVELOPMENT REPORT
（2019-2020）

中国社会科学出版社

图书在版编目(CIP)数据

智能媒体发展报告：2019—2020／漆亚林主编 . —北京：中国社会科学出版社，2020.12

（中社智库年度报告）

ISBN 978-7-5203-7621-1

Ⅰ.①智… Ⅱ.①漆… Ⅲ.①传播媒介—发展—研究报告—中国—2019－2020 Ⅳ.①G219.2

中国版本图书馆 CIP 数据核字（2020）第 253898 号

出 版 人	赵剑英
策划编辑	周 佳
责任编辑	刘凯琳
责任校对	侯聪睿
责任印制	王 超

出　　版	中国社会科学出版社
社　　址	北京鼓楼西大街甲 158 号
邮　　编	100720
网　　址	http://www.csspw.cn
发 行 部	010-84083685
门 市 部	010-84029450
经　　销	新华书店及其他书店

印刷装订	三河弘翰印务有限公司
版　　次	2020 年 12 月第 1 版
印　　次	2020 年 12 月第 1 次印刷

开　　本	710×1000　1/16
印　　张	29.5
字　　数	484 千字
定　　价	159.00 元

凡购买中国社会科学出版社图书，如有质量问题请与本社营销中心联系调换
电话：010-84083683
版权所有　侵权必究

主持单位

中国社会科学院大学新闻传播学院

联合主持单位

浙江传媒学院新闻与传播学院
中国社会科学院大学创意传播研究中心
新华网融媒体未来研究院
长三角智能传播研究院

专家委员会联合主任

唐绪军　中国社会科学院新闻与传播研究所所长、研究员，中国社会科学院大学新闻传播学院院长、博士生导师，国务院第八届学位委员会新闻传播学科评议组联席召集人

徐小洲　浙江传媒学院校长，教育部长江学者特聘教授，博士生导师

林　维　中国社会科学院大学副校长，中国社会科学院研究生院副院长，教授，博士生导师

张树辉　中国社会科学院大学副校长，中国社会科学院研究生院副院长

专家委员会委员

（按姓氏拼音排序）

卜彦芳　中国传媒大学传媒经济研究所所长、教授、博士生导师
陈昌凤　清华大学新闻与传播学院常务副院长、教授、博士生导师，国务院学位委员会新闻传播学科评议组成员
陈海泉　成都市广播电视台副台长
杭　敏　清华大学新闻与传播学院副院长、教授、博士生导师
胡百精　中国人民大学副校长、教授、博士生导师，教育部青年长江学者，国务院学位委员会新闻传播学科评议组成员
黄楚新　中国社会科学院新闻与传播研究所数字媒体研究室主任、研究员，博士生导师
季为民　中国社会科学院新闻与传播研究所副所长、研究员，博士生导师
李岭涛　北京体育大学新闻与传播学院院长、教授、博士生导师
刘　斌　中央广播电视总台央视党委办公室主任、主任编辑
刘海陵　羊城晚报报业集团党委书记，羊城晚报社社长
陆先高　光明日报社副总编辑，光明网董事长
欧阳宏生　四川大学教授、博士生导师，成都大学特聘教授、传媒研究院院长
单学刚　人民网舆情数据中心副主任，人民在线总编辑、副总经理
邵培仁　浙江大学教授、博士生导师、传播研究所所长，浙江大学学术委员会委员
田科武　北京青年报社总编辑，北青社区传媒科技（北京）股份有限公司董事长
王飞跃　中国科学院自动化研究所研究员、复杂系统管理与控制国家

　　　　　重点实验室主任、博士生导师
王国成　中国社会科学院数量经济与技术经济研究所研究员，中国社会科学院大学计算社会科学研究中心主任、博士生导师
王晓红　中国传媒大学教务处处长、教授、博士生导师
严三九　上海大学新闻传播学院院长、教授、博士生导师
杨　溟　新华网融媒体未来研究院院长、首席科学家
殷　乐　中国社会科学院新闻与传播研究所媒介研究室主任、研究员，博士生导师
张涛甫　复旦大学新闻学院执行院长，教育部长江学者特聘教授，博士生导师，国务院学位委员会新闻传播学科评议组成员
周鸿铎　中国传媒大学教授、传媒经济研究所名誉所长、博士生导师
朱春阳　复旦大学新闻学院教授、媒介管理研究所所长、博士生导师，《新闻大学》常务副主编，教育部青年长江学者
朱　天　四川大学研究生院副院长、传媒研究中心主任、教授、博士生导师

编委会

主 任 张树辉

编 委（按姓氏拼音排序）

卜彦芳 崔 波 杜智涛 刘英华 漆亚林

田 莉 薛 亮 张薇薇

课题组

组　长　漆亚林
副组长　崔波　杜智涛
成　员　刘鹏飞　田　莉　刘英华　刘朝霞　吴　玥
　　　　郭海威　刘静静　何　欢　王钰涵

目 录

总 报 告

T.1 5G+AI：共创万物皆媒、智能传播新时代 …… 漆亚林　刘静静／3

社 会 篇

T.2 人工智能在新闻传播业应用现状及发展趋势
　　研究报告 ………………………………………………… 赵　磊／27
T.3 我国智能媒体发展的法律政策现状、问题及
　　趋势 …………………………………………… 李玲娟　王　璞／45
T.4 智能媒体助力主流价值观引领发展报告 ……………… 郭雅静／60
T.5 中国数字版权保护发展报告 ………………… 俞雅芸　崔　波／77
T.6 中国智能媒体和舆论发展研究
　　报告 ………………………………… 刘鹏飞　吕　悦　翟　薇／96

传 播 篇

T.7 中国媒体融合发展报告 ………………………………… 蒲　平／117
T.8 智能媒体内容生产与消费的现状及趋势
　　研究报告 …………………………………… 殷　乐　王心路／134
T.9 智能媒体全面合格人才培养研究报告 ………………… 叶　欣／152
T.10 人工智能在新闻传播业应用现状及发展趋势
　　研究报告 ………………………………………………… 王　勇／177

行 业 篇

- T.11 全球智能媒体发展的八大热点议题 …………… 薛　亮 / 197
- T.12 中国移动短视频发展报告 …………… 黄楚新　吴梦瑶 / 211
- T.13 新华网智能媒体发展的现实图景与
        未来空间 …………………………… 王宇航　刘胜男 / 224
- T.14 中国网络视频直播发展报告 ………… 罗　兵　万丽萍 / 239
- T.15 数字出版发展报告 …………………… 崔　波　樊俊豪 / 258

技 术 篇

- T.16 智能媒体产业区块链应用研究报告 … 刘英华　胡佳音 / 277
- T.17 生物传感技术在智能媒体的应用发展报告 …… 鞠　靖　曹素妨 / 290
- T.18 中国新闻生产智能化应用现状及前景报告 …… 李　欣　许泳佳 / 304
- T.19 中国AR+内容产业发展报告 ……………………… 曹月娟 / 326
- T.20 生物传感技术在智能媒体中的应用发展报告 ………… 王　喆 / 336

国 际 篇

- T.21 美国智能媒体产业发展报告 ……………………… 张薇薇 / 353
- T.22 欧盟智能媒体产业发展报告 ………………………… 陈　拓 / 368
- T.23 英国智能媒体产业发展报告 ……………………… 巩述林 / 386
- T.24 加拿大智能媒体产业发展报告 …………………… 郭　璇 / 402
- T.25 日本智能媒体产业发展报告 ……………………… 陈佳沁 / 415
- T.26 韩国智能媒体产业发展报告 ……………… 周恩泽　卜彦芳 / 428
- T.27 西方智能媒体发展报告 …………………………… 何　欢 / 443

总报告
General Report

T.1 5G + AI：共创万物皆媒、智能传播新时代

漆亚林　刘静静[*]

摘　要： 2019年，5G + AI在全球范围内引领新一轮革命浪潮，共同构建万物互联、万物皆媒新时代。全球范围内人工智能的"军备竞赛"激烈上演。我国也在加强AI顶层设计，释放AI在促进工业互联网、数字化社会治理方面的无限潜能与活力。各国媒体全面布局智能化内容生态，我国主流媒体"智能化编辑部"的创新范式为媒体融合纵深发展提供新思路。4K超高清视频、智能音箱、"耳朵经济"等迎来黄金发展期，我国智能媒体产业链不断深化。产学研相结合的发展路径为进一步打造智媒生态圈、开发生产力提供源源不断的动能。但是人工智能伦理问题以及智能传播人才匮乏、机制体制束缚、技术鸿沟拉大等问题亟须各方协同应对。

关键词： 5G　AI　智媒

一　总体概况与热点回望

（一）AI战略：全球布局人工智能产业

人工智能解放生产力和创造生产力的赋能机制在诸多产业和社会服务方面大展身手。人工智能的全面发展引起了各国政府的高度重视，强化国家主导，并从顶层设计方面实行优先战略。2019年，我国政府工作报告首次提出"智能 +"概念，提出打造工业互联网平台，拓展"智能 +"，为

---

[*] 漆亚林，中国社会科学院大学新闻传播学院常务副院长、教授；刘静静，中国社会科学院大学新闻传播学院硕士研究生。

制造业转型升级赋能①。2019年2月，美国总统特朗普签署了一份行政令，启动"美国人工智能倡议"，提出各联邦政府机构在制定2020年及未来数年的预算时，要将人工智能当作研发投资的首要考虑对象，并采取行政手段推动人工智能发展。②同月，俄罗斯联邦政府总统官方网站发布，俄罗斯将于2019年6月制定人工智能领域的国家战略。③德国继2018年年底推出《联邦政府人工智能战略》后，于2019年再次大力推进人工智能发展，联邦政府拨款5亿欧元用于人工智能领域的研究和应用，教研部还将人工智能选为2019年科学年的主题，推动了社会各界就人工智能进行更广泛的交流；④德国联邦教研部部长安雅·卡利切克表示，德国的目标是保持其在全球人工智能领域长期处于领先位置，并不断巩固这一地位。⑤日本政府在2019年出台《人工智能战略2019》中将教育体系改革和研发体系重组放在首位，按计划，在2025年前，日本将实现在高中、大学普及人工智能基础知识教学，培养能将人工智能知识用于其他领域的复合型人才，为普通民众提供数据科学等继续教育机会的目标。⑥人工智能注定成为2019年重要的发展方向，全球人工智能的"军备竞赛"已然开始，各国加强顶层设计，抢占未来产业发展的制高点。

（二）生态再造：AI主导媒体价值模式转型

媒体的双重属性决定了其价值模式不仅追求市场价值和商业诉求，还是在承担意识形态功能和社会责任的基础上建构的。新技术赋权颠覆了传统媒体的商业模式和盈利能力，政治、专业、市场价值的张力决定了媒体的生命

---

① 《李克强说，坚持创新引领发展，培育壮大新动能》，2019年3月5日，中国政府网，http：//www.gov.cn/premier/2019 - 03/05/content_ 5370667.htm。
② 《美国人工智能计划的三大看点》，2019年2月26日，中国经济网，http：//www.ce.cn/culture/gd/201902/26/t20190226_ 31562655.shtml。
③ 《俄罗斯将制定人工智能国家战略》，2019年2月28日，新华网，http：//www.xinhuanet.com/world/2019 - 02/28/c_ 1210069881.htm。
④ 《德国：制定高科技战略的后续政策　推进人工智能与区块链战略》，《科技日报》2020年1月2日第2版。
⑤ 《德国政府加大人工智能研究资金支持力度》，2019年9月4日，新华网，http：//www.xinhuanet.com/world/2019 - 09/04/c_ 1124959665.htm。
⑥ 《人工智能列国志｜日本：普及AI教育与机器人革命》，2020年7月7日，澎湃新闻，https：//baijiahao.baidu.com/s? id = 1671517388035227240&wfr = spider&for = pc。

力和竞争力。在传媒领域,人工智能逐渐成为媒体创新传播范式和转型升级的引擎,各国平台媒体成为人工智能技术和场景应用的拥趸,传统主流媒体在智能化转型方面积极进行传播生态的全面布局,通过创造"AI+"的运行机制改变传统的价值模式。人工智能技术在信源捕捉、数据分析、机器人采编、场景创设、内容分发、交互传播等方面的广泛应用成效显著。

人工智能技术推动媒体赋权的平衡发展和内容供给侧的结构性改革。第一,为打捞起"沉默的地方新闻业",解决新闻业的失衡问题,2019年年初,BBC开发了一项名为Salco(Semi-Automated Local Content)的实验项目,利用人工智能技术生产新闻,为用户实时提供本地新闻。[1] 第二,在通感传播与视听文化环境下开拓新市场成为传媒业借助人工智能进行内容供给侧结构性改革的重要途径。移动智能视听内容、个性化推荐内容获得年轻网民的青睐。媒体和平台在入局移动视频、直播和播客等内容生态方面取得了不俗成绩。短视频成为媒体和平台持续发力的重要传播形态,长视频也逐渐引起用户关注。YouTube成为美国媒体消费过程中的首选视频消费平台,Snapchat的Snap Originals程序为用户提供竖屏拍摄的短剧集,俘获了一批年轻用户群体。TikTok也在2019年出现了显著的用户增长,满足了Z世代用户的体验需求,并引起美国、印度等国家政府和互联网企业的极限施压和暴力掠夺。媒体与智能音箱合作也成为一种潮流。《2019年数字新闻报告》显示,播客深受年轻人喜爱,在瑞典和美国这两个播客已经普及的国家,35岁以下的人中有一半以上使用过播客,而55岁以上的播客用户占不到1/5。[2] 《纽约时报》2019年持续在智能音箱上发力,宣布推出一系列专为Alexa设计的全新音频产品,其中包括每日新闻简报"工作日闪电简讯"和每周新闻竞猜。[3] 第三,传统媒体的数字化、平台媒体的多元化重构传媒业的商业模式。迪士尼、华纳兄弟等制作公司则通过

---

[1] "Stories by Numbers: How BBC News is Experimenting with Semi-Automated Journalism", Mar 22, 2019, BBC NEWS LABS, https://medium.com/bbc-news-labs/stories-by-numbers-how-bbc-news-is-experimenting-with-automated-journalism-3d8595a88852.

[2] 《路透社:2019年数字新闻报告》,2019年7月2日,199IT中文互联网数据资讯网,2019年2月20日,腾讯网,http://www.199it.com/archives/894493.html。

[3] 《全媒风向 | 纽约时报为Alexa推出了声音简报等音频功能》,2019年2月20日,腾讯网,https://new.qq.com/cmsn/20190220/20190220008775.html?pc。

"电影+"项目实现线上线下的双线拓展。Instagram、Facebook Live、Amazon Live等平台通过视频、游戏、直播等方式重塑商业模式。正如一个铜板的两面,人工智能为媒体带来历史性机遇的同时,也带来了巨大的挑战。智能技术催生的深度造假、隐私泄露及算法引发的信息茧房等问题,使得媒体身陷信任危机。为此,全球媒体积极推进以技术治技术方法,推动科技向善,致力于构建健康智媒生态圈。2019年,《纽约时报》采用区块链技术打击假新闻。① 谷歌发布Deepfake视频识别数据集,可以利用这些数据开发Deepfake自动检测工具,更高效地识别Deepfake假视频。②

(三)5G迭代:重构技术标准助力媒体完成主体架构改造

在所有的传统媒体中,电视的重装备和路径依赖对于媒体融合一体化发展带来诸多困境,尤其是业务工种的细化、组织结构的分化和技术标准的异化增添了电视媒体融合发展的难度。通过创建新技术平台建构生产新标准,促进基本构架的改造是未来电视媒体融合发展亟待突破的方向。5G技术和人工智能的结合为电视媒体的组织再造和流程再造创造了条件。5G战略也升级为国家战略。2019年6月6日,中华人民共和国工业和信息化部(简称工信部)向三大运营商和中国广播电视网络有限公司(简称中国广电)发放5G牌照,标志着我国正式进入5G商用阶段。从中央到地方的政策推动,使5G技术在2019年呈爆发式增长。从2019年年初的各地两会开始,北京、江苏、河南、天津等地2019年政府工作报告中均指出要加快5G商用等内容,不仅5G成为2019年各地政府工作报告中的高频词,而且各地还出台了相关支持政策。③ 如北京经济和信息化局发布了《北京市5G产业发展行动方案(2019年—2022年)》政策;④ 江苏省出台5G网

---

① "New York Times Confirms It's Using Blockchain to Combat Fake News", Jul 24, 2019, CoinDesk, https://www.coindesk.com/new-york-times-confirms-its-using-blockchain-to-combat-fake-news.
② 《谷歌AI发布Deepfake检测数据集,真人多场景拍摄,生成3000段假视频》,2019年9月26日,搜狐网,https://www.sohu.com/a/343656286_473283。
③ 周慧:《地方两会"高频词":5G、工业互联网政策如何合理支持》,《21世纪经济报道》2019年1月22日第1版。
④ 《北京市经济和信息化局关于印发〈北京市5G产业发展行动方案(2019年—2022年)〉的通知》,2019年1月21日,北京市人民政府网,http://www.beijing.gov.cn/zhengce/zhengcefagui/201905/t20190522_61785.html。

络建设发展的若干政策措施，如从布局规划、设施建设，以及推进5G应用与产业发展等多个方面发展5G，推动信息基础设施集约化建设，推动5G在车联网、工联网、物联网、智能电网、融合媒体等领域取得突破等。① 同年6月5日，工信部出台《关于2019年推进电信基础设施共建共享的实施意见》，提出以提高存量资源共享率为出发点建设5G基站。② 工信部数据显示，截至2019年年底全国共建成5G基站超13万个。③

麦克卢汉曾提出"媒介即讯息"，媒介的变革与发展史即是人类社会的转型发展史，媒介技术不仅影响了人们思维认知的方式，同样也重塑了人类的交往方式、社会结构，并创造出了新的智慧生活场景。5G具有大宽带、广连接、低时延等技术优势，为万物互联提供了技术基础，引发了2019年新一轮的技术革命浪潮。5G与人工智能、大数据、云计算等技术的深度融合，创造出更多新的应用场景，5G产业链进一步完善发展。5G智能手机、5G套餐开始走进人们的生活。智能家居、智能音箱、可穿戴设备等万物互联的智慧应用加以落地；5G远程医疗、远程教育、智能物流等产业智能发展成为可能。根据中国信息通信研究院发布的《5G经济社会影响白皮书》显示，5G将全面构筑经济社会数字化转型的关键基础设施，从线上到线下，从消费到生产，从平台到生态，推动我国数字经济发展迈上新台阶。预计2020年5G将带动直接经济产出4840亿元，2025年、2030年将分别增长到3.3万亿元、6.3万亿元。④

在传媒领域，5G技术与人工智能联袂给媒体生态带来颠覆性的改变，为媒体融合纵深发展带来更多想象的空间，为媒体的智能化转型提供核心动力。在5G技术支持下，AR、VR、MR等虚拟现实场景应用以及4K/8K超高清技术的广泛普及，拓展了视觉化媒体通感体验效果。5G技术解决

---

① 《江苏省出台加快5G建设发展政策》，2019年5月22日，中国政府网，http://www.gov.cn/xinwen/2019-05/22/content_5393682.htm。
② 《最前线｜政策力推下，2019年全国5G基站建设数量或增50%》，2019年6月10日，36氪，https://36kr.com/p/1723825356801。
③ 《工信部：我国已建成5G基站超13万个35款5G手机获入网许可》，2020年1月20日，封面新闻官方帐号，https://baijiahao.baidu.com/s?id=1656217647201355007&wfr=spider&for=pc。
④ 《信息通信研究院：5G经济社会影响白皮书（附报告）》，2017年6月15日，199IT中文互联网数据资讯网，http://www.199it.com/archives/602110.html?from=message。

了移动直播和移动采编环境下超高清视频回传的问题，改善了时延，使电视新闻报道的画面更加清晰，使媒体和受众之间的互动更为便捷，满足了观众和用户对优质电视的需求。5G 技术高速率、低时延等特点，使新闻内容和传播方式得以创新及重构，直播、短视频等多种传播方式将借此脱颖而出。① 5G + AI + 4K/8K 组合拳打法成为电视媒体在智能传播时代的标配，更为重要的是，通过从技术角度打破频道制—中心制的组织架构所框定的媒体融合的边界，形成电视媒体战略性内容生产标准体系。2019 年春晚，央视首次进行 5G 网络下的 4K 高清电视传输；② 3 月全国两会期间，央视首次采用 5G + 4K 移动直播报道两会；③ 庆祝中华人民共和国成立 70 周年庆典首次采用 4K 超高清全景直播阅兵盛典；再到 11 月 20 日，我国首个国家级 5G 新媒体平台——中央广播电视总台"央视频"5G 新媒体平台正式上线。央视积极构建 5G + 4K/8K + AI 的战略布局，构建 5G 全媒体传播模式，不断提高主流媒体的舆论引导能力。在疫情期间，依托于 5G 高速稳定的网络传输信号，央视频对火神山医院和雷神山医院建造过程进行慢直播，高清流畅的全程直播使得亿万网友化身"云监工"，为抗疫一线人员加油打气。2019 年地方电视台也加快了布局 5G + 战略，以 5G + 4K/8K 为方向的超高清视频产业基地"中国（成都）超高清创新应用产业基地"落户成都影视硅谷，四川还发布了 5G + 4K/8K 超高清技术白皮书。④ 安徽广播电视台联合华为、中兴、电信、移动等公司为 5G + 4K 融合发展战略提速，开创 5G + 智慧广电 + 智慧旅游 + 超高清视频融合发展新格局，⑤ 等等。

依托于 5G 技术，超高清视频生产、传输与传播成为可能，为受众带来极致的视听体验，也催生了一个具有强大爆发力的新科技产业。2019 年

---

① 谯金苗、漆亚林：《5G 时代电视新闻节目融合传播的创新路径》，《电视研究》2019 年第 6 期。
② 《央视：2019 年春晚将首用 5G 网络 4K 传输》，2019 年 1 月 14 日，证券时报官方帐号，https：//baijiahao. baidu. com/s？ id =1622632007268946528&wfr = spider&for = pc。
③ 《央视首次采用 5G + 4K 移动直播报道两会》，2019 年 3 月 1 日，钛媒体，https：//www. tmtpost. com/nictation/3792569. html。
④ 《四川发布 5G + 4K/8K 超高清技术白皮书》，2019 年 8 月 7 日，人民网，http：//sc. people. com. cn/n2/2019/0807/c379469-33222669. html。
⑤ 《重磅！安徽广播电视台 5G + 4K 融合发展战略合作联合签约仪式举行》，2019 年 7 月 17 日，搜狐网，https：//www. sohu. com/a/327420592_ 391439。

3月，工信部、国家广播电视总局、中央广播电视总台发布《超高清视频产业发展行动计划（2019—2022年）》，提出"4K先行、兼顾8K"的总体技术路线。① 5月，由工信部、国家广播电视总局、中央广播电视总台、广东省人民政府共同主办的2019世界超高清视频（4K/8K）产业发展大会在广州召开。② 11月，2019世界5G大会上，中国广电董事长赵景春正式对外公布中国广电5G时间表，并表示2020年广电5G将正式商用。中国广电是目前全世界唯一一家获得5G牌照并用700MHz建网的广电运营商，高清、超高清视频将是5G最先成熟的大带宽应用，也是广电的重点发力部分。③ 依托于技术支持以及政策加持下的超高清视频产业在2019年迎来了高速发展。据工信部发布的数据预测，2022年中国超高清视频产业总体规模将超过4万亿元，仅超高清视频用户数也将达到2亿。④ 这种产业结构的调整和战略布局将深刻地影响国家经济形态和国运前景。

（四）产研联合：构建智媒体生态共同体

人工智能广泛应用于传媒业的各个领域，不断拓展和消解原有的传播边界和产业边界。推动智能化媒体建设，构建全媒体传播体系和主流传播格局，不能单凭新闻机构自身努力与实践，更需学界、业界和科技公司等多方强强联合，优势互补，从技术研发、理论引领、传播实践、业态融合到生态建构和打造智能媒体生态圈都需要这种现代性的合纵连横力量支撑。正如习近平总书记在《求是》杂志发表的《加快推动媒体融合发展 构建全媒体传播格局》中指出："媒体融合发展不仅仅是新闻单位的事，要把我们掌握的社会思想文化公共资源、社会治理大数据、政策制定权的

---

① 《〈超高清视频产业发展行动计划（2019—2022年）〉：推动超高清技术在安防、交通领域应用》，2019年3月4日，搜狐网，https：//www.sohu.com/a/299004184_649849。
② 《2019世界超高清视频产业发展大会在广州召开 李希苗圩聂辰席马兴瑞阎晓明出席开幕式》，2019年5月10日，广东省人民政府网，http：//www.gd.gov.cn/gkmlpt/content/2/2384/post_2384962.html#43。
③ 《中国广电公布5G时间表 2020年广电5G将正式商用》，2019年11月21日，中国青年网，https：//baijiahao.baidu.com/s？id=1650805221800487913&wfr=spider&for=pc。
④ 《三部门：2022年中国超高清视频产业总体规模要超4万亿元》，2019年3月1日，中国新闻网，https：//baijiahao.baidu.com/s？id=1626793390783012774&wfr=spider&for=pc。

制度优势转化为巩固壮大主流思想舆论的综合优势。"①

主流媒体、平台企业和技术公司的深度合作，责任共担，发挥优质专业内容与智能技术的叠加效应，建构一体化新闻传播场域，是国家推动媒体融合战略的题中之义。2019年9月，人民日报社联合百度正式成立人工智能媒体实验室，将百度大脑的核心能力和人民日报的舆论风向标作用相结合，为人民日报打造一个智能化"编辑团队"，辅助媒体的新闻生产，提升编辑的生产效率。后续合作双方计划将实验室的相应技术能力整合到媒体服务平台，将服务提供给全国媒体。②

业界与学界的合作，促进社会资源和人才资源整合，推进院校及科研机构的科研力量落地转化为现实成果，为业界发展提供"智囊团"和"人才库"，为培养面向未来的全媒体传播人才奠定基础。2019年5月，上海交通大学与中央广播电视总台央视技术管理中心签署了战略合作协议，将共同建设超高清与人工智能媒体应用实验室，推进面向超高清电视的我国新一代传输和视频编解码技术标准的研究，媒体大数据、深度学习、计算机视觉等前沿技术研究，推动人工智能在媒体制播中的深度应用研究；③随后在12月，双方再次合作签署关于深化落实"超高清视音频制播呈现国家重点实验室"协作的战略合作协议，双方依托这一国家重点实验室在上海交通大学共同建设媒体智能处理研究中心。④ 同月，暨南大学与南方报业传媒集团联合发起"未来媒体研究院"；江苏智能媒体产业研究院成立，打造一个产、学、研、用"四维一体"的开放型研发平台。⑤ 在合作交流探讨方面，学界、业界的专家、学者们积极参加年会、研讨会，反思现在，展望未来行业发展，为智能媒体和传媒行业可持续发展集思献策。2019年10月，中国人工智能产业发展联盟"媒体+人工智能"深度融合

---

① 习近平：《加快推动媒体融合发展　构建全媒体传播格局》，《求是》2019年第6期。
② 《人民日报社联合百度成立人工智能媒体实验室 AI能力推动传媒变革》，2019年9月19日，凤凰网，https：//tech.ifeng.com/c/7q6D1NsEHUC。
③ 《上海交通大学与中央广播电视总台签署战略合作协议》，2019年5月23日，搜狐网，https：//www.sohu.com/a/316042942_282235。
④ 《共建国家重点实验室 上海交大与总台战略合作，慎海雄致辞》，《解放日报》2019年12月8日第2版。
⑤ 《江苏智能媒体产业研究院成立》，2019年12月9日，中国经济新闻网，http：//www.cet.com.cn/dfpd/yqdt/2436471.shtml。

委员会筹备专题会暨"人工智能编辑部"专家研讨会在京举行,央视以此委员会为契机,利用自身的行业领导优势、联盟的产业研发与整合优势,创建标准化、规范化行业秩序。① 2019年11月,中国高等教育学会新闻学与传播学专业委员会和上海大学新闻传播学院、复旦大学新闻学院、封面传媒等共同举办了"智能媒体与新闻传播学科变革"学术年会,专家学者及媒体代表共同探讨智媒时代新闻学科教育和新闻人才的培养问题以及新闻业界实践的新机遇与新成果。②

(五)架构重造:"人工智能编辑部"驱动"四全媒体"智能化

2019年1月25日,中共中央政治局就全媒体时代和媒体融合发展举行第十二次集体学习时,习近平总书记指出"全媒体不断发展,出现了全程媒体、全息媒体、全员媒体、全效媒体,信息无处不在、无所不及、无人不用,导致舆论生态、媒体格局、传播方式发生深刻变化,新闻舆论工作面临新的挑战","要探索将人工智能运用在新闻采集、生产、分发、接收、反馈中,全面提高舆论引导能力"。③从融合媒体到智能媒体,AI为媒体融合纵深发展,建立"四全"媒体,提高主流媒体的传播力、影响力、公信力、引导力提供关键动力。作为媒体的国家队,央视、新华社、人民日报社在2019年积极探索智能媒体建设,致力于打造以内容建设为根本、先进技术为支撑的"人工智能编辑部",引领智能媒体新的革命浪潮。

2019年9月,人民日报社成立智慧媒体研究院,把人工智能等新技术运用在新闻采集、生产、分发、接收、反馈各环节,实现内容传播与先进技术的融通共享。④ 11月,人民日报社成立传播内容认知国家重点实验室,以人工智能研究为核心,围绕主流价值观精准传播理论科学与计算、内容智能审核和风控评级、基于内容传播领域的国家网络空间治理三个方

---

① 《"媒体+人工智能"深度融合委员会筹备专题会暨"人工智能编辑部"专家研讨会在京举行》,2019年11月4日,国际在线官方帐号,https://baijiahao.baidu.com/s?id=1649239823881547530&wfr=spider&for=pc。
② 《共同探讨智媒时代新机遇"智能媒体与新闻传播学科变革"学术年会举办》,2019年12月1日,人民网,http://sh.people.com.cn/n2/2019/1201/c134768-33593473.html。
③ 《习近平:推动媒体融合向纵深发展 巩固全党全国人民共同思想基础》,2019年1月25日,新华网,http://www.xinhuanet.com/politics/leaders/2019-01/25/c_1124044208.htm。
④ 《人民日报智慧媒体研究院成立》,《人民日报》2019年9月20日第3版。

向开展传播内容认知的应用基础研究工作。① 研究院与实验室的建立为媒体智能化转型提供智力支持，发挥主流媒体的引领作用和社会责任。12月，新华社进行组织再造的大手笔是创建智能化编辑部。通过数字技术和 AI 技术完成新闻采编流程与分发流程的颠覆性改造，智能化编辑部通过一次采集、N 次加工、多元分发，让新闻生产通过集约化无缝对接和智能化机制，以提速、提量、提质、提效的关键操作技巧，将实现打通在线新闻生产的"最后一公里"的战略目标。该智能化编辑部对新闻生产传播全流程、全环节、全系统进行再造，在生产环节，媒体大脑、AI 合成主播等智能化工具和平台实现高效生产等。② 当月，中央电视总台央视网"人工智能编辑部"正式启用，并发布系列创新产品，构建"5G+4K/8K+AI"的全新技术标准平台。中央广播电视总台台长慎海雄表示，通过建设"人工智能编辑部"，深入探索将 AI 技术全面应用在新闻的采集、生产、分发、接收、反馈之中，致力打造独具总台"智造"特色的产品创新基地。③

（六）智能音频：AI 赋能构建心灵交互的"共鸣箱"

基于自然语言识别技术、智能语音交互等技术，智能音箱成为万物互联时代信息接收的入口，占领多个碎片化场景，致力于在人机交互的过程中为用户提供个性化的音频内容。Canalys 的报告显示，全球智能音箱安装量将由 2018 年的 1.140 亿台上升到 2019 年的 2.079 亿台，同比增长 82.4%。④ Strategy Analytics 发布的《2019 年智能音箱用户调查—中国结果》显示，目前中国大约有 3500 万家庭拥有智能音箱。近 90% 的用户表示智能音箱比预期要有用得多。59% 的中国用户表示他们无法想象没有智能音箱的生活。⑤

---

① 《人民日报社成立国家重点实验室：以人工智能研究为核心》，2019 年 11 月 21 日，人民日报社，https://baijiahao.baidu.com/s?id=1650816379496575094&wfr=spider&for=pc。
② 《新华社智能化编辑部建成运行 实现人工智能再造新闻生产全流程》，2019 年 12 月 12 日，新华网，http://www.xinhuanet.com/politics/2019-12/12/c_1125340864.htm。
③ 《央视网"人工智能编辑部"创新产品发布》，2019 年 12 月 26 日，央视网，http://hn.cnr.cn/hngbit/20191226/t20191226_524913234.shtml。
④ 《Canalys：2019 年全球智能音箱安装量达 2.079 亿台 同比增长 82.4%》，2019 年 4 月 16 日，199IT 中文互联网数据资讯网，http://www.199it.com/archives/862262.html。
⑤ 《智能音箱在中国：63% 的非中国智能音箱用户打算在未来十二个月内购买智能音箱》，2019 年 10 月 22 日，199IT 中文互联网数据资讯网，http://www.199it.com/archives/954171.html。

声音具备贴身伴随性、私密性、洒脱性等其他传播工具所不具备的优势，人工智能+音响载体不仅放大音频的原有介质优势，更赋予它个性化、交互性等智能传播新优势，延伸与拓展音频的应用场景。2019年，传媒纷纷抢滩音频行业，"耳朵经济"大热。智能音箱的竞争日益激烈，呼唤优质声音内容的回归。媒体+智能音箱，致力于将媒体优质内容与智能音箱场景化的个性化服务相结合，深耕垂直类内容，增强用户黏性，做大"耳朵经济"产业。2019年3月，封面新闻推出互联网科技行业方言脱口秀"正二扒经"，并登录天猫精灵，所有成都地区的天猫精灵用户只需发出"早上好、晚上好"或"成都早新闻"等语音指令，就可以听到由封面新闻提供的这档节目。[1] 同月，南方都市报和天猫精灵共同打造了一档"语音头条"本地化新闻脱口秀节目《南都音频早餐》。[2]

AI赋能下，主流媒体加快音频转向，用"声音"传递主流声音，开启媒体融合纵深发展新路径。2019年1月，央视新闻正式入驻喜马拉雅App，上线《新闻联播》《早啊，新闻来了!》《主播说联播》以及《夜读》四档王牌节目。用户可以通过喜马拉雅App、车载系统、小雅智能音箱等不同方式随时随地收听央视新闻。[3] 2月，新华社推出全球首个AI合成女主播，其语音播报时的腔调发音、动作神态等更加接近真人，在2019年全国两会中正式上岗，第一时间向用户传递党和国家的声音。而到2020年，新华社再次推出全球首位3D版AI合成主播，在前一代AI主播基础上完成迭代升级。

（七）智能经济：为社会构型和智慧生活创造巨大的想象空间

我国从国家战略的高度为人工智能的发展指明了方向。"智能+经济"，数字化经济发展创造新价值，工业互联网成为驱动产业结构调整和创新经济模式的动力。2019年3月习近平总书记主持召开的中央全面深化改革委员会第七次会议指出，促进人工智能和实体经济深度融合，要把握

---

[1]《方言说网事 每天聊财经 上天猫精灵成都资讯头条 听封面新闻"正二扒经"》，2019年3月4日，腾讯网，https://new.qq.com/omn/20190304/20190304A1GZSP.html?pc。
[2]《南方都市报牵手天猫精灵打造"语音头条"》，《南方都市报》2019年4月2日第AA12版。
[3]《央视新闻入驻喜马拉雅 声音的价值日益凸显》，2019年1月2日，环球网，https://baijiahao.baidu.com/s?id=1654625421672062806&wfr=spider&for=pc。

新一代人工智能发展的特点，坚持以市场需求为导向，以产业应用为目标，深化改革创新，优化制度环境，激发企业创新活力和内生动力，结合不同行业、不同区域特点，探索创新成果应用转化的路径和方法，构建数据驱动、人机协同、跨界融合、共创分享的智能经济形态。①可以说这是全球经济面临转型的环境下我国经济结构改革的总动员和目标指南。智能经济形态是传统经济与现代经济、虚拟经济与实体经济、产业经济与服务经济、生产经济与消费经济相结合的一种新经济形态和生活方式，生产力和生产关系发生深刻变化，随之改变了整个社会构型。以互联网、大数据、人工智能等为代表的现代信息技术日新月异，新一轮科技革命和产业变革蓬勃推进，智能产业快速发展，经济发展、社会进步、全球治理等方面产生重大而深远影响。中国高度重视智能产业发展，加快数字产业化、产业数字化，推动数字经济和实体经济深度融合。② 2020年中央全面深化改革委员会第十四次会议再次提出，加快推进新一代信息技术和制造业融合发展，要顺应新一轮科技革命和产业变革趋势，以供给侧结构性改革为主线，以智能制造为主攻方向，加快工业互联网创新发展，加快制造业生产方式和企业形态根本性变革，夯实融合发展的基础支撑，健全法律法规，提升制造业数字化、网络化、智能化发展水平。③据埃森哲预测，2035年人工智能将推动中国劳动生产率提高27%，经济总增加值提升7.1万亿美元。④智能城市、智能汽车、智能家居、智能物流、智能教育、智能医疗等，都在无限扩大"智能+经济"的发展边界，不仅改变了传统产业经济的发展态势，也重塑着人们的生活习惯、思维方式和社会构型，为智慧化生活带来无限想象的空间。

---

① 《习近平主持召开中央全面深化改革委员会第七次会议》，2019年3月19日，中国政府网，http://www.gov.cn/xinwen/2019-03/19/content_5375140.htm。
② 《习近平向2019中国国际智能产业博览会致贺信》，2019年8月27日，中国国情网，http://guoqing.china.com.cn/2019-08/27/content_75142190.html。
③ 《习近平主持召开中央全面深化改革委员会第十四次会议》，2020年6月30日，新华网，http://www.xinhuanet.com/politics/leaders/2020-06/30/c_1126179095.htm。
④ 《埃森哲：2035年人工智能有望拉动中国经济增速提高1.6个百分点》，2017年6月26日，中国新闻网，http://news.sina.com.cn/o/2017-06-26/doc-ifyhmpew3521040.shtml。

（八）社会治理：新冠疫情环境下"智能+"助力协同治理

5G+AI为社会治理插上了翅膀，数字化政府、智能治理成为实现国家治理体系和治理能力现代化目标的重要着力点。党的十九届四中全会提出，建立健全运用互联网、大数据、人工智能等技术手段进行行政管理的制度规则。推进数字政府建设，加强数据有序共享，依法保护个人信息。[①]后真相政治和技术平台加剧了社会的风险，社会矛盾的复杂化和网络空间的冲突性，亟须通过大数据治理、智能化治理和无缝治理来提升政府的治理能力。在新冠肺炎疫情重大公共卫生事件中，数字化治理和智能化治理为我国排查预警、有效追踪和控制疫情、有序促进全社会复工复产等发挥了重大作用。疫情期间，人们凭借健康码通行，是疫情期间人们的数字化健康证明；微信上线的"国家政务服务平台（试运行）"小程序，通过填报个人"通信大数据行程卡"，方便掌握疫情期间个人的行程变化。对疫情进行的精准监测和高效防控，在我国各地复工复产和防范境外疫情输入的工作中功不可没，此外，在这个全国一体化政务平台上，还可进行核酸和抗体检测查询、各地疫情风险等级查询等。

此次新冠肺炎阻击战既是国家治理体系和治理能力现代化的一次大考，也是媒体面临的一次直面问题、回应关切、引导舆论、凝聚民心、聚集民力、协同社会治理的"战役"。政务新媒体、主流媒体以及专业垂直类媒体依托AI赋能，实时更新疫情数据、快速报道一线抗"疫"事迹、及时监测舆情动向、高效辟谣等在缓解公众恐慌情绪、维护社会稳定、动员社会力量等方面体现出举足轻重的作用。如新浪新闻利用AI技术整合人民日报、新华社等权威媒体内容进行内容聚合分发，帮助用户及时了解实时疫情动态，[②]且利用平台的AI和大数据优势，打造疫情地图等服务型产品。人民日报客户端推出"新冠肺炎"查询平台，提供最新疫情数据、疫情辟谣、周边疫情等各项资讯和服务；封面新闻2020年1月上线的智媒云3.0系统，为此次疫情报道提供了强大的技术支持，封面新闻为用户

---

① 《党的十九届四中全会〈决定〉（全文）》，2019年11月5日，环球网，https://china.huanqiu.com/article/9CaKrnKnC4J。

② 《CNNIC：2020年第45次中国互联网络发展状况统计报告》，2020年4月28日，199IT中文互联网数据资讯网，http://www.199it.com/archives/1041487.html。

提供实时疫情地图、紧急寻人—疫情患者同程查询、小区确诊疫情查询系统、斩谣台—智能辟谣平台、微信战疫头像互动、云义诊、AI视频生产等8种云端信息和服务。[①]人工智能技术不仅推动国家数字化社会治理方面转型升级，也为媒体在危机面前快速反应、智能生产、精准传播等方面提供技术支持与基础保障。

二 趋势洞察与未来展望

回顾2019年，各国政府、企业、媒体等多方主体纷纷聚焦5G+AI，试图先人一步抢占技术浪潮先机，夺得未来发展的制高点。5G与AI的深度融合成为实业经济和传媒经济的重要技术基础，在数字化经济发展、数字化社会治理、智能化媒体发展等方面体现出无限的能量补给和巨大的想象空间，一个万物互联、万物皆媒的时代已然开启。未来，在AI与5G赋能下，将会催生更多新兴产业，数字化驱动经济形态和社会结构的大调整和大改革。线上线下的信息生产将会实现无缝对接，构造新场景下的全息内容生态。5G+AI将会为主流媒体内容生产的神态、语态、形态以及产业生态进行结构性改革，为"四全"媒体的内容、平台、组织、经营、管理的一体化发展持续赋能。

5G与AI技术融合为建构政治、专业、市场张力优化的价值模式提供了技术基础，打造以社会效益和经济效益并重的运营模式，增强主流媒体传播力、影响力、引导力和公信力仍然是主流媒体借助技术"出海"的主要目标。

主流媒体智能化发展与移动优先战略进入"深水区"，深化体制机制改革是媒体融合与智能媒体发展的着力点和"硬骨头"：一是如何推动传统主流媒体的产权关系、主体定位、功能属性、管理方式、运行机制等进行系统化、清晰化和彻底化的改革创新；二是如何建立传统媒体与新兴媒体统一尺度的宏观管理体系；三是如何通过建构新标准改变传统主流媒体的核心架构，有利于从实践层面进行有效的组织再造和流程再造。

[①]《依托内容、技术、公益，封面新闻打响战"疫"》，2020年2月24日，人民网，http://media.people.com.cn/n1/2020/0224/c40606-31601334.html。

通过技术标准的嵌入促使主流媒体平台化和技术平台媒体化的趋势日益凸显。人民日报公共平台、新华社传播矩阵、央视频、澎湃新闻、封面新闻等主流媒体的平台化已经取得不俗战绩，为传统主流媒体提升影响力和竞争力创造了可资借鉴的经验。腾讯、搜狐、新浪、今日头条等平台的媒体化为推动媒体融合、建构融通话语体系和传播场域起着日益重要的作用。

视听文化生产与网络直播仍然是未来智媒发展的重点。人工智能、通信技术、大数据、虚拟现实等技术的不断迭代促进短视频、在线直播、智能音频的沉浸传播与通感传播仍将成为"网生代"和"Z世代"主要信息消费形态，由此催生的内容付费、直播带货、原生广告、游戏植入等增值形式将改变媒体的商业模式和盈利能力。碎片化视频UGC建构的娱乐和生活消费场景将吸引青少年日常生活中的自我呈现，成为"青年亚文化"的重要传播场域。

坚持价值理性与工具理性是技术主导的智能媒体发展的主向。技术带我们走得很远，但我们不能忘记为何出发。技术狂热后进入冷静理性发展期，超越技术层面，坚持以人为本，回归人文价值关怀。

智能媒体发展过程中，我们必须保持对未来走向的洞察和警惕。在描绘未来蓝图、投入技术蓝海中时，切不可忽视人工智能等前沿技术带来的问题与挑战。Blue Fountain Media调查显示，60%的消费者认为应当小心使用AI,[1] 人工智能技术带来的"技术黑箱"，个人信息安全和隐私的泄露、人工智能将取代人类等都成为用户的担忧，仍需在全球范围内完善人工智能伦理规范，加速填补智能伦理"真空"地带。同时各国在推动技术透明化的同时，普及人工智能教育，提高人们对先进技术的认知与理解，减轻人们的技术恐慌，增强人们的自我认同感，为打造人机共生的良好局面奠定基础。

此外，AI加大数字鸿沟。从国家层面来看，全球范围内的人工智能"军备竞赛"已然上演，各国基于不同的政治制度和经济发展水平，人工智能技术在全球范围内发展不平衡。在万物互联的时代，核心前沿技术对

---

[1] 《Blue Fountain Media：60%的消费者认为应当小心使用AI》，2020年6月18日，199IT中文互联网数据资讯网，http://www.199it.com/archives/1046672.html。

国家安全来说至关重要。各国在维护自身安全的前提下，应推动技术向善、向真、向上，强化主流算法和主流流量，加强战略合作，用技术为打造人类命运共同体赋能。从传媒领域来看，我国与西方发达国家的智媒建设还有一定的差距。目前，我国的智媒建设还处在初步阶段，在技术、资金、人才、机制体制等方面还未完成重构。未来，我国媒体在向智能化转型过程中应加强技术基础设施建设，加大科研力度，以优质内容为根本、先进技术为支撑，创新机制体制改革，全面激发智媒活力。此外，还须加强面向智能传播时代的人才培养，构建产学研一体化人才培养方案。

Everything is Media：5G + AI Create a New Era of Intelligent Communication

Qi Yalin，Liu Jingjing

Abstract：In 2019, 5G + AI led a new wave of revolution around the world, and jointly built a new era of the Internet of Everything and Everything is Media. The arms race of artificial intelligence was fiercely staged globally. China was also strengthening the top-level design of AI to release the unlimited potential and vitality of AI in promoting the industrial Internet and digital social governance. Media from all over the world were scrambling to fully deploy an intelligent content ecology. The landing of the "intelligent editorial department" of the media of China's national team provided new ideas for the in-depth development of media integration. 4K ultra-high-definition video, smart speakers, ear economy, etc. entered the golden development period, and smart media industry chain continued to deepen. The development path of the combination of industry, university and research provided a steady stream of impetus for further building a smart media ecosystem. However, the ethical issues of artificial intelligence, the weak technology in the process of intelligent transformation of China's media, the lack of intelligent communication talents, and the constraints of mechanisms and systems were all worthy of our consideration.

Key words：5G，AI，Smart media

参考文献

《李克强说，坚持创新引领发展，培育壮大新动能》，2019年3月5日，中国政府网，http：//www. gov. cn/premier/2019-03/05/content_ 5370667. htm。

《美国人工智能计划的三大看点》，2019年2月26日，中国经济网，http：//www. ce. cn/culture/gd/201902/26/t20190226_ 31562655. shtml。

《俄罗斯将制定人工智能国家战略》，2019年2月28日，新华网，http：//www. xinhuanet. com/world/2019-02/28/c_ 1210069881. htm。

《德国：制定高科技战略的后续政策 推进人工智能与区块链战略》，《科技日报》2020年1月2日第2版。

《德国政府加大人工智能研究资金支持力度》，2019年9月4日，新华网，http：//www. xinhuanet. com/world/2019-09/04/c_ 1124959665. htm。

《人工智能列国志丨日本：普及AI教育与机器人革命》，2020年7月7日，澎湃新闻，https：//baijiahao. baidu. com/s? id = 1671517388035227240&wfr = spider&for = pc。

"Stories by Numbers：How BBC News is Experimenting with Semi-Automated Journalism"，Mar 22，2019，BBC NEWS LABS，https：//medium. com/bbc-news-labs/stories-by-numbers-how-bbc-news-is-experimenting-with-automated-journalism-3d8595a88852.

《路透社：2019年数字新闻报告》，2019年7月2日，199IT中文互联网数据资讯网，http：//www. 199it. com/archives/894493. html。

《全媒风向丨纽约时报为Alexa推出了声音简报等音频功能》，2019年2月20日，腾讯网，https：//new. qq. com/cmsn/20190220/201902200008775. html? pc。

"New York Times Confirms It's Using Blockchain to Combat Fake News"，Jul 24，2019，CoinDesk，https：//www. coindesk. com/new-york-times-confirms-its-using-blockchain-to-combat-fake-news。

《谷歌AI发布Deepfake检测数据集,真人多场景拍摄,生成3000段假视频》,2019年9月26日,搜狐网,https://www.sohu.com/a/343656286_473283。

周慧:《地方两会"高频词":5G、工业互联网政策如何合理支持?》,《21世纪经济报道》2019年1月22日第1版。

《北京市经济和信息化局关于印发〈北京市5G产业发展行动方案(2019年—2022年)〉的通知》,2019年1月21日,北京市人民政府网,http://www.beijing.gov.cn/zhengce/zhengcefagui/201905/t20190522_61785.html。

《江苏省出台加快5G建设发展政策》,2019年5月22日,中国政府网,http://www.gov.cn/xinwen/2019-05/22/content_5393682.htm。

《最前线｜政策力推下,2019年全国5G基站建设数量或增50%》,2019年6月10日,36氪,https://36kr.com/p/1723825356801。

《工信部:我国已建成5G基站超13万个 35款5G手机获入网许可》,2020年1月20日,封面新闻官方帐号,https://baijiahao.baidu.com/s?id=1656217647201355007&wfr=spider&for=pc。

《信息通信研究院:5G经济社会影响白皮书(附报告)》,2017年6月15日,199IT中文互联网数据资讯网,http://www.199it.com/archives/602110.html?from=message。

谯金苗、漆亚林:《5G时代电视新闻节目融合传播的创新路径》,《电视研究》2019年第6期。

《央视:2019年春晚将首用5G网络4K传输》,2019年1月14日,证券时报官方帐号,https://baijiahao.baidu.com/s?id=16226320072689446528&wfr=spider&for=pc。

《央视首次采用5G+4K移动直播报道两会》,2019年3月1日,钛媒体,https://www.tmtpost.com/nictation/3792569.html。

《四川发布5G+4K/8K超高清技术白皮书》,2019年8月7日,人民网,http://sc.people.com.cn/n2/2019/0807/c379469-33222669.html。

《重磅!安徽广播电视台5G+4K融合发展战略合作联合签约仪式举行》,2019年7月17日,搜狐网,https://www.sohu.com/a/327420592_3

91439。

《〈超高清视频产业发展行动计划（2019—2022年）〉：推动超高清技术在安防、交通领域应用》，2019年3月4日，搜狐网，https://www.sohu.com/a/299004184_649849。

《2019世界超高清视频产业发展大会在广州召开 李希苗圩聂辰席马兴瑞阎晓明出席开幕式》，2019年5月10日，广东省人民政府网，http://www.gd.gov.cn/gkmlpt/content/2/2384/post_2384962.html#43。

《中国广电公布5G时间表 2020年广电5G将正式商用》，2019年11月21日，中国青年网，https://baijiahao.baidu.com/s?id=1650805221800487913&wfr=spider&for=pc。

《三部门：2022年中国超高清视频产业总体规模要超4万亿元》，2019年3月1日，中国新闻网，https://baijiahao.baidu.com/s?id=1626793390783012774&wfr=spider&for=pc。

习近平：《加快推动媒体融合发展 构建全媒体传播格局》，《求是》2019年第6期。

《人民日报社联合百度成立人工智能媒体实验室 AI能力推动传媒变革》，2019年9月19日，凤凰网，https://tech.ifeng.com/c/7q6D1NsEHUC。

《上海交通大学与中央广播电视总台签署战略合作协议》，2019年5月23日，搜狐网，https://www.sohu.com/a/316042942_282235。

《共建国家重点实验室 上海交大与总台战略合作，慎海雄致辞》，《解放日报》2019年12月8日第2版。

《江苏智能媒体产业研究院成立》，2019年12月9日，中国经济新闻网，http://www.cet.com.cn/dfpd/yqdt/2436471.shtml。

《"媒体+人工智能"深度融合委员会筹备专题会暨"人工智能编辑部"专家研讨会在京举行》，2019年11月4日，国际在线官方帐号，https://baijiahao.baidu.com/s?id=1649239823881547530&wfr=spider&for=pc。

《共同探讨智媒时代新机遇 "智能媒体与新闻传播学科变革"学术年会举办》，2019年12月1日，人民网，http://sh.people.com.cn/n2/2019/1201/c134768-33593473.html。

《习近平：推动媒体融合向纵深发展 巩固全党全国人民共同思想基础》，

2019年1月25日，新华网，http：//www.xinhuanet.com/politics/leaders/2019-01/25/c_1124044208.htm。

《人民日报智慧媒体研究院成立》，《人民日报》2019年9月20日第3版。

《人民日报社成立国家重点实验室：以人工智能研究为核心》，2019年11月21日，人民日报社，https：//baijiahao.baidu.com/s？id=1650816379496575094&wfr=spider&for=pc。

《新华社智能化编辑部建成运行 实现人工智能再造新闻生产全流程》，2019年12月12日，新华网，http：//www.xinhuanet.com/politics/2019-12/12/c_1125340864.htm。

《央视网"人工智能编辑部"创新产品发布》，2019年12月26日，央视网，http：//hn.cnr.cn/hngbit/20191226/t20191226_524913234.shtml。

《Canalys：2019年全球智能音箱安装量达2.079亿台 同比增长82.4%》，2019年4月16日，199IT中文互联网数据资讯网，http：//www.199it.com/archives/862262.html。

《智能音箱在中国：63%的非中国智能音箱用户打算在未来十二个月内购买智能音箱》，2019年10月22日，199IT中文互联网数据资讯网，http：//www.199it.com/archives/954171.html。

《方言说网事 每天聊财经 上天猫精灵成都资讯头条 听封面新闻"正二扒经"》，2019年3月4日，腾讯网，https：//new.qq.com/omn/20190304/20190304A1GZSP.html？pc。

《南方都市报牵手天猫精灵打造"语音头条"》，《南方都市报》2019年4月2日AA12版。

《央视新闻入驻喜马拉雅 声音的价值日益凸显》，2019年1月2日，环球网，https：//baijiahao.baidu.com/s？id=1654625421672062806&wfr=spider&for=pc。

《习近平主持召开中央全面深化改革委员会第七次会议》，2019年3月19日，中国政府网，http：//www.gov.cn/xinwen/2019-03/19/content_5375140.htm。

《习近平向2019中国国际智能产业博览会致贺信》，2019年8月27日，中国国情网，http：//guoqing.china.com.cn/2019-08/27/content_75142190.html。

《习近平主持召开中央全面深化改革委员会第十四次会议》，2020年6月30日，新华网，http://www.xinhuanet.com/politics/leaders/2020-06/30/c_1126179095.htm。

《埃森哲：2035年人工智能有望拉动中国经济增速提高1.6个百分点》，2017年6月26日，中国新闻网，http://news.sina.com.cn/o/2017-06-26/doc-ifyhmpew3521040.shtml。

《党的十九届四中全会〈决定〉（全文）》，2019年11月5日，环球网，https://china.huanqiu.com/article/9CaKrnKnC4J。

《CNNIC：2020年第45次中国互联网络发展状况统计报告》，2020年4月28日，199IT中文互联网数据资讯网，http://www.199it.com/archives/1041487.html。

《依托内容、技术、公益，封面新闻打响战"疫"》，2020年2月24日，人民网，http://media.people.com.cn/n1/2020/0224/c40606-31601334.html。

《Blue Fountain Media：60%的消费者认为应当小心使用AI》，2020年6月18日，199IT中文互联网数据资讯网，http://www.199it.com/archives/1046672.html。

社会篇
Report on Society

T.2 人工智能在新闻传播业应用现状及发展趋势研究报告

赵 磊[*]

摘 要： 近年来，人工智能与新闻传播业的不断深入融合，成为新闻传播业不断变革过程中一个越来越重要的标志，人工智能因其精准抓取数据、快速生成内容、实时定位推荐以及个性化精确推送等特征性功能，在新闻传播业的多种媒体技术中，扮演了不可或缺的角色。本报告旨在通过对近期人工智能在新闻传播业中整体应用情况进行解读和分析，探究当下大数据和人工智能等媒体技术在新闻传播业中应用的具体路径，从而对人工智能在新闻传播业中应用的整体趋势和走向进行前瞻性的预测。

关键词： 人工智能　新闻传播业　内容生产　流程管理　用户体验

一　人工智能及近期进展

（一）人工智能概述

人工智能（Artificial Intelligence，简称 AI），最早于 1956 年达特茅斯会议上提出，之后由美国学者麦卡锡引入学术研究领域。[①] 人工智能主要指利用科学及技术手段对于人类固有智力水平的拓展和延伸，并利用计算机算法等手段模拟人类思维的应用性科学，通常分类为计算机科学的一个分支。Nilsson 教授将其定义为"人工智能就是着力于让机器变得像人一样思考、工作和处理问题的活动，而智能就是使客观物体在其环境中相对独

---

[*] 赵磊，博士，浙江传媒学院新闻与传播学院讲师，研究兴趣：数据可视化。
[①] 段蕾：《人工智能时代新闻业面临的挑战与对策》，《传媒》2019 年第 15 期。

立地、适当地实现功能性的能力"。① 人工智能是计算机科学的重要分支,旨在模拟人的思维,用人的意识、思路对于事物进行思考。当基于人工智能的计算机软件生成的新闻或媒体内容,逐渐成为新闻生产和内容制作的生态系统的一部分时,尽管只是一小部分,但它不仅已经模糊了新闻学、计算机科学和统计学之间的界限,更是模糊了人与机器之间的界限。② 从哲学层面上来看,人工智能的出现模糊了人类社会与人类思维之间的关系,作为人类社会当中一部分的机器人也开始成为具备人类思维的个体。

人工智能的诞生与应用,改变了原有工业生产的模式和格局,使得人类单纯依靠机械与人类智力结合进行生产的格局被打破,第一次工业革命主要倡导的是生产方式的变革,从手工生产过渡到机器大生产;第二次工业革命主要倡导的是更先进的生产工具以及新能源应用,主要针对劳动生产率的提升;第三次科技革命主要针对的是知识经济和第三产业对于整体经济的拉动作用。而人工智能的出现,在对工业生产产生又一次深刻变革的同时,更对以内容为核心的新闻传播业施加了深入的影响,正在推动着人类的新闻传播业步入智能媒体时代。

(二) 新闻传播领域人工智能技术概述

人工智能对新闻传播领域的多层次渗透,已经成为一种现象级的社会存在。③ 人工智能与新闻传播的结合,是新闻传播业近十多年来开始发展起来的新业态。具体来说,主要是将新闻传播业传统新闻内容生产中的采编播报流程环节中的各项工作,分配给具备人工智能功能的机器人进行完成,主要包括选题、采访、编写以及播出和分发等流程。其中,人工智能介入最深的当属新闻生产环节,在业界主要的表现形式就是用计算机来辅助进行新闻写作,依照事先编写好的算法和程序,利用填充到数据库当中的相关信息进行标准化、程式化的加工。由于算法和程序的特殊性,其对

---

① 陈昌凤、霍婕:《以人为本:人工智能技术在新闻传播领域的应用》,《新闻与写作》2018年第8期。
② 徐敬宏、胡世明、陈文兵:《人工智能时代新闻业面临的机遇与挑战》,《郑州大学学报》(哲学社会科学版)2018年第5期。
③ 喻国明、景琦:《传播游戏理论:智能化媒体时代的主导性实践范式》,《社会科学战线》2018年第1期。

于定量分析的应用更加敏感，因而也常被应用在数据新闻等领域，以数据新闻等量化分析方法以及相应的量化数据来解读和重构新闻事件，进而进行自动化的产品生产和发布流程。

人工智能在语音识别、语言处理与数据处理等方面的持续进步，也不断被应用于新闻内容生产各个环节，包括虚拟现实场景建构、AI合成主播新闻播报、智能灯光和摄影系统构建等。在当前媒体融合的整体大背景下，以人工智能为核心，新闻媒体借助互联网与大数据等新兴媒体技术，在采编与播报流程以及标准化内容生产与媒体运作流程中不断深入应用，进一步提升了新闻传播业的智能化应用率，也极大地促进了媒介融合进程。

（三）新闻传播领域人工智能技术发展进展

人工智能的理念早在20世纪50年代就被提出，但是人工智能具体到新闻传播行业进行研究和实际应用则在21世纪以后。2007年，美联社同其他投资者合资成立了Automated Insight公司，专门负责新闻传播领域人工智能的研发和应用，该公司不仅为美联社提供新闻自动编写服务，也为雅虎、唐卡斯特等客户提供人工智能新闻写作服务，开创了全球范围内人工智能投入新闻业内容生产的先河。其主要特点在于，可以接受多样化的数据格式，同已有的信息存储和表达方式有着较高的契合度。同时，也能够通过内置算法对于事件本身的逻辑进行分析和解构，生成不同篇幅、不同类型、不同模板、不同风格的新闻稿件同时进行媒介终端分发。截至2013年，该公司已经通过人工智能生产了超过3亿篇新闻。2014年，美联社开始应用该公司生产的Wordsmith软件批量生产新闻。2015年，该公司机器人的功能与具体应用进一步升级，不仅算法范围得以扩大，同时也能够利用内置传感器进行实时感应和数据收集。

2011年成立于美国的NarrativeScience公司开发的Quill平台以结构化数据分析为主要卖点，其产品将人工智能与大数据进行结合，对于数据进行深度学习与分析并生成相应的报告，使得内容生成既可以满足理性层面的信息需求，又能满足感性层面的阅读需要。

国内人工智能的发展浪潮主要兴起于2015年前后。2015年9月，腾讯财经推出了自主研发的自动写稿机器人Dreamwriter。2005年11月，新华社推出机器人记者"快笔小新",主要运用于体育和财经新闻领域稿件的生成。"快笔小新"依托大数据技术对数据进行实时采集、清洗和标准化处理,再根据业务需求定制相应的算法模型,对数据进行实时计算和分析后,根据计算和分析结果,选取合适的模板生成CNML中文新闻置标语言标准的稿件自动进入待编稿库,① 一般3—5秒钟即可生成一篇新闻稿件。此后,腾讯、字节跳动、阿里巴巴、网易等互联网公司以及新华社等媒体平台在新闻传播人工智能领域迅速发展,并取得了不俗的成绩。

二 人工智能在新闻传播业应用现状及分析

(一) 人工智能在新闻传播业内容生产中的应用

新闻机器人主要是基于预设好的特定算法,利用数据库中设置好的模板对数据进行加工和处理,同时进行媒体渠道宣发的一种计算机应用程序,其特色包括快速搜集数据、快速发布信息和即时推送新闻消息等,在新闻采编、发布领域实现了对重复枯燥人力操作的解放。

在传统媒体时代,作为传统媒体的广播、电视以及报纸等掌控了媒体的话语权与新闻资源的独享权,事实上形成了对新闻资源的垄断,新闻行业从业在有着较高门槛的同时还具有较强的排他性。新闻传播从业者成为了新闻内容的主要生产者,从现场采访到内容编纂再到审核校对以及宣发,其过程都有专业的机构和专门的人员进行,在制度设计上,也以"三审三校"的内容管理和审核模式对新闻生产和传播进行把关。自媒体时代,除了媒体宣发渠道的多样化以及新闻资源的非排他性,"人"也不再是唯一的新闻内容生产者,人工智能的应用使得内容生产从以人为核心转化为人与AI共同运作,机器也开始进入内容生产当中,并开始产生其自身独特的影响力。

在传统媒体时代,内容需要被选择性进行宣发,这种选择性是新闻内容生产者个人因素、政策因素等因素共同作用的,媒介真相同事实真相之间主要的鸿沟在于新闻内容生产者方面。在引入人工智能进行内容生产之

---

① 唐淇:《智媒时代机器人写作对传媒发展的重构——以新华社"快笔小新"为例》,《卫星电视与宽带多媒体》2019年第6期。

T.2 人工智能在新闻传播业应用现状及发展趋势研究报告

后,媒介真相呈现的主动权就由新闻传播从业人员主导转化为受众与人工智能共同主导。例如,新华社的"媒体大脑"AI 平台就是基于传感器、摄像头、无人机等智能设备采集信息,结合相关数据,快速生成数据新闻的新的新闻生产者。[①] 在 2019 年全国两会期间,"媒体大脑"通过对六年以来的政府工作报告的收集和智能分析,推出了专门栏目,以人工智能的名义进行媒体呈现,向受众详解六年来政府工作报道的趋向和内容方面的异同,这样就使得内容生产与呈现的主动权实现了由采编人员到人工智能的转移。2019 年庆祝中华人民共和国成立 70 周年阅兵仪式中,中央广播电视总台通过人工智能剪辑与导播,自动生成了不同方队的不同视频内容,以供观众选择观看。这也就使得媒介真相的呈现完全从新闻传播从业人员转移到了观众和人工智能。中国日报的智能编辑辅助系统,借助互联网的数据择取和人工智能的数据分析能力,通过分析新闻线索影响力,进行热点和新闻线索的发现。

在内容生产方面,人工智能提倡标准化作业流程和量化内容生产,这就使得以往"抢时效"的媒体行业现象不复存在。在传统媒体时代,新闻报道的即时性和迅速性是新闻媒体抢先发布新闻的关键,首先对于新闻消息进行报道和披露就代表着新闻报道的主导权。

根据传播学中的渠道依赖论,由于受众对渠道的依赖和依附,赋予了被依赖渠道的潜在影响力和价值,就是受众所说的"渠道权利"。[②] 随着新媒体时代"人人都是自媒体"理念的不断深入,媒体在原有宣发和渠道上不再拥有绝对优势,加之人工智能的应用,根据既定模板以及新的新闻要素就能够快速生成新闻并进行自动宣发,这也就使得信息披露有了极快的速度。媒体通过这种速度上的优势来巩固自己在渠道权利方面的地位和话语权。

彭兰教授曾指出未来人与机器的边界将被打破,人机协同将成为新的新闻生产方式。[③] 通过人与 AI 共同运作,人机协同的新闻内容生产新模式

[①] 李仁虎、毛伟:《从"AI 合成主播"和"媒体大脑"看新华社融合创新发展》,《中国记者》2019 年第 8 期。

[②] 喻国明:《当前新闻传播"需求侧"与"供给侧"的现状分析》,《新闻与写作》2017 年第 5 期。

[③] 彭兰:《无边界时代的专业性重塑》,《现代传播》(中国传媒大学学报)2018 年第 5 期。

也成为现下新闻内容生产模式的主流,人与AI可以在实践当中形成全新的内容生产分工,将利用人进行思考判断的重点要素更加精细化、专门化地分配给人,将简单重复劳动交给人工智能,从而使得媒体生产的专业化和专门化成为现实。在这方面主要存在两条路径,首先是算法在人的指导下进行简单重复劳动,实现各种新闻内容的短期化实时生产;其次是机器人通过数据深度学习形成对事件的分析报告,进而促进新闻稿件写作向着纵深化发展,为读者提供更多高质量新闻。例如,2020年两会期间,新华社的虚拟主播小艾,同时完成了数据收集整理、可视化以及短视频的生产工作,根据两会进程,在"AI数读两会"栏目中先后推出多条融媒体短视频,及时、客观、简短、准确地报道两会。此外,雅虎体育的Wordsmith新闻生产程序,为上百万用户提供定制化的新闻报道服务。

(二) 人工智能在新闻传播业内容分发中的应用

人工智能技术对于新闻传播业务链条有着深入的影响,在智能化浪潮的影响下,用户对内容的观看和使用习惯通过大数据手段被记录下来,基于数据分析的深度学习,人工智能在此基础上针对单一受众进行用户画像,结合用户的兴趣爱好进行算法分析,从而有针对性地进行内容推送。今日头条、一点资讯、天天快报、抖音、哔哩哔哩等产品是个性化推送领域的典型代表,其结合人工智能分析建构起对用户使用习惯的深度学习,从而为用户找到满足兴趣需求的个性化内容。

人工智能当中的聊天机器人还能够根据预设的程序和回答方式,满足受众对于问题的求知需要。聊天机器人在本质上是作为一种理性化的机械而存在,但是从开发目的上,除了减少工作人员的工作量的需要,也有提升新闻传播行业服务质量与内容工具需求的需要,是新闻传播行业致力于充分提升用户体验,基于市场导向对于自身产业内容的一次革新,它也使得在过去看似不可能的人机沟通成为现实,也为民众的生产和生活带来了切实的便利。

除了宣发和客户服务以外,人工智能在新闻传播业内容制作和分发方面的重要应用还体现在人工智能主播的应用。人工智能主播是同新闻采编流程相关性较弱的一个方面,人工智能主播更注重的是内容制作、发布和传播的过程。在实际的节目播音当中,人工智能能够基于大量配音素材的

T.2 人工智能在新闻传播业应用现状及发展趋势研究报告

搜集形成相应的素材库，同时对于素材库进行深度学习，并根据需要播报稿件的实际情况利用素材库中的数据合成初步的小样，再根据一定的标准进行磨合和修改，同时制作画面，将画面与声音进行合成。在"见字发声"等低端配音领域，传统人声配音存在的空间正在一点点被人工智能所挤占，但是需要指出的是，一些播音主持的形式需要播音员对于稿件进行二度创作，其中对于重音、停连等技巧的综合应用还需要人工进行播报或干预。百度开发的智能对话定制与服务平台UNIT，搭载业界领先的对话理解和对话管理技术、引入语音和知识建设能力，为企业和个人开发者轻松定制专业、可控、稳定的对话系统提供全方位技术与服务，不但能够提供类似人类的语音，还具有了一定的思维能力。

一种媒介技术或工具的出现和普及，对社会及人的行为产生的冲击和影响是巨大的。[①] 人工智能在当下阶段进行的多是简单重复劳动，在内容分发方面还显得相对固化，在未来，人工智能还将凭借其数据系统和算法的应用实现与观众的交互功能，为主持人创造性发展提供更多帮助。中央广播电视总台、百度和科大讯飞等机构，结合语音识别、语义理解、语音合成、虚拟形象驱动等AI核心技术，都已经成功开发出虚拟主持人，其在具有人类外表的同时，更具有一定的智能。百度大脑AI虚拟主持人小灵，集百度语音、视觉、大数据以及AR能力为一体，成功地主持了中央广播电视总台2019年"五月的鲜花"五四晚会。新华社利用人工智能技术构建的虚拟主播，已经做到了仿真体现真人主播的播报形态，达到了较高的应用水平。

可见，随着人工智能的不断发展与技术进步，新闻传播业的标准化制作和全球化传播也将变得更加容易，借助人工智能手段，对于配音的把控可以实现精准量化。同时语音识别与在线翻译等功能与人工智能的综合应用也有助于消除语言理解的壁垒，人工智能带给人类的将是视觉、语言、体验等融合起来的一场深刻变革。

（三）人工智能在新闻传播业内容管理中的应用

对于新闻传播业而言，内容多少、质量如何直接决定着企业的产品质量好坏。做好内容管理工作，不仅能够显著提升媒体企业的产品质量，更

---

① 郭庆光：《传播学概论》，中国人民大学出版社2011年版，第135页。

是传统媒体应对新媒体冲击的大背景下，实现自身媒体融合的治本之策。媒体企业要做好内容管理，就需要在内容生产的采、编、播各个阶段都进行严格把关，在严格把关中实现自身内容质量的提升。

网络和新媒体的广泛普及使以前新闻传播行业从业人员收集新闻线索、获取新闻素材的方式发生了极大的改变，网民通过其便携式移动设备，可以快速将其目击到的事件以现场视频、图片以及文字形式向媒体进行曝光，为专业媒体内容生产提供内容，在这样的过程中，人工智能就可以通过自身超强的分析能力，在海量的网络消息当中选出有用的新闻线索提供给采编人员进行参考，以此来形成报道的方向。

2016年11月，路透社公布了其利用人工智能开发的新产品"路透新闻追踪器"，这一产品的问世，极大改变了新闻传播业内容管理的整体格局。在此之前，新闻传播行业从业者的工作流程是通过社交媒体以及传统媒体报道来对事件有关的当事人以及意见领袖进行跟进，同时汇总各方的声音，通过对这些消息的分析与研判决定自身的报道方向和稿件的采写方式，将自身观点与事件事实传达给读者。但是有了新闻追踪器，在汇总各方声音与研判，建构自身观点两个方面都可以实现人工智能对于人的替代。

在传统的内容管理上，新闻线索需要记者的社会交往，进而形成对"线人"和相关组织的把握，需要一些权威信源以科层制的方式对新闻线索进行解构和提供。但是随着大数据与人工智能的综合应用，新闻传播行业内容生产对于上述几者的依赖性正在不断减弱，其选题和传播领域正在被无限延展。由于机器的介入，新闻的价值取向以及利益诉求将会对社会全体成员开放，在显著提升新闻媒体报道质量的同时，也让网络上的更多声音成为被参考的备选对象，新闻的客观性属性得以突出。

（四）人工智能在新闻传播业生产流程管理中的应用

在新闻传播业的传统生产流程当中，记者首先要深入现场进行采编，根据所得的核心事实结合报道角度进行稿件写作，随后再进行编辑的审核与发布。但是当人工智能介入新闻传播业后，在人工智能的冲击下，从业者针对网络传播的特点、形式和渠道要求，对传统的内容生产流程进行了有针对性的革新。

T.2 人工智能在新闻传播业应用现状及发展趋势研究报告

借助人工智能当中的语音识别和传感器应用,人工智能已经可以对数据进行自动化的采集和分类处理,并得出相应的分析报告,综合算法来精准生产新闻内容。人工智能实际上压缩了传统的稿件写作、拍摄、剪辑、制作等一整套后期的流程,极大提升了新闻传播从业者的工作效率。

在新闻生产后期流程尤其是新闻事实核查方面,人工智能也有着独到的优势,人工智能凭借对于网络宣发平台的实时监控与内容抓取,形成对于基本新闻事实的建构和把握,从而帮助技术人员在信息采集、信息源头挖掘与把控等方面抢占先机,人工智能以其在信息搜集以及信息资源利用分析方面的优势,为信息源的筛选与排除提供了新路径。

同时,人工智能也对网络谣言以及假新闻的甄别发挥着独特的作用,通过大数据的存储以及记忆等功能,人工智能将假新闻、网络谣言通过分类、编码以及存储,在智能学习中形成对于假新闻的鉴别能力,在用户接触内容时,人工智能就能基于以往的学习经验对用户进行有效提醒,进而帮助网络谣言治理向着纵深化发展,形成对于新闻事实的实时检测,也能够让管理人员实时找到自身的偏差所在。今日头条于2016年年底上线了辟谣功能,腾讯网在2017年上线较真事实查证平台,微信也于2017年推出辟谣助手小程序,用户可以主动搜索查证,阅读或分享过的文章一旦被鉴定为谣言,即能及时收到提醒。实践表明,经过一段时间的积极推进后,这些新应用确实对互联网空间的清朗化、信息筛选的高效化产生了积极作用。2019年年初,阿里巴巴发布了一款粉碎网络谣言和假新闻的产品——"AI谣言粉碎机",其特定场景中的准确率已经达到81%。

人工智能还能够促进用户反馈机制的完善,相较于传统的方式,人工智能化的用户反馈机制的特点是即时、快速、个性化,相较于传统的单向信息传播模式,人工智能带来的用户实时交流反馈自身意见与想法,从而推进媒体行业以观众需求为导向,及时调整自身的传播倾向与传播策略。

人工智能应用的整体趋势使得新闻传播业的各种要素之间的连接以网络作为桥梁和媒介,呈现出新的表达方式、管理方式以及治理方式。在这样的大背景下,传统新闻编辑部的模式受到人工智能的极大冲击,人工智能正显而易见地改变着新闻编辑部的整体生态。

（五）人工智能在新闻传播业内容版权管理中的应用

在数字出版物版权保护方面，人工智能通过数据库构建，同区块链技术进行深度合作，形成数字出版物版权保护的总体体系。人工智能可以通过对作者文稿的风格进行深度学习，形成对作者出版物整体行文风格的把握，在此基础上对可能出现的侵权出版物进行实时监测。同时通过检测与数据抓取进行取证，为后续的协商以及诉讼环节提供证据层面的支持。这是建立在人工智能独有的深度学习以及数据抓取功能基础上对版权管理及保护的一种重构。通过区块链与人工智能的结合应用，利用区块链去中心化、可追溯以及不可篡改三个特性对新闻作品跨平台版权贸易以及数字增值服务提供保障，同时建立起一套版权保护与管理专属数据库，利用区块链的底层架构来完成版权数据库和侵权检测系统的数据共享，推动了侵权识别效率的提升。

人工智能与区块链的结合，可以为原创者和版权所有者提供更加多元的保障服务，在人工智能数据库构建的大背景下，利用区块链进行版权确权可有效提升版权管理效率，简化流程以及降低运营成本。同时，还可以在人工智能主导下加强智能化版权交易平台建设，搭建网络内容创作者、版权服务商等各方之间的桥梁，使得各方能够在内容生产的全过程当中进行参与，提高交易的实际效率。同时在整个流程当中，人工智能以其侵权检测服务提供切实可靠的依据，提供侵权行为预警、证据留存以及智能信息提醒及维权、信息参考等服务，从而使得版权管理当中的管理成本及维权成本都进一步降低。比如，微博云剪，在提供剪辑功能和媒体资产管理的同时，还能完成内容版权保护工作。

（六）人工智能在提升新闻传播业用户体验中的应用

在用户体验方面，传统媒体时代的用户体验是均一化的，没有个性建构，个体被统一划入"受众"这样一个大的范畴，采编人员和编辑通过标准化流程生产出均等化、标准化的新闻产品，用户看到的信息只能是采编人员选择性呈现的部分信息。进入网络时代以后，针对更大的信息量，网络用户可以根据自己的兴趣点和自身需求有针对性地选择内容进行阅读。这就有异于传统的标准化新闻制作与生产。人工智能的引入，为网络时代

T.2 人工智能在新闻传播业应用现状及发展趋势研究报告

的新闻制作与生产提供智能解决方案,也为个体以及采编人员之间搭建桥梁,由人工智能基于用户的使用习惯进行用户肖像刻画,并借助大数据形成数据库,真正实现新闻传播内容生产的定制化与个性化。

在人工智能的帮助下,通过对各种不同的语料库进行深度学习,针对多样化的受众结构,从报道角度、行文风格与逻辑、参考与娱乐价值等不同维度进行有针对性的建构和设计阅读产品。这种差异化的建构方式已经成为新闻生产整体流程当中的大势。

2015年10月,腾讯的财经写作机器人梦幻写手(Dreamwriter)在报道其年9月宏观经济走势时,就针对不同受众的不同需要进行了个性化的稿件定制,分别推出了《常规版:9月CPI涨幅回落至1.6%》、《精要版:9月CPI涨幅回落降准降息可能性大》、《民生版:9月CPI涨幅回落住房租金保持上涨》和《研判版:9月CPI涨幅回落货币政策或维持宽松》。从文章的整体行文风格到数据的来源与应用,这四篇稿件都有着截然不同的风格,腾讯通过这种个性化文章的写作与推送,建立以人工智能与大数据为核心的个性化推送策略,从而真正实现内容的个性化生产。在国外,Facebook基于用户之间的互动与关系等形成的大量数据,引入人工智能,完成新闻的精准化分发。同时,利用大数据与人工智能,也能够从充分推进新闻传播与统计学、社会学等相关学科的深度融合与综合实践上,通过人口统计学手段对于用户的社交关系、地域分布、职业、年龄、性别、收入水平、兴趣爱好等信息的收集,推进新闻的结构设计、语言应用、媒体倾向等与其进行匹配,实现个性化的新闻生产。

除了个性化新闻内容生产以外,人工智能还结合VR、AR等技术,将文字、图片、音频、视频以及动画等不同元素进行深度重构和重新洗牌,在全新呈现方式下充分调动受众的视觉、听觉、触觉以及情感等多维度的感官体验。

诺伊·德拉佩纳最早提出的沉浸式新闻的概念,是指一种能够让观众获得新闻故事中第一人称体验或现场感和真实感的新闻呈现方式。[1] VR(虚拟现实技术)开始逐步应用于新闻报道领域,是对这种沉浸式新闻的

---

[1] 杜江、杜伟庭:《"VR+新闻":虚拟现实报道的尝试》,《青年记者》2016年第6期。

37

一种积极尝试。VR 生成的虚拟环境会给人带来全新的体验,[①] 让受众能够在第一人称的沉浸式体验中追寻现场感和真实感,拓展出多元化的新闻呈现方式,在这当中,受众的角色从单纯的接收者变成了新闻事件的亲历者,从而带来更加真实的新闻体验。

三 人工智能在新闻传播业应用发展趋势

(一)在新闻传播业整体业态方面,人机协同将是未来媒体内容生产与宣发的主流渠道与模式

人工智能给新闻业各个环节带来的变化,既是解构也是重组。技术的进步始终依靠着人类,人始终是新闻业的核心。[②] 人工智能在稿件写作、信息抓取等方面能够实现即时性的快速完成,使新闻传播行业从业者从繁重的简单重复劳动当中解放出来,从事更多具有创造力的工作,但是人在整体的新闻制作与传播流程中还将占据主导地位,拥有整体宣发流程的主导权。

人机协同在相当长的一段时间内,还将是新闻传播行业的主流表现形式,深度报道、敏感议题、边缘现象关注等将成为今后新闻传播业从业者的主要工作方向,在一些重大选题与议题的把关方面,仍旧离不开人的力量,重大选题的特点就在于其地位重要、容错率低、社会影响大和社会反响比较强烈等,因而需要利用人的智慧在宣发方面进行再次把关。同时,由于信息的推送与宣发依赖算法,形成了私人定制的整体特色,这也将倒逼不同社会群体产生不同的社会认同。为了深化共同价值,这也离不开人力在其中发挥自身的作用。

人工智能对现在的新闻传播业在技术方面以媒介融合的形式施加影响,使不同信息的流通渠道、应用方式等都产生了广泛而深刻的变化。对于这样的趋势以及人机协作的整体构建,新闻传播业需要对议程设置、岗位设置以及人员分工等要素进行重新的排列组合。在这其中,人和人工智能如何实现较好的协同生产、创建起良好的媒体协同生产示范效应将会成

---

① 陈心茹:《VR 新闻与新闻可信度》,《中国报业》2019 年第 11 期。
② 喻国明:《人工智能的强势崛起与新闻传播业态的重构》,《教育传媒研究》2018 年第 1 期。

为未来新闻传播业研究当中的一个重要课题。

(二) 新闻内容在价值观方面更向智能新闻靠拢

人工智能代替了新闻传播业从业者的许多工作,原有的新闻专业主义被消解,传统的内容生产与受众需求被重构,因而这也就要求新闻传播行业从业者在新闻内容生产方面要实现思维变革,同时这种思维变革应与技术变革的步骤和思路相匹配。传统新闻价值观在人工智能和大数据的普及下发生了转变,人工智能正在促进新闻传播业从业者重新审视新闻的内容生产的专业价值。人工智能也使得新闻内容的产出速度从按天、按小时来计算发展到现在的按秒来计算,时效性不再是新闻传播业从业者考虑的第一要点。VR等技术手段的应用,也正在使得原有的技术界限荡然无存,人利用自身的各种感官投入新闻的感知当中,从一个单纯的旁观者成为亲历者,受众对于新闻画面感的需求将会越来越高,新闻的重要性和显著性在新闻生产过程当中的重要性也在不断降低。与之同时,作为受众对于内容进行关注的一种原始驱动力,新闻价值的重要性却在不断上升,人工智能技术将原有的新闻价值观格局进行了重构,这就使得新闻行业从业者需要重新思考人工智能背景下新闻的价值,调整自身的信息表达与调查倾向以适应受众的转变。

(三) 人工智能在新闻传播业的相关制度规范及政策法规将会得到进一步的完善

人工智能作为一种新兴科学,有着起起落落的发展过程,直到现在,对于人工智能在新闻传播业当中的实际应用还没有一个非常清晰的未来格局,监管制度与相关法律法规的缺乏使得人工智能在新闻传播业实际应用当中造成了伦理失范等现象。由于人工智能存在和发展的时间还比较短,目前人工智能在新闻传播业当中的监管制度以及法律法规处于空白状态,各个媒体单位对于人工智能的应用也缺乏现成的经验。因而有必要在政策法规、制度制定以及监管三个方面对人工智能在新闻传播业当中的实际应用进行全方位的完善。

首先,要根据人工智能技术使用标准,从立法层面确定人工智能技术在新闻传播业当中所适用的具体领域,在充分保护公众知情权、著作权以及隐私权的前提下，明确人工智能所能够涉及的数据领域和具体的适用场景。其次，要结合已有的新闻传播行业制度以及新闻行业实践活动的经验对原有制度和法规进行完善，严格制定新闻工作者的工作规范，及时应对新技术带来的诸多挑战。最后，政府应当专门针对人工智能发展制定相应的政策法规，对于智能新闻创作当中所存在的风险点进行排查，用政策以及法律法规的形式防范可能存在的道德和伦理风险，切实做到为社会负责。

（四）新闻传播业职业道德在人工智能发展中被重构

长期以来，政府监管在我国新闻传播业道德规范中成为一种预防制模式，这种政府主导的模式长期以来缺乏市场的刺激，使得行业自律严重不足。但是随着新闻传播在技术方面迎来的重大变革以及人工智能相关概念的引入，新闻行业职业道德自律显得越来越重要，甚至在接下来的阶段中，行业自律是同政策以及法律法规需要摆在同等地位的重要因素。

在当前，技术发展与内容生产正呈现出一种角力和博弈的态势，人工智能通过算法等技术手段能够实现对于信息的深度学习和挖掘，人工智能技术贯穿新闻生产、内容宣发、版权管理以及用户体验等各个流程。这种对于传统新闻模式的反叛在带来新的新闻生产语境的同时，也急切需要新的新闻传播业职业道德体系来与现在的行业现状相匹配，具体需要删除陈旧的、不符合时代发展需要的部分要求和条例，基于人工智能发展实际情况增添新的媒介伦理道德规范，增加人工智能对于失范行为的检测机制以及预警机制，出现异常行为后能够做到快速反应、快速报警、快速纠正。对于新闻传播业工作者而言，也需要坚持新闻的客观性和真实性原则，形成对于舆论的正确引导。在不断学习当中及时了解最新形式，优化自己的知识结构，针对人工智能发展现状积极学习新的新闻传播职业道德准则。

另外，还需要完善对于新闻传播业职业道德准则的监督和惩戒力度，除了依靠从业者自律以及加强制度建设外，还需要上级领导部门、社会舆论、行业协会共同发力，形成综合性监督机制。有必要设立一个独立于媒体机构领域的专门性监督机构，专门从事对于新闻工作者的监督工作，规范其职务行为，定期对新闻传播业从业者进行职业道德相关教育。

T.2 人工智能在新闻传播业应用现状及发展趋势研究报告

（五）媒体的智能化程度将加速加深

全球范围内，《华盛顿邮报》、《纽约时报》、美联社、彭博社、BBC等知名媒体在各自的工作流程中，不断深度引入人工智能，全面赋能新闻传播业务，深入布局媒体的智能化转型。国内主要媒体，如《人民日报》、新华社、中央广播电视总台、新浪新闻、腾讯新闻、今日头条等媒体和平台，已经将人工智能的部分功能深浅不一地广泛应用于新闻传播的生产实践，大刀阔斧地进行着媒体的智能化转型进程。无论从国外还是国内，人工智能的应用都会在信息采集、内容生产、内容分发、媒体资产管理、内容风险控制、传播效果监测、舆情监测与分析、媒体经营管理和版权保护等诸多方面，得到更加深入的提升，促进媒体智能化程度的进一步发展。

当前，新闻传播业中内容生产、分发和风险控制，是人工智能应用最广泛的三个领域，而版权保护、媒体资产管理和媒体经营等环节，人工智能的应用还只是处于非常初级的阶段，具有非常大的提升潜力。在主流价值导向引领下，以计算机视觉、强化学习、知识图谱、情感计算等关键技术领域加速突破，推动媒体认知智能升级，人工智能在新闻传播业的应用得以纵深发展。新型主流媒体与头部商业平台将成为智媒生态两大中坚力量，而先进技术、创新管理和内容建设协同发展将持续激活媒体的AI能力。同时，伦理标准、职业规范的建设成为行业关注焦点，为智媒行业健康高速发展保驾护航。

（六）新闻传播教育重新洗牌

尽管人工智能在新闻传播业的应用具有非常美好的前景，但当前，新闻传播业从业人员以及新闻传播教育中技术基础薄弱、专业人才缺乏、资金投入不足、机制体制不适应、投入产出不足、战略认识不足等问题，都是人工智能在新闻传播业进一步深入应用的不利因素，这些问题的解决，从根本上来说，需要从新闻传播教育环节入手。

人工智能的应用在给新闻传播行业带来诸多变化的同时，也将对传统的新闻教育在教学理念、教学方法等方面提出新的要求。未来新闻传播行业对于人才的要求将会从知识结构、专业技能以及媒介素养等几个方面入手，这也就要求新闻传播教育要明确自身的目标定位，着力提升新闻人才的专业技能，积极同业界进行对接，及时掌握行业整体性的最新业态，拓展人才的国际化视野。同时还需要在课程设置以及课程体系建设上下功夫，结合人工智能的最新发展趋势及未来发展方向，开设匹配大数据和人工智能的相关课程，加强"一专多能"复合型人才培养和建设。

The Research Report of the Application Status and Development Trend of Artificial Intelligence in Journalism and Communication Industry

Zhao Lei

Abstract: In recent years, the continuous in-depth integration of artificial intelligence and the news communication industry has become an increasingly important symbol in the continuous transformation of the news communication industry. Characteristic functions such as personalized precise push play an indispensable role in various media technologies in the news communication industry. This report aims to explore the specific path of the application of media technologies such as big data and artificial intelligence in the news communication industry, through the interpretation and analysis of the recent overall application of artificial intelligence in the news communication industry, so as to prospective forecasting of the overall trends and trends of applications in the communications industry.

Key words: Artificial intelligence, News communication industry, Content production, Process management, User experience

参考文献

段蕾:《人工智能时代新闻业面临的挑战与对策》,《传媒》2019年第15期。

陈昌凤、霍婕:《以人为本:人工智能技术在新闻传播领域的应用》,《新闻与写作》2018年第8期。

徐敬宏、胡世明、陈文兵:《人工智能时代新闻业面临的机遇与挑战》,《郑州大学学报》(哲学社会科学版)2018年第5期。

喻国明、景琦:《传播游戏理论:智能化媒体时代的主导性实践范式》,

《社会科学战线》2018年第1期。

唐淇：《智媒时代机器人写作对传媒发展的重构——以新华社"快笔小新"为例》，《卫星电视与宽带多媒体》2019年第6期。

李仁虎、毛伟：《从"AI合成主播"和"媒体大脑"看新华社融合创新发展》，《中国记者》2019年第8期。

喻国明：《当前新闻传播"需求侧"与"供给侧"的现状分析》，《新闻与写作》2017年第5期。

彭兰：《无边界时代的专业性重塑》，《现代传播》（中国传媒大学学报）2018年第5期。

郭庆光：《传播学概论》，中国人民大学出版社2011年版。

杜江、杜伟庭：《"VR+新闻"：虚拟现实报道的尝试》，《青年记者》2016年第6期。

陈心茹：《VR新闻与新闻可信度》，《中国报业》2019年第11期。

喻国明：《人工智能的强势崛起与新闻传播业态的重构》，《教育传媒研究》2018年第1期。

T.3 我国智能媒体发展的法律政策现状、问题及趋势

李玲娟　王　璞[*]

摘　要： 智能技术在媒体领域的广泛应用可以加快传媒产业发展，与此同时，智能媒体的也引发了一定的社会问题，现行法律、政策在应对这些问题时存在不足：一方面，媒体领域的特殊性决定了某些一般性规定不宜适用；另一方面，某些问题并未引起关注，存在制度空白。针对智能媒体发展中可能出现的法律问题，有必要在理清现行制度的基础上，探究未来制度完善的趋势。

关键词： 智能媒体　科技与传媒　制度完善　算法推荐　算法新闻

一　智能媒体发展现状

近年来，智能技术在信息传播中扮演了重要角色。例如，2020年两会期间，由新华智云自主研发并推出的"两会机器人"，可以实现全流程智能生产和智能传播；人民日报智慧媒体研究院推出的"5G + AI"模式则成功打造了"5G + AR 采访眼镜""智能云剪辑师"等智能产品。"5G + AR 采访眼镜"可帮助一线记者在会场实时了解人物信息资料，还可以第一视角进行现场直播。记者只需手势或语音控制即可完成视频录制、拍照、直播等工作。借助"智能云剪辑师"，只要短短几分钟就能根据需要迅速生

---

[*] 李玲娟，中国科学院大学公共政策与管理学院副教授，主要研究领域为科技政策、知识产权政策、科技成果转化管理；王璞，中国科学院大学公共政策与管理学院民商法研究生，专业方向为知识产权。

成视频自动匹配字幕。此外，利用大数据、人工智能等高新技术自强化所形成的生态系统，媒体平台能够实现信息与用户需求的智能匹配，使得信息服务更加高效。通过将5G、人工智能、云计算、大数据、虚拟现实、区块链等高新技术运用于传媒领域，智能媒体这一新的媒体形态开始出现并迅速发展，实现了文化生产、传播和消费模式的大变革：过去的媒体是以人为主导的媒体，而智能媒体时代将实现智能化机器与人的智能融合，二者通过共同作用构建新的媒体业务模式。

然而，智能化在为媒体赋能的同时，也带来了一些社会问题。2018年4月，针对包括"快手"和"今日头条"旗下"火山小视频"在内的直播短视频平台出现的大量"未成年早恋早孕"视频，中华人民共和国国家互联网信息办公室依法约谈"快手"和"火山小视频"相关负责人，责令其全面进行整改，并要求暂停有关算法推荐功能。[①] 可见，智能技术在推进媒体发展的同时，也带来了一些法律问题，相关配套法律、政策需要及时跟进。

二 智能媒体发展中的法律问题

与传统媒体相比，智能媒体发展的影响体现在以下三个方面：互联网用户行为、传媒内容的生产方式和信息产品的提供方式；并产生了整合上述三大特点的智能化媒体平台运营模式。对智能媒体发展中法律问题的探讨也将围绕这三个方面展开。

（一）互联网用户行为

在移动互联时代，网络用户在能够更加快速地搜索、获取、存储所需信息，并通过个人观点表达积极创造信息、共享经济和知识经济的双重驱动下，越来越多的网络用户乐于分享通过搜索获取的或自己创造的信息内容。以法学的视角出发，随着智能媒体的迅速发展，无论是用户个人的信息搜索、信息创造、信息存储行为，还是用户之间信息传递、信息共享行

---

① 《国家网信办依法约谈"快手""火山小视频"直播短视频平台》，2018年4月6日，中国网信网，http：//www.cac.gov.cn/2018-04/06/c_1122644271.htm。

为都将对网络用户以及媒体平台提出不同于以往的新要求：1. 媒体平台需要保护用户个人数据。用户在互联网上进行信息检索、创造和分享所留下的个人轨迹信息可以作为传媒企业用户数据资产的重要组成部分，这些个人数据可能会被媒体平台收集、处理，作为大数据分析运算的素材，这要求用户在使用媒体类软件时仔细阅读用户行为追踪相关条款以及隐私条款，保持谨慎，以防止个人数据被擅自利用，媒体平台也需要在利用用户个人数据之前征得用户的同意，在约定的目的范围内以合理方式使用用户信息，正确处理收集个人数据以防止用户信息泄露。2. 媒体平台、用户均须为其制作、发布、传输的信息内容负责。5G 技术使得信息的传播更为迅速，不同用户之间可以实现实时信息传输、共享，新闻报道不再是用户获取信息资讯的唯一源泉，因此网络用户需要对自己创造或者传递的信息内容负责，同时专门性媒体平台或者兼具传媒功能的社交平台也要对平台用户创造或传播的内容进行适当审查、监管，保证信息内容真实合法，同时符合社会公序良俗，不损害公共利益和全社会价值观念。

（二）传媒内容的生产方式

"机器新闻"就是智能媒体时代传媒内容生产方式变革的一个典型案例：通过算法程序对输入的数据自动进行加工处理，机器可以自动生成完整的新闻报道，即通过人工智能实现新闻内容的机器生产。2014 年《洛杉矶时报》利用 Quakebot 系统首次实现了地震新闻的机器生成，此后人工智能新闻生成技术被路透社、美联社等境外传媒机构广泛用于的财经、体育等各领域的新闻报道中。[①] 在国内，作为人工智能在新闻领域的产物，机器新闻在实践中也被广泛应用。2017 年 5 月 4 日，封面传媒自主研发的"小封"机器人正式"入职"，成为采编记者，月发稿量超过10000 篇。此外，中国科学报社与北京大学科研团队联合研发了首个科学新闻写作机器人——"小柯"，为科研人员提供全球最新科研进展，解决不同语种带来的学术信息更新获取不及时问题。2019 年 8 月 2 日，"小柯"正式上线，同时其创作内容发布于科学网小柯机器人频道。媒体内容的智能化生成引

[①] 陈仲昊、崔灿、王睿路、张妍：《腾讯 Dreamwriter：自动化新闻发展之路》，2017 年 2 月 16 日，记者网，https://www.jzwcom.com/jzw/0c/16550.html。

发了以下在法律问题上的讨论：（1）人工智能生产物的版权归属。无论是"小柯"还是"小封"，其输出的新闻内容均是一定选择安排的结果，因此可能涉及版权归属问题。可能涉及的权利主体包括人工智能程序设计者，人工智能技术开发者（即软硬件知识产权的所有者），人工智能物权的所有者，人工智能使用、控制者等各种权利主体。（2）人工智能生成物内容的责任承担问题。对于机器人所创造的新闻报道，既可能产生内容的真实性问题，也可能会产生输出内容侵犯他人的个人隐私权、名誉权等人格权的侵权问题。而依据现行法律法规，上述问题的相关责任主体尚不明确。

（三）信息产品的提供方式

智能媒体技术改变了媒体平台提供信息产品的方式，成功实现信息产品与用户需求之间的实时匹配。例如，2012年创建的今日头条就是以智能化信息产品提供作为特色与优势发展起来的。搜狐、新浪、网易等传统媒体平台对其新闻客户端也先后完成了产品提供方式的改造。传统的信息产品提供模式一般进行目标用户的区分，相较而言智能媒体则以"算法"等智能技术作为运营基础，通过用户行为数据挖掘构建用户模型，并依据客户需求、兴趣进行算法推荐，有针对性地为不同用户提供个性化信息。具体而言，智能媒体时代信息产品的提供通过以下方式进行：通过对用户社交行为、搜索行为、浏览行为等相关数据进行收集，结合用户地理位置、性别、职业、年龄等个人基本信息作为信息素材，智能媒体平台可以通过算法程序对海量用户个人数据进行分类、处理等形式的分析，实现对用户兴趣的深度挖掘；并进一步通过机器学习技术进行个性化信息推荐，上述过程可以在极短的时间内完成，并基于用户最新数据实现用户模型的实时更新。例如，作为智能媒体重要形式之一的算法新闻推荐，其算法设计以包括访问历史、搜索历史在内的媒体平台用户个体行为习惯、用户地理位置等为基础，旨在对网络用户感兴趣的内容做出预测，更有针对性地进行个性化信息推荐。这一变革引发了更为广泛的法律问题：个人隐私和个人数据的保护问题，网络用户对于算法推荐的知情权、自主选择权问题，以及媒体平台对于算法所推荐的信息内容的监管责任问题。

从新闻推荐算法设计的过程来看，首先要确定与用户阅读兴趣有关的

T.3 我国智能媒体发展的法律政策现状、问题及趋势

算法指标,其次赋予这些因素不同的权重并进行观察和测试,最后根据测试结果进行参数的设置,得出包含算法指标和相关参数的计算公式。因此一个完整的推荐新闻算法要经历四个阶段:确定指标;赋予权重;设置参数;得出公式。在上述过程中,首先涉及的是用户的个人隐私和个人信息保护问题。为了判断用户阅读兴趣,媒体平台开发算法最初在确定算法指标时需要收集用户行为信息形成用户画像,作为个性化推荐的基础,此时用户个人隐私和个人数据保护问题不可避免。其次是算法推荐中用户的知情权和选择权问题。赋予权重以及设置参数过程,可以使最终得出的信息推荐算法公式更加精确,即算法推荐结果更加贴近用户实际阅读兴趣,因此算法推荐很有可能造成算法歧视、算法短视,导致网络用户所获取的信息资讯缺少多样性,用户偏见加深,使用户被困于经济学上所称的"信息茧房"之中;一些公共性新闻资讯很有可能根本无法为网络用户所知,用户接收的信息中很有可能缺失公共性内容。因此,使用算法推荐的网络媒体有义务事先取得用户的知情同意,用户既可以选择接受算法推荐,也可以选择不受算法推荐的制约。最后,由于该过程中存在"编辑缺位"问题,新闻资讯中一些低俗甚至挑战道德底线的消息泛滥,这不仅不利于用户获得知识,还无法实现正确的社会价值引领,因此媒体平台需要对算法新闻内容进行监管。关于媒体信息监管的责任,主要涉及两个问题:第一,对于算法推荐给用户的信息资讯,平台对违法、虚假或可能导致不良社会影响的内容是否具有责任进行事先过滤?第二,平台是否有法律义务通过调整推荐算法,保证用户获取合法、真实、积极健康的内容?这两个问题本质都是智能媒体平台的信息监管责任问题。对此,首先应当明确的是,未经调整的新闻推荐算法本身并不进行价值立场和话题的筛选,可以说算法本身是中立的,其缺陷仅仅涉及方法设计缺陷。但是,智能媒体平台不能以算法中立为借口免除其对传媒内容的合理注意义务。因此,大体而言相关政策法规需要在以下两方面做出规定:第一,对平台的传媒信息监管义务做出规定。包括要求平台建立自动化推荐系统之外的人工审核机制,包括审核流程及审核标准相关规定,或要求平台及时调整算法,保证其推荐内容的质量(包括真实性、合法性,不会产生不良社会影响等)。第二,建立相应的平台惩戒机制。对于未履行或未完全履行传媒信息监管义务的媒体平台,建立相应的惩戒机制,例如建立黑名单制度等。

现实中智能媒体平台大多集上述功能于一身，平台既进行用户信息搜索、信息创造、信息传递、信息共享行为的追踪，又通过人工智能实现传媒内容的自动化生产，还会通过算法推荐完成新闻内容与用户需求的高度匹配。借助算法等智能技术，移动互联网领域成功实现了媒体平台运营模式的变革，与此同时，这一变革可能引发的社会风险也对现行相关法律政策提出挑战，需要在理清相关法律、政策之间关系的基础之上，对现行制度提出完善建议。

三 现行智能媒体制度框架及不足

当前，我国智能媒体相关法律、政策大体包括在以下两个方面。第一，智能媒体环境中个人权保护相关法律政策。包括名誉权、隐私权等人格权保护，个人信息保护，知识产权保护。第二，智能媒体环境下网络空间治理相关法律政策。包括关于媒体平台信息监管的规定，以及智能媒体时代网络运行网络安全相关规定。图1清晰地展示了现行智能媒体相关问题制度框架。

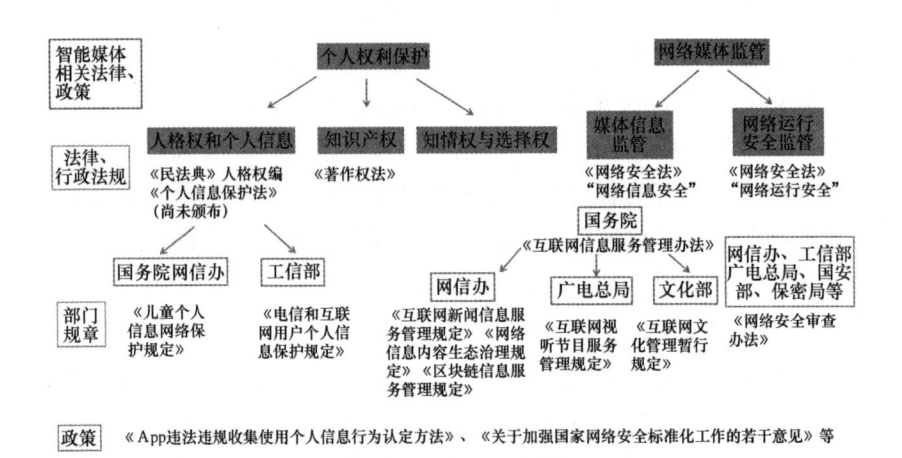

图 1 现行智能媒体相关问题制度框架

个人权保护相关法律政策从个人私权利这一微观层面对智能媒体语境下相关侵权行为的规制，网络空间治理相关法律政策则是在宏观层面对智能媒体生态系统的监管，上述两个方面的法律、政策之间存在密切联系。

T.3 我国智能媒体发展的法律政策现状、问题及趋势

首先，二者在内容上存在较多交叉、重合之处。例如，在对网络空间中的媒体信息进行宏观治理时，往往也会对违法使用个人信息、知识产权侵权等行为进行严厉打击。其次，智能媒体网络监管相关法律政策更多地涉及公共利益。在媒体网络空间监管工作中，尽管侵犯私主体权利的行为是重点治理对象之一，但除此之外还有大量不涉及私权侵权的传媒行为，这些行为可能会对社会公共利益造成不良影响，也应当受到规制。但无论是在个人权利保护方面，还是媒体网络治理方面，相关法律政策均存在不足之处。

（一）个人权利保护相关法律政策

现行法律政策框架对智能媒体时代下个人权利的保护主要涉及人格权和个人信息保护、知识产权保护两个方面。其中，人格权和个人信息保护在法律层面依据主要包括《中华人民共和国民法典》（简称《民法典》）人格权编的相关规定，以及将要出台的《中华人民共和国个人信息保护法》（简称《个人信息保护法》）。同时，针对特殊群体，相关政府部门又在其职责范围内制订了部门规章：针对"儿童"群体，中华人民共和国国家互联网信息办公室颁布了《儿童个人信息网络保护规定》；针对电信用户和互联网用户，工信部颁布了《电信和互联网用户个人信息保护规定》。上述规定均属于人格权、个人信息保护的一般性规定，目前尚不存在智能媒体发展背景下对人格权、个人信息保护的专门性规定。尽管算法新闻推荐仅仅是算法技术在新闻媒体领域的运用、智能化为媒体赋能的结果，智能技术并未引起新的关于隐私权保护、个人信息保护的问题，但传媒领域隐私权和个人信息的保护具有特殊性：与利用消费者个人信息进行个性化商品推荐不同，在传媒领域，个人隐私和信息不仅涉及私主体的权利，还涉及更广泛的个人权益。正如学者 Kristina Irion 在其文章中所说，这些权利包括但不限于：网络媒体用户的言论自由权，畅通无阻地访问其所需信息的权利，以及享受多元化媒体信息的权利。[1] 因此，目前的相关保护法律、政策不足以应对智能传媒发展背景下的人格权和个人信息保护问题。相关法律、政策需要在智能媒体领域对个人隐私权和个人信息权保护问题

---

[1] Kristina Irion, Natali Helberger, "Smart TV and the Online Media Sector, User Privacy in View of Changing Market Realities", *Telecommunications Policy*, No. 4, 2017.

做出特殊规定，在隐私权、个人信息权保护和公众言论自由权信息访问权、多元化信息获取权之间做出合理平衡。对此荷兰、德国等一些欧盟成员国已经做出了相应的规定。

而对于算法新闻所引发的关于人工智能生产物的版权归属和版权保护等问题，目前学术界的探讨主要围绕以下两个问题展开：第一，对人工智能生成物的定性。该问题涉及两大版权法体系对作品的定义、生成物独创性的判断标准不同。第二，人工智能生成物著作权归属问题。上述两个问题均属于立足于现行《中华人民共和国著作权法》（简称《著作权法》）的法律适用、解释问题，并非立法层面需要回应的问题。

值得注意的是，关于媒体网站利用算法进行信息推荐时用户知情权和选择权的保护问题，是智能媒体发展所带来的新问题，且目前尚无法律政策对该问题做出回应。上文已述，信息推荐算法设计步骤一般为：确定指标；赋予权重；设置参数；得出公式。无论是确定指标，还是赋予权重、设置参数，其评判标准皆为使算法公式更加精确。越是精确的算法，其运行的结果就越接近信息推荐算法的最终目的：用户所获取的信息资讯与其实际阅读兴趣高度吻合，而理想的算法最终可以实现：用户所获取的全部新闻资讯均符合个人兴趣。这也就意味着平台不为用户提供任何兴趣之外的信息资讯。从媒体平台运营效率的角度来说，智能化具有高度赋能的功效，而抛去效率这一优势，算法信息推荐会产生不利影响。

对于网络用户而言，算法信息推荐不利于多样化资讯的获取。通过网络媒体获得信息资讯与网络购物不同，网络购物中的商品个性化推荐有利于消费者快速找到自己所需的商品，而在信息时代，用户个体高度依赖于媒体平台获取信息资讯，信息的多样性无疑会带来更好的用户体验。媒体用户不仅想要获取其感兴趣的内容，更需要获取时下社会各界所关注的"热点"内容，也必须要了解国际或者国内发生的重要新闻。因此，在传媒领域，用户"感兴趣的"未必是用户"想要的"，媒体多样化的信息服务往往更加符合用户获取诉求。借用传播学上"信息茧房"这一概念，可以非常贴切地描述算法信息推荐给个体带来的不良影响。2006年，在《信息乌托邦》一书中，桑斯坦提出了"信息茧房"的概念，用来形容这样的现象：当个体长期只关注自我选择的或者能够愉悦自身的内容，而减少对其他信息的接触，便会像蚕一样逐渐桎梏于自我编织的"茧房"之中。桑

T.3 我国智能媒体发展的法律政策现状、问题及趋势

斯坦进一步认为，这将导致视野偏狭和思想的封闭，进而会加强偏见。尽管"信息茧房"并非智能媒体时代的新概念，但算法信息推荐很有可能成为这一现象的助推器。另外，就公共利益而言，算法信息推荐不利于媒体平台公共传播职能的发挥。作为信息传播的使者，媒体平台不仅要考虑到用户个体需求，还应当发挥普及公共性新闻资讯的社会功能。如果一味地向用户推荐其感兴趣的内容，可能会造成用户接收的信息中公共性内容的缺失。

综上，媒体进行信息算法推荐过程中有必要赋予用户知情权和选择权。"知情权"包含两层含义：首先，对于算法本身的知情权。媒体平台使用算法推荐需要事先明确告知用户。其次，对于广泛资讯的知情权。即使用户接受算法信息推荐，除了基于算法推荐的用户"可能感兴趣"的信息，媒体平台也有义务向用户提供其他公共性的、重要的新闻资讯，以免用户遭受"信息茧房"的约束。同样，"选择权"意味着用户具有是否接受算法推荐的选择权。用户既可以选择接受算法推荐的便利，也可以选择不受算法推荐的制约，直接面对一手的海量信息。

目前，关于个性化推荐情况下网络用户知情权和选择权的法律规定为《中华人民共和国电子商务法》（简称《电子商务法》）第十八条："电子商务经营者根据消费者的兴趣爱好、消费习惯等特征向其提供商品或者服务的搜索结果的，应当同时向该消费者提供不针对其个人特征的选项，尊重和平等保护消费者合法权益。"但与此同时，《电子商务法》第二条规定："中华人民共和国境内的电子商务活动，适用本法。本法所称电子商务，是指通过互联网等信息网络销售商品或者提供服务的经营活动。金融类产品和服务，利用信息网络提供新闻信息、音视频节目、出版以及文化产品等内容方面的服务，不适用本法。"本条第二款明确了电子商务的概念："通过互联网等信息网络销售商品或者提供服务的经营活动。"但第三款规定将金融、新闻、音视频、文化产品和服务的网络经营活动排除《电子商务法》的调整范围。原因有二：首先，相比于普通的货物产品或服务产品的网络经营活动，金融、新闻、音视频、文化产品和服务的网络经营活动具有较大的特殊性；其次，《电子商务法》是针对普通领域产品或者服务的网络经营活动，对于金融、新闻、音视频、文化产品和服务的网络经营活动不具有普适性，这些特殊领域的网络经营活动应当交由该领域内的特殊立法进行调整。

即使《电子商务法》关于算法推荐中用户权利的规定不适用于传媒领域，目前也尚无新闻、文化等传媒领域的相关特殊规定。因此，依据现行智能媒体法律政策框架，在媒体网络用户对于算法推荐的知情权与选择权问题上存在立法空白，既无相关法律、行政法规和部门规章，也没有关于对媒体平台未经用户同意擅自使用算法推荐现象的规制性政策，涉及该问题的相关制度亟待完善。

（二）智能媒体环境下公共利益相关法律政策

1. 媒体平台信息监管

如本文第一部分所举之例，随着自动化编辑技术和算法推荐等智能媒体技术的发展，一方面，媒体信息缺少了传统人工编辑过程中的审核程序；另一方面，媒体用户通过算法推荐所接收低俗、夸大其词的劣质信息资讯的概率大大增加，导致公众获取的新闻资讯价值导向偏离，从而出现难辨真假、严重误导公众、损坏社会风气等问题。

对此，现行法律、政策做出了部分回应。《中华人民共和国网络安全法》（简称《网络安全法》）第四十七条规定了网络媒体平台对违法信息的监管义务，[①]《互联网信息服务管理规定》第十五条除了规定网络媒体平台的信息监管义务外，还规定了媒体信息制作、发布者应当对信息内容负责。[②] 除了上述一般性规定，针对新闻信息、视听节目、文化产品各主管

---

① 《网络安全法》第四十七条　网络运营者应当加强对其用户发布的信息的管理，发现法律、行政法规禁止发布或者传输的信息的（违法信息监管），应当立即停止传输该信息，采取消除等处置措施，防止信息扩散，保存有关记录，并向有关主管部门报告。第七十六条　本法下列用语的含义：（三）网络运营者，是指网络的所有者、管理者和网络服务提供者。

② 《互联网信息服务管理办法》第十五条　互联网信息服务提供者不得制作、复制、发布、传播含有下列内容的信息：
（一）反对宪法所确定的基本原则的；
（二）危害国家安全，泄露国家秘密，颠覆国家政权，破坏国家统一的；
（三）损害国家荣誉和利益的；
（四）煽动民族仇恨、民族歧视，破坏民族团结的；
（五）破坏国家宗教政策，宣扬邪教和封建迷信的；
（六）散布谣言，扰乱社会秩序，破坏社会稳定的；
（七）散布淫秽、色情、赌博、暴力、凶杀、恐怖或者教唆犯罪的；
（八）侮辱或者诽谤他人，侵害他人合法权益的；
（九）含有法律、行政法规禁止的其他内容的。
第十六条　互联网信息服务提供者发现其网站传输的信息明显属于本办法第十五条所列内容之一的，应当立即停止传输，保存有关记录，并向国家有关机关报告。

T.3 我国智能媒体发展的法律政策现状、问题及趋势

部门通过《互联网新闻信息服务管理规定》《互联网视听节目服务管理规定》《互联网文化管理暂行规定》等部门规章做出了特殊规定。但现行法律仍然存在以下不足。

第一，算法规制法律、政策缺位。现行法律政策仅限于对媒体信息内容做出规定，并未考虑到传媒领域的特殊性，对生产信息或推荐信息的算法本身做出规定，仅通过现行法律对大量低劣信息进行规制，治标不治本。有学者认为，算法推荐作为一项技术其本身是中立的，但在传媒领域，"技术中性"的背后反映的是算法使用者的价值导向，智能媒体算法可以通过决定用户能看到什么，引导全社会的价值导向。算法如此重要，但当下法律仅限于对算法产生的内容——媒体信息进行监管，对算法推荐本身缺乏足够和直接的规范。只有对算法本身进行法律监管，才能从根本上解决智能媒体推送恶劣信息所引发的乱象。基于保护社会公序良俗，维护正确的社会价值导向等社会公共利益的需要，应对算法进行法律规制，实现科学技术与价值伦理的良性互动。

第二，责任主体单一。尽管现行法律在对互联网媒体信息进行一般性规定的基础上，对不同领域媒体信息做出了特殊规定，但现行规定对信息责任主体的规定仅限于网络媒体平台。作为一般性规定，《网络安全法》中信息监管责任主体为"网络运营者"，[1]《互联网信息服务管理办法》中信息监管责任主体为"互联网信息服务提供者"。[2]《互联网新闻信息服务管理规定》《互联网视听节目服务管理规定》《互联网文化管理暂行规定》等特殊规定中"互联网新闻信息服务提供者""互联网视听节目服务单位""互联网文化单位"[3] 对网络信息内容真实性和合法性负责。随着5G技术的发展，媒体平台用户成为信息制作、发布的另一"主力军"，而上述规定中均强调互联网信息服务提供方对信息内容的法律责任，并未规定

---

[1]《网络安全法》第七十六条　本法下列用语的含义：（三）网络运营者，是指网络的所有者、管理者和网络服务提供者。

[2]《互联网信息服务管理办法》第二条　本办法所称互联网信息服务，是指通过互联网向上网用户提供信息的服务活动。

[3]《互联网文化管理暂行规定》第四条　本规定所称互联网文化单位，是指经文化行政部门和电信管理机构批准或者备案，从事互联网文化活动的互联网信息服务提供者。在中华人民共和国境内从事互联网文化活动，适用本规定。

发布虚假或违法信息的媒体平台用户的相关责任。

2. 网络安全监管

保护网络安全的现行法律为《网络安全法》。其第二十一条规定，网络运营者应当按照网络安全等级保护制度的要求，履行特定安全保护义务，保障网络免受干扰、破坏或者未经授权的访问，防止网络数据泄露或者被窃取、篡改。此外，针对关键信息基础设施安全保障问题，国家互联网信息办公室、国家发展和改革委员会、工信部、公安部、国家广播电视总局等部门联合制定了《网络安全审查办法》。根据《关键信息基础设施确定指南（试行）》的参考性规定，重点新闻网站或用户数量较大的媒体平台，均有可能被认定为关键信息基础设施，受到更加严格的保护。此外，为了应对社会新发展，相关部门对《网络安全法》重要配套法规《网络安全等级保护条例》进行了修改。2018年公安部公布的《网络安全等级保护条例（征求意见稿）》第三十四条是关于新技术新应用风险管控的新增规定："网络运营者应当按照网络安全等级保护制度要求，采取措施，管控云计算、大数据、人工智能、物联网、工控系统和移动互联网等新技术、新应用带来的安全风险，消除安全隐患。"作为一般性规定，该规定同样也适用于传媒领域新技术带来的网络安全风险应对。

四 智能媒体法律政策完善建议

（一）制定个人信息保护特殊规定

与普通商品的销售或服务的提供不同，媒体领域信息产品或服务的提供不仅要考虑个人信息保护问题，还要考虑保障公众自由访问、获取其所需信息的问题，且二者之间往往存在冲突，需要相关制度在这两个方面之间进行合理平衡。目前，我国个人信息保护相关规定是一般性规定，不存在对媒体领域的特殊规定。因此，针对传媒智能化带来的个人信息保护问题，有必要制定特殊规定。

（二）保障算法推荐下媒体用户相关权益

现行法律政策对于算法推荐情形下网络用户权益保障的规定仅限于《电子商务法》，同时《电子商务法》将"新闻、音视频、文化产品和服务的网络经营活动"从其调整范围内明确排除，包括传媒在内的特殊领域的网络经营活动由该领域内特殊立法进行调整。随着智能媒体发展，算法信息推荐更加普遍，而通过图2对现行算法推荐用户权益保护相关法律制度的全面梳理，可以发现尚无关于媒体网络用户对算法推荐的知情权、对是否接受算法推荐的选择权，以及避免算法推荐的限制获取更广泛信息的权益等问题的规定，此类问题也是未来法律、政策需要关注的领域。

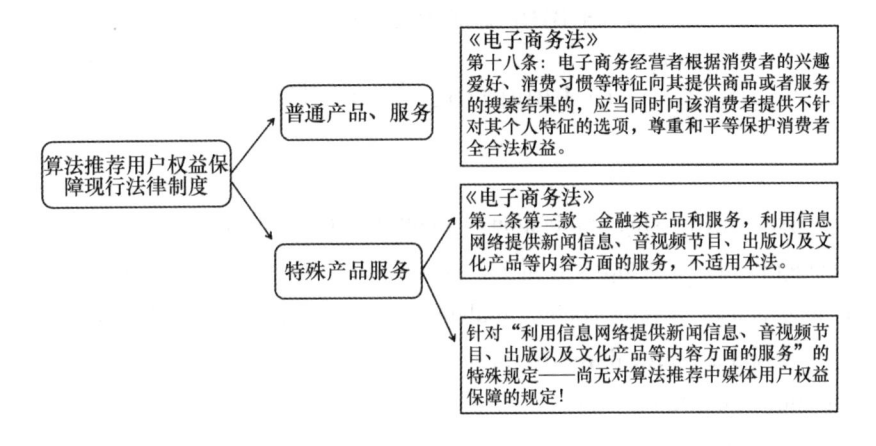

算法推荐用户权益保障现行法律制度
├─ 普通产品、服务 ── 《电子商务法》第十八条：电子商务经营者根据消费者的兴趣爱好、消费习惯等特征向其提供商品或者服务的搜索结果的，应当同时向该消费者提供不针对其个人特征的选项，尊重和平等保护消费者全合法权益。
└─ 特殊产品服务 ─┬─ 《电子商务法》第二条第三款 金融类产品和服务，利用信息网络提供新闻信息、音视频节目、出版以及文化产品等内容方面的服务，不适用本法。
                 └─ 针对"利用信息网络提供新闻信息、音视频节目、出版以及文化产品等内容方面的服务"的特殊规定——尚无对算法推荐中媒体用户权益保障的规定！

图2 我国现行算法推荐用户权益保护相关法律制度

（三）完善媒体信息质量保障机制

针对媒体智能化引发的海量低劣信息充斥现象，需要从两个方面对媒体信息治理问题进行制度完善。第一，对算法本身进行规制。无论是信息生产算法，还是信息推荐算法，基于传媒领域的特殊性，看似"中立"的程序背后，其实都反映着算法设计者期望实现的价值导向。而且利用智能技术，媒体生产、传播信息的速度大大加快，若仅对算法产生的信息进行监管，而不从源头上对不良信息的生产环节——算法本身进行规制，具有不良社会影响的低劣信息将继续被生产、传播，因此有必要对媒体所使用的算法本身进行审查、规制。第二，责任主体多元化。现行制度规定了包括媒体平台在内的网络信息服务提供者应当保证所提供的信息内容真实、合法，不产生不良社会影响，此系网络信息服务提供者的监管义务。实际中，由于智能媒体发展下信息制造、传播速度快，信息服务提供者的审查负担过重，大量不良信息仍然存在于各大媒体平台，甚至被个性化推荐给特定用户群体。因此，有必要从制度层面将制造、传播不良信息的网络用户也纳入责任主体范围，建立媒体用户信息负责机制。

The Status Quo, Problems and Trends of the Development of Smart Media Laws and Policies in China

Li Lingjuan, Wang Pu

Abstract: The wide application of intelligent technology in the field of media can accelerate the development of media industry. At the same time, intelligent media also causes certain social problems. The existing laws and policies have some shortcomings in dealing with these problems: on the one hand, the particularity of the media field determines that some general provisions should not be applied; on the other hand, some problems have not attracted attention and there are system gaps. In view of the possible legal problems in the development of intelligent media, it is necessary to clarify the current system and explore the trend of future system improvement.

Key words: Intelligent media, Technology and media, System improvement, Algorithm recommendation, Algorithmic news

参考文献

Kristina Irion, Natali Helberger, "Smart TV and the Online Media Sector, User Privacy in View of Changing Market Realities", *Telecommunications Policy*, No. 4, 2017.

张洪亮:《智能媒体的社会风险及其治理》,《新媒体与社会》2020 年第 1 期。

张文祥、杨林:《新闻聚合平台的算法规制与隐私保护》,《现代传播》

（中国传媒大学学报）2020年第4期。

李海东、许志强：《"数据价值+人工智能"双轮驱动下媒体智能化变革路径探析》，《中国出版》2019年第20期。

贾军：《算法推荐新闻：技术困境与范式变革》，《西南民族大学学报》（人文社会科学版）2019年第5期。

郭琪：《智能算法技术的传播控制分析》，《新闻研究导刊》2019年第1期。

高悦：《智能媒体时代的机遇与策略》，《中国广播电视学刊》2019年第1期。

《国家网信办依法约谈"快手""火山小视频"直播短视频平台》，2018年4月6日，中国网信网，http://www.cac.gov.cn/2018-04/06/c_1122644271.htm。

陈仲昊、崔灿、王睿路、张妍：《腾讯Dreamwriter：自动化新闻发展之路》，2017年2月16日，记者网，https://www.jzwcom.com/jzw/0c/16550.html。

T.4 智能媒体助力主流价值观引领发展报告

郭雅静[*]

摘　要： 智能媒体迅速崛起与发展，给主流价值观的引领和沉淀带来巨大影响。2019年是智能媒体生态化发展元年，在智能技术的驱动下，产业跨界，智能媒体实现纵深融合发展。主流价值观引导工作从民族国家的思想政治宣传和文化工程，快速延伸到以智能技术平台增强用户黏性的资本策略，以及新网民群体自觉寻求群组认同和身份再造的符号表征。本报告梳理了2019年1月至2020年5月期间智能媒体助力主流价值观引领的机制、特征与重要案例，以描绘新技术、新群体和新传媒生态下我国主流价值观引领工作的基本情况。

关键词： 智能媒体　主流价值观　新话语系统

2019年是中华人民共和国成立的第70周年，也是中国接入国际互联网的第25年。互联网作为底层技术，以"无时间之时间"和"流动的空间"的媒介特性全面影响着人类社会的意义生产与思想认知。2019年5月16日，第三届世界智能大会在天津召开，习近平主席在贺信中强调："人工智能是引领新一轮科技革命和产业变革的重要驱动力，正深刻改变着人们的生产、生活、学习方式。"习近平主席提出要探索将人工智能运用在新闻采集、生产、分发、接收、反馈的各个环节当中，全面提高舆论引导能力。2019年智能媒体建设从民营媒体转向主流媒体，智能媒体助力主流价值观引领的功能更加显著。

---

[*] 郭雅静，浙江传媒学院教师，主要研究方向为传媒新生态、互联网新话语系统。

"主流价值观"是本文的核心研究对象。学者认为,主流价值观,是指一个社会大多数民众即最广大人民群众所信奉的或各种价值取向大体一致的价值观。主流价值观与一个社会中处于核心地位、对社会其他价值观及其发展方向具有主导、引领和规范作用的主导价值观并非完全一致。因此,主流价值观的引导工作目标就是在复杂多变的国际形势,以及国内利益分化、各种社会思潮及复杂的社会现实等多种因素的背景之下,把社会主导价值观转变为主流价值观。加强社会主义核心价值体系建设,促成社会主义主流价值观形成。① 同时,改革开放以来,主流价值观的形成融合了多种价值取向,包括个体层面、社会层面和国家层面。② 主流价值观话语是多种话语模式相交织共融的,恰当的话语介入可以促进各话语主体的多元互动。③ 大众传媒的介入是主流价值观引导的重要力量,而媒介内容的书写者在多重话语交织的复杂意义空间之中,对社会主流价值观的群体性理解与认同也会影响到主流价值观的整体倾向。④ 本研究认为,2019年智能媒体继续以生态化结构发展,以主流媒体的智能平台建设为主体,党媒、民媒与自媒体的智能端各自发力。在技术和传媒经营之外,中产诉求和青年表达开始在智能媒体引导主流价值观建设中发挥作用。2019年,智能平台上涵养主流价值观的能力全面加强。

一 头部主流媒体和民营媒体合力推动智能媒体技术与发展

当前中国传媒业形成三足鼎立之势,党媒、民媒和自媒体撑起三足,新闻形态、传媒业态和意义生产被重新整合。头部媒体和民营媒体正在以智能技术创新改变新闻的生产流程,重新建构人们认知世界的方式。

---

① 黄晓琼、张思军:《简析当代中国主流价值观的形成》,《西南民族大学学报》(人文社会科学版)2013年第5期。
② 刘勇:《增强当代中国主流价值观话语权面临的挑战与对策研究》,《马克思主义研究》2017年第7期。
③ 赵丽丽、于建玮:《社会主义核心价值观的话语介入模式》,《岭南学刊》2020年第3期。
④ 李茂华:《电视剧构建社会主流价值观之认知机制考察》,《中国广播电视学刊》2020年第5期。

（一）头部主流媒体纷纷建设"人工智能编辑部"

2019年国家发布多项政策指导智能媒体建设。8月13日，国家科技部等六部门联合印发《关于促进文化和科技深度融合的指导意见》，传媒业开始深度探索如何将人工智能运用于新闻采集、生产、分发、接收、反馈等各环节中，如何在人工智能的助力之下，全面提高价值观引导能力。政策的红利主要体现在头部主流媒体的"人工智能编辑部"建设项目上。"人工智能编辑部"的建设是主流媒体与技术平台合作，在策划、采集、生产、运营、审核等新闻生产环节向智能化转型的重要举措（见表1）。2019年"人工智能编辑部"建设是主流媒体增强对主流价值观引导工作话语权的重要举措，是在媒体融合框架下的策略性调整。主流媒体继续发挥自身的社会资源优势，在新闻生产的各环节借助智能技术占据了流量优势，在社会话语空间内设置和引导议题的能力大为增强。

表1　　　　　　　　　　人工智能编辑部平台功能

智能媒体生产平台	基本功能
人工智能视音频处理平台	对超高清视频全流程把控，为多元输出提供便利
人工智能基础服务平台	视频智能和数据智能为特色，构建智能标签体系，提供搜索查找服务

资料来源：根据互联网资料整理。

在头部主流媒体的拉动下，智能技术和传统新闻生产环节深度融合。在智能媒体的操作实践当中，主流媒体的新闻采编人员开始具备了基本的数据挖掘能力，新闻可视化和融合报道能力也有所增强。新闻生产的各个环节都在探索智能化应用的深度和广度。2019年，在众多智能化新闻生产技术创新当中，原创识别及盗版追踪技术、视频字幕生成工具、算法推送新闻机制、图片视频自动分类应用以及可以把采访的语音或视频转化成文字的采访助手成为最受欢迎的智能化操作（见表2）。

表2　　　　　　　　　　智能媒体技术认知情况　　　　　　　　（单位:%）

智能技术	新闻从业者知晓率
算法推送新闻	39.0
AI合成主播	39.0
机器人写稿	37.6
舆情监测/新闻热点抓取和预测	36.2
智能检校	34.1

资料来源：新华社成立的"人工智能时代媒体变革与发展"课题组。

1. 中央广播电视总台的"5G+4K+AI"战略布局

2019年12月25日，中央广播电视总台的智能产品"人工智能编辑部"正式启用。"人工智能编辑部"作为一个技术平台，可以提供新闻生产各个环节的底层技术，同时可以提供类似内容池的中台和丰富的场景选择。这一年比较有代表性的作品有春节晚会、元宵晚会中推出的虚拟主持人。虚拟主持人除了在形象设计上增加了受众的新鲜感和趣味感，更重要的是虚拟主持人可以在模拟场景中实现信息传达的连贯性，实现用户在信息获取过程中的代入感，用户不再是顺着现实主持人的指向来感知信息，而是走进虚拟场景，实现全息化的信息感知。新应用还包括电视公益节目《等着我》中尝试使用的智能语音系统，这套系统可以支持声音合成。对于这档节目的传播效果而言，智能化技术强化了节目在内容叙事方面的可理解性，用智能技术再现记忆，跨越时空局限，以技术的方式烘托人类情感，更好地实现节目的内容、受众以及场景的共融，更好地体现人的主体性。另外在国庆阅兵报道中，短视频智能创作平台帮助记者实现了智能化短视频的模式化、规模化生产。在新的智能技术的支持之下，记者可以高效地完成实时信息的可视化操作。对于媒体智能化的技术更迭，传统记者的专业素养优势一度被忽视。智能技术平台的建设降低了技术门槛，帮助传统记者更方便、更高效、更高质地完成信息加工，既适应新传媒内容生态又能够保护传统新闻从业者的优势。技术搭载思想是未来主流价值观引导的重要模式。

2. 新华社智能编辑部全环节智能化建设

头部主流媒体借助政策红利和资本推动，迅速搭建起智能化操作平台（见表3）。2019年智能编辑部建设是一场"机遇"之战。头部主流媒体起到示范性作用，同时也基本确定了主流媒体进行新闻生产全流程智能化建设的基本框架。目前，除了头部主流媒体占据多重机遇、迅速行动之外，腰部省级媒体和县级融媒体在整体上依然困于资金、技术和人才短板，智能化编辑部的建设发展缓慢。

表3　　　　　　　　　　新华社的智能化建设情况

新闻生产环节	智能化建设	技术突破
信息采集	现场云（移动直播系统）	一个记者就能发布全息直播，同步采集各种形态的新闻素材
内容加工与审核	文本语义合成系统 时政动漫自动生成系统 "媒体大脑" 高敏内容识别系统 AR智能眼镜	智能辅助人工完成全过程新闻生产
分发传播	绘制准确的用户画像	实现精准推送
效果反馈	智能版权评价体系	数据驱动，发掘用户数据价值

资料来源：根据互联网资料整理。

头部主流媒体的智能化建设是在媒体融合发展的框架下迈出的一大步，但是当前的智能化建设依然处于"弱智能化"阶段。媒体的技术创新和功能开发在极大程度上要依赖技术平台的投资意愿。智能平台很难快速回应传统媒体智能化发展过程中的专业诉求。在制定规则、搭建技术通路、定向引导社会主流价值观等方面缺少可控性和主动性。

（二）主流媒体的叙事环境发生改变

头部主流媒体和技术资本合作的"人工智能编辑部"项目，很大程度上改变了新闻生产的业务流程，改写了传媒产业的价值取向，促进了新的媒体业态和内容生态的形成。传媒业对于主流价值观的引导也面临话语权的争夺。主流媒体人工智能编辑部的建设提高了新闻产品的表现力，增强了舆论引导能力。

1. 更能凝聚民意

主流媒体的智能化建设是内容、形式重新适配的过程。在智能化生产的技术条件下，编辑记者对于内容的选择更加轻量化、多元化，这种转变与大众的信息需求相吻合。用户的使用数据和留下的评论观点将成为了解民意的基本素材。"人工智能时代媒体变革与发展"调研的数据显示，81.8%的受访者认为，国内传媒业对智能技术的应用呈现出积极态势；49.2%的受访者认为人工智能技术的应用，使媒体舆论引导能力增强，传播效果明显提升。

2. 更易发起话题

2019年头部主流媒体在视频平台和客户端推出智能化产品。权威的信息源、专业的新闻生产流程、AI的全环节应用以及在传统媒体智能端人才年轻化等特征，使传统媒体的智能化产品更接地气。2019年，主流媒体在各大平台快速"涨粉"，粉丝的活跃性、专业性、专注力超越以往，主流媒体获得了设置议题的能力。但是从设置议题到引发讨论，再到价值观的引导，主流媒体也要认识到，媒体或者平台都不足以独自完成价值观引导的全环节，必须依靠社交媒体和技术平台各自发力并有效配合。以2020年五四青年节期间的《后浪》演讲为例。主流媒体与内容分发平台合作发布短视频。哔哩哔哩网站数据显示，内容和议题讨论在共同推动阅读量快速提升。但是值得注意的是，《后浪》演讲成为社会热点议题，讨论的核心不是文本内容，而是社会话语议题下的代际差异。传统主流媒体占据政策资源优势，成为智能媒体的"国家队"。新技术加持下传统党媒的价值观引领能力在加强，但同时也伴随着出现话语冲突的可能，即媒体设置的议题和受众讨论的议题之间存在偏差，主流价值观引导的有效性还将面临新的问题和挑战。

（三）重塑新业态：主流媒体与民营资本合力创新

2019年主流媒体继续和技术平台的合作，打通了优质内容触达受众的"最后一公里"（见表4）。

表4　中国三大主流媒体研发应用人工智能技术成果[①]

媒体名称	主要成果	合作单位
人民日报社	"党媒算法" 人民号 创作大脑	人工智能技术公司第四范式
新华社	AI合成主播 媒体大脑 智能化编辑部	搜狗 阿里巴巴
中央广播电视总台	"超高清视音频制播呈现国家重点实验室"（5G+4K/8K+AI）战略布局 "央视频"新媒体平台 央视网"人工智能编辑部"	上海交通大学 腾讯

资料来源：根据互联网资料整理。

1. 人民日报社与第四范式合作

人民日报与人工智能技术公司第四范式合作，共同推出了适合主流媒体智能化转型的"党媒算法"。这套算法是第四范式通过自身的质量评估系统、互动推荐系统、文本分析系统和用户画像系统专门为人民日报社研发的算法。帮助人民日报实现信息的精准推送。

2. 新华社与AI技术公司合作

2019年12月12日，新华社与AI技术公司完成战略合作，共同建成了智能化编辑部。同时新华社还与阿里巴巴合作推出了"媒体大脑"，与搜狗公司合作共同开发了AI合成主播。这些应用成为新华社智能媒体建设的底层技术。

3. 中央广播电视总台与科研机构合作

2019年，中央广播电视总台与上海交通大学、腾讯等科研机构、科技公司开展项目合作，重点探索广电媒体的智能化应用。大数据和人工智能技术的研发主要为总台的5G新媒体平台建设和业务生产赋能。

---

① 《2019年度"人工智能时代媒体变革与发展"研究报告》，2020年2月20日，新华网，http：//www.xinhuanet.com/politics/download/2019ndrgznsdmtbgyfzyjbgqwjwjdcjg.pdf。

（四）民营媒体注重生态建设，主推"科技向善"

除了民营技术资本的积极入局，民营媒体也加入2019年智能媒体建设的生态阵营。近年来中国互联网三巨头BAT（即百度、阿里巴巴、腾讯）积极布局媒体平台，在2019年正式进入智能媒体建设赛道。

2019年BAT与主流媒体合作，以顶尖的AI技术实现主流媒体内容、经验和运营场景的整合升级。阿里巴巴达摩院致力于加紧技术研发。百度云与媒体合作拓展智慧媒体的边界，传统的新闻生产获得AI赋能。腾讯在智能创作、视频感知技术、智能审核能力方面与主流媒体开展合作。

以腾讯为代表的超级互联网公司提出"科技向善"理念。主要基于两个背景：一个是以互联网为底层技术的内容产业竞争激烈，不确定性高，为了避免出局，需要进行产品更新迭代，从消费感知出发的"科技向善"更能够释放研发者的创新潜能，使产品功能脱颖而出；另一个是作为具有超级影响力的科技公司，从社会关切出发，实际解决社会问题，在产品研发的同时解决现实问题，增加内驱力，切实加强直面问题的针对性和解决问题的实效性。这些做法也能帮助企业建立更高的社会信任度。2020年1月11日，腾讯发布《千里之行·科技向善白皮书2020》（简称《白皮书》）。《白皮书》认为，科技向善主要包含两重含义，一是实现技术为善，二是避免技术作恶。前者指向"产品创新"，后者指向"产品底线"。科技向善的理念在2019年得以完善并形成规范的认知体系，在腾讯的带动下，这一理念形成了行业示范性。

2020年7月《科技向善：大科技时代的最优选》一书出版。书中指出，科技向善以互赢代替义务、以探索代替口号、以产品代替内容。科技的善体现在数学模型和细节的探索之中，科技向善的推广，最重要的善来自产品。在产品中融入善意，用科技和产品来帮助解决社会问题。

二 智能时代两大话语主体的价值诉求

第45次《中国互联网络发展状况统计报告》显示，截至2020年3月，我国网民规模为9.04亿。网民年龄结构中，排在前面的是20—29岁、30—39岁两个年龄段，这两个年龄段的网民占比分别为21.5%和

20.8%；职业结构中，学生群体占比达到 26.9%。中产阶级和新生代成为影响着主流价值观形成的主力。

（一）中产阶级影响智能媒体议题设置

2019 年，在智能媒体的发展背景之下，中产阶级带着独特的话语特征进入内容生产领域，成为价值意义建构的重要主体。在内容生产视频化、技能化的趋势之下，互联网的"好内容"评判机制发生改变。简单无逻辑的评论和情绪化的表达退场。中产阶级有理有据充满逻辑和智慧的新话语登上话语高地。技术能力和思维逻辑为中产阶级话语赋权，二者是中产阶级获得话语权的客观因素。智能媒体时代，短视频的制作需要熟练使用相关软件，同时情绪性话语和空洞无物的话语被知识话语和专业话语取代，这种话语是中产阶级最为擅长的。2020 年新冠肺炎疫情期间，在"李文亮医生"事件中，核心事实被改写成各种语言版本在互联网上传播，这样的内容是中产阶级所熟悉的，讨论的方式也是中产阶级固有的。中产阶级的利益和价值诉求影响着主流价值观的形成。

中产阶级获得话语权之后，也会通过所获得的话语权来表达自己的价值立场。经济学家陈志武分析中产阶级的特征时指出，高等教育改变了中产阶级认识自我的方式，但是没有匹配相应的创造财富的能力，导致中产阶级在现实社会生活当中承受巨大的压力。中产阶级的表达是理性的、有理有据的；中产阶级表达的主要阵地是自媒体（见表 5）。

表 5　　　　　　疫情期间表现最为突出的公众号自媒体

公众号	影响方式
丁香医生	公众号坚持发布《新型冠状病毒肺炎疫情每日播报》，用数据可视化的方式公开疫情数据，成为疫情期间各家媒体平台的权威信息源
二湘的七维空间	《方方日记》的首发媒体，引爆网络舆情
以"洞见"为代表的头部自媒体	疫情期间以亲子关系、网络课程、直播带货、自律修养等话题引发以中产群体为主的读者热烈参与讨论，评论区的"在看"和点赞量比疫情之前成倍翻升

续表

公众号	影响方式
以"有书"为代表的知识类自媒体	针对疫情期间居家生活特点，大力开发各类知识消费和群组学习的形式，增加了自媒体的用户黏性，改变了自媒体的变现模式
以"武志红"为代表的教育心理类自媒体	针对疫情期间的亲密关系、亲子教育开展解析和探讨，获得大量关注和转载
以"英国那些事儿"为代表的娱乐生活类自媒体	主要爆料国外疫情情况，使用高质量图片和权威数据、可视化手法增加内容可读性

资料来源：根据互联网资料整理。

（二）新生代撑起智能媒体内容消费

智能媒体时代的传媒新生态是传统内容平台和技术资本合力打造的。这个媒介属性决定了消费是智能媒体产生影响的重要方式。伴随着互联网的发展和中国新经济建设而成长起来的新生代，他们天然认同新消费，并以新消费的方式生存。以游戏消费为例，截至2020年3月，我国网络游戏用户规模达到5.32亿，占网民整体的58.9%，其中手机网络游戏用户规模达到5.29亿。游戏趣玩、知识学习、社交表达等需求培养了青年群体的互联网生存方式，他们是智能媒体的重要"玩家"。新生代特殊的成长环境赋予这个群体特殊的话语特征。他们认同精进专业，有强烈的爱国热情，他们支持公益，敬畏权益，他们擅长以智能技术为手段，在热点事件中深度参与并表达观点。

两大群体获得智能媒体时代的主导话语权，使2019年智能媒体中主流价值观引导工作呈现以下几个特点。

1. 议题集中讨论中观社会价值，中产阶级以讨论的方式争取身份认同，捍卫个人利益；2. 内容消费潜力巨大，新生代在为兴趣买单的过程中影响同辈价值观；3. 代际之间的价值观念存在张力。

三 智能媒体的技术迭代

在科技革命和产业革命的大背景下，智能媒体不再以某一种特定的媒介作为传播渠道，也不再以一种所有制形式为运营基础，智能媒体是一种以人类社会生产的大量数据为素材，以人类文明进步为目标福祉，大力开发大数据、物联网、人工智能、云计算、5G等技术的应用价值，依靠场景匹配分发内容、借助传感器采集并处理数据。

2019年党媒积极行动，将媒体优势与研究机构、科技企业的平台及技术优势相结合，在内容和技术的双重优势之下探索新闻生产、内容加工、运营推广、精准推送和智能审核的全链条智能化转型的行业标准。

（一）信息识别系统与后端呈现相关联

2019年在智能媒体的发展进程中，记者得以更直接地获取数据，获得数据赋能，从而更加扎实地分析数据，以数据为驱动来判断和呈现趋势与事实，短视频与可视化软件的应用能力快速提升。主流媒体积极探索与技术平台合作，共同研发适合媒体环境的智能软件。由新华社和阿里巴巴集团共同研发的"突发识别机器人"系统，可以通过大数据自动识别突发事件线索，提醒编辑优先处理，同时能自动识别突发事件中有价值的新闻要素。新华社还自主研发微信小程序"新闻雷达"，可以实时追踪热点事件数据，根据事件性质和规模预测事件热度，建立媒体报道在实效性方面的领先优势。人民网建立的舆情监测系统可以分类梳理热点事件，并自动生成可视化表达。

（二）新闻内容纠错更加聪明

2019年新华社自主研发内容智能检校机器人"较真"。这款智能应用可以完成传统检校软件在内容文本层面的校验工作，同时通过机器学习，可以根据当前新闻专业领域的语言逻辑规律，去核实是否有文本语义错误，并且在校验的过程中对核实标准进行修改调整，以求在准确性和逻辑能力上接近人工标准。

（三）视频剪辑更加灵活

对于传统新闻生产而言，视频剪辑非常耗费时间、精力，无论从传播的有效性上，还是媒体形式的普及率上。视频剪辑技术是媒体进行主流价值观引导的重要保障。智能媒体的发展实现了短时、高质量的视频剪辑。智能媒体以识别场景、对应标签的形式帮助内容生产中快速完成视频剪辑与效果完善。新华社的智能多轨视频编辑产品自设数据库,以标引、语义检索、语音合成等技术为支撑,快速生成视频作品。2019年Write-A-Video在北京航空航天大学、清华大学、哈佛大学和以色列赫兹利亚跨学科研究中心的数据科学家合作之下完成,这项技术实现了从材料选择到视频生成的一站式完成。

(四) VR、AR内容呈现更加全面

2019年VR、AR技术不再局限于感官的延伸而是应用于内容承载。智能技术的发展使传媒应用场景得以扩展,对受众产生沉浸式影响。新华社在中华人民共和国成立70周年报道中,使用了"5G+8K+VR"技术。同时推出《60万米高空看中国》《AR新闻 | 天地工程》等产品,以仿真体验向受众讲述中国的大美,唤起爱国共鸣,短视频总浏览量超过2亿次。智能媒体使主流价值观引导的叙事不再空洞,可以提供更加专业的视角、更加丰富的选题、更加有效的互动、更加真切的体验。

(五) 智能语音交互技术重整用户社会时间

2020年,30%的网络流量将会以声音为入口。路透社发布《2019年新闻、媒体与技术趋势和预测》,报告显示、75%的受访者表示音频将会成为内容产业流量拓展的重要领地,78%的受访者认为语音激活技术将改变受众在未来几年介入媒体的方式。主流媒体以内容优势进入音频生产"赛道",新华社6.0版客户端,增加了智能语音交互助手"小新"。智能语音系统利用用户的碎片化时间,实现社会活动的伴随性传播,在应用场景上还有巨大的开发空间。

四 智能化媒体引导主流价值观的案例分析与未来建议

2019—2020年,在各方的具体利益诉求之下,智能媒体快速发展并成熟。因为有传统头部党媒做"压舱石",智能媒体天然具有自觉履行引导主流价值观的使命。同时由于智能化媒体发展还具有资本属性,其引导方式更加灵活,效果的实现也更加垂直(见表6)。

表6　智能媒体引导主流价值观案例

事件	时间	智能传播平台载体	价值引导主持媒体	影响 主办方平台	影响 微博	助力价值观维度
国庆换表	2019年10月	微信公众号H5、腾讯天天P图人脸识别技术	人民日报社、新华社融合新闻	《人民日报》为主体，联各大内容平台，是一次内容、智能技术与用户参与相联合，新时代主流价值观引导探索		和谐 自由 平等 爱国
浙江教育厅厅长谈了解教育者	2020年1月18日	微博	《人民日报》	钱江台&钱江视频抖音号点赞198.6万次、评论6万条、转发8.3万条	#浙江教育厅厅长的灵魂拷问#阅读2亿次、讨论1.4万次	和谐 平等 敬业
抗疫报道	2020年1—5月	人民日报App、微博、微信、抖音	人民日报新媒体移动端	人民日报新媒体用户增长4855万人	民主 自由 敬业	
《后浪》演讲	2020年5月4日	哔哩哔哩弹幕	主流媒体移动端	哔哩哔哩播放量2513.2万次、评论23.3万条	#后浪#阅读2.3亿次、评论6.2万条	和谐 平等 友善
"百对战疫新人云集体婚礼"	2020年5月20日	云直播	人民日报新媒体	人民日报直播同474.4万人参与	#百对战役新人云婚礼#阅读4.1亿次、讨论24.9万次	文明 和谐 敬业 友善

资料来源：根据互联网资料整理。

T.4 智能媒体助力主流价值观引领发展报告

智能媒体引导主流价值观的方式不同于传统媒体时代,不再以政治说教的面孔出现,而是替代以更加具体的内容。发挥智能媒体平台的参与讨论优势,请有影响力的话语主体发挥引导功能,凝聚网络正能量。

以"浙江教育厅厅长的灵魂拷问"事件为例,2020年1月18日,浙江省教育系统工作会议上,浙江省教育厅党委书记、厅长陈根芳提出,代际对立与冲突已不可避免地存在于几代人之间,如果我们不能真正了解年轻一代,教育者与被教育者之间的距离和隔阂就会越来越大,他们就会变得越来越难"被引导""被教育",更谈不上有效、有力地开展思想政治教育了。作为教育者,要尊重年轻一代、亲近年轻一代,学习、了解、掌握他们的话语体系、身心状况、所思所盼,切实把教育工作做新做深做实。

这个事件成为"热搜"是因为它结合了"接地气说真话的权威发言个体""智能化平台推荐""社会热点话题关切""平等的对话场景"等事件要素,这是智能化算法去寻找的主流价值观引导对象所认同和喜爱的。省教育厅厅长对教育系统管理者讲:"吃鸡、英雄联盟、王者荣耀,你玩过吗?李现、肖战、王一博,你知道他们是谁吗?你不知道,你就引领不了年轻一代。"这样的语言在传统价值观引导的话语系统中是很难被找到的。但是这个话题的讨论对主流价值观的正向引导是有益的。青年群体当前的"趣玩"种类繁多,游戏、追星的心理诉求已经和以往不同,他们有自己的认同体系。智能媒体本身的趣味性是他们喜欢的,但是没有平等的价值立场,没有敬业的行为规范就很难在内容层面打动价值观的引导对象。

青年表达对于智能媒体时代主流价值观引导工作的影响需要被系统性认识。智能媒体平台上有这样的青年评论。

> "想说一点自己的观点:这两年,看到了青年偶像的正能量,确实在引领青年粉丝,特别在脱贫攻坚对口教育扶贫上帮助很多。但是很多综艺,包括yw晚会等过于迎合青年人的口味,而有些矫枉过正了。真正的引领不是迎合。"

如上面评论中所言,加强智能媒体引导主流价值观的能力,既不是迎合,也不能高高在上,智能媒体助力价值观是一个科学命题。习近平总书记指出,"要整合多学科力量,加强人工智能相关法律、伦理、社会问题研究"。当前一项重要的工作应该是将社会主义核心价值体系中的具体内涵转化成智能媒体生态中新话语,以更加平等和专业的话语框架助力主流价值观的引导工作。

在新闻实践层面,主流媒体应该抓住终端设备接收系统升级的机遇,加快研发智能化硬件和相应的支持系统,以便能够在各类迅速发展起来的终端系统上搭建智能化媒体入口,在终端完成信息审核,同时在终端引导和过滤用户的信息接收。在这一过程中,用户的数据信息大为丰富,这样也可以拓展智能化应用场景,增加用户的智能化体验。[①] 智能媒体时代将会扩大传统的新闻价值范畴,将会有机会进行信息定制,传统价值理性当中的尊严、平等与美的标准将会纳入信息筛选的规则当中。未来媒体的智能化研发,特别是主流媒体的智能平台建设更是要从技术通道的搭建和内容传播制度的制定方面做好顶层设计,以更加智慧的方式建设智能媒体引导主流价值观的生态图景。

Smart Media Helps Mainstream Values Lead Development Report

Guo Yajing

Abstract:The rapid rise and development of smart media has had a tremendous impact on the leading and precipitation of mainstream values. In the first year of the ecological development of smart media in 2019, driven by smart technology, the industry crosses boundaries, and smart media has achieved in-depth integration and development. The development of smart media promotes main-

---

① 宋健武、于书亚:《使命与愿景:人工智能编辑部的智能传播模式》,《媒体融合新观察》2020年第2期。

stream values to lead the workforce into a new era. The mainstream value guidance work has rapidly extended from the ideological and political propaganda and cultural engineering of the nation-state to the capital strategy of using the intelligent technology platform to enhance user stickiness, and the symbolic representation of the new netizen groups consciously seeking group identity and identity reconstruction, and the communication subject has changed. The internal driving force of transmission is greatly enhanced. This report sorts out the mechanism, characteristics and important cases of smart media helping to lead mainstream values from January 2019 to May 2020 to describe the basic situation of my country's mainstream value leading work under the new technologies, new groups and new media ecology.

Key words：Smart media, Mainstream values, New discourse system

参考文献

［美］曼纽尔·卡斯特：《网络社会的崛起》，夏铸九等译，社会科学文献出版社2000年版。

［加］马歇尔·麦克卢汉：《理解媒介——论人的延伸》，何道宽译，商务印书馆2000年版。

宋建武、于书亚：《使命与愿景：人工智能编辑部的智能传播模式》，《媒体融合新观察》2020年第2期。

沈浩、袁璐：《智能媒体：智能技术助力媒体融合纵深发展》，《人工智能》2020年第2期。

喻国明、兰美娜、李玮：《智能化：未来传播模式创新的核心逻辑——兼论"人工智能+媒体"的基本运作范式》，《新闻与写作》2017年第3期。

彭兰：《移动化、智能化技术趋势下新闻生产的再定义》，《新闻记者》2016年第1期。

黄晓琼、张思军：《简析当代中国主流价值观的形成》，《西南民族大学学报》（人文社会科学版）2013年第5期。

刘勇：《增强当代中国主流价值观话语权面临的挑战与对策研究》，《马克思主义研究》2017年第7期。

赵丽丽、于建玮：《社会主义核心价值观的话语介入模式》，《岭南学刊》2020年第3期。

李茂华：《电视剧构建社会主流价值观之认知机制考察》，《中国广播电视学刊》2020年第5期。

T.5 中国数字版权保护发展报告

俞雅芸 崔 波[*]

摘 要： 随着移动互联网的全面普及和用户内容生产时代的来临，数字版权保护面临着越来越多的挑战。本文结合2019年中国数字版权保护的现状，从法律保护、技术保护、行政保护、个人保护四个角度来探索数字版权保护的现有症结及发展空间，浅析数字版权的利益链条关系，并尝试初步提出解决措施以及需要进一步关注的潜在问题。

关键词： 数字版权 版权保护 版权产业 区块链

随着电子技术的普及，人类告别了铅与火，进入电子复制时代，过去以物理介质作为作品载体而形成的侵权成本较高的版权保护措施逐渐式微，而互联网技术的出现，尤其加速了传统版权保护体系的消解。一方面，以新兴的数字媒体技术呈现的作品形态越来越容易被复制、传播，传统版权保护法律法规面临着严峻挑战；另一方面，代表版权产业趋势的数字版权行业健康发展也离不开顺应时代的版权保护法规的出台。事实上，目前中国进行的著作权法第三次修改，一个重要的任务就是重新协调著作权人个人权利的保护与社会整体繁荣、文化进步的关系，维护数字版权原创者的正当权益，激发其创作热情，进而实现全行业健康、可持续发展，并对促进文化事业繁荣做出积极贡献。

近十年以来，我国数字版权产业增值几乎翻倍，根据国家版权局发布

---

[*] 俞雅芸，浙江传媒学院国际文化传播学院助教；崔波，浙江传媒学院新闻与传播学院教授、硕士生导师，研究兴趣为版权经济。

的《中国网络版权产业发展报告2018》，2018年中国网络版权产业规模达7423亿元，同比增长16.6%。2018年中国网络版权产业用户付费规模接近3686亿元，同比增长15.8%。这些数据表明，我国网络版权产业的产业规模近年来呈快速上升趋势，未来发展势头良好。数字版权产业结构呈多元化发展趋势，网络新闻媒体、在线游戏、视频是数字版权产品的主要形态，直播、动漫及短视频等新型业态发展势头迅猛。其中，短视频形态以300%的年度增速高速发展，市场占比显著提升，远高于其他细分业态。[①] 然而，我们也应当清醒地看到，既有的版权保护体系已经无法适应以网络化、数字化为代表的版权产业实际的需要；复制技术的更新迭代，导致著作权人维权成本高、侵权赔偿数额低，权利保护的效能与权利人的期待差距较大；现行著作权法的部分内容已经无法与我们新加入的国际条约和我国的民法总则相衔接。

本报告将从法律保护、技术保护、行政保护、个人保护四个角度探索数字版权保护的现有症结及发展空间，分析数字版权保护在维持著作权人权利和公众获得信息之间平衡所做的努力，并尝试初步提出解决措施以及需要进一步关注的潜在问题。

一　中国数字版权的法律保护

对数字版权内容的保护涉及版权的法律界定和明晰，同时采取措施打击与抑制侵权行为。[②] 随着互联网技术对出版与传播行业的影响，我国逐步出台了许多行业性法律法规和行政规则，为打击针对数字版权的侵权和盗版行为奠定了坚实的法律基础。例如，2005年5月30日，中国第一条在线版权管理规则"互联网版权管理"开始生效。2006年国家版权局发布了《著作权行政处罚实施办法》，这为有效处理版权侵权问题提供了司法准绳，为版权所有者通过正当途径维权提供了法律基础。

---

① 《2018中国网络版权产业发展报告在京发布》，2019年4月26日，2019中国网络版权保护与发展大会，http://www.ncac.gov.cn/chinacopyright/contents/11357/399415.html。

② 谢新洲、黄杨：《技术创新：数字出版发展与管理的新路径——专访中国新闻出版研究院副院长张立》，《出版科学》2019年第6期。

（一）著作权法的第三次修订

2011年国家版权局正式启动《中华人民共和国著作权法》（简称《著作权法》）的第三次修订，迄今为止修订仍未完成，其间共发布三版草案。首先，《著作权法》的第三次修订扩大了保护范围，将原本的"电影作品"和"以类似摄制电影的方法创作的作品"改为"视听作品"，修改广播权的表述，将如今网络上的热门形态短视频、直播等新型数字内容纳入保护范围，对于视听作品的二次创作限制进一步明晰。其次，修订法案拟引入惩罚性赔偿制度，对严重侵权行为采取1—5倍的金额惩罚，并将惩罚上限从50万元提升至500万元，鼓励版权所有人以法律手段进行维权，进一步消解因"得不偿失"而不愿以法律武器维权的困境。再次，草案拟进一步完善版权集中管理制度，为政府统一管理著作权增添法律依据，增加主管部门调查违法情况、扣押物品等职权，从主管部门角度解决"维权难"的问题，并同时要求集中管理制度透明化、公开化，定期将管理情况向社会大众公布，并建立权力信息查询系统，以供版权人与使用人了解信息。最后，草案增加作品登记制度，从立法层面完善版权登记。近年来，中国的著作权登记数量显著上升，2019年共有400万余件著作权登记信息，比往年增长21.9%，[①] 本次草案拟从法律层面正式落实具体登记规定，进而明确著作权归属，减少纠纷。

为完善《著作权法》配套制度建设，保障其顺利落地实施，国务院及相关部门于2006年针对数字版权出台《信息网络传播权保护条例》，对一系列问题进行了细化，包括网络传播的合法范围、侵权行为的具体表现形式及其相应的处罚措施。2013年，政府部门对《信息网络传播权保护条例》进行了修订，重点是加大了对侵权行为的惩罚力度。

（二）数字版权的立法难题

随着互联网的普及，作品的复制与传播变得越来越方便，利用互联网对数字作品（包括文本、音乐、电影、电视、图形、软件等）进行侵权的

[①] 《国家版权局关于2019年全国著作权登记情况的通报》，2020年3月25日，中华人民共和国国家版权局，http://www.ncac.gov.cn/chinacopyright/contents/483/413789.html。

事件层出不穷、屡禁不止，这说明当前数字版权仍缺少一套完备且行之有效的法律保护体系。目前，我国尚未出台针对数字版权保护的专门法律法规，仅以《著作权法》中的部分内容涵盖，而且依靠部门法规或实施条例无法对数字版权形成足够的保护。尽管《著作权法》明确了数字版权的重要性，然而在立法根基上是以纸质出版物为代表的传统出版业，无法对数字版权问题做出及时、有效的调整和完善。总结来说，数字版权专门立法的缺失为数字版权的保护带来以下两方面难题。

1. 数字版权维权困难

数字版权专门立法的缺失导致数字版权所有人维权成本高。相较于传统出版物具有有形的媒介载体及可追溯的生产流程，[①] 数字出版物因其信息传递模式具有传播速度快、传播范围广、传播形式多样化等特点，造成使用互联网技术对数字出版物权利人的侵权行为违法成本低、影响范围大，并且因互联网的匿名性导致执法部门追查困难、调查周期长。在此基础上，部分互联网平台利用"避风港"原则，即"当ISP（网络服务提供商）只提供空间服务，并不制作网页内容，如果ISP被告知侵权，则有删除的义务，否则就被视为侵权"，逃避间接侵权、帮助侵权等法律责任，经常需要通过判断其主观上故意、过失程度，来区分该有什么样责任，进一步提高了数字版权所有人的维权成本。在长期面临"执法困难大、时间成本高、问责效果差"的局面下，数字出版物权利人使用法律武器进行司法维权的热情也遭到了进一步的削弱。

2. 版权归属界定模糊

当前《著作权法》要求数字版权人在证明本人为原作者并拥有相应权利时，提供确定的权利证明及相关网络服务商提供的作品发布时间作为佐证。但实际情况是，多数网络上的数字作品作者没有通过实名认证并且以虚拟名称发布作品及相关信息，无法提供完整的权利证明。与此同时，网络服务商在版权所有人无法提供完整权利证明的情况下，以保护用户信息安全及隐私为由拒绝提供技术支持，从而导致版权归属的确认成为一道难题。此外，数字作品形式丰富且互联网平台众多，导致单个数字作品可能被拆分成图片、视频、网络文学及其他数字产品等多个

---

① 张立等：《数字版权保护技术与应用》，电子工业出版社2013年版，第54—56页。

细分版权，分散在不同的互联网平台上，这使得该作品因多次交易后的层层转让而无法界定最终权利人，进一步加剧了原版权所有者通过司法途径维权的难度。

在维权困难、版权归属界定模糊的困境下，数字版权所有者通过司法渠道维权往往高成本、低成效，甚至可能陷入赢了官司反赔钱的窘境，极大程度上降低了他们的维权热情。[1] 由于现有版权保护的法律体系中缺乏对于数字版权新问题、新形态（例如在线游戏、直播、短视频模型、现场体育直播等类型的案例）统一的判断标准，故而在执法过程中，数字版权案件的处罚标准也很难找到统一尺度，往往因地、因事而异。

总体而言，尽管中国对于数字版权的法律保护不断增强，但专门针对数字版权的法律缺失，导致数字版权保护问题出现"难点未突破、执法细则未明确、新型问题及形态无法被覆盖"的现象。我国数字版权问题亟须具有时效性、可操作性、对新业态有适应性的法律条款予以司法层面的有效保护。从国外经验来看，如美国自1976年以来陆续颁布了近二十部专门针对数字版权保护的法律法规。其间，随着社会形态带来的变化，立法机构能够较为及时地更新法律。以《千禧年数字版权法》为例，版权办公室每三年召开一次会议对其进行修正，在17年内共展开六次修订，使其更好地适应社会发展并持续符合民众意见。与此同时，国会通过《数字媒体消费者权利法》和《数字消费者知情法》进一步平衡学者、图书馆、教育产业等不同利益群体与数字版权所有人之间的利益关系，[2] 多维度地维持数字出版行业的健康业态。

综上所述，完善立法是完善数字版权司法保护的当务之急，明确合理使用数字出版的范围、明确侵权行为的具体形式及其相应的赔偿责任，才能真正实现"有法可依、有法必依、执法必严、违法必究"的依法治国精神，真正保障数字版权所有人的合法权益。

---

[1] 池仁勇、廖雅雅、王昀：《数字出版产业知识产权保护文献热点及政策启示》，《中国出版》2019年第22期。

[2] Jack C. Schecter, "Online Privacy Legislation: Is the Cure Worse than the Disease", *Federal Lawyer*, Vol. 59, 2012.

二 数字版权的技术保护

不少学者强调，数字版权保护的核心在于技术保护。早在1994年，互联网与社会研究学者John Perry Barlow便已做出预测，在数字虚拟时代，由于版权的承载体不再有形，我们对于版权的保护发展将更多依赖于技术，而非法律，且加密技术将成为大多数版权保护的技术基础。如今他的预测逐渐演化为事实。

（一）现有技术保护

目前，数字版权保护技术主要分为三类，分别在版权内容传播前、传播中、传播后三个不同阶段提供技术支持。

1. 传播前

DTS（Digital Time Stamp Service）：由国家授时中心—联合信任时间戳服务中心签发的电子凭证，以证明数字内容在某个时间点已完整存在，具备法律效力。

DCI（Digital Copyright Identifier）：由中国版权保护中心签发单独的电子标识"DCI码"，以证明版权归属。

数字水印：在不影响作品内容质量的前提下将版权信息以不可见的形式嵌入内容物中，以证明版权来源，并在传播过程中，通过对数字水印的分析识别作品的完整性。

2. 传播中

数字版权管理（Digital Right Management，DRM）：由数字版权管理系统颁发的许可证，使作品内容只能被授权用户在被授权期限内严格按照授权方式使用授权内容。

3. 传播后

数字DNA技术：作品传播前，在内容承载物附上作品DNA；传播后，通过大数据比对技术，将比对相似度超过一定阈值的其他作品认定为侵权。

（二）技术保护难点

由于数字版权的技术保护与目前数字出版物发展的诸多现状无法实现一对一的匹配，如数字作品形态与传播模式推陈出新，数字信息体量与覆盖空间浩大，数字侵权成本与门槛大幅降低，侵权方式隐蔽，通过版权商采用集中数据库进行管理但出版商各自为政的传统数字保护模式，DRM 无法解决数字版权的版权确权、侵权监控、维权证据获取、版权费用结算等四大关键性的技术难题，反而还会引发技术渗透、个人信息泄露等安全隐患。[①]

1. 版权确权成本较高

作品版权登记是传统版权保护中的重要环节，很大程度上解决了因版权归属问题造成的纠纷，并且可以充当司法凭证。然而，现行的作品版权登记流程还须进一步完善。首先，版权登记耗时长。由于版权登记依靠人工线下审核，故从申请版权登记到最终拿到认可证的流程周期为7—30天。其次，版权登记成本高。由于申请版权登记所需材料复杂，如登记人在缺乏专业指导的情况下自行办理登记，常会遭遇登记材料被退回要求修改完善的情况，大大增加了版权登记的时间成本；如登记人委托中介进行办理，则额外需要承担中介服务费的成本。最后，版权所有人登记积极性低。由于当前版权保护效率低、周期长、维权难，较低的维权预期进一步削弱了著作人版权登记的积极性。

2. 侵权行为监控难度大

随着互联网时代的飞速发展及自媒体时代的到来，数字作品的创作门槛进一步降低，特别是大量的网络文学、网络图片、网络音视频等内容在社交媒体及朋友圈被广泛传播和使用，客观上引起侵权行为的数量也明显增加。但与此同时，当前对于数字作品侵权行为却仍难以进行有效的监测，有以下几点主要原因：一是由于数字作品是否被侵权需要由著作者自发进行监控，而面对互联网的海量数据，人工监测显然无法有效覆盖，著作者无从判断其作品是否存在被侵权的情况；二是受限于当前的技术水平，AI 识别功能无法完全解决包括文章洗稿等方式在内的隐蔽性较强的侵

---

① 林洧：《区块链视角下数字版权保护路径探究》，《图书情报导刊》2019年第3期。

权行为；三是目前我国版权保护工作的监测范围仅限于部分网站、社区及自媒体平台，且大部分侵权监测系统仅支持对某一特定属性的数字内容开展监测，例如图片侵权监测系统仅支持监测范围内的网络图片是否存在侵权行为，监测范围小且内容较为单一；四是大部分违法违规网站为躲避有关部门监测追查，频繁更换域名及服务器，并将服务器设置于国内外多地之间，使得监管部门难以开展持续性的跟踪监测，加大了执法难度。

3. 侵权行为取证、举证困难

在互联网复杂多变的应用场景中，数字作品侵权行为的源头难以追溯，当版权所有者利用司法途径进行维权时，常常陷入取证、举证的困境，具体体现在以下两个方面：一方面，由于互联网环境下的数字侵权行为本身具有虚拟性、隐蔽性，在时空上不受限制等特点，有关部门协助权利人取证时往往经历艰难曲折的过程，且取证效果较差；另一方面，在侵权相关案例中，著作权人的证据一般以网络截图等方式出现，而司法机关却对此证据不予采信，只有经过公证机关出具相应文书，并同时提供获取该证据的完整过程，方予以认可，这极有可能导致由于时间滞后证据被销毁等诸多不利因素，大大增加了版权所有者的取证、举证难度。

4. 版税难以兑现

当前，数字内容作品的版权利益分配及收益结算问题仍然损害着著作者的权益。一方面，在现如今的数字出版业生态环境中，平台运营商及终端设备制造商由于牢牢掌握作品分发的渠道，在数字版权利益分配体系中占据了主导地位，与之相对的是，数字内容提供方或著作者议价能力弱，无法在这样的利益分配体系中获得与其内容作品价值相匹配的收益；另一方面，数字版权相关的收益计算方法不透明，平台运营商容易利用数据伪造等不正当手段侵害著作者权益。以音乐作品为例，原创作者将其某一作品的版权授权音乐播放平台，其收益计算方法来源于该作品下载量、点击率等关键指标的计算。然而上述数据常常不透明、易篡改、难监控，容易导致原创作者无法获得与其作品价值相匹配的收益。

（三）区块链技术的应用

2019年区块链技术在数字版权保护中的技术应用成为热点话题。区块链技术为媒体数据提供具有唯一性、不可篡改性、可追溯性的标记,通过哈希算法建立数据与其哈希值之间的一一映射关系。区块链技术应用到数字版权保护领域,为数字版权保护带来了技术性的革新和积极的未来发展机遇。

1. 版权确权流程优化,成本降低

由于区块链技术能够为媒体数据提供具有唯一性、不可篡改性的标记,即哈希值,[①] 数字作品与其著作人信息、创作时间等其他相关信息可以实现快速打包上链,确保版权所属明晰并保留可固化的证据。在此基础上,版权登记流程得到极大简化,原本著作人办理版权登记需要7—30天的流程周期,如今在区块链技术的支持下,大幅缩短至5—10分钟;与此同时,登记费用也从原本的数百元降至不超过一百元。该技术的应用显著降低了数字版权确权难度,有效鼓励了数字作品版权所有人办理版权登记的积极性。

2. 版权保护取证、举证效力提高

在面对互联网海量数据时,人力监测常显得力不从心。如今,著作者可以利用区块链技术的特征值分析比对算法,在海量数据中发现疑似侵权行为,大幅提高监测范围及效率,摆脱了先前人力有限而导致无从取证的困境。同时,由于区块链数据具有不可篡改的特征,在此基础上,版权维权者通过网页截屏、视频录屏等手段对其认定侵权的部分进行在线取证并将其记录至区块链时,可被认定为有效的司法取证手段,这大大提高了著作者的举证可信度并显著降低其取证成本,为其有效维权提供了有利的技术支持。

3. 版权维权诉讼效率提高

数字作品版权所有者利用司法途径进行维权时,法院利用区块链技术中的跨链方式实现电子证据与司法系统的相互连通,直接从使用区块链的数字版权平台提取维权人提交的确权证明文件、侵权取证证据等源数据,并在此基础上予以是否立案或采信的决定。该流程高效快捷,有效提高司法效率,并完成从存证、固证、出证到验证的司法闭环,提高通过正当途

[①] 穆向明:《基于区块链技术的数字版权保护新思路——〈2018年中国网络版权保护年度报告〉评述》,《出版广角》2019年第19期。

径进行数字版权维权的司法效力。

4. 实现数字版权交易结算透明化

数字版权的利益分配涉及多方参与且交易过程复杂，极易导致版权纠纷。而区块链利用拟定承诺生成智能合约，通过数据集合进行集中管理，并采用数字签名处理交易信任问题，是完全透明、公开的分布式账本，[①]杜绝平台暗箱操作，确保数字作品及内容的浏览量、下载量、交易量都被有效记录在区块链网络中，保障著作者应得利益。同时，区块链技术能够实现多方共同参与、共同治理并且协同进行授权认证的功能，确保数字作品及其内容在存储、访问、分享、交易等所有环节中持续保持透明化，保障参与各方利益与数字版权本身的价值。

5. 现实应用的可能性："北京云"

"北京云"市级融媒体平台应用区块链技术中的联盟链，其仅对因特定工作目标而形成联盟关系的特定机构开放且每个节点均对应一个实体机构。[②]"北京云"市级融媒体平台采用的联盟链节点涵盖了中宣部、人民网、北方版权交易中心、中国报业协会、互联网法院、方圆公证处等权威机构，确保其能够帮助数字内容作品版权所有者在原创确权、取证存证、侵权监测、发起诉讼等各个环节提高维权效率、降低维权成本、提升维权效果。同时，"北京云"市级融媒体平台所接入的各节点机构均已通过信息安全评估，能较好地保护用户的信息安全，为平台利用区块链技术加强数字版权保护提供了较好的信息安全基础。

结合以上种种优势，将区块链技术应用于数字版权保护大有可为，可以在很大程度上帮助有关部门应对数字版权保护问题中的难点、痛点。借鉴全球范围内文化产业较为发达的国家，如美国、日本、韩国等国，均在积极探索并试图将区块链技术运用于数字版权管理的各个环节，建立一套更为完善的数字版权保护体系。[③]

[①] 陈凡荣：《探析区块链技术下的数字版权保护》，《计算机产品与流通》2020年第4期。
[②] 曾春、沈文、范英杰、曹阳：《基于区块链的数字版权保护方案在"北京云"市级融媒体平台建设中的应用》，《有线电视技术》2019年第9期。
[③] 曾春、沈文、范英杰、曹阳：《基于区块链的数字版权保护方案在"北京云"市级融媒体平台建设中的应用》，《有线电视技术》2019年第9期。

（四）技术保护难点

区块链技术一定程度上解决了数字版权保护的一系列问题，但数字版权保护中有两大问题仍未解决。

1. 区块链的技术、法律、伦理挑战

目前区块链技术在数字版权保护当中的应用尚在起步阶段，仍面临着算力耗费巨大的问题，并且随着节点的增加，运算速度将逐渐变得缓慢，且现阶段无法通过技术优化缓解，仍需技术层面的进一步突破才能实现大规模交易数据信息的处理。同时，随着量子计算机的发展，区块链技术密钥主要涉及的哈希算法已面临着被破解的风险。此外，区块链的匿名性加大了侵权行为被进一步追踪的难度，一定程度上阻碍了数字版权的维权路径。

相比于技术上遭遇的困境，区块链技术面对的法律伦理挑战是其遭遇的更大难题。第一，区块链尚不存在专门立法，其业态环境堪忧，存在不少洗钱、赌博等非法行为，易滋生犯罪风险。第二，由于区块链技术的共识机制，其数据很难被篡改，故而也无法被撤回。这与国际立法层面的《欧盟数据保护通用条例》中"允许用户可以撤回自己的个人信息，并且当用户撤回自己的个人信息后，数据控制商也应依法删除该信息，被称为'被遗忘权'"[1]相违背，带来新的法律伦理困境。

2. 云计算下的版权滥用

云计算平台是将"易扩展而虚拟化"的共享资源按需提供给设备的资源分配方式，[2]故而在云计算下信息流通与传播变得更为简便，也就意味着数字侵权的确权、侵权举证将被进一步的复杂化。同时，不少实证案例显示云计算平台随意篡改储存于平台的作品内容，或在未征得版权所有人同意的情况下肆意控制用户对于内容的使用权限，对用户的合法利益造成严重损害。[3]

---

[1] 林泊：《区块链视角下数字版权保护路径探究》，《图书情报导刊》2019年第3期。
[2] 张瑞柃、李仪：《云计算下数字版权的保护浅议》，《学理论》2019年第11期。
[3] 《第43次〈中国互联网络发展状况统计报告〉（全文）》，2019年2月28日，中国网信网，http://www.cac.gov.cn/2019-02/28/c_1124175677.htm。

三　中国数字版权的行政保护

在数字版权的行政保护层面，国家版权局是我国最高级别的管理部门，也是最高的行政执法机关。在过去几年中，其通过专项深入整治、监管引导并重的方式极大减少了数字侵权案件的数量。针对数字版权的重点侵权案件，国家版权局联合国家多个部门展开"剑网行动"。在此基础上，国家版权局还建立了针对网络储存平台的日常监管模式，持续督促其积极履行企业义务，确保其依法合规经营。

（一）"剑网"专项行动的深入执行

在数字版权相关法规不断完善的同时，不断涌现的盗版、侵权和违法行为也使得政府加强了打击力度。已连续组织15年的"剑网行动"重点打击网上违规盗版行为，管理数字版权环境，总共调查了5560个在线违规盗版行为，并依法关闭了3082个网站。[1] 2019年，各级版权管理部门紧跟当前互联网版权管理多个重点发展趋势，不断规范着数字版权秩序，共删除了110万个侵权和盗版链接，查处了1075万件侵权和盗版产品，调查并处理了450例数字侵权与盗版案件。[2]

"剑网行动"自2005年开始，旨在持续打击网络侵权盗版等违法行为，是针对该领域的热点难点问题的专项整治行动，其执法打击范围涵盖了网络视频、网络音乐、网络文学、网络新闻转载、应用程序商店、网络图片等互联网众多领域。自开展以来，"剑网行动"体现出打击力度大、查处要案多、震慑效果显著等特点，有效提升互联网企业的版权责任意识，持续优化互联网版权环境，积极推动数字版权产业健康、快速发展。

"剑网2019"专项行动从2019年4月底开始，为期6个月，重点开展

---

[1]《全国人民代表大会常务委员会执法检查组关于检查〈中华人民共和国著作权法〉实施情况的报告》，2017年8月28日，威科先行·法律信息库，https://law.wkinfo.com.cn/legislation/detail/MTAxMDAxMjQ5OTA%3D？searchId=7bfdb93359c34a24a80b3dbbaf1dc83d&index=2&q=著作权法&module=。

[2]《"剑网2019"专项行动删除侵权盗版链接110万条》，2019年12月27日，河北网信管理执法，https://baijiahao.baidu.com/s？id=1654077428152061100&wfr=spider&for=pc。

包括深化媒体融合发展版权专题保护、严格院线电影网络版权专项整治、加强流媒体软硬件版权重点监督、规范图片市场版权保护运营秩序、巩固网络重点领域版权治理成果在内的五项专项整治行动，不断规范网络版权秩序，效果显著。其中，"规范图片市场版权保护运营秩序"的专项行动通过重点查处市场上存在已久的"假冒授权""虚假授权"等侵权行为，严格治理相关经营活动中存在的权属不清、滥用职权等违法违规行为，持续监督相关企业严格遵循"先授权后使用"的基本原则，持续教育相关企业使用合理合法的正当途径进行维权，最终意在通过各界努力，以实现"共同构建健康有序的图片市场版权秩序"这一美好愿景。其中典型案例如下。

2019年4月10日，人类史上首张黑洞真实影像在全球六地同步发布，该照片由欧洲南方天文台（ESO）200多位科研人员组成的团队完成，媒体使用时只需要标注出处即可。但随后国内图片平台视觉中国自称"买下"了黑洞照片版权，并对其他媒体使用该照片收取版权费用，引起社会广泛质疑。天津网信办迅速约谈涉事企业负责人，责令其立即停止违法违规行为，并进行全面整改。视觉中国随后公开发布致歉信，对不合规图片全部作下线处理，并表示将进一步提升版权责任意识，坚持依法合规经营。

该典型案例的意义不仅在于及时查处涉事企业的违法违规行为，更在于引导社会各界尊重知识产权、提升知识产权保护意识。以此为契机，国家版权局以打击图片侵权及不正当维权行为作为抓手，创新版权监管模式，强化司法保护力度，加强行业监督，努力打造积极健康的行业生态。中国互联网协会版权工作委员会则牵头组织多方采取联合行动，共同推动网络图片版权保护，并研究起草《互联网行业图片使用指导价格》，旨在为互联网平台纠纷调解建立常态化机制。

（二）行政保护降低滥用"避风港"的风险

网络存储空间平台是数字版权利益链条中较为特殊的一环，其在侵权事件中的责任认定尤为困难。由于我国对于网络存储空间的法律义务认定全面借鉴了美国《新千年数字版权法案》第512条，引入"避风港"法条，极大程度上削弱了网络存储空间提供者在数字侵权案件中承担法律责任的风险，① 实际上为网络存储空间平台逃避承担审查义务和应负的法律责任提供了可能性。如今，面对肆虐的数字侵权案件，学者也普遍认为对于网络存储空间提供者的法律免责并不可取，需要对其增加一定的注意及审查义务。幸而，在法条未被完善的情况下，对于数字版权的行政保护一定程度上降低了滥用"避风港"法条的风险。

2015年，国家版权局发布新规，明确云储存平台具有打击侵权行为的责任与义务。2016年，百度贴吧因储存大量侵权信息被国家互联网信息办公室约谈，勒令整改，此后又因整改不力于2017再次被约谈，此事引起社会的大量关注。此后，在国家版权局的主要推动下，政府为数字版权建立起基于互联网企业信用的新型管理模式，网络文学、短视频、音乐等数字领域的大规模侵权事件大大减少，数字版权生态得以改善。

针对网络文学作品这一侵权重灾区，国家版权局在2016年发布的《关于加强网络文学作品版权管理的通知》中明确规定网络储存空间服务商不得以提供深度链接、搜索链接等方式传播作品，并针对此建立网络储存平台"黑名单"以及重点保护作品"白名单"。在短视频这一新兴数字领域中，政府通过约谈重点企业、勒令整改、处以行政处罚的方式规范了以抖音为首的15家短视频平台，删除、下架57万部侵权作品。不仅如此，在政府鼓励企业积极履行责任的引导下，多家企业主动开设、维护、完善原创作品保护平台，为版权所有人提供便利的维权渠道，进而营造更加良好的创作生态。

虽然近年来我国对于数字版权侵权行为的打击力度持续加大，努力整治行业乱象，持续规范企业经营行为，取得了一定的成效，但就现状而言，我国数字版权的行政保护仍存在以下几个主要问题。

一是管理体系分散，权责不清。从国家层面而言，数字版权问题涉及国家版权局、公安部、新闻出版广电总局等多个部门；从地方层面而言，涉及知识产权管理部门、文化市场综合执法部门、文广新闻管理部门。在管理过程中，由于行政管理职能定位模糊，存在交叉管理的情况，在版权保护过程中容易出现管理不协调状况，各部门间责任推诿，甚至引起矛盾

---

① 王杰：《网络存储空间服务提供者的注意义务新解》，《法律科学》（西北政法大学学报）2020年第3期。

冲突。二是管理存在空缺，监管缺失。数字版权管理相较于传统版权管理，尚属新兴领域，故常存在管理空白，特别是在一些文化产业发展较为薄弱的地区，部分地方的局域网络、小型电台及网站等媒介，仍存在版权监管缺失的情况。① 三是管理机构独立性差，职能弱化。该问题主要产生在地方版权管理机构，具体表现为其常与体育、旅游、教育等多个部门共同使用地方部门的人力资源，而独立性差容易导致版权行政管理专员缺失，无法满足版权管理工作的专业性需求，从而造成地方版权管理职能的严重弱化。总体而言，我国数字版权的行政管理力度仍存在较大的进步空间，一定程度上制约了我国数字出版行业的发展。

针对以上问题，当务之急是成立专门的数字版权保护机构进行管理。当数字版权权利人遇到版权问题时，应将相关情况上报给该机构，由其对收集到的问题进行专业性的统一处理。在此基础上，有关部门应对数字版权保护机构中的职位进行合理的职能分配，避免管理中出现的职责重叠，提高执法机构的运营效率，保证其工作质量。此外，应成立配套的数字版权纠纷调解组织，对数字版权纠纷进行调解，更好地保障版权所有者的合法权益。

此外，在行业自治的情况下，版权工作很难由单一协会或自治主体有序统领，且容易引发权力滥用等问题，进一步扩大对版权所有者合法利益的损害。② 相反，如果由国家管理平台集中版权所有人信息、版权信息及交易凭证，再由国家政府机构主导版权主体的管理工作，形成规范及统一的标准，合理分配资源，就能更好地平衡版权分配问题，保障版权所有者的利益。

四　数字版权的个人保护

数字版权的个人保护关涉侵权者与版权所有者两个主体。对于侵权者而言，数字化的形式极大程度上降低了侵权的成本以及门槛，使得侵权行为主体的特点由专业化转为泛大众化。结合我国当前实际情况，公众对数

---

① 刘禹希、宋伟：《我国版权行政管理相关问题的对策性探究》，《知识经济》2018年第5期。
② 王俊辉、王峰仙：《对数字出版时代下版权保护的再思索》，《文化产业》2019年第4期。

字版权的侵权行为更多集中于自我使用，作为受利益驱使的有限理性"经济人"，[1] 其本质在于不愿意以常规的金钱代价去换取原创内容的享受与体验，国民知识产权意识有待进一步加强。因此，我国应进一步发展针对版权的系统化教育以及常态化科普。

（一）版权保护之问

对于著作权人而言，两方面诉求一直伴随着作品：一方面，作者希望作品得到广泛传播；另一方面，作者又希望作品得到法律的保护。如果说在以纸质出版物为代表的传统出版已经出现这两者的矛盾，那么在移动互联网时代，这两者间的矛盾进一步加剧，对于版权所有者而言，传播效果与版权维护之间的博弈从未停止。为保障数字版权的安全性，目前广泛使用的数字版权管理系统采用封闭体系，即各公司开发的版权管理系统互不兼容，数字作品无法在不同系统间流通，在有效提高版权安全的情况下，削弱了数字作品内容的传播性。但随着自媒体时代的到来，安全性与传播性的矛盾越发突出，数字作品创作呈现微小化、快速化的特征。数字作品所有者在发布作品时，一方面仍需要得到足够的版权保护，另一方面对于通过复制、传播、分享的方式实现扩大影响力、提高作品盈利的需求也日益增加。在此趋势下，一味使用封闭性的管理系统以期实现版权保护已难以为继，而是亟待通过更新的技术去实现数字作品内容在开放性的版权保护系统中安全、广泛传播。

（二）版权普法教育

非营利性机构或行业内部应面向公民开展更多数字版权普法教育。虽然我国相关行业组织为数字版权提供不少社会保护，但主要围绕着管理方法改善、技术手段更新、行业自律等主题，版权保护活动局限于行业人员，缺少加强我国人民群众数字版权意识的公共科普活动。例如，美国版权局和版权协会每年举行版权宣传周，从而向大众普及版权相关知识及法律概念，帮助认知版权保护的重要性；通过讲解宪法条例中的版权规定使

---

[1] 赵艳、王文举、倪渊：《数字内容产品版权保护的演化博弈分析》，《图书情报工作》2019年第2期。

人们进一步探知法律构建的缘由、机制以及版权保护和原创作品市场之间的关系。①

（三）版权意识教育

学校是培养版权观念的重要基地，开设课程、设定惩罚措施等方式使得学生在成长过程中培养版权意识。自20世纪六七十年代起，澳大利亚便将商业法等相关法律课程规定为大学入门课程，不仅如此，所有高校在学生"入学条款"皆强调图书版权归学校所有，复制等行为被视为侵权行为。②纵观世界上公民法律意识较强的国家，无一不在学校阶段强调"抄袭"的严重性，并对此展开严厉的处罚措施，包括开除、取消学分等，这对于公民成长阶段版权意识的强化极为有效。

Report on the China's Digital Copyright Protection Development

Yu Yayun，Cui Bo

Abstract：Digital copyright protection is a vital procedure in the development of the digital publishing industry and even the digital economy. It is conducive to inspiring the creative enthusiasm of original authors of digital content, thereby achieving healthy and sustainable development of the entire industry, and making positive contributions to the promotion of cultural prosperity. With the full popularity of the Internet and the advent of the Internet self-media era, digital copyright protection is facing more and more challenges. Based on the current sit-

---

① 姜丰伟、苗壮、顾朝兵：《从一张节目单看美国民众的著作权保护意识》，《现代情报》2013年第8期。
② 秦宗财：《澳大利亚国民版权意识形成及启示》，《中国出版》2016年第18期。

uation in China, this paper explores the existing crux and development space of digital copyright protection from four perspectives of legal protection, administrative protection, technical protection, and personal protection, analyzes the relationship of digital copyright's interest chain, and attempts to propose preliminary solutions And potential issues that require further attention.

Key words：Digital copyright, Copyright protection, Copyright industry, Blockchain technology

参考文献

陈凡荣：《探析区块链技术下的数字版权保护》，《计算机产品与流通》2020年第4期。

池仁勇、廖雅雅、王昀：《数字出版产业知识产权保护文献热点及政策启示》，《中国出版》2019年第22期。

姜丰伟、苗壮、顾朝兵：《从一张节目单看美国民众的著作权保护意识》，《现代情报》2013年第8期。

林洧：《区块链视角下数字版权保护路径探究》，《图书情报导刊》2019年第3期。

穆向明：《基于区块链技术的数字版权保护新思路——〈2018年中国网络版权保护年度报告〉评述》，《出版广角》2019年第19期。

秦宗财：《澳大利亚国民版权意识形成及启示》，《中国出版》2016年第18期。

《"剑网2019"专项行动删除侵权盗版链接110万条》，2019年12月27日，河北网信管理执法，https：//baijiahao.baidu.com/s? id = 1654077428152061100&wfr = spider&for = pc。

刘禹希、宋伟：《我国版权行政管理相关问题的对策性探究》，《知识经济》2018年第5期。

《全国人民代表大会常务委员会执法检查组关于检查〈中华人民共和国著作权法〉实施情况的报告》，2017年8月28日，威科先行·法律信息库，https：//law.wkinfo.com.cn/legislation/detail/MTAxMDAxMjQ5OTA%3D? searchId = 7bfdb93359c34a24a80b3dbbaf1dc83d&index = 2&q =

著作权法 &module = 。

Jack C. Schecter, "Online Privacy Legislation: Is the Cure Worse than the Disease", *Federal Lawyer*, Vol. 59, 2012.

王俊辉、王峰仙:《对数字出版时代下版权保护的再思索》,《文化产业》2019 年第 4 期。

王杰:《网络存储空间服务提供者的注意义务新解》,《法律科学》(西北政法大学学报) 2020 年第 3 期。

谢新洲、黄杨:《技术创新:数字出版发展与管理的新路径——专访中国新闻出版研究院副院长张立》,《出版科学》2019 年第 6 期。

曾春、沈文、范英杰、曹阳:《基于区块链的数字版权保护方案在"北京云"市级融媒体平台建设中的应用》,《有线电视技术》2019 年第 9 期。

赵艳、王文举、倪渊:《数字内容产品版权保护的演化博弈分析》,《图书情报工作》2019 年第 2 期。

张立等:《数字版权保护技术与应用》,电子工业出版社 2013 年版。

张瑞羚、李仪:《云计算下数字版权的保护浅议》,《学理论》2019 年第 11 期。

《2018 中国网络版权产业发展报告在京发布》,2019 年 4 月 26 日,2019 中国网络版权保护与发展大会,http://www.ncac.gov.cn/chinacopyright/contents/11357/399415.html。

《国家版权局关于 2019 年全国著作权登记情况的通报》,2020 年 3 月 25 日,中华人民共和国国家版权局,http://www.ncac.gov.cn/chinacopyright/contents/483/413789.html。

《第 43 次〈中国互联网络发展状况统计报告〉(全文)》,2019 年 2 月 28 日,中国网信网,http://www.cac.gov.cn/2019-02/28/c_ 1124175677.htm。

T.6 中国智能媒体和舆论发展研究报告

刘鹏飞 吕 悦 翟 薇[*]

摘 要: 随着新技术突飞猛进,加速媒体融合和智能媒体应用普及,智能媒体逐渐成为网络舆论新引擎,人的网络社会数字化生存成为智慧社会的显著特征。新一代智能媒体人群结构的变化,疫情暴发加速场景智能化传播到来,主流智能媒体的融媒体实践探索,视频媒体与电商社会功能的发挥,智能媒体的社会治理功能的延伸。智能机器人写作、机器跟帖行为及其依法严格治理影响网络舆论生态走向,互联网用户数据隐私保护引发关注,"假视频"等传播也引发科技伦理争议。技术、资本、政治等对智能媒体舆论具有重要影响,智能媒体舆论发展将带给社会更多新的思考。

关键词: 智能媒体 舆论 人工智能 媒体融合

一 概述

随着5G、人工智能、虚拟/增强现实、无人机等技术突飞猛进,加速融合应用,其在新闻报道、通信社交、文化娱乐和网络游戏等领域潜力不可限量,已成为网络舆论新引擎。2020年,"新基建"[①]进入我国国家战

---

[*] 刘鹏飞,人民在线/人民网舆情数据中心副总编辑、新媒体智库主任;吕悦,人民网舆情数据中心助理研究员;翟薇,人民网舆情数据中心融媒体副总编辑、主任分析师。

[①] 新基建主要包括5G基站建设、特高压、城际高速铁路和城市轨道交通、新能源汽车充电桩、大数据中心、人工智能、工业互联网七大领域,涉及诸多产业链,是以新发展理念为引领,以技术创新为驱动,以信息网络为基础,面向高质量发展需要,提供数字转型、智能升级、融合创新等服务的基础设施体系。

略布局，以人工智能、信息科技、生物技术、新能源和工业互联网等为代表的第三次科技革命方兴未艾。时间和空间、生理和心理，虚拟和现实空间的界限将变得更模糊，万物互联、社区网格化治理相互交织，人的网络社会化生存和数字化生存成为智慧社会的显著特征。

新冠肺炎疫情等重大舆论热点对智能媒体发展存在加速作用，信息圈层化和社交距离加强，人们信息交往虚拟化、数字化将会成为新的生活方式，从根本上加速了智能化、场景化和物理化融合传播的到来。疫情防控中大数据和人工智能的社会治理和舆论引导功能，社会舆论表现出的圈层化、社群化等现象，也成为社会关注热点。

二 智能媒体热点舆论事件

（一）新一代智能媒体人群结构的变化

CNNIC 发布的第 45 次《中国互联网络状况统计报告》显示，截至 2020 年 3 月，我国网民规模达 9.04 亿，较 2018 年年底增长 7508 万，互联网普及率达 64.5%。手机网民规模达 8.97 亿，年增长 7992 万，占全体网民 99.3%。在年龄方面，10 岁以下、10—19 岁网民占比分别为 3.9%、19.3%，合计为 23.2%；20—29 岁、30—39 岁网民占比分别为 21.5%、20.8%，合计为 42.3%，明显高于其他年龄群体。

网络基础设施的完善，智能手机的方便移动、触手可及、价格门槛低、应用普及率高，对城乡地区不同人群接入互联网具有重要意义。近年来网民中"一老一小"即低龄和高龄人群比例都有所增长。总体来看，39 岁以下网民占比高达 65.5%，占比接近 2/3；青少年及幼年群体占全体网民比重接近 1/4。而在学历方面，初中、高中/中专/技校学历的网民群体占比分别为 41.1%、22.2%，受过大学专科及以上教育的网民群体占比为 19.5%。多数网民知识文化水平仍有不少提升空间，而近年来中等收入和中高等教育背景的群体也在呈现增长态势，一定程度上影响了网络舆论热点的分布和心理走向。

庞大的网民构成了中国蓬勃发展的消费市场，也为数字经济发展打下了坚实的用户基础。职业分布中学生最多，其次是个体户/自由职业者，再次是企业/公司的管理人员和一般人员。由此可见，青少年是使用网络新媒体用户的主力军,同样是智能媒体的生力军。从数据来看,这类人群在文化消费方面表现强劲,受疫情影响,网络视频(含短视频)、网络音乐和网络游戏的用户规模大幅提升,截至 2020 年 3 月,它们三者的使用率分别为 94.1%、70.3% 和 58.9%。智能媒体资讯+服务的发展趋向,也切合当下主流用户的需求。

此外,近年来"Z 世代"一词逐渐引起关注,它指的是 1995—2009 年出生的一代人,从出生起就沉浸在网络世界,完全成长在互联网的高速发展下。据国家统计局统计,"95 后""00 后""05 后"年轻人群数量超过 2.6 亿人。[①] 近年来小众化圈层受到年轻人的喜爱。青少年成为互联网标志性人群,将为智能媒体应用和发展提供最具活力的市场。比如,2019 年 12 月 31 日,哔哩哔哩网站"2019 最美的夜"跨年晚会备受关注,被媒体评论为"最懂年轻人的晚会",因吸引年轻群体而被资本市场看好,股价飙升。2020 年 5 月 4 日,哔哩哔哩网站发布视频《后浪》刷爆朋友圈,引发一些代际争议。《文化纵横》文章称,代际争议反映出当代中国二次元文化的缘起与流变,背后根深蒂固的代际矛盾值得反思。

据《证券日报》报道,在上市公司"董监高"(即公司的董事、监事、高级管理人员)的阵营中,"90 后"人数已经达到 100 人。如果将出生年份放宽至 1988 年,这个名单上"董监高"的总人数达到了 296 名。[②] 也有观点提到,"迅速抓住科技创新机会,把握时代发展脉络,恰好是在互联网时代下成长起来的'后浪们'的优势所在"。

(二)疫情加速场景化、智能化传播到来

2019 年年底,湖北出现了"武汉市华南海鲜市场陆续出现不明原因肺炎病人"这一消息,并在熟人短信、茶余饭后的互动社群、朋友圈、微信群、QQ 群等扩散开来,不少短视频和图片在网民之间病毒式传播,民间猜测和话题传播甚嚣尘上,民间话题议程设置能力明显上升。

新冠肺炎疫情的暴发,对经济社会活动产生巨大影响,人们把生活中

[①] 企鹅智库:《2.6 亿年轻人的消费版图 2019Z 世代消费力白皮书》,2019 年 8 月 29 日。
[②] 李乔宇:《"后浪们"的而立之年:已有近 300 人出任上市公司"董监高"》,《证券日报》2020 年 5 月 7 日第 A3 版。

熟悉的一幕幕，搬上了虚拟社交的"云平台"，形成了云办公、云服务、云娱乐、云聚会等云社交的新场景。疫情也加速了智能媒体变革，应"疫"而生的云采访、云编辑，已广泛使用的机器人写作，智能化的方式扩大了媒体机构的产能和变现能力。人们足不出户，却在各类网络社交、影音娱乐、远程办公、在线教育、远程医疗、网购物流、生鲜配送、大数据应用、人工智能、新闻信息等方面出现需求的大爆发。比如，各类手机游戏和网络游戏逆势上扬，成了数以万计年轻玩家沟通联络的信息工具之一，在特定人群和场景下发挥舆论互动作用。

疫情防控中远程医疗、机器人护士、人脸识别、额温枪、红外测温、健康码等的使用，在交通工具、酒店、写字楼等公共场所对体温异常人群进行筛查，对此，美国经济学家戴维·戈德曼在香港《亚洲时报》撰文，标题是"中国抗疫展示数字医疗实力"，吸引了全球的目光与合作。

2019年以来，视频日志（Vlog）成为最热门传播方式之一。疫情报道中，侠客岛的"武汉Vlog"、凤凰网的"直击武汉战疫Vlog"等媒体均推出了以记者视角记录武汉抗疫实况、疫情防控、居民生活的"战疫Vlog"主题报道，让公众的信息接收更有现场感、参与感、代入感。武汉"封城"后的大量短视频和无人机航拍作品，如"林晨同学hearing"的"武汉VLOG""封城日记"等，[①] 超过千万人口大城市史无前例地全面"封城"后的城市面貌和视频景象吸引了网民的关注。此外，3D建模、延时摄影技术的采用，也让公众感受到战疫的拟真影像，用户体验更丰富、更具层次性。

央视的"慢直播"、封面新闻的《直击武汉防控一线》《火神山医院浇灌首块地坪》等系列直播，率先上线"30秒"视频频道，提升疫情报道效率。不少媒体充分运用航拍手段全景展现战"疫"场面，整体宏观地记录了疫情中心的样貌，信息发布呈现出多样态、多层次、全景式的特点。火神山医院、雷神山医院的"云监工"所引发的围观现象，在关键节点具有社会舆论注意力集中的现实意义。

---

① 《封城14天｜他们用镜头记录下了真实的"围城"生活｜战疫日记》，2020年2月6日，山东卫视《大医本草堂》节目官方帐号，https://baijiahao.baidu.com/s?id=1657750219030223587。

虚拟现实融合更多场景化、体验式和沉浸式新闻生产。近年来随着新闻直播和文创行业的上升，虚拟现实、增强现实和混合现实全息立体虚拟成像技术正逐渐完善。在全球面临疫情冲击的情况下，大型群众性、消费性、纪念性的活动、会议和会展都受到限制，电影院、博物馆、影剧院、科技馆等封闭式公共场所难以开放，为大量虚拟场馆的开通上线提供了现实条件，将加速相关虚拟现实技术的应用普及。

（三）主流智能媒体的融媒体实践探索

2019年1月25日，中共中央政治局第十二次集体学习时，习近平总书记强调，我们要增强紧迫感和使命感，推动关键核心技术自主创新不断实现突破，探索将人工智能运用在新闻采集、生产、分发、接收、反馈中，用主流价值导向驾驭"算法"，全面提高舆论引导能力。

除了央视在春晚"5G+4K"直播的成功上线，在2019年两会报道中人民日报社等以技术创新为引领，全景报道两会盛况。在两会现场采访中，人民日报社的记者手中也增加了5G客户终端设备（CPE）和VR全景相机，以超高清视频全面记录大会现场信息，为用户营造身临其境的感觉。3月10日，中央广播电视总台4K超高清频道实现5G集成直播三场两会记者会，总台5G+4K、5G+VR等新技术探索与重大活动直播的充分结合，在中国广播电视史上具有里程碑意义。[①] 同日，新华社成功对全国政协十三届二次会议第三场记者会进行了首次5G手机全链条直播报道，这是抢先部署5G应用的初次实战。[②] 这些方式在2020年智能媒体实践中不断得到加强和优化。2020年1月，AI+5G虚拟主播"小晴"在哈尔滨两会首秀，哈报集团牵手科大讯飞，赋能媒体智慧转型。

我国主流媒体、市场媒体及各类新闻门户网站推出的虚拟主播和机器新闻作品层出不穷。虚拟主播、机器新闻的出现，将在高时效、强要求的专业领域如科技新闻、财经新闻、体育新闻等方面发挥出更大的应用价值。同时，也进一步扩大了智能媒体在图像视频和音频等领域的表现空

---

① 《热议｜中央广播电视总台为代表的"新技术+"将引领媒体融合发展新方向》，2019年3月12日，金羊网，http：//news.ycwb.com/2019-03/12/content_ 30216107.htm。

② 《新小浩上两会｜5G！新华社进行了一场"5G手机全链条直播报道"》，2019年3月11日，新华社新媒体，https：//baijiahao.baidu.com/s?id=1627712230138625085。

间，一定程度上提升了媒体机构的产能和表现能力。有专家指出，智能化技术重塑生产链条，自动化、全息化、跨媒介、跨平台成为产品生产的常态，人员突破部门、地域的限制进行线上协作，素材、工作室、产品流水线、媒介之间原来存在的壁垒被彻底打通，实现人、技术、传播介质更快速、更深入的融合。

受技术驱动，新闻生产流程打破传统采编发流程，以用户为主导，"去中心化"的垂直式运营成为智能媒体的发展趋势。在资源协作上，媒体与互联网平台的整合与协作能力倍增。各地融媒体中心、地方广电系统都通过跨界融合、跨屏融合实现战疫报道的最优化。媒体输出新闻资讯，从疫情期间媒体的变革趋向中，我们已经看到把智能用品、智能服务、智慧医疗、智慧文化生活等融为一体，提供自主、便捷、透明的新型嵌入式、智慧化的信息服务实践，这种"资讯+服务"的萌芽将会越来越成熟。

国内媒体近年纷纷推出智能融媒体应用体系。2020年4月，由人民网主办的"2019中国媒体融合传播指数报告发布会"暨"中国媒体融合传播指数平台"上线仪式举行，推出人民云"1+5+N"融媒方案，即通过共建一个融媒体云生态、开放"云媒""云视""云屏""人民通"和"人民版权"等五项云平台业务能力，开放期刊发行、舆情服务、人民慕课、人民企信、人民金服等N个优质产品合作渠道，为地方融媒体中心建设和发展赋能，为做大做强主流舆论助力。比如，为"中国媒体融合传播指数平台"提供技术和数据支持的人民版权平台，就是采用大数据、区块链、人工智能等新技术，实现媒体版权一键确权、侵权行为实时监测、一键启动梯度司法服务和多样化的版权交易，是国内第一家全链条版权服务平台，也是国内唯一一家通过了国家网信办境内区块链信息服务备案的媒体版权服务平台。①

（四）视频媒体与电商社会功能的发挥

在中央网信办、国家发改委、国务院扶贫办、工业和信息化部联合印

---

① 《人民在线总经理董盟君：人民方案助力融媒体"四力"提升》，2020年4月30日，人民网，http://media.people.com.cn/n1/2020/0430/c14677-31693783.html。

发的《2019年网络扶贫工作要点》中，强调了要充分发掘互联网和信息化在脱贫中的潜力，扎实推动网络扶贫行动向纵深发展。从直播带货的基层干部到短视频带货的乡村农民，互联网思维下的扶贫新模式，逐渐成为乡村振兴的新锐力量。

据人民网舆情数据中心发布的报告，近些年，短视频加快探索与电商、旅游等领域的融合发展，催生了一种新的扶贫模式。伴随5G时代的来临，合理有效利用短视频平台的资源优势，分析探讨"短视频+扶贫"的可持续发展，对于贫困地区打好脱贫攻坚战而言，有着非常重要的意义。

短视频和电商平台在智能化应用方面发展迅速。通过新媒体手段，可以在疫情时期发挥媒体服务社会经济、复工复产、脱贫攻坚等多种功能。在2020年3月6日召开的决战决胜脱贫攻坚座谈会上，习近平总书记指出："利用互联网拓宽销售渠道，多渠道解决农产品卖难问题。"2020年4月20日，习近平总书记在陕西省柞水县小岭镇金米村考察时，同正在做网上直播卖货准备工作的村民们聊了起来，并点赞农村电商，"电商在农副产品的推销方面是非常重要的，又可以推动乡村振兴，是大有可为的"。

2020年4月8日，武汉"解封"同时，一场网络直播受到广泛关注。这场直播在武汉、恩施等地同时开播，地方领导干部联手电商平台，变身主播吆喝带货，全国人民纷纷"搭把手"，掀起为"鄂货"下单热潮。再如，央媒此时推出的短视频和直播带货也广受瞩目。继朱广权与李佳琦组成"小朱配琦"为湖北带货超过4000万元之后，12日晚，央视主播欧阳夏丹与王祖蓝组队，以超6000万元的带货额，一举刷新了"小朱配琦"此前纪录。

（五）智能媒体的社会治理功能的延伸

如何发挥智能媒体和大数据在疫情防控和社会治理中的作用？大数据分析、地理定位信息、二维码认证扫描、交通出行轨迹、消费数据和手机用户数据分析等，都有利于监测疫情扩散、人群流动和社区网格化管理。政府能否开放数据，对智能媒体发展与否形成直接影响。哪里能坐公交车、能买到口罩等问题，都能通过便捷的智能应用查询。有专家认为，中国数字化社会治理基础较好,不仅拥有强大的人口数据库,而且较早地实行手机实名制、车票实名制、入住酒店人脸识别以及把大数据分析、区块链等新技术用于社会治理领域。这些长期积累的社会数据基础使中国对整个社会的人员流动有比较强的数字化管控能力。①

智能媒体能够介入突发公共疫情防控和社会治理能力提升。2月4日,人民日报社旗下多个新媒体平台通过智能化媒体手段征集新冠肺炎患者求助者信息。"人民好医生"App还连夜紧急上线在线表格提交功能,方便大家提交求助信息。人民日报评论、侠客岛、民生周刊、国家人文历史、人民论坛网等微信公众号以及人民网微博、微信和"人民好医生"客户端等新媒体平台都刊发了这则信息,腾讯、澎湃新闻等各大互联网平台进行了转发,湖北长江云、湖北广电、新湖南、深圳"读特"等客户端也第一时间使用"人民好医生"的求助信息入口进行推广。

以技术为驱动,突出媒体的服务功能,成为此次战"疫"报道中智能媒体的最大亮点。以人民日报为代表的央媒,以封面新闻、财新等为代表的地方及市场化主流媒体,以腾讯新闻、今日头条等为代表的新闻资讯平台,在疫情暴发后,纷纷上线实时疫情地图、紧急寻人——疫情患者同程查询、智能辟谣平台、AI视频剪辑、防护用品企业在线查询等各种"云服务",极大地便利了用户,有效提升了网络社会能力与基层治理的效率与水平。②

再如,地方智能媒体实践多地开花。封面传媒于2020年1月11日在北京正式发布"智媒云"3.0版本,宣布"智媒云"完成新一轮迭代。据报道,未来随着5G时代新兴技术的广泛应用,还将通过与周边智能系统的持续对接打通,进一步拓展互联网综合信息业务能力,成为社会治理、城市管理智能体系中,面向C端的主要传播平台和交互平台。③

---

① 汪玉凯:《数字化抗疫的启示》,2020年4月22日,新京报官网,https://www.bjnews.com.cn/detail/158752847614106.html。
② 《"新基建"将改变什么(新型基础设施建设系列述评(3))》,2020年3月23日,人民网官方帐号,https://baijiahao.baidu.com/s?id=1662096035905807882。
③ 《封面智媒云3.0总体架构发布》,2020年5月5日,快资讯,https://www.360kuai.com/pc/94043d84d69d2ef70?cota=3&kuai_so=1&sign=360_57c3bbd1&refer_scene=so_1。

三　智能媒体发展与依法治理

（一）智能机器人写作与网络舆论生态

机器人写作最早可追溯至2006年，汤姆森金融公司使用电脑程序取代财经记者，自动撰写经济和金融方面的新闻。2009年，StatsMonkey在美国职业棒球大联盟季后赛上抓取比赛数据，12秒内完成一篇赛事报道。[①]2010年，叙述科学公司开发了一款通用的分析和叙述写作引擎Quill。此后，多国头部媒体逐渐依托自身的数据平台、经验丰富的新闻记者以及与技术供应商合作，开始应用写作机器人在一些特定领域进行新闻生产。

国外较为知名的新闻写作机器人主要有《洛杉矶时报》的Quakebot，美联社的Word Smith，《纽约时报》的Blossomblot，《华盛顿邮报》的Heliograf，路透社的Open Calais，以及《卫报》的Open 001等。国内写作机器人起步稍晚，2015年腾讯首先推出了Dreamwriter，与同年新华社的"快笔小新"、第一财经的"DT稿王"一起组成国内一代写作机器人的典型，[②]以及之后百度的"度秘"、今日头条的Xiaomingbot、中国地震台网写稿机器人、《南方都市报》的"小南"、封面传媒的"小封"、《人民日报》的"小融"、《钱江晚报》《华西都市报》的"小冰"、财新网的"财小智"和最早实现商业化应用的Giiso等，机器新闻写作渐成遍地开花之势。[③]

随着智能算法的不断进步，写作机器人的应用场景日渐多元，从即时新闻报道、专业领域写作、自动配图等初级功能，向个性化服务、受众互动、舆情监测与引导等方向不断拓展。近年来，机器人发帖影响舆论的话题一度引发关注。例如政治传播领域，早年美国总统大选曾传出虚假新闻、剑桥分析公司事件、英国脱欧公投中出现大量机器人账号、叙利亚战争期间Twitter上的"蛋壳机器人"等，都曾引起网民对于政治机器人的猜测与争议。国内外学者和研究团队均出现对于政治机器人影响舆论行为的

[①] 周彬：《机器写作与媒体转型》，《新闻战线》2016年第4期。
[②] 李晓雨：《写作机器人在新闻报道中的应用研究》，硕士学位论文，兰州财经大学，2018年。
[③] 张林贺：《机器人写作新样态中记者的应对策略探析》，《新闻爱好者》2019年第3期。

研究。政治机器人将特定内容暴露给人类用户，并诱导人们去接触、评论和扩散这些政治内容，以达到运营者的政治目的，[①] 已经广泛参与到在线政治信息的讨论和扩散环节，成为影响政治传播效果的一个变量，其对舆论的干预突出体现在政治选举、社会动员、政治干扰三种应用场景，并主要通过营造虚假人气、推送大量政治消息、传播虚假或垃圾政治信息、制造烟雾遮蔽效应混淆公众视听、塑造高度人格化形象的虚拟意见领袖五种策略来影响网络舆论。[②]

（二）国内网络机器跟帖行为状况治理

近年来，人工智能在媒体领域加快应用的道路上，国内的焦点曾先后出现于"网络水军"、数据造假、"算法推荐"、流量明星、"视频换脸"等方面。这说明，机器人新闻的真正出现，实际上要早于大众普遍的认知，早在论坛博客时代，就已经出现机器发帖手段影响舆论的现象。2003年，"发帖机"伴随着论坛的红火，被用于代替人工进行内容的规模推送，部分以经济手段、公司化、集团化的运作，组建"水军"团队的网络公关公司逐步兴起，在各大论坛、博客网站发帖，进行炒作，干扰舆论。2013年前后，随着微博高峰阶段的到来，网络水军进入狂欢期，形成了完整的产业链条。2015年，随着各个网络平台风控系统的升级，实现自动化脚本操作的"群控"和在此基础加上"云服务器"的"云控"技术代替了"发帖机"，机器人水军与网络平台风控系统不断博弈而被动发展。[③] 目前，餐饮和酒店等点评类网站下的拟人评论中，以及各大社交媒体平台上，均活跃着一定比例的机器人水军，娱乐明星数据造假和企业品牌营销成为常见的网络水军应用场景。

网络水军的泛滥，无疑将会直接影响清朗网络舆论环境的建设，针对网络水军的治理行动也逐年升级，相关法律法规日趋完善。2013年最高人民法院、最高人民检察院出台《关于办理利用信息网络实施诽谤等刑事案

[①] C. Shao et al., "The Spread of Low-Credibility Content by Social Bots", *Nature Communications*, Vol. 9, No. 1, 2018.

[②] 张洪忠、段泽宁、杨慧芸：《政治机器人在社交媒体空间的舆论干预分析》，《新闻界》2019年第9期。

[③] 杨慧芸：《隐形操纵与数据污染：社交媒体中的机器人水军》，《新闻知识》2020年第1期。

件适用法律若干问题的解释》,明确依据刑法相关罪名惩治"网络谣言""网络水军",查办了一批具有重大影响的典型案例。2016年出台的《中华人民共和国网络安全法》提出网络实名制,提高了"机器人水军"的注册成本和使用门槛,从而客观上限制和减少"机器人水军"的使用频率[①]。

2017年,国家互联网信息办公室公布《互联网跟帖评论服务管理规定》与《互联网论坛社区服务管理规定》,明确了网站主体责任,精细化监管制度,禁止利用软件、雇佣商业机构及人员等方式散布信息。2018年,修改后的反不正当竞争法开始施行,再次指出"网络水军"将受严惩。2019年国家网信办颁布的《网络信息内容生态治理规定》也明确提出不得通过人工方式或者技术手段实施流量造假、流量劫持以及虚假注册账号、非法交易账号、操纵用户账号等行为,破坏网络生态秩序。

2020年,标题为《疫情之下的某国:店铺关门歇业,华商太难了》的同样的文章在互联网平台炮制出俄罗斯、葡萄牙、土耳其等十多个国家版本散布,恶意赚取流量,这些账号的行为引发争议。4月,国家网信办宣布,将组织各地网信部门开展为期两个月的网络恶意营销账号专项整治行动。"多国渴望回归中国""钟南山:5月疫情将全面暴发"等虚假信息都先后被曝光和调查。腾讯、新浪、今日头条、网易、趣头条等网站平台开展自查自纠,全面排查平台内网络账号恶意营销问题,集中清理相关违法违规信息,严肃处理涉及恶意营销的网络账号。

(三) 互联网用户数据隐私保护引关注

智能媒体的发展需要以大数据、云计算和5G高网速以及人工智能(算法)为基础,当智能科技发展成为大势所趋,让用户安全地享用技术成果成为亟待解决的问题。目前舆论场中出现大量有关个人信息数据隐私保护的话题,比如,App违规未授权或超范围收集个人信息、大数据杀熟、17万人脸数据遭公开售卖、招聘网站16万份简历泄露、App存在远程控制、恶意扣费等事件引起公众广泛关注。南都人工智能伦理课题组发布的《人脸识别落地场景观察报告(2019)》显示,在个人信息泄露频发的态势下,超过七成的民众对网络运营者的安全保障能力存有疑问,担心

---

① 曾志毅:《"机器人水军"的发展、社会危害及其治理》,《新闻研究导刊》2018年第22期。

人脸数据泄露。习近平总书记2019年1月25日在中共中央政治局集体学习中要求"规范数据资源利用，防范大数据等新技术带来的风险"。在新技术应用创新和安全权限两个极端，仍然需要有一个探索技术伦理和合法规范边界的过程，在个人信息数据的使用和保护之间积极寻找平衡点，在隐私得到有效保护的前提下充分发挥智能科技的应用优势，推动数字产业发展。

2020年新冠肺炎疫情期间，数字技术及智能媒体在疫情防控救治、资源调配和经济社会恢复等领域发挥了重要作用。但另一方面，也有一些地方疫情防控使用人脸识别，过度采集居民个人智能终端和生物隐私信息，从而引发了人们的质疑和忧虑。疫情防控过程中投入应用的"密切接触者测量仪""新冠肺炎确诊患者同行程查询工具""居民小区健康登记管理系统"、各地健康码、人脸识别门禁等软件程序利用大数据追踪疫情与人群接触史，公众在使用时主动或被强制性要求提交、上传个人数据，大量公民信息被采集的同时，个人数据的泄露和曝光的现象随之发生。浙江、云南、青岛等多地发生的查处泄露和传播确诊或疑似患者的个人信息事件引起各界关注，泄露信息包含姓名、身份证号码、手机号码、家庭住址等敏感数据。随着智能科技应用场景的不断拓展，公众在享受科技红利的同时，也愈加担忧其背后可能引发的信息隐私安全隐患，智能科技发展伴随的隐私、责任、偏见以及透明度等道德问题依然存在。

（四）"假视频"传播引发科技伦理争议

过去，图片处理技术的成熟使人们对照片的信任度降低，视频被视为更可靠的信息呈现形式，而随着人工智能技术进军媒介、视频领域，假视频的制造和传播日趋普遍。人工智能可以改变影像中物体的运动轨迹或者重塑人物形象，形成足够"以假乱真"的视频，增加用户对视频内容的识别难度，可能引发谣言的迅速扩散，甚至影响舆论走向。2017年国外一位网友创造了AI换脸算法（Deepfake），并在帖子中详细介绍了换脸视频的生成方法，大量用户在社交媒体上阅读了这条信息并制做出大量换脸视频。[①] 2018年4月，美国制片公司"猴爪"（Monkeypaw Productions）制作

[①] 汤慧：《视频换脸：人工智能的一场狂想曲》，《中国报业》2019年第22期。

了一段虚假视频，视频中奥巴马对现任美国总统特朗普进行了严厉批评。同年 11 月，美国白宫宣布吊销美国有线电视新闻网（CNN）记者吉姆·阿科斯塔的"通行证"，因其在总统新闻发布会上攻击了一位女实习生。事后许多人质疑，白宫公布的现场视频是经过了人工智能处理，使得阿科斯塔的动作显得粗鲁和富于攻击性。由于互联网中存在的大量高清照片和素材，公众人物成为第一批假视频的素材，虚假的政治丑闻、色情视频、身份盗窃甚至犯罪都可能出现。而类似技术的商业化应用和普及，也加速了全社会对假视频可能引发后果的忧虑。2019 年 8 月，一款名为"ZAO"的人工智能换脸软件在国内社交媒体成为爆款。网民只需提供一张人脸照片，就可以将选定视频中的人物面部替换掉，生成新的视频片段。ZAO 给网民带来新奇体验的同时，其存在的个人信息安全保护、肖像权等安全隐患，也成为大量网友担心的问题，此类技术一旦被滥用，由其引发的道德、伦理、版权等诸多问题，都将对个人、社会造成难以想象的影响。

　　针对假视频的出现和其引发的问题，各方也在积极采取措施进行应对。ZAO 上线不久，工信部网络安全管理局对其运营企业相关负责人进行问询约谈，要求其组织开展自查整改，强化网络数据和用户个人信息安全保护。2019 年国家网信办发布《网络音视频信息服务管理规定》，对"深度伪造"音视频从进行安全评估、明确标识要求、规范新闻信息传播、加强技术保障和建立辟谣机制五个方面进行全面规范。此外，人工智能造假的出现，也催动人工智能"打假"提上日程。德国慕尼黑技术大学的研究人员开发了一种名为"XceptionNet"的算法，能快速识别网上的伪造视频，给用户发布警告信息。美国国防部高级研究计划局 DARPA 发布了人工智能检测取证工具 Media Forensics，利用 AI 人工智能技术来识别报复性色情造假视频（换头）和假新闻视频。有声音认为，人工智能技术治理关键是抓住三个核心关键问题：算法、数据和算力，要在相关方面来立法和监督。未来，人工智能技术下生成的虚假视频将如何进一步被应对和治理，仍是摆在智能媒体应用场景深化面前的重要课题。

（五）技术资本和政治对智能媒体影响

　　新闻与社会政治具有天然而重要的紧密联系。而随着人工智能技术的突飞猛进加速了新闻媒体行业的变革与发展，其赋能新闻媒体过程中显示出广泛应用领域和发展空间，深度融入媒体新闻生产、分发、管理等各个环节，重塑了新闻生产业务流程和生态环境，催生出新的媒体业态，并进一步解构和重构着媒介话语权。

传统媒体时代，要掌握舆论的主动权，要营造对自身有利的公共舆论，掌握必要的媒体资源是基本的前提。随着自媒体的井喷式发展，平台化媒介上的众声喧哗使组织越来越难以通过控制媒体来营造有利于自身的公共舆论。而智能媒体的涌现，通过智能技术在信息生产、分发等各个环节的干预，给舆论的影响和引导提供了契机。

同时，资本对技术的垄断及其在数据处理和应用上的技术优势，也正助推资本在舆论话语权中的优势地位。拥有人工智能技术优势的组织或个人可以通过自身设计的算法来进行议程设置，以完成特定舆论的营造任务。拥有先进深度学习算法的人工智能技术平台，可以从海量的大数据中有效提取特定的目标群体，然后将编制好的信息和带有鲜明导向的评论向这些目标群体进行定点定时的推送，就可以在较短时间内激发社会公众对于某些特定新闻事件的关注，进而达到营造公共舆论的目的。①

技术和资本对媒体舆论的影响也体现在舆论场中"把关权力"的移交。智能技术的发展催生了一种新形式的"把关人"——技术把关，即通过对关键词屏蔽、IP地址限定、网站内容筛选进而对网站发布的信息、社群软件等自媒体发表的内容进行把关。② 这种技术把关虽然以"技术中立"为外在特征，而算法设计依然是人为指令，在后台运作的属性无形中赋予了技术制定者隐形而又强大的新闻选择权，同样体现出技术背后资本的主观意识，其中涉及的算法逻辑、用户数据一旦被商业、政治甚至敌对势力操纵，或产生影响和巨大隐患。如果技术取代人工编辑成为新闻的"把关人"，那么由谁来为技术"把关"，以及如何为技术"把关"，成为现实存在的重要监管难题。

部分智能媒体中"推荐算法"的运行机制，使得用户接收的信息无形中"窄化""聚焦"，加大了舆论凝聚各方共识的难度。算法分发机制下

---

① 陈鹏：《算法的权力和权力的算法》，《探索》2019年第4期。
② 黄岩、祁荣喆：《技术资本视阈下中国社会主流网络话语权探析》，《生产力研究》2017年第4期。

的新闻受众并非是真正意义上的具有个性的人，而是规则化与标准化分类下的被动客体，受制于同一算法技术的规则制式下，个人的新闻接受容易使个人处于信息孤岛中。[①] 现有的计算机技术中的算法事实上还远没有聪明到可以真实、系统地洞察用户需求的程度，只是对于人们通过行为表达出来的需求进行反馈，而无法判别受众潜在需求。[②] 这样的信息孤岛容易使人们沉浸在自我的话语场中，进而加剧社会群体间的局域化发展倾向和舆论场的信息割裂，人工智能赋能媒体过程中如何进一步"智"化仍有待探索。

四　智能媒体舆论发展的若干思考

第一，随着5G、航天卫星联网、量子计算机、生物计算机、区块链、人工智能、可穿戴设备和材料科技的进步加速，人类科技力量变革将对智能媒体和舆论生态发展演变产生怎样的影响？

第二，智能媒体的发展将会使媒体的边界和本质发生巨变，跨界融合，并不断地打破现有媒体格局。如何理解"万物皆媒""万物互联"新场景下的智能媒体？媒体的边界在哪里？智能媒体的主角还是传统意义上的媒体机构吗？各类媒体该如何跨界融合，踏上智能化传播的时代快车？

第三，疫情暴发后，在线办公软件等行业逆势上扬，成为新热点。远程办公将可能打破虚拟应用和现实空间的区隔，加快全息信息化环境的形成。麦克卢汉曾说，媒介是人的延伸。普通人数字化生存、虚拟化生存的加速到来，是否会推动形成人的社会资本价值，甚至法律意义上的数字人格？虚拟与现实实现融合也产生了传播及科技伦理话题，智能媒体和互联网依法治理不断加强，我们应该如何找准智能传播的法律和伦理边界？

第四，智慧化生存的加速到来，将如何突破人类生理和空间的局限？无人机航拍和远程操控，赋予了人们多元和全局的视角。无人驾驶、无人配送功能改变快递物流行业，高铁、航空和高速公路等交通设施更加高

---

① 郭洁：《算法分发机制下平台媒体对新闻业态重塑的反思研究》，硕士学位论文，山东大学，2019年。

② 毛伟：《人工智能技术对网络舆论引导的影响不容忽视》，《经济导刊》2019年第4期。

效。人类社会地理空间差距的加速浓缩，在智媒化时代将给经济社会带来哪些机遇与挑战？

第五，智能媒体是否能打破医疗和教育等稀缺资源时空分布的局限？远程医疗、机器人护士和机器人医生的出现引发关注，有助于平衡医疗资源分布不均、弥补我国医疗供需不足矛盾，这种愿景如何才能成为现实？随着数字化网络设施的普及，在线教育扶贫等政策推进，广大欠发达地区是否能借此改变教育资源不均的问题？在线教育在疫情期间拉动成长，在线视频和教学引发热议，学习规律与知识沟理论得到哪些新的启示？

第六，基于国际贸易、科技和舆论战等现象的存在，智能媒体发展正面临怎样的国际竞争图景？有关智能媒体、5G互联网、国际科技竞争与合作等均成为年度热点，如何预判各国智能媒体科技和产业发展态势？我国在发展智能媒体、数字经济和5G产业中，需要注意什么？

这些问题或许没有唯一的答案，但将引起社会广泛的关注和思考。

Research Report on the Development of Intelligent Media and Public Opinion in China

Liu Pengfei, Lv Yue, Zhai Wei

Abstract: With a huge leap of new technology, the rapid development of media convergence and the popularization of smart media application, intelligent media has gradually become a new engine of network public opinion, and being digital in the network society has become a significant feature of smart society. The new user structure of intelligent media changes, the outbreak of the COVID-19 accelerates the arrival of intelligent scene transmission, mainstream smart media begin to practice and explore integration media, video media and e-commerce social function play important roles, and smart media extend their social governance function. Intelligent robot writing and the machine posting with strictly government affect the trend of network public opinion ecology, the protection of Internet users' data privacy has aroused concern, and the dissemination of "fake video" has also triggered controversy of science and technology ethics. Technology, capital, politics and so on have an important impact on smart media public opinion, meanwhile, the development of smart media public opinion will bring more new thinking to the society.

Key words: Smart media, Public opinion, Artificial intelligence, Media convergence

参考文献

企鹅智库:《2.6亿年轻人的消费版图 2019Z世代消费力白皮书》,2019年8月29日。

李乔宇:《"后浪们"的而立之年:已有近300人出任上市公司"董监高"》,《证券日报》2020年5月7日第A3版。

《封城14天丨他们用镜头记录下了真实的"围城"生活丨战疫日记》,2020年2月6日,山东卫视《大医本草堂》节目官方帐号,https://baijiahao.baidu.com/s?id=1657750219030223587。

《热议丨中央广播电视总台为代表的"新技术+"将引领媒体融合发展新方向》,2019年3月12日,金羊网,http://news.ycwb.com/2019-03/12/content_30216107.htm。

《新小浩上两会丨5G!新华社进行了一场"5G手机全链条直播报道"》,2019年3月11日,新华社新媒体,https://baijiahao.baidu.com/s?id=1627712230138625085。

《人民在线总经理董盟君:人民方案助力融媒体"四力"提升》,2020年4月30日,人民网,http://media.people.com.cn/n1/2020/0430/c14677-31693783.html。

《汪玉凯:数字化抗疫的启示》,2020年4月22日,新京报官网,https://www.bjnews.com.cn/detail/158752847614106.html。

《"新基建"将改变什么(新型基础设施建设系列述评(3))》,2020年3月23日,人民网官方帐号,https://baijiahao.baidu.com/s?id=1662

096035905807882。

《封面智媒云3.0总体架构发布》，2020年5月5日，快资讯，https：//www.360kuai.com/pc/94043d84d69d2ef70？cota=3&kuai_so=1&sign=360_57c3bbd1&refer_scene=so_1。

周彬：《机器写作与媒体转型》，《新闻战线》2016年第4期。

李晓雨：《写作机器人在新闻报道中的应用研究》，硕士学位论文，兰州财经大学，2018年。

张林贺：《机器人写作新样态中记者的应对策略探析》，《新闻爱好者》2019年第3期。

C. Shao et al., "The Spread of Low-Credibility Content by Social Bots", *Nature communications*, Vol. 9, No. 1, 2018.

张洪忠、段泽宁、杨慧芸：《政治机器人在社交媒体空间的舆论干预分析》，《新闻界》2019年第9期。

杨慧芸：《隐形操纵与数据污染：社交媒体中的机器人水军》，《新闻知识》2020年第1期。

曾志毅：《"机器人水军"的发展、社会危害及其治理》，《新闻研究导刊》2018年第22期。

汤慧：《视频换脸：人工智能的一场狂想曲》，《中国报业》2019年第22期。

陈鹏：《算法的权力和权力的算法》，《探索》2019年第4期。

黄岩、祁荣喆：《技术资本视阈下中国社会主流网络话语权探析》，《生产力研究》2017年第4期。

郭洁：《算法分发机制下平台媒体对新闻业态重塑的反思研究》，硕士学位论文，山东大学，2019年。

毛伟：《人工智能技术对网络舆论引导的影响不容忽视》，《经济导刊》2019年第4期。

传播篇
Report on Communication

T.7 中国媒体融合发展报告

蒲 平[*]

摘　要： 自2014年媒体融合元年开始，我国新闻业界、学界在媒体融合的道路上不断探索。到2019年，习近平总书记提出了建设"四全"媒体的理念，媒体技术的不断进步与发展使得媒体融合面临新的挑战与机遇。本文耙梳了2019年中国国内关于媒体融合及其相关比较有代表性的观点。研究发现，目前国内关于媒体融合的研究不仅聚焦媒体融合的实践，聚焦传统媒体如何转型成为新型主流媒体，而且也在反思过去技术至上下的媒体融合所存在的问题，反思当下媒体融合过程中存在的瓶颈及结构性困境。同时，研究者们对媒体融合的内容生产、技术变迁及不同样态的媒体融合实践产生了一定的兴趣。

关键词： 全媒体　媒体融合　短视频　媒介新技术　县级融媒体中心

一　指引与探索：以建设"四全"媒体为指引，进行"全媒体"的探索

2019年年初，习近平总书记在人民日报社主持中共中央政治局第十二次集体学习，并围绕全媒体时代和媒体融合发展提出"全程媒体、全息媒体、全员媒体、全效媒体"的概念。紧接着，业界和学界围绕"四全"媒体概念以及习近平总书记对媒体融合的新指示，对"全媒体"的概念及如

---

[*] 蒲平，新闻学博士，浙江传媒学院新闻与传播学院讲师，目前研究兴趣为网络社会学、网络舆论及其治理、网络新生代专题等。

何落地进行探索和讨论。

到底什么是"全媒体"?"全媒体"对新闻业的影响何在?这些成为学界比较关心的话题。而业界更多地关注如何能将"全媒体"的概念落地生根,开花结果,成为真正引领新闻业发展的主要方向。

陈璐、范以锦通过分析中国传媒业的发展趋势,认为"四全"媒体格局的形成离不开全媒体的发展,在此过程中,需要处理好"传统媒体和新媒体、体制内媒体和商业互联网公司、新闻生产内容和传播平台三种关系,才能有效地构建全媒体传播体系,做大做强传媒业"。①

支庭荣从微观、中观(宏观)来分析以全媒体为主所形成的传播体系。他认为,全媒体传播体系是一个复合体系,包含了多种维度,多个层次;是一个综合体,融合了不同媒体的产品、平台和用户及服务。全媒体传播体系是以"内容为王导向为魂,移动为先创新为要,且有利于促进全媒体信息空间的生成"。②

沈阳通过对"四全"媒体的概念再挖掘与理解,认为"四全"媒体的概念除去相应的政治要求外,还具有一些媒体层面的不同于以往的技术和管理方面的要求。也就是说,全程媒体的关键是把握舆论事件的关键节点;全息媒体的关键是如何使大众以极少的成本获得最大的信息量;全员媒体的关键就是培育有公信力的关键意见领袖;全效媒体的关键是真正从用户的需求出发来满足用户。③

贺大为则从如何建设全媒体来进行分析。他认为,"四全"媒体的建设应该在媒体建设的整个过程中;它们之间是有机融合的且相互关联的;"四全"媒体是媒体融合的最终目标和结果,并不是驱动力。最终他将"四全"媒体的建设归到了利用好移动互联网技术上。④

郭全中在分析传统媒体在全媒体实践中出现的问题,并进一步解读"四全"媒体的基础上,认为传统媒体要进一步推动媒体融合,需要"以全媒体为抓手,在过程、流程、技术、参与和效果评估等方面进行

---

① 陈璐、范以锦:《全媒体环境下构建全新传播体系的对策思考》,《传媒观察》2019年第6期。
② 支庭荣:《全媒体传播体系的全息透视:系统建构、功能耦合与目标优化》,《西北师大学报》(社会科学版)2019年第6期。
③ 沈阳:《"四全"媒体的新内涵与技术新要求》,《青年记者》2019年第7期。
④ 贺大为:《建设全媒体需要找到突破口》,《中国文化报》2019年3月1日第3版。

全面的融合"。①他进一步提出了相关的对策建议，核心要义是注重用户需要和体验，信息服务至上，并要适应互联网商业规律，完善相应的体制机制。

胡正荣通过比较"融媒体"与"全媒体"之间概念的异同，并分析两者之间的关系，认为全媒体是"媒体融合的最终成果，媒体融合的目的",②并进一步指出当前媒体融合过程中存在的五大问题，诸如"认识和思维；行业壁垒；物理融合，不是化学融合；存量与增量的关系尚未理顺；机制体制"问题。

张涛甫则从全媒体的传播体系建设层面考量全媒体。他认为，一个具有"四力"的全媒体传播体系的建设根本就是内容建设，没有好的内容建设，这些都无从谈起。具体而言，"内容建设是根本；先进技术是支撑；管理创新是保障"。③

赵子忠、郭好在梳理媒体融合的发展阶段后，根据当下社会的现实需求，提出"关注用户、党委宣传、内容价值、机制创新和社会力量五个关键点，为有效推进新型全媒体传播体系构建提供科学参考"。④

唐维红、王韬、邹菁以人民网作为具体的个案，通过分析人民网的全媒体传播体系建设，来提炼传统主流媒体如何构建全媒体传播体系。⑤他们认为，人民网坚持把先进技术、内容建设作为根本的理念，提升新闻品质，在专业价值、服务渠道等方面都有所建树，为时下进行的全媒体建设提供了范本。

二 聚焦与反思：聚焦媒体融合的困境，反思媒体融合的建设瓶颈

自2014年媒体融合元年肇始，我国的媒体融合工作从顶层设计到具

---

① 郭全中：《全程全息全员全效媒体创新探析》，《中国出版》2019年第4期。
② 胡正荣：《媒体融合中存在的五大问题》，《青年记者》2019年第27期。
③ 张涛甫：《建立全媒体传播体系》，《中国报业》2020年第3期。
④ 赵子忠、郭好：《构建全媒体传播体系的路径和关键》，《新闻与写作》2019年第8期。
⑤ 唐维红、王韬、邹菁：《导向为魂 内容为王 创新为要——人民网构建全媒体传播体系的探索与实践》，《新闻与写作》2019年第8期。

体落实都做了不少的工作，取得了一定的成绩，也出现了媒体融合的瓶颈以及诸多问题。媒体融合工作推进到今天，业界、学界再回到原点，去思考到底何谓"媒体融合"？媒体融合的建设主体到底是谁？在媒体融合中，是传统媒体与新媒体的简单相加，还是一种人与物、人与人的关系相融？2019年，在媒体融合进行到一定阶段的时候，学界、业界重回媒体融合的原点，聚焦媒体融合的定义、评价尺度、研究议题、操作路径等方面，对媒体融合的"元话题"进行了再思考。

丁柏铨等从学理性角度来分析媒体融合的合理性，论证其合法性，[1]并指出了媒体融合的双主体的问题，即，媒体融合的实践者既包括传统媒体，也包括新兴媒体，存在"双主体"。[2] 韦路认为，在探讨媒体融合的时候，需要关注"技术、经济、主体、内容、规范"，并且认为未来还需要解决"如何理解融合概念、如何重构社会关系、如何形塑媒介文化、如何影响政治生态"的问题。[3] 但是，胡翼青、李璟认为，这种对媒体融合理论上的探讨，已经将媒体融合放置在一个传统媒体和新媒体竞合关系中去讨论了。[4]

黄旦从媒介史的角度考证了新媒介与旧媒介，以及新媒介如何崛起，如何引发旧媒介的变革。研究发现，"不同媒介自成一型，从而导入到一个新旧媒体共存的张力格局"。[5] 换句话说，相较于目前进行的媒体融合，传统媒体应该规避一个误区，即用既有的标准去衡量和评价新媒体以及新媒体作品，不能仅把融媒体当作一种转型的手段或者形式。反观当下，很多传统媒体进行媒体融合之时，就是在用融媒体的形式包装传统媒体的内核，这样的思维方式以及做法并不利于发挥融媒体的真正个性。因此他认为，新媒介，"型构新的传播形态"。

胡翼青、李璟通过把梳我国的媒体融合进程，并反思在这个过程中我们理解新媒介和旧媒介二者之间关系的视角，更多的是从"新旧媒介的竞

---

[1] 丁柏铨：《媒介融合：概念、动因及利弊》，《南京社会科学》2011年第11期。
[2] 丁柏铨：《论媒体融合的主体》，《新闻爱好者》2019年第10期。
[3] 韦路：《媒体融合的定义、层面与研究议题》，《新闻记者》2019年第3期。
[4] 胡翼青、李璟：《"第四堵墙"：媒介化视角下的传统媒体媒介融合进程》，《新闻界》2020年第4期。
[5] 黄旦：《试说"融媒体"：历史的视角》，《新闻记者》2019年第3期。

合框架来理解新旧媒介的关系"。① 通过分析当前我国对于媒体融合的三类研究，胡翼青、李璟认为，需要在"媒介化框架"中去理解新媒介和旧媒介，以及需要探讨"新媒体是怎样将大众传媒纳入再度媒介化进程的"。由此，顺着"媒介化框架"的思路去观察当下的媒介融合，发现传统媒体并不是在新媒介技术面前主动所为，而是被动地去适应。面对这种状况，传统媒体唯有找准自身在新媒介环境中的角色定位，方能实现真正的媒体融合。换言之，传统媒体需要在新媒体环境中体现出专业工作者的专业精神、媒体功能及社会责任。

赵高辉借助行动者网络理论来考量媒体融合问题，他认为，社交媒体以及一些信息分发平台利用算法以及活跃度等其他资源将传统媒体特有的"强制性通过点"地位消解了，使传统媒体组织发挥不出来优势。因此，传统媒体组织在媒体融合中需要"挖掘、利用自己优势资源重新构建'强制性通过点'，招募包括新型传播平台在内的行动者，构建自身主导的传播行动者网络"。②

周传虎、倪万直指当前我国媒介融合在内容、渠道、组织、经营模式及效果等方面出现的困境。他们认为，"我国媒介融合是一种以技术为中心的单向融合，忽略了其他维度尤其是忽略了人的融合"。③ 回想媒介融合走过的这些年，要么是我们将传统媒体与新媒体放置在一种竞合的二元对立之中，要么是传统媒体在技术至上的理念下去追逐新媒体，同时也改造自身。因此，结合我国媒介融合当前面临的问题，他们认为需要摆脱技术至上的固有融合思维，真正从人的主体性层面考量媒介融合，实现媒介融合的最佳状态，即人的融合。至于如何实现"媒介融合的乌托邦"，研究者们并未进行深入的探讨。

尽管周传虎、倪万仅仅是学理上的讨论，但此种关于媒体融合的讨论代表当前一部分研究者的态度，也就是说，媒体融合过程中，人与物到底

---

① 胡翼青、李璟：《"第四堵墙"：媒介化视角下的传统媒体媒介融合进程》，《新闻界》2020年第4期。
② 赵高辉：《传统媒介组织"强制性通过点"地位的消解与重构——行动者网络理论视域下的媒介融合发展探析》，《现代传播》(中国传媒大学学报) 2019年第5期。
③ 周传虎、倪万：《技术偏向：当前我国媒介融合的困境及其原因》，《编辑之友》2020年第1期。

是何种关系？毕竟这是一个万物互联的时代。

曲升刚通过分析当前主流媒体的媒介融合所遭遇的问题，指出当前主流媒体的媒介融合存在的问题，主要表现为结构性的矛盾，"内容生产层面的结构矛盾；信息传播层面的结构矛盾；商业模式层面的结构矛盾"。①

朱鸿军、严功军分别从不同的视角对我国的媒介融合进行反思。朱鸿军认为，自2014年肇始的这场自上而下的媒介融合，从本质上说是一场传统媒体转型并拥抱新媒体的单线条融合，而不是双向的融合。"传统媒体的落后身份、陈旧的内外制度和既有新兴媒体市场格局的阻隔等结构性困境"②是传统媒体单向媒体融合的主要因素。严功军则认为，传统需要回到原点，从认识论的角度对媒体融合进行再认识，并提出媒介融合"需要从'媒介、技术、社会'三个层面进行认识论转向，才能获取系统理性知识，走出思维困境"。③

三　借用与跨越：借用传播新技术，跨越媒体旧边界

媒介融合的发展与创新，离不开技术的发展与进步，但又不能将技术至上作为媒体融合的"指挥棒"。随着区块链、人工智能、5G技术等新技术的发展，带给了媒体融合不一样的图景，关注新技术发展以及媒介的跨界融合等以新技术为主导的变化趋势，成为媒介融合研究者关注的动向。

区块链技术的发展给新闻业带来不一样的景象，研究者们将视线投入区块链技术如何影响新闻业的发展上。"在区块链技术支持下，达成了涵盖主体及其新闻生产、议程设置标准、验证及追责的三位一体'链式'透明。"④也就是说，区块链技术的发展，将会变革传统新闻生产的"点式"

---

① 曲升刚：《主流媒体媒介融合的结构性矛盾思考》，《青年记者》2019年第5期。
② 朱鸿军：《走出结构性困境：媒体融合深层次路径探寻的一种思路》，《新闻记者》2019年第3期。
③ 严功军：《走出思维困境：媒介融合的认识论反思》，《现代传播》（中国传媒大学学报）2019年第11期。
④ 袁帆、严三九：《从"点式"到"链式"：区块链技术对新闻透明的再推进》，《中国编辑》2019年第3期。

透明，给新闻透明性带来一种新的变革。袁帆、严三九认为，在这个过程中，区块链技术将会改变目前既有的新闻传播者与新闻接受者之间的关系以及双方之前的信任。

喻国明、方可人从区块链给传统主流媒体带来的权力和能量的变化来探讨区块链给媒体融合带来的机遇。因为作为国家战略而言，媒介融合需要有外在革命性的力量相助。在一定意义上而言，"区块链技术是能够为媒介融合产生极大助力作用、克服媒介融合'痛点'问题的革命性技术"。① 与此同时，他们认为，借助区块链技术，媒体融合过程中的传统主流媒体需要真正重视内容，"让内容成为王者"，以此"推动新一代平台型媒介模式的产生，倒逼内容生产重视新闻专业主义的权威标准，通过区块链技术实现微版权的'微确权'，极大激发泛众化传播时代的传播生产力"。②

李彪、刘泽溪关注智能媒体的发展给媒体融合带来的变化趋势，他们总结并提炼了2018年智能媒体发展的趋势以及特点。他们认为，"以人工智能、虚拟现实、大数据、算法分发等为代表的媒体技术，不仅主导了大众生产、生活、娱乐等媒介消费的场景建构，还重构了传媒产业链的内部主体，加速了传媒业的跨界融合"。③

与李彪、刘泽溪关注技术给媒体融合带来的跨界融合的便利条件不同，陈硕、李昭语则从分析媒体跨界融合出现的瓶颈入手，并提出了应对之策。他们认为，"从全局出发，对媒介跨界融合进行'智慧'转型，才能消解其中的结构性矛盾"。④ 此处所谓的"智慧"转型，也就是说要借助人工智能，加强借助数据驱动媒体融合，对数据进行智能化管理，以媒体内容价值为导向，提升平台用户体验。

彭兰认为，进入5G时代，5G技术所带来的"万物皆媒"将会改变当

---

① 喻国明、方可人：《区块链：为媒介融合中传统主流媒介赋能赋权》，《媒体融合新观察》2019年第6期。
② 喻国明、方可人：《区块链：为媒介融合中传统主流媒介赋能赋权》，《媒体融合新观察》2019年第6期。
③ 李彪、刘泽溪：《聚合与重塑：2018年我国智能媒体发展观察》，《出版广角》2019年第3期。
④ 陈硕、李昭语：《媒介跨界融合的现实瓶颈与"智慧"转型研究》，《新闻爱好者》2019年第7期。

前的大众传播态势。由此，彭兰进一步认为，5G时代带来的新传播不仅会对大众传播产生一定的影响，而且在形成了"人与物、物与物之间新的传播关系"上，[①] 也可能带来新的传播形态。

此外，慕海昕、彭兰进一步分析5G时代视频直播为大众所带来的不一样的体验感与现场感，也就是说，"'遥在'成为在场的另一种方式"。[②] 因为5G时代的VR/AR技术给用户带来的不一样的沉浸感，新闻真实标准的问题成为需要考虑的问题。同时，由于5G时代物联网的使用，人与物的联系的过载需要我们进行反思。

喻国明预测并分析5G技术对媒体生态将会产生何种影响，他从5G技术自身的特点入手，认为"5G最大的现实改变，就是实现从人与人之间的通信走向人与物、物与物之间的通信，实现万物互联，传播进入智能媒体时代，它会极大地推动传媒转型与社会的变革与发展"。[③] 而传统媒体借助5G技术转型发展的核心要义还是要发掘自身的核心竞争力，以5G技术作为驱动力，去影响有影响力的主流人群。

陈硕、李昭语通过当前媒介跨界融合，指出传统媒体既有的单向、浅层次融合模式已经捉襟见肘。目前，"对媒介跨界融合进行'智慧'转型，才能消解其中的结构性矛盾，让各类媒介在跨界融合中取得新的成功"，[④] 并依照智媒体的发展视角，围绕技术、数据、内容和用户体验给出了相应的对策建议。

四 重组与再造：重组融合新闻生产方式，再造新闻与人的关系

媒体融合的重心，不仅在于建构了一种新的传播形态，而且在于重构了新闻的生产方面，再造了新闻与人的关系。2019年，研究者们开始将研

[①] 彭兰：《5G时代"物"对传播的再塑造》，《探索与争鸣》2019年第9期。
[②] 慕海昕、彭兰：《新体验、新风险：5G环境中的人与传播》，《新闻论坛》2019年第3期。
[③] 喻国明：《以科技力量人本逻辑重构传播和服务——试论5G时代的传播格局及媒介生态》，《新闻前哨》2019年第4期。
[④] 陈硕、李昭语：《媒介跨界融合的现实瓶颈与"智慧"转型研究》，《新闻爱好者》2019年第7期。

究的目光转向媒体融合过程中的新闻生产方式，新闻与人的关系等方面，以期获得对媒体融合不一样的认识。

孙玮认为，在进行媒体融合的过程中，"新闻的定义要改写，社会时空感也正在重塑。融媒体生产必然要打破媒介机构的既有专业边界，成为大众的日常生活方式"。① 具体而言，媒体融合过程中所进行的融媒体生产不仅变革了媒介机构的日常工作方式，而且借助于不同文本的创造，进而将不同的技术形态融合在一起。这些不同的传播技术形态融合在一起的同时，又将人的感官接入进来。一种新的感知方式被创造出来，紧接着进入并将人的社会关系网络勾连起来。因而，"融媒体生产必然要打破媒介机构的既有专业边界，成为大众的日常生活方式"。

围绕媒体融合过程的不同，研究者聚焦媒介融合所产生的新闻生产变革进行相关的研究，不同于孙玮关注的新闻生产在学理上的变革，刘海贵、庹继光聚焦媒体融合的实践环节，讨论媒体融合过程中的新闻生产变革。他们认为，"现阶段媒体机构新闻生产要处理好'变'与'不变'的边界，坚持移动优先、注重用户体验，把握'三度'"。② 此处所谓的"三度"，就是"高度""厚度""态度"，从融媒体产品的题材到所体现的专业功力以及对待新闻用户、坚守新闻社会责任的态度。此处，关于融媒体新闻产品生产"三度"的讨论，仍然是在一个较为宏观的层面上进行分析。

在媒体融合视阈下，有一些研究者就新闻生产的具体环节进行探讨，比如说新闻生产环节的编辑工作。段乐川、李莎莎就媒介融合视阈下编辑概念、编辑工作的再认识进行了讨论。他们认为，"媒介融合时代，编辑实践本身发生着很大变革，编辑概念认识需要从更辩证的角度来把握编辑概念的发展变动性和本质不变性，并在此基础上提出编辑概念的新观念、新认识"。③

黎勇对媒介融合新技术带来的新闻叙事变革与创新进行了分析。他认为，2019 年，新闻叙事在技术的驱动与引领下，"传统叙事向技术叙事、

---

① 孙玮：《融媒体生产：感官重组与知觉再造》，《新闻记者》2019 年第 3 期。
② 刘海贵、庹继光：《融媒时代新闻生产的"三度"》，《新闻记者》2019 年第 9 期。
③ 段乐川、李莎莎：《编辑概念再认识：争论焦点与融合视角》，《中国编辑》2020 年第 1 期。

多媒体叙事、差异性叙事和融合叙事的急速转变，具体表现在播报的智能化、内容的场景化（沉浸式）、视频的个性化、数据的可视化"。①

曾白凌对身体在媒介融合过程中的位置、关系等进行探讨与分析。他认为，随着时代的不断更迭，信息传播过程中所形成的边界已经被身体所打破，受众的身份随着技术的发展，由过去的接受者变为信息的生产者与传授者并存，"人机互联、万物皆媒，互联网去中心化结构和信息平台中心化并存"。② 因此，过去媒介融合看似不同媒介边界的消融，事实上媒介融合的发生，所形成的人、人的社会关系以及文化内涵等都发生了变化。过去被忽视的身体，以及由身体所勾连形成的社会关系需要进行再认识。正如曾白凌所表述的，"被激活的身体，表达的身体及媒介的身体"。③

五　考辨与见微：考辨新型主流媒体建设，剖析融媒体制作与传播

作为媒体融合抓手与引擎，新型主流媒体的建设成为业界和学界关注的一个重要话题，也是当下媒体融合实施过程中的一个落脚点。2019 年，研究者对媒介融合的再思考引发了对新型主流媒体建设的大讨论，包括对新型主流媒体的再认识、建设路径及评价方式都有了新的成果。同时，对于融媒体制作与传播进行了探讨，主要集中在网络直播与短视频的制作与传播方面。

新型主流媒体的建设与媒体融合紧密相关。支庭荣将"优化顶层设计 打造新型主流媒体"④ 作为我国媒体融合未来的发展新趋势。张金桐、屈秀飞将打造新型主流媒体作为"媒体融合的战略目标"，⑤ 并进一步分析了"媒介融合的资源融合、平台融合、内容融合、技术融合、体制融合、行

---

① 黎勇：《智能化 场景化 个性化 可视化——媒介融合背景下的新闻叙事创新》，《中国记者》2020 年第 2 期。
② 曾白凌：《论传统媒体融合的边界、偏向与在场》，《现代出版》2020 年第 2 期。
③ 曾白凌：《论传统媒体融合的边界、偏向与在场》，《现代出版》2020 年第 2 期。
④ 支庭荣、汪金刚：《中国媒体融合发展的成就、动能、挑战与趋势》，《南方传媒研究》2019 年第 2 期。
⑤ 张金桐、屈秀飞：《媒体融合的演进逻辑、实践指向与展望》，《当代传播》2019 年第 3 期。

业融合、人才融合"①，并将打造新型主流媒体放在形塑传媒新生态、建构现代传播体系的重要程度来看待。

喻国明则将如何认识媒体融合，如何打造新型主流媒体放置在5G的视阈中进行学理上的思辨。他认为，"首先，第一要义就是要知道自己的用户在哪里，他们想要什么和在什么时候什么场景下需要；其次，强化开放协同发展中的定位与合作意识，找寻价值创造的'节点'与维度"。②

接着学界、业界对新型主流媒体的讨论，研究者不仅思考如何建构新型主流媒体，而且也在考量新型主流媒体建设的效果。朱春阳以"四力"媒体和"四全"媒体的价值入手，反思新型主流媒体当下实际的传播效果，并在此基础上提出创新路径。他认为，新型主流媒体需要"确立起以国家治理体系与治理能力现代化为指导的基本评价框架"③，综合考虑移动优先、网上网下表现、正面宣传以及危机沟通等具体评价体系，借助大数据挖掘，以此来实现客观性评价。

2019年，短视频制作及传播得到井喷式的发展，研究者进一步关注作为融媒体新闻生产的形式——短视频的制作与传播。陈星星以人民视频作为研究的案例，通过分析人民视频上所呈现的各种不同的视频内容，来分析在5G时代如何理解融媒体产品——短视频。主流媒体在全媒体时代，作为短视频的提供者，需要扮演好"原创短视频内容的生产者"和"优质短视频内容生产的组织者"的角色，以及借助"线上互动、线下培训、强化激励、活动带动，主流媒体可以通过赋能拍客，激活短视频生态圈"。④

部分研究者基于业界关于短视频制作的实践经验，来探讨如何借助优质的内容进行短视频的制作与传播，以此在融合报道中增强传报道的传播力。骆国骏、李斌等基于20部浏览量过百万的短视频，通过经验分享，来探讨在媒体融合向纵深发展的今天，如何打造有影响力的短视频作品。他们认为，"以短视频为突破口，深度融合，在'中央媒体+县级融媒体

---

① 张金桐、屈秀飞：《媒体融合的演进逻辑、实践指向与展望》，《当代传播》2019年第3期。
② 喻国明：《以科技力量人本逻辑重构传播和服务——试论5G时代的传播格局及媒介生态》，《新闻前哨》2019年第4期。
③ 朱春阳：《全媒体视野下新型主流媒体传播效果评价的创新路径》，《新闻界》2019年第12期。
④ 陈星星：《探索与思考："5G元年"的短视频发展》，《新闻与写作》2019年第6期。

中心 PGC 合作模式'探索上取得初步成效"。① 晏琴通过中央广播电视总台制作的节目成为"爆款"的事实,来分析在融媒体时代的记者素质,究其根本,就是要"肯于用心,善抓'四心'",② 善于抓住用户真正所需,真正满足用户的所需。

在短视频爆发式增长后,研究者开始关注如何将日常生活化的短视频进入公共传播范围内。彭兰认为,新视觉生产力作为对于短视频,特别是那种专业化资讯类的短视频而言,具有很重要的作用,而传统媒体在这方面处于短板,需要借助文化的基因,对短视频的各项要素进行优化配置,提炼新的叙事模式,培育新闻的关键要素。③

网络直播作为媒体融合的一种新的表现形态,研究者也给予了一定的关注。

严三九认为,"时空一体的沉浸式体验,正在推动网络直播从人们惯性化的生活场域发展成为泛在化的社会文化仪式"。④ 同时,网络直播所形塑的文化景观的魅力吸引了社会的亚文化群体,但对于网络直播过程中引起的话语失序、伦理失范、价值偏差等问题我们需要引起高度重视。

六　守正与创新:县级融媒体中心建设的再创新

自国家提出建设县级融媒体中心以来,各地都涌现了县级融媒体中心建设的先进典型,也积累了一些宝贵经验,与此同时也出现了一些亟待解决的新问题。特别是 2019 年 10 月 31 日,党的十九届四中全会通过《中共中央关于坚持和完善中国特色社会主义制度、推进国家治理体系和治理能力现代化若干重大问题的决定》,在此种背景下,县级融媒体中心建设将如何突破既有的成绩,融入"国家治理体系和治理能力现代化"的建设

---

① 骆国骏、李斌等:《5 个月 20 部短视频个个过百万的背后——新华社中央媒体+县级融媒体中心 PGC 合作模式探索》,《中国记者》2019 年第 5 期。
② 晏琴:《"爆款"没有捷径　只有"笨功夫"》,《新闻战线》2019 年第 9 期。
③ 彭兰:《短视频:视频生产力的"转基因"与再培育》,《新闻界》2019 年第 1 期。
④ 严三九:《沉浸、隐喻与群体强化——网络直播的新景观与文化反思》,《学术界》2019 年第 11 期。

中，成为学者们关注的点。

胡正荣认为，2020年是县级融媒体中心建设的黄金时期，而这一时期的主要任务就是要打造"2.0版县级融媒体中心"。①何谓"2.0版县级融媒体中心"？谁来建设？怎么来建设？这些都成为大家比较关注的问题。胡正荣将"2.0版县级融媒体中心"放置在打通省、市、县三级网络平台中来看待其重要性。也就是说，将省、市、县三级放置在一个平台中，各司其职，各负其责，各级完成各级在此平台中所规定的义务。在此平台中，"2.0版县级融媒体中心"就成为省、市两级网络在基层的任务完成者，从某种程度上来说，就是让县级融媒体中心真正回归基层，围绕基层，服务基层。这也符合习近平总书记在2019年1月25日中共中央政治局第十二次集体学习时提出的，"媒体融合发展不仅仅是新闻单位的事，要把我们掌握的社会思想文化公共资源、社会治理大数据、政策制定权的制度优势转化为巩固壮大主流思想舆论的综合优势"，真正让"2.0版县级融媒体中心"成为国家实施治理体系与治理能力现代化的一种重要资源，最终实现"数字化县城"。

在县级融媒体中心建设再推进的过程中，研究者们更加关注县级融媒体中心建设的定位，以及如何将县级融媒体中心建设与社会治理相勾连。张磊、张英培通过对邳县的县级融媒体中心"银杏融媒"进行考察和个案分析，研究发现"作为社会治理中介，借助新兴的智能化媒体技术，在战略部署和日常运作中充分发挥传媒的组织功能，对重建官方舆论场、开拓民意渠道、动员群众参与社会治理起到了良性作用"。②

以上研究者具体剖析了县级融媒体中心的建设落地问题，而段鹏将县级融媒体中心建设放置在全媒体框架下的传播体系建设中来考量。他认为，在纵向架构上，智能全媒体传播体系宏观层面的整体架构应该包括转型后的中央级媒体、全媒体方向发展的省级媒体和重建社会网络的县级融媒体中心。③

---

① 胡正荣：《打造2.0版的县级融媒体中心》，《新闻界》2020年第1期。
② 张磊、张英培：《县级融媒体中心建设的邳州经验》，《新闻与写作》2019年第7期。
③ 段鹏：《试论我国智能全媒体传播体系建设的实践路径：内容、框架与模式》，《现代出版》2020年第3期。

七 结语

自 2014 年开始，媒介融合自上而下开展起来，通过这几年的发展，传统媒体在媒体融合方面已形成了一定的经验，但普遍的认识是传统媒体如何去适应新媒体的发展，以新媒体的形式承载传统媒体的内核。尽管媒介融合也在不断地推进，但仍然感觉到后劲不足。2019 年，习近平总书记提出了"四全"媒体的新概念，学界与业界针对这个新的概念也展开了讨论与实践摸索。学界研究者开始从多种视角对媒介融合进行反思，既有媒介融合的结构性困境的反思，也有主张回归原点，对媒介融合进行再认识。无论哪一种反思，都是对当下火热的媒介融合的一种冷思考。综观 2019 年的媒介融合研究，可以发现，学界、业界从对习近平总书记的"四全"媒体的概念解读、实践摸索，到思考媒介融合建设中建设主体、建设内容，再到媒介融合新技术的探讨，以及由技术的变革所带来的新闻生产方式的变革，以及此过程中人与人的关系、人与物的关系的再造，最后到媒介融合的具体表现——县级融媒体中心的建设的反思。

Report on the Development of Media Convergence

Pu Ping

Abstract：Since the first year of media fusion in 2014, Chinese journalism industry and academia have continuously explored the path of media fusion. By 2019, General Secretary Xi Jinping put forward the concept of building "four-full media". The continuous advancement and development of media technology has made media convergence face new challenges and opportunities. This article raks in a more representative view of China's domestic media convergence and related issues in 2019. The study found that the current domestic research on media fusion not only focuses on the practice of media fusion, but also on how traditional media can be transformed into a new mainstream media. It also reflects on the problems of media fusion in the past, and the current media fusion. Bottlenecks and structural difficulties in the process. At the same time, researchers have a certain interest in the content production of media fusion, technological changes and different media fusion practices.

Key words: All media, Media convergence, Short video, New media technology, County-level media center

参考文献

陈璐、范以锦:《全媒体环境下构建全新传播体系的对策思考》,《传媒观察》2019年第6期。

支庭荣:《全媒体传播体系的全息透视:系统建构、功能耦合与目标优化》,《西北师大学报》(社会科学版)2019年第6期。

沈阳:《"四全"媒体的新内涵与技术新要求》,《青年记者》2019年第7期。

贺大为:《建设全媒体需要找到突破口》,《中国文化报》2019年3月1日第3版。

郭全中:《全程全息全员全效媒体创新探析》,《中国出版》2019年第4期。

胡正荣:《媒体融合中存在的五大问题》,《青年记者》2019年第27期。

张涛甫:《建立全媒体传播体系》,《中国报业》2020年第3期。

赵子忠、郭好:《构建全媒体传播体系的路径和关键》,《新闻与写作》2019年第8期。

唐维红、王韬、邹菁:《导向为魂 内容为王 创新为要——人民网构建全媒体传播体系的探索与实践》,《新闻与写作》2019年第8期。

丁柏铨:《媒介融合:概念、动因及利弊》,《南京社会科学》2011年第11期。

丁柏铨:《论媒体融合的主体》,《新闻爱好者》2019年第10期。

韦路：《媒体融合的定义、层面与研究议题》，《新闻记者》2019 年第 3 期。

胡翼青、李璟：《"第四堵墙"：媒介化视角下的传统媒体媒介融合进程》，《新闻界》2020 年第 4 期。

黄旦：《试说"融媒体"：历史的视角》，《新闻记者》2019 年第 3 期。

赵高辉：《传统媒介组织"强制性通过点"地位的消解与重构——行动者网络理论视域下的媒介融合发展探析》，《现代传播》（中国传媒大学学报）2019 年第 5 期。

周传虎、倪万：《技术偏向：当前我国媒介融合的困境及其原因》，《编辑之友》2020 年第 1 期。

曲升刚：《主流媒体媒介融合的结构性矛盾思考》，《青年记者》2019 年第 5 期。

朱鸿军：《走出结构性困境：媒体融合深层次路径探寻的一种思路》，《新闻记者》2019 年第 3 期。

严功军：《走出思维困境：媒介融合的认识论反思》，《现代传播》（中国传媒大学学报）2019 年第 11 期。

袁帆、严三九：《从"点式"到"链式"：区块链技术对新闻透明的再推进》，《中国编辑》2019 年第 3 期。

喻国明、方可人：《区块链：为媒介融合中传统主流媒介赋能赋权》，《媒体融合新观察》2019 年第 6 期。

李彪、刘泽溪：《聚合与重塑：2018 年我国智能媒体发展观察》，《出版广角》2019 年第 3 期。

陈硕、李昭语：《媒介跨界融合的现实瓶颈与"智慧"转型研究》，《新闻爱好者》2019 年第 7 期。

彭兰：《5G 时代"物"对传播的再塑造》，《探索与争鸣》2019 年第 9 期。

慕海昕、彭兰：《新体验、新风险：5G 环境中的人与传播》，《新闻论坛》2019 年第 3 期。

喻国明：《以科技力量人本逻辑重构传播和服务——试论 5G 时代的传播格局及媒介生态》，《新闻前哨》2019 年第 4 期。

孙玮：《融媒体生产：感官重组与知觉再造》，《新闻记者》2019 年第 3 期。

刘海贵、庹继光：《融媒时代新闻生产的"三度"》，《新闻记者》2019年第9期。

段乐川、李莎莎：《编辑概念再认识：争论焦点与融合视角》，《中国编辑》2020年第1期。

黎勇：《智能化 场景化 个性化 可视化——媒介融合背景下的新闻叙事创新》，《中国记者》2020年第2期。

曾白凌：《论传统媒体融合的边界、偏向与在场》，《现代出版》2020年第2期。

支庭荣、汪金刚：《中国媒体融合发展的成就、动能、挑战与趋势》，《南方传媒研究》2019年第2期。

张金桐、屈秀飞：《媒体融合的演进逻辑、实践指向与展望》，《当代传播》2019年第3期。

朱春阳：《全媒体视野下新型主流媒体传播效果评价的创新路径》，《新闻界》2019第12期。

陈星星：《探索与思考："5G元年"的短视频发展》，《新闻与写作》2019年第6期。

骆国骏、李斌等：《5个月20部短视频个个过百万的背后——新华社中央媒体+县级融媒体中心PGC合作模式探索》，《中国记者》2019年第5期。

晏琴：《"爆款"没有捷径 只有"笨功夫"》，《新闻战线》2019年第9期。

彭兰：《短视频：视频生产力的"转基因"与再培育》，《新闻界》2019年第1期。

严三九：《沉浸、隐喻与群体强化——网络直播的新景观与文化反思》，《学术界》2019年第11期。

胡正荣：《打造2.0版的县级融媒体中心》，《新闻界》2020年第1期。

张磊、张英培：《县级融媒体中心建设的邳州经验》，《新闻与写作》2019年第7期。

段鹏：《试论我国智能全媒体传播体系建设的实践路径：内容、框架与模式》，《现代出版》2020年第3期。

T.8 智能媒体内容生产与消费的现状及趋势研究报告

殷 乐 王心路[*]

摘 要： 2019年智能媒体内容市场持续向好。随着智能设备的推广和内容市场的成熟，智能媒体内容消费市场得到进一步扩大，内容生态呈现多样化和专业化的特征，各个平台经营模式和盈利模式都有所创新，人机传播已成常态。本文在整理了多家研究机构和智能媒体内容提供者的资料和数据后，对2019年中国智能媒体内容市场现状和原因做了分析，在此基础上指出了智能媒体内容生产和消费领域出现的问题和对策，并对未来走向进行了预测。

关键词： 智能媒体 内容消费 人工智能 媒体融合

2019年的政府工作报告首次提出"智能+"概念，以促进人工智能与产业融合为目标，完善人工智能基础设施建设。据中国电子学会智库统计，2019年前三季度，中国人工智能核心产业市场规模已超过76.7亿元，较2018年同比增长约29.6%。[①] 在传媒领域，各项智能技术已经深刻地内嵌到媒体的内容生产、内容分发、用户反馈和用户互动各个环节当中。伴随着媒体融合的推进，智能技术也应用到了不同层级的媒体当中。智能手机、智能音箱、智能电视、智能手表等智能设备已被应用到了家庭、工作、户外、公共场所等多个场景中。研究智能媒体内容生产与消费现状，

---

[*] 殷乐，中国社会科学院新闻与传播研究所研究员、广播影视研究中心主任、博士生导师；王心路，中国社会科学院大学（研究生院）新闻学与传播学系硕士研究生。

[①] 李雪钦：《2019五大关键词火遍中国互联网：5G区块链》，2020年1月1日，人民网，http://js.people.com.cn/n2/2020/0101/c359574-33681127.html。

既有助于了解智能设备在内容产业链的应用情况,也有助于寻求内容消费的新趋势,从而为内容产业的良性发展提供经验借鉴。

一 智能媒体内容生产与消费现状及成因

(一) 智能媒体内容消费概念界定

在"万物皆媒"的传媒生态环境中,智能媒体指的是运用大数据、人工智能、云计算等先进智能技术的媒体。智能媒体通过应用人工智能软硬件技术,从信息采集、内容创作到智能分发,帮助用户实现日常信息的高效获取。2019年区块链、5G、人工智能、大数据等技术在智能媒体领域得到进一步应用,为智能媒体内容生产和消费提供了更多的可能性。"智能媒体内容生产"指的是内容生产流程中生产者在积极使用智能技术的行为。"智能媒体内容消费"指的是用户在使用智能媒体时,愿意付出一定的财力和注意力来为优质、稀缺的内容及服务买单的,既包括用户对内容本身的消费,也包括用户为获取内容而产生的付费行为。智能技术在内容生产和消费中的应用实际上重构了用户、平台、内容和内容生产者之间的关系。

(二) 智能媒体内容生产和消费的现状

1. 智能媒体内容消费市场进一步扩大

中国互联网络信息中心在最新发布的第45次《中国互联网络发展状况统计报告》中指出,截至2020年3月,我国网民规模已达9.04亿,较2018年增长了7508万。[1] 互联网用户规模的持续增长将进一步带动智能媒体设备和内容消费市场,互联网庞大的人口基数本身也为内容创作的变革提供了强大的驱动力。

智能媒体内容消费市场的扩张依托于智能设备的推广,2019年我国智能设备销售额依旧保持在高速增长的状态,用户需求尚未满足。艾媒咨询数据显示,2019年中国智能手机用户数量已达到7.48亿。[2] 截至2019年

---

[1] 《第45次〈中国互联网络发展状况统计报告〉》,2020年4月28日,中国互联网络信息中心网站,http://www.cnnic.net.cn/hlwfzyj/hlwxzbg/hlwtjbg/202004/t20200428_70974.htm。
[2] 《手机行业数据分析:2019年中国人民日均使用智能手机时间为134分钟》,2020年3月24日,艾媒网,https://www.iimedia.cn/c1061/70232.html。

5月，智能电视市场保有量已达2.25亿，超出2018年3700万，增速可观。① 2019年智能音箱的全年出货量同比增长109.7%，达到4589万台。② 智能音箱销售量的迅猛增长标志着用户的收听习惯有所改变，从传统的移动音频转向智能音频，智能音频也越来越成为智能化传播场景中不可或缺的要素。2019年全年中国可穿戴设备市场出货量达9924万台，同比增长37.1%，其中智能耳机的同比增长率高达114.7%，③ 音频内容市场潜力不容小觑。智能设备市场规模的强势扩张与技术的成熟和品牌的推广密切相关，技术的成熟促使智能媒体设备更新换代，品牌的推广有助于建立用户对智能设备生产商的信任，这两者都将刺激用户的购买欲望。然而，互联网巨头的参与也使得智能设备市场出现了马太效应。根据IDC 2020年年初发布的《IDC中国智能家居设备市场季度跟踪报告》，百度、阿里巴巴和小米三家头部厂商在智能音箱市场份额中占比超9成，④ 这将不利于新兴技术公司的加入。技术的演进总是推动媒介形态的改变，2019年不同内容形态的用户数量依旧保持着稳定的增长。如图1所示，2019年互联网用户使用率排名前三的是网络视频、网络新闻和网络短视频，网络音乐、网络游戏、网络文学和网络直播用户也超过了网民总体数量的一半。从增长人数来看，如图2，网络直播用户增长规模最大，网络直播领域的内容市场潜力巨大。相对来说，网络新闻和网络游戏的用户量增长缓慢，用户人群趋于稳定，但依旧是互联网内容生产的重头部分。

除此之外，用户对智能设备的依赖性程度逐年提高，有增无减。如图3所示，从2011年至2019年，中国人民日均使用智能手机的时长持续增长，相比2018年，2019年智能手机日均使用时长增加了19分钟。⑤ 麦克

---

① 《2019智能电视大屏生态发展白皮书：智能电视保有量超2.6亿》，2020年3月15日，新浪VR，http://vr.sina.com.cn/news/report/2020-03-15/doc-iimxyqwa0597693.shtml。
② 《IDC：2019年中国智能音箱市场出货量4589万台，预计2020年同比增长9.8%》，2020年3月20日，IDC中国，https://www.idc.com/getdoc.jsp?containerId=prCHC46151220。
③ 《IDC：近亿台出货量！2020年中国可穿戴设备市场开局艰难，后期增长可观》，2020年3月16日，IDC中国，https://www.idc.com/getdoc.jsp?containerId=prCHC46137020。
④ 《IDC：2019年中国智能音箱市场出货量4589万台，预计2020年同比增长9.8%》，2020年3月20日，IDC中国，https://www.idc.com/getdoc.jsp?containerId=prCHC46151220。
⑤ 《手机行业数据分析：2019年中国人民日均使用智能手机时间为134分钟》，2020年3月24日，艾媒网，https://www.iimedia.cn/c1061/70232.html。

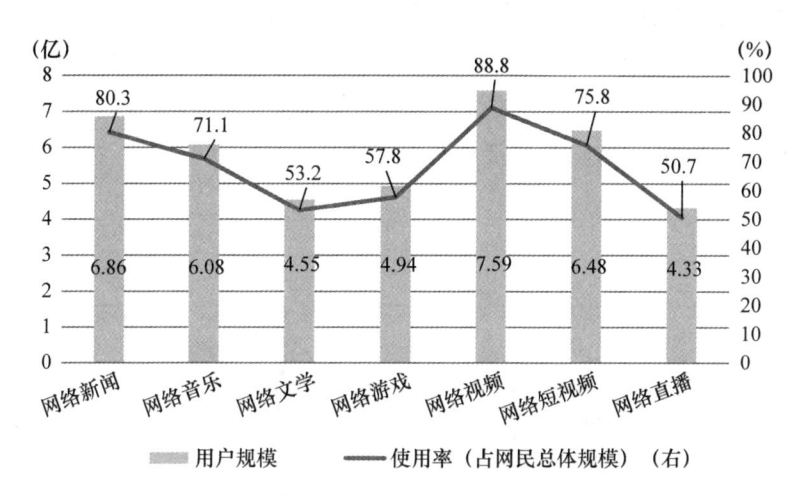

T.8 智能媒体内容生产与消费的现状及趋势研究报告

图1 2019年互联网内容类应用用户规模及使用率

资料来源：CNNIC发布的《中国互联网络发展状况统计报告》。

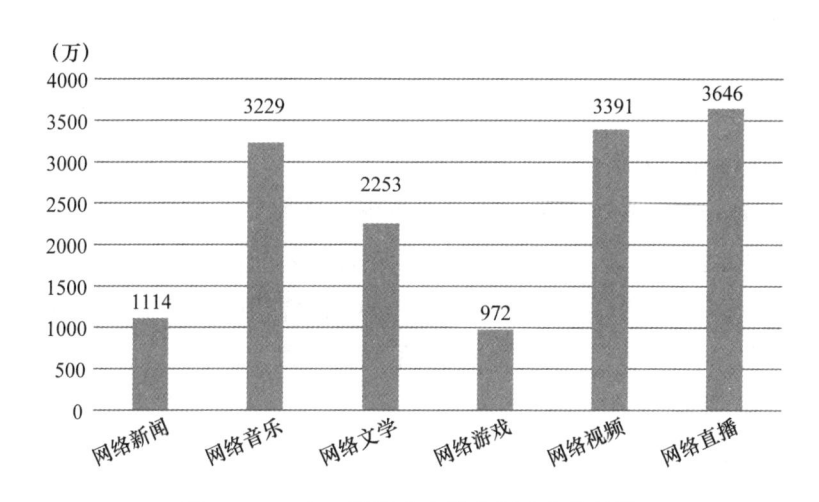

图2 2019年互联网内容类应用用户增长量

资料来源：CNNIC发布的《中国互联网络发展状况统计报告》。

卢汉在《理解媒介：论人的延伸》中提出了"媒介即讯息"的观点，"任何媒介对个人和社会的任何影响，都是由于新技术的产生"，[1] 尤其在智能

---

[1] ［加］马歇尔·麦克卢汉：《理解媒介——论人的延伸》，何道宽译，商务印书馆2000年版，第33页。

媒体将人与物都进行了数字化重构的驱使下,智能设备依赖颠覆于以往的内容形态,一定程度上对传统内容形式构成了挑战,比如智能音箱的使用频次依赖更多优质音频内容的生产。各项智能设备的升级也将加快"泛媒介"和"泛资讯"的趋势,推动新内容消费市场的扩大。

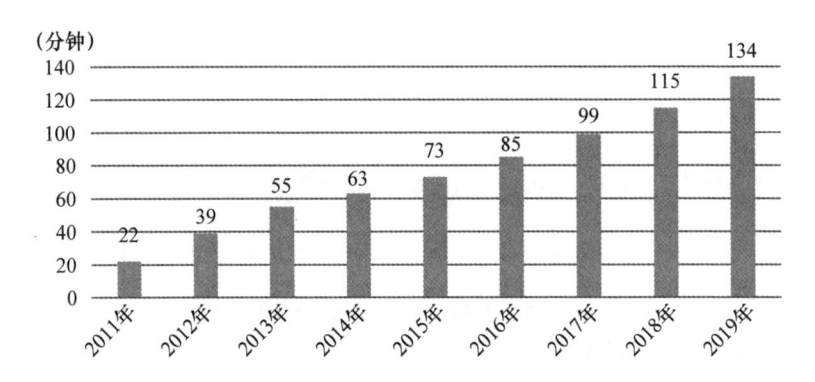

(分钟)
年份	时间(分钟)
2011年	22
2012年	39
2013年	55
2014年	63
2015年	73
2016年	85
2017年	99
2018年	115
2019年	134

图3 2011—2019年中国人民日均使用智能手机的时间
资料来源:艾媒咨询。

2. 智媒时代下的新方式和新需求

在智能媒体内容形态多元化和专业化趋势下,内容市场也迎来了新变革。5G技术助力音视频直播的兴起,愈演愈烈的内容市场培育了生产力越来越高的内容创作者。2019年由于互联网内容用户群和创作模式趋于稳定,大部分内容生产领域包括短视频呈现出"细水长流"的发展态势,在技术平台、MCN企业和媒介机构的推动下,音视频直播迎来新一轮的发展浪潮,新闻、音乐、社交、知识、教育、购物等平台着力打造音视频直播板块,迎接新一轮的红利到来。

(1)"5G+AI+直播"增强智媒传播力

视频直播打造全场景。在媒体融合的背景下,新闻领域从采集到分发,大数据和人工智能技术已对内容生产理念和实践都带来了深刻的影响。[1] 5G商用部署的全面开展和人工智能技术的落地提高了信息传播速

---

[1] 陈昌凤、师文:《智能算法运用于新闻策展的技术逻辑与伦理风险》,《新闻界》2019年第1期。

率，也增加了新闻报道生产的更多可能性。中央电视台运用5G技术完成了"新中国成立70周年国庆盛典"4K高清直播报道，为新闻直播创新做出了有益尝试。除此之外，县级融媒体中心的建设一方面有助于地方广电集团的"换血"，另一方面也推动了智慧平台和智慧城市的建设，为用户提供融新闻、服务、娱乐、生活为一体的服务。事实上，音乐已成为"90后""00后"等一批年轻人日常精神消费的重要内容。2019年，在抖音和快手直播迎来了不错的商业效益后，各大在线音乐平台也推出了直播板块，在丰富内容形态的同时也鼓励原创音乐内容的创作，直播打赏和直播带货也成为内容变现的重要途径。

音频直播走向纵深化。2019年由于平台对直播业务的拓展，音频市场的发展如虎添翼。易观数据发布的《2020年中国音频产业生态分析报告》显示，截至2019年年底，喜马拉雅平台上的MCN主播数量增长了779%。[①] 借助于智媒迅猛发展的音频，因其内容涵盖面广、先天的流动性和伴随性的特性，受众市场难以估量，音频内容的无限拓展将为听觉文化的构建和内容营销的创新探索出更多可能。无论是音频还是视频，直播平台的开通重构了传者和受众的线上存在空间，平台与用户的关系进一步深化，创作者与用户的联结也更为紧密。2020年年初用户出行受限使得宅家时间变长，线上课堂、线上音乐节、线上读书会等音视频直播的形式逐渐成为常态，部分用户会在收听和观看直播内容的同时将内容录制下来，直播内容二次传播的新形式也为内容版权的保护提出了新的问题。

除了音视频直播带来的内容变革，智能媒体内容形式还出现了一些新的特征，基于视频交互技术的"互动视频"得到各大视频平台的重视。腾讯、爱奇艺、优酷、哔哩哔哩等在线视频播放平台均推出了互动视频，互动视频被应用到了电视剧、综艺和短视频等多个领域，观众可以通过选择屏幕上不同的选项决定视频中内容走向。互动视频实际上是通过提高用户在观影过程中的参与度来增强内容消费的趣味性，这一方面暗示视频领域内容消费市场的相对饱和，另一方面也为智能媒体内容创作提供了新的思路。

---

① 《易观报告：音频市场进入生态发展阶段 有声阅读成新增长点》，2020年5月8日，腾讯网，https://new.qq.com/omn/20200508/20200508A0K7IH00.html。

（2）"分众传播"成就可视化知识内容

智能媒体内容行业将走向细分化和专业化是由来已久的判断，也是不可阻挡的趋势，这使得内容领域的创新变得更为可贵，优质内容奖励机制变得更为完善。"分众传播"的创作原则也从智能手机终端应用到智能电视、智能音箱、智能家居等泛媒介智能设备。2019年智能媒体应用软件的功能也出现了分化，仅仅是电子阅读领域就出现了聚焦于不同内容提供的平台，有专注于已出版作品的网易蜗牛读书和豆瓣阅读，也有专注于影视剧IP图书的爱奇艺阅读，还有提供知识付费服务的App。内容行业的细分化实际上是顺应了满足用户需求的市场逻辑，内容提供者为提升生产内容的竞争力则需要更专业的知识储备和更行之有效的创作技巧。

2019年，无论是社交媒体还是短视频平台，内容创作走向优质化和专业化的同时依旧迸发出无限活力，出现了一批专业知识内容的提供者。哔哩哔哩于2019年年底推出的"百大UP主榜单"中，有多位内容创作者聚焦知识水平要求相对较高的知识科普领域，比如推出题为"关于新冠肺炎的一切"的现象级视频的UP主"回形针PaperClip"和发布了"有多快？5G在日常使用中的真实体验"高点击量视频的UP主"老师好我叫何同学"。科普类视频的叙述方式不同于一般以生活记录为主题的短视频，制作过程对知识背景和可视化技术的要求都相对较高，创作者也从单一的业余内容分享者走向体系化的创作团队，团队中的各个成员依托于自身的专业和兴趣特长承担不同的内容创作工作。

3. 会员制度成主流，内容付费"长路漫漫"

探索内容消费经营模式和盈利模式是内容创作的必由之路，也是维持智能媒体内容生产可持续的核心动力。2019年会员制度依旧是平台和内容创作者的主要收入来源，除此之外内容付费、直播打赏、广告投放的形式也伴随着智能技术的应用变得更为多样和成熟，但依旧未能帮助内容创作者走出"变现难"的现实困境。

2019年，爱奇艺全年总营收达到290亿元，会员服务营收同比增长36%，在总营收中占比接近50%，远超出在线广告服务营收，成为在线视频营收的主要途径。① 为拓宽智能音箱内容领域的商业模式，百度公司旗下的小度智能音箱也推出会员服务，为探索音频内容市场秩序的构建做了有前瞻性的准备。部分平台还推出了强强合作项目，实行平台之间的会员绑定制度，比如京东的 PLUS 会员还可免费享受爱奇艺平台的会员服务。"多级会员制度"和"联名会员制度"是平台进行会员制度探索推出的新模式，但是过于烦琐的规则和过高的会员费用也将导致用户产生抵触情绪，转向别的内容平台。

会员制度虽是众多内容提供平台的核心收入来源，但当各平台用户新增速度放缓，内容付费和内容营销为智能媒体内容变现提供新的思路。用户付费意识的提高为在线音乐平台提供了新的可能性，2019 年第三季度腾讯 QQ 音乐平台取得周杰伦数字专辑《说好不哭》的首发特权，帮助该平台创造了该季度在线音乐付费用户同比增长 42.2% 的惊人成绩。② 但数字专辑的成功主要归因于粉丝经济效应，对粉丝人数少的独立音乐人来说并不一定适用，原创音乐内容变现模式的探索还需创作者、发行方和平台方的持续探索。除此之外，2020 年 1 月微信公众号也在小范围内测试了用户的付费阅读意愿，符合条件的运营者可以在平台开通付费功能，这为内容创作者提供了新的盈利思路。然而，互联网内容的开放性是其本身快速发展的重要属性之一，愿意为内容付费的用户在用户总体中所占比例并不高，用户对不同领域和不同层次的内容的付费意愿也不尽相同，平台付费功能的应用只是实现内容付费的初级条件，具体的付费规则还需一段漫长的探索历程。

4. 人机交互与人机协同并存

2018 年以前，有关智能媒体的讨论集中在智能技术的应用层面，当人机交互与人机协同已成常态，讨论的焦点逐渐转向人机关系和算法伦理。从内容生产到内容分发，机器不仅是内容传播的中介，还逐渐成为动态参与的传播主体，人机传播已成常态。

---

① 鞭牛士：《爱奇艺发布 2019 年 Q4 及全年财报：全年营收达到 290 亿元 订阅会员 1.07 亿》，2020 年 2 月 28 日，新浪财经，http://finance.sina.com.cn/stock/relnews/us/2020-02-28/doc-iimxxstf4961803.shtml。

② 李静：《腾讯音乐娱乐集团 Q3 财报出炉 在线音乐付费用户达 3540 万》，2019 年 11 月 12 日，腾讯网，https://new.qq.com/omn/20191112/20191112A04WZO00.html。

技术的变革是人机传播常态化的外在动力。2019年，美国Qualcomm公司调查了6000名来自美国、英国、中国等国家的智能设备使用者，发现85%的消费者认为，通过语音或自然语言与智能设备进行互动使得日常生活变得更加便捷。语音交互和计算机视觉技术的应用拓宽了智能媒体的应用场景，人们在家庭、工作、交通、锻炼、购物、餐饮等不同场景中均能与智能媒体发生互动，然而因为人机传播观念的缺失相应功能并未得到充分的实现。

除此之外，社交平台上的参与内容生产、观念传播和意见引导的社交机器人也成为关注重点。有学者分析了2019年5月1日至5月31日Twitter上有关中美贸易谈判议题的211088条推文，发现社交机器人账号占比13%，发布内容占比接近20%。[①] 2020年年初，机器批量生产的和疫情相关的谣言也进入国内社交媒体用户的视野。智能媒体在带来内容变革的同时也存在着内容领域良莠不齐的问题，人机传播关系的重构和规则的制定值得继续探讨。

（三）智能媒体内容生产变革原因

总体看来，智能媒体内容生产现状主要是技术变革、理念创新、需求变化、政策规范共同作用的结果。

1. 技术变革重构内容生产逻辑

得益于5G、大数据、人工智能、区块链等技术的应用，智能媒体内容从生产到分发都发生了多维度的变化。截至2019年12月，我国建成5G基站超过了13万个。[②] 随着5G技术走向商业化运用，内容直播出现了更多的可能性。2020年4月14日，中国电信联合央视频推出5000米海拔5G慢直播节目，以VR视角带广大网友看珠穆朗玛峰24小时内的日升日落。[③] 语音交互作为智能媒体伴生性的技术，在2019年也取得了突破性进

---

① 张洪忠、赵蓓、石韦颖：《社交机器人在Twitter参与中美贸易谈判议题的行为分析》，《新闻界》2020年第2期。

② 《第45次〈中国互联网络发展状况统计报告〉》，2020年4月28日，中国互联网络信息中心网站，http：//www.cnnic.net.cn/hlwfzyj/hlwxzbg/hlwtjbg/202004/t20200428_70974.htm。

③ 赵超：《三大运营商实现5G信号覆盖珠峰大本营》，2020年4月26日，人民网，http：//tc.people.com.cn/n1/2020/0426/c183008-31688375.html。

展,科大讯飞输入法的识别准确率已高达98%。智能录音笔帮助媒体从业人员提高工作效率,节省大量重复劳动所花费的时间,达成人机协同创作。成熟的语音识别技术保证了Siri等语音助手精准地获取用户发出的指令,这是建立智能设备网络化控制中心的基础。技术的变革一方面推动了智能设备的升级,另一方为内容生产方式的变革提供外在驱动力。当然,由于技术的中立性和复杂性,生产者和消费者在使用的过程中也将面临一系列问题,带着正视问题并解决问题的思路有助于打破"技术黑箱"。

2. 理念创新提供内容创作动力

2019年,无论是音乐、短视频还是直播平台,都越来越重视对上游创作资源的挖掘。内容市场在走向成熟化的同时也面临内容同质化和用户审美疲劳的问题,内容的创新性依旧是内容平台吸引用户注意力和保持用户黏性的核心竞争力所在。网易云音乐于2019年8月上线了"云村"原创音乐社区板块,采用资金供给和流量倾斜的方式鼓励社区用户创作不同风格的音乐作品。快手和抖音分别推出了"光合计划"和"DOU知创作者学院计划",试图通过流量扶持和运营指导来吸引优质内容创作者的入驻。内容同质化是内容平台和创作者无法逃避的问题,正是各平台对原创内容的重视才使得内容领域依旧迸发着活力。

3. 用户需求助力内容设备"双升级"

用户对智能媒体所发挥的功能不仅存在价值诉求,也存在情感诉求和文化需求,而这些诉求所带来的经济效益正是智能媒体设备迭代和内容创新的内在驱动力。人形社交机器人和智能音箱除了发挥提供资讯的作用外,还起到了陪伴的作用。智能音频在一定程度上填补了用户的碎片时间,有助于孤独感的消除。百度推出的小度音箱收录了宝宝巴士、凯叔讲故事等400万多个早教资源,着力打造陪伴儿童成长的智能伙伴,让孩子一个人的时候也不再孤单。考虑到用户对短视频的依赖,智能电视将短视频纳入播放列表。有研究显示,兴趣满足、休闲放松是用户通过智能电视观看短视频的主要诉求。[①] 用户因为现实需要而对智能媒体功能提出的更高要求是智能媒体内容和设备发生变化的内因,设备生产者和内容提供者所做出的改进又正向

---

① 《智能电视短视频用户报告:58%用户愿意在电视侧观看短视频》,2020年4月20日,新浪网,http://vr.sina.com.cn/news/report/2020-04-20/doc-iirczymi7226536.shtml。

刺激了用户的消费需求,这个过程的发生循环往复。

4. 政策颁布规范内容生产

在经历了音视频内容领域爆发式增长后,内容领域的监管力度变得越来越严格。2019年政府进一步加大内容治理力度,通过政策颁布规范和引导网络空间内容创作生态。国家互联网信息办公室于2019年8月公布了《儿童个人信息网络保护规定》,规定任何组织和个人不得制作、发布、传播侵害儿童个人信息安全的信息。同年12月,国家互联网信息办公室又宣布自2020年3月1日起,施行《网络信息内容生态治理规定》。同时,技术的发展使得内容治理变得严格化和专业化。在有关部门的引导下,截止到2019年10月,已有53家网络视频平台和直播平台上线"青少年模式",引导青少年合理使用网络。华为云推出的文本内容、涉政敏感、视频内容、图片内容、图像反黄等方面的检测服务,大大提高了内容审核的精准性。政策的颁布和技术的应用,客观上清除了互联网空间低俗化的内容,这也是内容领域向好发展的政策动因。

二 智能媒体内容生产问题与对策

(一)观念层面问题

智媒时代,部分内容创作者在对智能媒体的认知层面存在一定的问题,认为智媒传播不过是同一题材和不同内容形式的简单相加。事实上,智能技术已经重构了内容创作系统,从信息收集、内容创作、作品分发到用户反馈都应用了智能技术,内容创作者既需要深谙不同平台用户的消费需求和使用习惯,也需要了解机器的运作逻辑。对策上,一方面需要内容创作者提升创作理念,利用好机构和平台提供的数据采集工具,在理解智能媒体内容传播的特征和规律的基础上,打造具有一定竞争力的优质内容。另一方面,智能媒体平台方需要加大对平台创作者的培训和引导,从而提升智能媒体时代内容创作者的新生产力。

(二)内容层面问题

内容低俗化和同质化是内容创作领域由来已久的问题,但依旧没有得到有效的解决,虚假信息和低质内容在内容聚合平台和社交平台依旧广泛传播。在经历了一轮又一轮内容爆发后，用户的认知需求也得到了提高。针对此类问题，既需要内容创作者和平台方的自律，也需要政府相关部门及时颁布治理的法律法规。内容创作者需要考虑到优质内容于用户的关联性，生产用户感兴趣的内容，提高用户黏性。平台方可借助技术，制定更合理公平的内容分发规则，激励优质内容的创作。

侵权问题也是内容领域的重要问题，有关部门也需要给予持续关注，保护优质的原创内容同时也需要注意内容领域出现的新问题，比如完善针对人工智能作品保护的法律法规，保证相关领域内容创作规范化，维护内容创作者的权利。2020年1月广东省深圳市南山区人民法院在一起由AI生成内容引发的著作权纠纷案中，做出判决，首次认定AI生成内容具有独创性，应当获得《中华人民共和国著作权法》保护。[1] 这为人工智能领域的内容保护提供了宝贵的经验借鉴。

（三）网络安全问题

网络安全性是决定智能媒体发展的重要因素。新兴技术的落地使得传统网络安全边界消失，并带来新的安全风险，防护对象也已从传统的PC、服务器拓展至云平台、大数据和泛终端。黑客攻击由业余化逐渐转向专业化和商业化。个人信息被多个平台采集后，泄露的风险也在变大。2019年发生了3672个Ring摄像头用户的登录信息遭遇泄露的事件，入侵者利用电子邮件获得用户的家庭住址、电话号码、付款信息、银行卡信息甚至实时录像和历史记录等信息，对用户的日常生活构成伤害。[2] 还有一个值得关注的问题是，大多数时候，为获取便利的信息服务，用户不得不签订协约出卖个人信息，用户的个人信息也不能在相关平台得到有效保护。2020年2月Cleaeview AI一家面部识别初创公司遭黑客入侵，入侵者"未经授权"访问了该公司的客户信息，其中涉及的客户包括执法机构和银行。[3]

---

[1] 《法院认定AI生成内容为作品，享有著作权》，2020年1月3日，中国知识产权资讯网，http://www.iprchn.com/Index_NewsContent.aspx?NewsId=120538。

[2] 佘晓晨：《亚马逊摄像头被黑客入侵 智能家居隐私问题引人忧虑》，2019年12月25日，新浪网，https://tech.sina.com.cn/roll/2019-12-25/doc-iihnzahi9798737.shtml。

[3] 肖漫：《人脸识别初创公司遭黑客入侵! 拥有30亿张照片图库，曾遭多家科技巨头"封杀"》，2020年2月27日，新浪网，https://tech.sina.com.cn/digi/2020-02-27/doc-iimxxstf4882236.shtml。

这不仅对用户个人信息造成侵害，还对社会秩序造成了极大的威胁。

针对这类问题，一方面需要企业和科研机构提高个人信息保护技术和智能家居防入侵技术，另一方也需要有关部门制定更为完善的政策法规和指导方案。2019 年，上海市政府在《人工智能安全发展上海倡议》中提出，人工智能发展不得以牺牲用户隐私为代价，需要加强数据保护立法，不断加强人工智能应用中的用户隐私保护。① 这为网络安全问题的解决提供了一定经验。

（四）算法平衡问题

算法是智能媒体内容分配的核心技术，算法在带来分发便利性的同时也可能会造成一系列问题。不合理的算法规则将带来信息圈层化和信息茧房问题，平台需要做好智能推荐和人工推荐的平衡，加大用户个人配置兴趣偏好、算法选择和过滤推荐的权力，帮助用户回归到信息筛选的抉择中，避免算法完全取代人进行决策。② 除此之外，算法推荐大多数时候也不具备人工审核的灵活性，网络中存在着大量的不实信息，不成熟的算法推荐将会产生不实信息得到进一步传播的情况。而算法如果过于严苛，又将会过滤一些对用户有重要价值的内容。我们应该打破"算法黑箱"，推动算法公开透明化，这将有助于公众了解算法运作的逻辑，意识到算法推荐的漏洞，从而提出更为成熟的解决方案。除此之外，也需要提高公众的媒介素养和信息辨别能力，能对平台中推荐的内容做出准确的判断，从而做出内容的取舍。

三 智能媒体内容生产与消费趋势

1. 智能设备更新换代，沉浸式内容成新方向

2019 年，语音识别技术和计算机视觉技术提升了智能媒体的交互性，人形社交机器人、智能音箱、智能家居所拥有的语音互动和语音控制功能

---

① 俞凯：《人工智能安全发展上海倡议发布，提出需加强数据保护立法》，2019 年 7 月 2 日，澎湃新闻，https：//www.thepaper.cn/newsDetail_forward_3819486。

② 师文、陈昌凤：《驯化、人机传播与算法善用：2019 年智能媒体研究》，《新闻界》2020 年第 1 期。

T.8 智能媒体内容生产与消费的现状及趋势研究报告

都依托于语音识别技术。伴随着5G商用的普及，物联网、车联网加速发展，整体传播生态将走向立体式和纵深化，音频和视频的应用场景也将变得更为多元，从家庭、工作场所到公共空间，带有全场景数字化特征的沉浸式内容将成为新的创作方向。目前来看，智能媒体尚还处在起步阶段，随着智能技术的应用和市场需求的扩大，智媒设备还将保持更新换代的动力，通过智能设备和应用软件的升级来扩大应用的场景，优化人机互动的体验，做到真正智能化地服务用户。当下，技术的进步和互联网企业投入的增加使得内容创作能力变强，在内容市场竞争愈演愈烈的趋势下，结合虚拟现实技术的各种音视频沉浸式内容都将成为新的创作方向。

2. 音视频内容推陈出新，知识题材需求扩大

从图文、短视频到直播，内容体裁不断丰富，内容市场的竞争也越来越激烈。5G带来的直播浪潮重构了主播、平台、内容创作者和观众的时空关系，主播和观众处于共时空的互动关系中，平台能更高效地管理用户，创作者也可以更精准地把握观众内容偏好。交互式视频的出现提高用户观影过程的参与度。随着用户信息接受习惯的改变，音频将进一步走向全景式的内容布局，无论是内容、形式还是变现手段都将出现新的"花火"。人工智能、虚拟现实和云端存储等技术发展将进一步推动内容题材的创新，激发内容市场的活力。

短视频借助先天传播优势，在经历了一轮整治后将依然是内容市场的主力军。然而随着用户媒介素养和内容趣味的提升，实用性和知识型内容将成为用户消费的重要考量因素之一。2019年抖音粉丝过万的知识内容创作者超过了7.4万人，相比2018年同期增长了311.1%。[①] 无论是短视频、音频还是直播领域，知识内容的生产将迎来新一轮的流量红利。

3. 盈利模式更为多元，直播带货成新选择

经过多年试验，用户内容付费习惯逐渐养成，内容变现的方式也更为多元，从平台激励和广告投放走向内容付费、直播打赏、视频带货等多种形式。优质内容的流量红利仍未消退，随着内容创作者的职业化，用户愿意为优质内容付费，也愿意为青睐的主播打赏。内容付费和内容质量形成

[①]《字节跳动张羽：抖音已成中国最大知识普惠平台》，2019年12月18日，中国新闻网，http://www.chinanews.com/business/2019/12-18/9037042.shtml。

147

正向关系，内容的质量越高就越容易获得用户的青睐，获得的经济利益也将反哺优质内容的生产。2019年在平台的技术支持下，内容创作者迎来了新的机遇。抖音、快手等短视频用户可通过实名认证和缴纳押金开通直播电商功能，内容生产者、平台、用户之间的关系也因此发生了变化，前期优质内容吸引的关注者变成了直播间中具有一定购买力的消费者。随着各互联网平台的纷纷入场，2020年直播电商将持续利好，如何将内容和商品联系起来以及如何提高内容的触达率也成为内容创作者面临的新问题。

4. 人机传播已成常态，创作队伍要求变高

智媒时代，机器不仅是内容传播的一环，还是参与了内容生产创作和分发消费的各个环节，新的内容形态层出不穷，这对创作者的综合能力无疑提出了更高的要求。而这种能力不仅是创作者内容生产能力、资源整合的能力和平台运营的能力，还包括创作者对新媒介形态、新传播场景、新应用设备和新创作逻辑的适应能力，从而达到人机协同创作的状态。同时，创作者也需要谨慎"唯市场"和"唯算法"的逻辑，需要结合自身的优势，做出优质的有个性的内容。

The Report of 2020 Intelligent Media Content Production and Consumption Status and Trends

Yin Le，Wang Xinlu

Abstract：In 2019, the intelligent media content market is generally growing. With the promotion of intelligent devices and the maturity of the content market, the intelligent media content consumption market has been further expanded. The content in the intelligent media appears to be diversified and professional. Each platform's business model and profit model have been innovative. Human-computer communication has become more significant and normal. This article tries to analyze the current situation of China's intelligent media content market in 2019 and focus on the reasons behind such phenomenon. After analyzing the material and data collected from research institutions and content providers, the article attempts to find the problems as well as solutions in the prosperous and complex content market. On the basis of analysis, the trend of intelligent media content market is predicted.

Key words：Intelligent media，Content onsumption，Artificial intelligence，Media convergence

参考文献

李雪钦：《2019 五大关键词火遍中国互联网：5G 区块链》，2020 年 1 月 1 日，人民网，http：//js. people. com. cn/n2/2020/0101/c359574-3368 1127. html。

《第 45 次〈中国互联网络发展状况统计报告〉》，2020 年 4 月 28 日，中国互联网络信息中心网站，http：//www. cnnic. net. cn/hlwfzyj/hlwxzbg/hlwtjbg/2020 04/t20200428_ 70974. htm。

《手机行业数据分析：2019 年中国人民日均使用智能手机时间为 134 分钟》，2020 年 3 月 24 日，艾媒网，https：//www. iimedia. cn/c1061/70232. html。

《2019 智能电视大屏生态发展白皮书：智能电视保有量超 2.6 亿》，2020 年 3 月 15 日，新浪 VR，http：//vr. sina. com. cn/news/report/2020 - 03 - 15/doc-iimxyqwa0597693. shtml。

《IDC：2019 年中国智能音箱市场出货量 4589 万台，预计 2020 年同比增长 9.8%》，2020 年 3 月 20 日，IDC 中国，https：//www. idc. com/getdoc. jsp? containerId = prCHC46151220。

《IDC：近亿台出货量！2020 年中国可穿戴设备市场开局艰难，后期增长可观》，2020 年 3 月 16 日，IDC 中国，https：//www. idc. com/getdoc. jsp? containerId = prCHC46137020。

［加］马歇尔·麦克卢汉：《理解媒介——论人的延伸》，何道宽译，商务印书馆 2000 年版。

陈昌凤、师文：《智能算法运用于新闻策展的技术逻辑与伦理风险》，《新闻界》2019年第1期。

《易观报告：音频市场进入生态发展阶段 有声阅读成新增长点》，2020年5月8日，腾讯网，https：//new. qq. com/omn/20200508/20200508A0K7IH00. html。

鞭牛士：《爱奇艺发布2019年Q4及全年财报：全年营收达到290亿元 订阅会员1.07亿》，2020年2月28日，新浪财经，http：//finance. sina. com. cn/stock/relnews/us/2020-02-28/doc-iimxxstf4961803. shtml。

李静：《腾讯音乐娱乐集团Q3财报出炉 在线音乐付费用户达3540万》，2019年11月12日，腾讯网，https：//new. qq. com/omn/20191112/20191112A04WZO00. html。

张洪忠、赵蓓、石韦颖：《社交机器人在Twitter参与中美贸易谈判议题的行为分析》，《新闻界》2020年第2期。

赵超：《三大运营商实现5G信号覆盖珠峰大本营》，2020年4月26日，人民网，http：//tc. people. com. cn/n1/2020/0426/c183008-31688375. html。

《智能电视短视频用户报告：58%用户愿意在电视侧观看短视频》，2020年4月20日，新浪网，http：//vr. sina. com. cn/news/report/2020-04-20/doc-iirczymi7226536. shtml。

《法院认定AI生成内容为作品，享有著作权》，2020年1月3日，中国知识产权资讯网，http：//www. iprchn. com/Index_ NewsContent. aspx？NewsId=120538。

佘晓晨：《亚马逊摄像头被黑客入侵 智能家居隐私问题引人忧虑》，2019年12月25日，新浪网，https：//tech. sina. com. cn/roll/2019-12-25/doc-iihnzahi9798737. shtml。

肖漫：《人脸识别初创公司遭黑客入侵！拥有30亿张照片图库，曾遭多家科技巨头"封杀"》，2020年2月27日，新浪网，https：//tech. sina. com. cn/digi/2020-02-27/doc-iimxxstf4882236. shtml。

俞凯：《人工智能安全发展上海倡议发布，提出需加强数据保护立法》，2019年7月2日，澎湃新闻，https：//www. thepaper. cn/newsDetail_ forward_ 3819486。

师文、陈昌凤：《驯化、人机传播与算法善用：2019年智能媒体研究》，

《新闻界》2020年第1期。

《字节跳动张羽：抖音已成中国最大知识普惠平台》，2019年12月18日，中国新闻网，http：//www.chinanews.com/business/2019/12-18/9037042.shtml。

彭兰：《智媒趋势下内容生产中的人机关系》，《上海交通大学学报》（哲学社会科学版）2020年第1期。

T.9 智能媒体全面合格人才培养研究报告

叶 欣*

摘　要：智能媒体技术的飞速发展牵动了全球范围内的科技和人才竞争，面向智能时代的媒体全面合格人才需求，我国高校相关专业和业界亟待教育创新。本文以智能媒体人才需求的国内外学术论文、研究报告、政策文件、会议资料和实践案例为基础，构建智能媒体人才培养研究的分析框架，从人才培养动因、人才培养主体、人才培养层次、人才培养方向和人才培养逻辑五个维度进行系统梳理和对比分析，确定智能媒体人才培养逻辑为该框架的核心维度，且框架中各维度之间存在非线性因果关系，最后我们在分析框架的基础上获得经验与启示，并提出未来研究展望。

关键词：智能媒体　人才培养　动因　逻辑

根据2018年教育部出台的"卓越新闻传播人才教育培养计划2.0"，未来新闻教学改革的重要突破方向是培养融合新闻人才。国家之所以重视融合新闻人才培养，一是落实习近平总书记关于媒体融合系列重要论述的"实践转向"；二是开创新媒体语境下马克思主义新闻观教育新格局的"理论转向"；三是对接全媒体时代新闻生产与行业创新的"生态转向"。[①]2019年4月6日，新媒体学科融合与卓越新闻人才培养高峰论坛在西安交通大学举办，来自国内外的30余位知名专家学者和国内高校的200余位

---

* 叶欣，复旦大学博士后，浙江传媒学院新闻与传播学院副教授，主要研究领域：融媒体传播、健康传播、新闻传播方法论。
① 刘涛：《"四维融合"：融合新闻人才培养的协同逻辑与运行机制——以暨南大学为例》，《新闻与写作》2019年第6期。

学者、学子，就新媒体跨学科融合、智媒时代新闻传播人才培养、融媒体人才培养跨界合作等问题进行了交流。媒介融合时代，传媒业态的瞬息万变也给新闻教育领域带来了新的挑战与要求。不论是全新的传播平台还是变革的传播模式，都要求传媒人在能力和思维方面做出调整和适应，与之相对应的，是新闻教育的改革和创新。新兴媒体技术的兴起给新闻领域带来了前所未有的深刻变化，这种推动力已经改变了信息收集、生产、传递、消费和支付的方式，影响着新闻实践和新闻教育的方方面面。媒体专业人员生存和成功所需要的技能随着技术的发展而改变，今天的新闻专业毕业生正步入一个不断变化的领域。新闻教育工作者的使命是培养未来的新闻工作者，使他们具备克服这些挑战的能力。新闻业正在经历革命性的变化，新闻学院是否也在朝着同样的方向发展？新闻教育工作者是否有相应的反应？他们是否在传授与行业需求相适应的技能和概念？随着网络新闻的出现和发展，随着新闻和大众传播的变革将网络和数字内容融入他们的课程中，教育工作者了解当今新闻编辑室需要什么，以及新闻编辑室和教室之间的脱节，这一点至关重要。特别是在不断变化的新媒体环境下，"实践—教育"差距需要不断地重新审视和研究。

正是在这一背景下，学者们对中国新闻教育的变革和发展给予了不断的关注和探索。智能媒体融合是新闻传播学界当下的一个前沿课题，并且为新闻传播教育开拓了新的思路。在智能媒体融合的大背景下，传媒业界究竟需要什么样的新闻人才，我国的新闻教育是否符合传媒行业的需求？事实上，智能媒体人才培养的对象处于不同的教育层次，拥有不同的知识背景和文化背景，具有不同的能力和素质，怀有不同的职业理想和职业诉求，因此应从不同层次、维度和视角开展研究。鉴于此，本文将综合运用文献分析法和结构分析框架，基于国内外相关领域的学术论文、政策文件、研究报告、会议资料和实践案例等，从媒体全面合格人才培养动因、人才培养主体、人才培养层次、人才培养方向和人才培养逻辑五个维度进行系统梳理和对比分析，挖掘理论成果和实践经验，为我国智能媒体全面合格人才培养工作的开展和不断创新提供参考。

一　研究方法

（一）数据来源

本研究以"人才培养"+"智能"为关键词对 CNKI（中国知网）高等教育期刊文献总库进行检索，检索时间段为 2019 年 1 月 1 日（能探测到第一篇相关文献出现的时间起点）至 2020 年 6 月 1 日，共获得中文学术论文 291 篇。从期刊数据分析中可以获知，智能科学与技术、人工智能人才培养开始被学界普遍关注，并于 2019 年出现爆发式增长，所有文献中涉及人工智能人才培养的文章 290 篇，而其中探讨智能媒体人才培养的只有 1 篇，标题为《智能传播技术带给新媒体专业人才培养的思考》，发表于 2019 年第 20 期《传媒论坛》杂志。我们又以"新闻人才培养"为关键词对 CNKI（中国知网）高等教育期刊文献总库进行检索，检索时间段为 2019 年 1 月 1 日（能探测到第一篇相关文献出现的时间起点）至 2020 年 6 月 1 日，共获得中文学术论文 46 篇，其中 2019 年 38 篇，2020 年 8 篇。

本研究以"personnel training"为主题在 EBSCO（考虑到商业信息的价值）和 ProQuest（考虑到专业领域数据）上进行英文学术文献检索，考虑到英语的语言习惯，选取人才培养的上位词"Journalism Education"作为英文检索条件。结果显示，国外学界相关研究主要集中在"在线新闻教育"（Online Journalism Education）和"融媒体时代的大众传播教育"（Mass Communication Education in the Era of Media Convergence）两方面。其中，后者与本文的研究对象近似，且主要聚焦于智能媒体人才培养的课程设计和实践设计等。其中，我们特别关注到 2019 年全球数字新闻峰会展示了 20 个关于未来数字新闻技术应用的专题方向。因此，本研究梳理了 2019—2020 年全球数字新闻峰会的会议征文主题（见表 1），作为梳理国外智能媒体人才培养研究进展的基础。

T.9 智能媒体全面合格人才培养研究报告

表 1　2019—2020 年全球数字新闻峰会的会议征文主题统计

序号	详细描述
1	未来技术的探索——XR 时代
2	新闻以为的新兴技术、新行业信号和新机遇及其变革性影响
3	对于新闻及其他领域的内容提供者和受众来说，新的沉浸式体验的机遇、挑战和意义
4	区块链应用——区块链技术如何增强数字记者的工作？
5	以 R&R 方法探索语音平台的新空间——《纽约时报》对此类数字新闻空间的案例研究
6	主要新闻趋势——视频内容和影响
7	人工智能（AI）如何塑造新闻业的未来？在一个被人工智能和算法处理迅速塑造的环境中，今天记者的未来是什么？
8	利用技术引导媒体初创企业
9	有目的的受众参与和新闻读者的下一级参与——为主要系列和独家新闻深入幕后的受众优先规划策略
10	LinkedIn 新闻品牌——新闻出版上如何通过 LinkedIn 放大他们的工作。
11	忠实于你的品牌，同时寻找新的受众
12	更好的内容和受众参与策略
13	在升级的新闻编辑室中，吸引千禧一代和多样性的观众
14	以数字为先的方式应对香港的夏季动荡——以《南华早报》编辑为例，数字和产品团队通过广泛的数字平台共同讲述香港近代史上最重大的事件。主要活动围绕着直播报道工具、社交媒体、视频、信息图表、播客和一系列深入报道的长篇特色新闻
15	转向语音、语音辅助平台和播客——彭博社对应用程序和网站上的文本到语音功能的案例研究
16	杀毒：东南亚和中国香港的错误信息、假新闻和恶作剧
17	视觉新闻的兴起——在视觉时代，信任是如何运作的？测量数据、视觉和信息素养
18	视觉故事——用数据讲故事，使用图表使复杂的故事更加清晰。一种内部看研究、报告和生产技术使用的路透图形桌，以提供这些身临其境的演示
19	把你的听众变成故事讲述者——全球运动正在兴起，记者现在必须倾听和策划来自听众的众包内容，以建立一个集体的声音
20	证据 VS. 直觉：观众洞察和数据新闻编辑室的演变

近两年来中国新闻传播学会、教育部高等学校新闻传播类专业教学指导委员会和信息技术新工科产学研联盟等机构密集开展与智能媒体人才培

养相关的教育教学类学术会议和研讨会议，这些会议资料也作为本研究的基础。

（二）框架设计

本研究运用文献分析法对文献数量进行数据抽取。探测智能媒体全面合格人才培养研究关注的五个核心问题，即为何开展智能媒体全面合格人才培养？谁来培养智能媒体全面合格人才？在什么阶段培养智能媒体全面合格人才？智能媒体全面合格人才培养与哪些教育方向有关？怎样推进智能媒体全面合格人才培养工作？进而将这五个核心问题概括为人才培养动因、人才培养主体、人才培养层次、人才培养方向和人才培养逻辑五个维度，并参考相关研究的分析框架，丰富研究问题模块，从而构建了智能媒体全面合格人才培养研究的分析框架。

依此框架将以上经过质量评估遴选出的一百余篇核心中英文学术论文、研究报告、政策文件、会议资料和实践案例等进行数据抽取、整合与分析。

二 研究内容分析

（一）人才培养动因

智能媒体全面合格人才培养源于媒介技术发展、使用平台拓展、国际竞争加剧、传媒教育促进四个动因，这四者之间的关系也并非相互独立，而是相辅相成，互相促进。媒介技术发展推动了智能媒体在使用平台中的广泛渗透，引发了全球各个主要国家和地区之间的科技和人才竞争，带动了新闻传播教育的不断发展；使用平台的拓展对科技和人才提出了新的需求，促使各国在关键性使用平台的开发上激烈竞争；国际竞争对理论突破、技术创新和传媒教育提升既有正面的促进作用，也有因国家间发展不平衡，导致对部分国家形成抑制和壁垒的负面作用；传媒教育的发展既是其他三个因素作用的结果，也能对其他因素起到促进作用。因此，对智能媒体全面合格人才培养的研究有必要进一步挖掘其综合作用机理。

1. 媒介技术发展促进了智能媒体全面合格人才的培养

21世纪以来，互联网、大数据、云计算和芯片等技术的快速发展推动了智能技术的发展和应用，人工智能进入了第三次发展浪潮，并引领社会从信息化时代走向智能化时代①。人工智能的发展改变了人类的认知方式和生活方式，加速了人类对世界的改造②。

而随着大数据、云计算、区块链等人工智能技术在新闻业的应用和推广，加之移动终端的普及与即将到来的5G时代，传统主流媒体构成的新闻传媒业遇到了数字网络媒体的整体性冲击、结构性挑战和持续性替代。同时，机器人写作、算法纠错、自动剪辑和视频生成等技术加速新闻内容的自动化生产，算法推荐和精准分发基础上的内容传播机制重塑了互联网信息的把关原则。包括专业媒体、机构媒体、自媒体、平台媒体在内的新闻业多元行动者角色构建了新的新闻生态系统，内容生产和分发向深度媒介融合的媒介平台化趋势转型。智能媒体时代，媒介技术改造和升级依赖具有创新精神和深耕智能媒体研究领域的传媒专业人才。然而，全球范围内传媒专业人才的紧缺，加强智能媒体人才培养已被列入了世界多国的发展战略之中。目前，我国的智能媒体掌握核心技术的专业人才培养方面还是相对落后，智能媒体领域的优秀人才更是凤毛麟角。如何通过新闻传播教育范式转型及传媒教育体制和机制改革，充分发挥媒体技术发展对智能媒体人才培养的促进，从而培养能够担负智能媒体时代重任的新闻人才是当前和未来传媒教育面临的巨大挑战。

2. 使用平台拓展驱动智能媒体全面复合型人才培养

人工智能与媒体产业深度融合发展和走向市场应用的过程，一方面带来了媒体产业对智能媒体复合型人才和新闻传播学科交叉型人才的大量需求，另一方面也带来了劳动力就业市场格局的变化。面对新形势，由大量使用平台驱动的智能媒体人才培养可从加强跨学科教育、产学研协同育人和职业教育三个方面发力。

首先，传媒产业既需要内容人才，更需要技术、营销、市场和产品等复合型人才。传统媒体在数字化转型过程中，把微博、微信、微头条甚至抖音等移动互联网平台的账号运营作为提升网络影响力的重要方式，而对

---

① 王万森：《创新型智能科技人才培养探索》，《高科技与产业化》2013年第10期。
② 李德毅：《人工智能在奔跑 教育的机遇与挑战——在"北京联合大学智能机器人产学研合作与人才培养创新发展研讨会暨机器人学院成立大会"上的报告》，《北京联合大学学报》（自然科学版）2016年第3期。

这些社交媒体或客户端的内容的运营，需要兼顾内容和产品属性，对技术和用户需求有所把握，这对传统意义上的新闻采编人员提出了更高要求。此外，传统媒体的业务运营模式也在日趋多元化，通过行业"转场"来反哺内容"转型"的做法越来越多，由此传媒产业对市场销售、活动运营、整合营销、网络技术等各领域复合型人才出现大量需求。①

一份调研报告显示，新媒体、互联网是媒体招聘人才位居第一、第二的热门关键词，转型中的传统媒体人才需求几乎全部新媒体化，而且，岗位需求在"一技之长"之外需要"多才多艺"，既要会采编和生产内容，又要懂整合传播策划；既要擅长融合报道，又要懂得有效分发。"不管是新媒体企业，还是传统媒体单位，都呈现不断上升的IT人才需求，机器学习、数字营销、大数据分析等技术直接增加了媒体对开发工程师和全媒体数字采编的需求。"②

其次，深化产学合作协同育人机制，迫切需要打破校企人才培养边界，破解高等教育与市场需求"两张皮"的问题，将真实场景下的媒介技术需求与科研需求、产业需求相结合，将技术创新与人才培养改革相结合。高校要开展对智能媒体全面人才培养产学协同机制的建设，提供倾向性支持，引导新闻传播学院与地方传媒企业展开合作，联合开展智能媒体特色班，联手培养智能媒体高端人才，并制定相应的培养方案，真正将企业核心技术课程融入现有教学体系。同时要加大媒体融合创新实践实训基地建设，根据传媒企业提供的具体标准建设一体化实训室、产学结合工作坊等。合作方传媒企业要定期派遣有经验的专家到校授课，并为学生提供相应的实习机会和就业机会。就当前国内实践现状来讲，校外新闻实践平台的企业合作方，以传统媒体为主，新媒体较少，且内地较少，发达地区较多，这就严重制约了学生的专业格局。因此，当前高校要进一步拓展渠道，加强与高层次媒体、新媒体的合作，积极打造协同育人平台。需要指出的是，协同育人平台功能不应局限于教学维度，还要向成果共享方面进行延伸，通过具体项目打造应用特色学科，并加强新闻实务与舆论引导、

---

① 张志安、孙玮：《公共传播时代的新闻人才培养》，《新闻与写作》2019年第1期。
② 刘蒙之、刘战伟：《2018传媒业需要什么样的人才？——腾讯新闻发布首份传媒人能力需求报告》，《城市党报研究》2018年第3期。

新媒体传播、广告创意制作等方面的成果应用,为实现校企双方的共赢提供坚实保障。

最后,传媒职业教育应主动变革,新闻院校应积极适应就业市场对智能媒体人才的需求,拓宽人才培养思路,调整办学方向和专业设置,将目标高移化、原则个性化、模式互动化、方式智慧化,深化产教融合和人才培养模式创新。传媒产业对人才要求不仅要具备某方面专业知识和技能,还要求具有快速适应变化、拥抱技术变革的自觉意识。传媒产业的市场格局在快速变化,媒体业务模式在不断探索,各种形式的资源整合、流程再造和组织重构都在急剧发生,处于专业、技术和市场多重挑战中的传媒业,更加需要善于把握、适应变化的人才。固化的知识体系、保守的职业心态,已无法满足传媒产业的人才需要,有志于从事传媒业的年轻一代投身行业前必须要做好心理准备。不过,适应这种"不确定"时代的确定方式,就是保持自我学习、社会学习和终身学习的能力。[1]

3. 国际竞争加剧驱动智能媒体全面合格人才培养

当今世界格局变化很快,过去的世界秩序和游戏规则正在被重塑,在这一历史转折点上,机会与挑战并存,我国作为世界第二大经济体在国际社会中的存在感越来越强,曝光度越来越高。在国际问题商讨、国际争端解决乃至人类生存和发展等事关全球性的诸多议题中,中国起到越来越重要的作用,其国际表现和国际形象也日益深入人心,诚如《求是》文章中所说,目前国际社会上理性客观看待中国的人越来越多,这正是我国主流媒体的历史机遇,也使得我们培养智能媒体人才培养的任务愈加紧迫。[2]

我国领导人高度重视国际舆论领域形成和发展的不同态势,也多次指出在意识形态的较量上不可放松和让步。这并非是以二者对立的态度指导当前舆论工作,而是以具有前瞻性的眼光积极适应新闻舆论发展的普遍规律。国际领域中从来都是矛盾频频,对话和对抗处处存在,如果我们不能积极主动抢占国际新闻领域中的信息发布权,不能有序培养我国在国际事务中为政府和民众立言发声的高端人才,终究会造成被动应对的不利局面,故在国际舆论领域的"占位"之争不可避免。因此,智能媒体人才培

---

[1] 张志安、孙玮:《公共传播时代的新闻人才培养》,《新闻与写作》2019年第1期。
[2] 章彦、张恒军:《全媒体时代国际新闻人才培养创新模式探索》,《传媒》2019年第20期。

养的责任重大。[1]

2018年是我国改革开放以来的第40年，随着开放程度的加深与开放重点内容的变化，我国早已从多年前的物质层面需要转向了文化层面需要，而在文化交流层次上，民众显然已不满足于基础的和浅层的信息交流，而是对现代世界国家的价值观和人民文化生活的精神内核产生了更多更浓厚的兴趣，国外民众亦然。出于文化互补性和经济交融性等原因，各国各地区深层交流的愿望与日俱增，特别是自"一带一路"倡议以及建设"人类命运共同体"概念提出后，我国大踏步地迈出了关键步伐，吸引了从欧美、东南亚及非洲等诸多国家的注意，与之相关的国际和区域事务的报道频率也随之提升，世界各国对这一发展趋势的关注度空前。[2] 作为智能媒体发展的关键要素，智能媒体人才的培养和集聚已成为诸多国家的战略重点，以及各国新闻传播教育发展的新的历史使命。[3]

4. 传媒教育促进助力智能媒体全面合格人才培养模式创新

在智能时代，一方面，先进的人工智能技术通过涌入传媒教育实践而提高传媒教育"智慧"；另一方面，世界顶尖高校正在以推进全人类发展和造福全人类为己任，引领全球人工智能科学研究和人才培养，积极谋划人工智能的基础研究、应用研究和成果转化[4]。当下教育所面临的知识生产综合化、跨学科化、跨领域化与原有的刚性学科制度制约对于束缚人才培养的创造性和灵活性的矛盾日益显现，微博、微信等各种新媒体平台的崛起，网络直播、短视频产业等新的传播形态给原来的普通受众自我实现提供了新机遇。智能时代对新闻传播业的影响是巨大的，算法引发了新闻生产和新闻消费方式的革命。个性、虚拟、定制、注重体验成为新的关键词。当下正在形成新的更为开放的、社会化的新闻生产和传播体系，新闻产业正在向内容产业过渡，话语方式也经历着变迁，情感化方式与客观中立并存。但是各种技术的发展也带来了二元悖论，智能时代对社会很多行业带来不小的冲击，进而对公民职业的适应力也构成了新的挑战。

---

[1] 章彦、张恒军：《全媒体时代国际新闻人才培养创新模式探索》，《传媒》2019年第20期。
[2] 章彦、张恒军：《全媒体时代国际新闻人才培养创新模式探索》，《传媒》2019年第20期。
[3] 段世飞、张伟：《人工智能时代英国高等教育变革趋向研究》，《比较教育研究》2019年第1期。
[4] 李辉、王迎春：《如何培养集聚人工智能高端人才》，《大数据时代》2018年第2期。

T.9　智能媒体全面合格人才培养研究报告

智能媒体全面合格人才培养模式创新可以分三步来走。首先，建立场景同步的核心教学平台。一是借助部校合作共建优势，很多学校探索建立了基于真实场景的新闻实践课堂实习项目。由新闻学院老师和业界精英共同带队指导，策划国家发展热点选题并进行长期关注报道。这样就把社会实践的场景真实地设置在了时代生活变迁的现场，构建了马克思主义新闻观实践的地方场域平台。二是可以与腾讯、今日头条等社会化媒体共建与课程相关的内容生产平台。三是很多学校倡导以学生自主实践为导引的教学模式，打造了校内融媒体实践平台，如清新传媒、中传电视台等，还可以鼓励学生打造垂直领域的自媒体。

其次，跟进时代发展，及时修订培养方案。专业课程注重新闻、新媒体技术、广告策划营销、中文、历史、艺术等课程包的融合，通过任意选修、核心课程等多种形式自由选课。增加跨学科的计算机科学课程和大数据分析、数据挖掘等课程。注重网页设计与制作、网络爬虫等技术来培养学生信息收集、处理、分析及可视化呈现的方法，培养学生信息技术能力来提升舆情素养。为结合全媒型传媒人才培养目标，开设《全媒体报道》这样适应新媒体传播的课程，并与共建新闻单位联合编写创新类教材《出镜记者与新闻主持》。注重与中文、历史等具有深厚底蕴的传统学科的关联，比如为适应当下为受众呈现高质量的新闻故事的需要，在课程基础设置上强化了中文方向的基础写作与理论。

最后，传统课程创新，注重批判性思维。智能媒体时代传媒核心能力中，批判性思维和写作能力非常重要，比如实务教学在传统技巧之外，智能时代更需要强调方法论和认识论。更需要强调对于社会复杂问题的分析判断方法，对各种传播中的热点舆情建立判断力。要能够设置议程，善于促进对话，与特定社群的连接关系，注重社会化生产和协同化的能力。新闻实务教学还需要注重实验与实训结合。在探索中，推进共建实习基地和实验室建设，提升实训实验教学功能，实现融媒体内容采集、用户分析和视觉呈现的功能。当然，无论传统实务课程如何创新，最重要、最基本的技能依然是发掘新闻价值，坚守新闻理念，为受众呈现高质量的新闻故事。

（二）人才培养主体

智能媒体全面合格人才培养应建立于开放、复杂和快速变化的知识网络之上，其参与主体不仅存在于高校之中，也不仅限于教师和学生。广泛的平台使用为智能媒体领域新知识的出现构建了庞大的社会网络，因此需要产学研多主体共同参与媒体人才培养工作，并在社会网络中相互沟通，不断建立新的联系，从而促进知识不断迭代。同时，教师与学生的关系也发生了变化，以沟通和互动为主的教学形式将逐渐取代单方向的知识传递。因此，本研究在对智能媒体全面合格人才培养研究进行回顾的过程中，集中探讨产学研协同育人和师生关系转变两个方面的问题。

1. 产学研协同开展智能媒体全面合格人才培养

对于新闻教学来说，技术发展带动的行业进步日新月异，也带来了知识结构的融合。而在高校里力主在教学中推行知识选择、建构和运用能力为主的改革由来已久，比如在课程教学中，如何超越流程化、按部就班的模式，引导学生形成解决问题和发现问题的循环互动，还可以用项目分配、小组共同合作的方式，通过发动外界资源、技术与科技智慧等支持学生一起完成现实的项目，在此过程中达到学生多方面素质的提升，比如深度思考能力、沟通表达能力、快速判断及遇到现实困难的抗挫能力。当然，主要问题在于有一个机制层面的制度更完善地推动，例如国内知名企业腾讯的"谷雨"项目每年都会与中国人民大学、南京大学等知名高校的新闻院校合作共同完成一个非虚构写作项目，由新闻院系提供选题，谷雨项目组审核通过，可以进行资助，这个项目选题既是学生课程学分，同时也可以向社会真实发布。智能时代发展对改革考试内容、考查学生学习能力、创新性思维和知识运用能力起了推动作用。当今媒体发展的社会化媒体转向也意味着新闻学教育体系与社会进程、知识信息类型的紧密关联。在培养人才时要关注社群中学生自我意识提升和情感依赖增强，微信、微博这种即时性体验提升了社群成员的亲密度和信息交换的信任感，需要进一步培养学生的合作协同和管理策划等多方面能力。针对"互联网＋"对教育制度、秩序关系产生颠覆性革命性的作用，各高校已构建了很多培养学生核心素养的组织和制度基础，比如一些项目驱动型创新性学院。传统划分的系科组织有时会成为创新学生人才培养的制度性障碍。

大学教育原有的条块分割、专业划分、精细研究特征在新闻传播学这种高度职业化的专业上所形成的弊端尤为突出,体现在具体教学环节上是知识教学与实践教学阶段化割裂、内容孤岛化知识的转化和实践验证脱节。如果从新闻传播学的课程结构体系来看,原有的理论课与实务课、必修课与选修课之间的逻辑关联和相互支撑不够,历史的原因使新闻传播学科一直与人文学科连接在一起,但是当下媒体变革的形势下难以有效地形成建构适合当下发展趋势的知识谱系的课程群,所以需要从更多学科吸取能量,不然的话会导致学生知识结构、理论素养及技能操作的"学科单一化"。

2. 发挥师生主体互动作用

基于人工智能的媒介融合深刻改变了新闻教育者与教育对象的相互关系与地位,更深刻地影响着教育方式与学习方式,原有的新闻生产形态和载体的改变使大学教师正在丧失对确定性知识的垄断地位,随之而来的是对建构性知识和不确定性知识的需求日益增加,这种情况下,批判性思维对于有效学习至关重要。在当下大学教育中教学理念的职业培训倾向也需要融入批判性思维,因为当流水线生产逐渐转变为个性化生产,重复性的工作需要更多的创意和思考,未来需要拥有批判性思维的创造性脑力劳动者。对于新闻传播学来说,智能革命重塑新闻生态,智能化带来了社会生产方式的变革,尽管人工智能已经开始实质性地进入新闻采编流程,腾讯的 Dreamwriter 已经成为人们进行一般的模式化写作的重要帮手,但是拥有批判性思维的新闻人才是未来新闻传播具备核心素养的"把关人"。

另外,当下的智能媒体大多采用新的经营方式——"项目运营""职业经理人制"。每一个智能媒体都有一个或多个项目,每一个项目分包一个特定内容,要求从业者不仅是传统的新闻人,而且要成为一个个项目的经理;不仅会采编,而且要具备产品经理思维与产品运营思维。要了解市场、了解客户、理解产品,要具备"网感",学会整合资源,懂得传播的规律与手段,最重要的是懂得运营。重点是在产品、用户、传播三个维度上做文章。也正因如此,在自媒体高度发达的今天,学校要充分利用现代传播技术,将新型的运营模式引入课堂,让学生在教师的带领下,充分开掘一个个"互联网"项目,在"职业经理人制"的运营下,由传统的课堂理论教学变为"项目化教学"。

（三）人才培养层次

面对全球范围内智能媒体人才短缺的现象，智能媒体人才培养首先需要厘清智能媒体人才的内涵、层次与分类。一方面，学界从该学科领域的纵向理论延伸和横向应用拓展两方面对人才进行了分类。另一方面，人才培养层次可分为高等教育阶段（如本科阶段、硕士阶段和博士阶段）、职业教育阶段（包含终身教育理念）以及高中及以下阶段。高中及以下阶段的智能媒体知识普及暂不能被界定为培养智能媒体人才，因此本研究暂不展开探讨。

1. 厘清智能媒体人才的层次与分类

从人才知识需求层次看，媒体人才教育应以培养宽口径复合型人才、高水平专业人才和拔尖创新人才为目标，形成多元模式。第一类是面向高等教育阶段的智能媒体人才培养。2018年，为了加快高水平本科教育，教育部实施人才教育工作的"六卓越一拔尖计划2.0"。其中，新闻传播学被纳入"六卓越"的重要战略版图，足见国家对卓越新闻传播人才培养的重视程度。如何培养新传播格局下的卓越新闻人才？2018年9月17日，教育部、中共中央宣传部发布《关于提高高校新闻传播人才培养能力实施卓越新闻传播人才教育培养计划2.0的意见》，提出了卓越新闻人才培养的总体目标——"形成遵循新闻传播规律和人才成长规律的全媒化复合型专家型新闻传播人才培养体系，培养造就一大批适应媒体深度融合和行业创新发展，能够讲好中国故事、传播中国声音的优秀新闻传播后备人才"。[①]"卓越新闻传播人才教育培养计划2.0"直面新闻媒体融合带来的传播生态变化，对新传播环境下的人才培养思路、理念、模式提出了新的目标和要求。第二类面向职业教育阶段的智能媒体人才培养。社会进入智能媒体时代，高职院校培养新闻采编人才应当重视对学生专业兴趣和思维能力的培养，促使受教育者学到较为丰富的专业知识。在确定课程体系时，应提炼相关岗位群的典型工作任务，提升专业课程内容的针对性。系

---

① 《教育部 中共中央宣传部关于提高高校新闻传播人才培养能力实施卓越新闻传播人才教育培养计划2.0的意见》，2018年10月8日，中华人民共和国教育部官网，http://www.moe.gov.cn/srcsite/A08/s7056/201810/t20181017_351893.html。

统化梳理职业对知识和技能的需求，丰富陈述性知识内容，方便学生理解。第三类面向基层的智能媒体人才培养。基层是最缺乏人才的，尤其是县级基层媒体，人才结构不合理、专业优秀人才缺乏、综合能力有待提高的问题比较突出。县级媒体融合发展尚处在起步阶段，既是拓展融媒体改革深度和广度的重点，又是增强改革系统性、整体性、协同性的关键。人才是基石，是基层媒体融合发展的关键，不断提升基层新闻记者的素质和能力，媒体融合才能发挥出最大效能。所以要加快推动媒体融合发展，构建全媒体传播格局，培养基层新闻人才。

2. 面向高等教育阶段的智能媒体人才培养

培养全媒体时代的融合新闻人才，已经成为新闻人才教育改革的集体共识，各大新闻院校普遍认识到融合新闻人才培养的现实性、重要性、紧迫性，也在积极探寻教学改革之良策。然而，教学改革的逻辑前提是明确"我们究竟需要培养什么人才"，即融合新闻人才究竟应该具备何种素养内涵。只有明确"培养什么人才"，才能真正在教学理念上落实"如何培养人才"这一根本性的教学改革命题。

根据教育部"卓越新闻传播人才教育培养计划2.0"以及习近平总书记关于媒体融合的系列重要论述，融合新闻人才的基本素养内涵是"全媒型""复合型""专家型""创新型"。概括来说，"全媒型"对应的是知识"厚度"问题，强调信息呈现的多媒体化和跨平台化；"复合型"对应的是知识"宽度"问题，强调知识结构的系统性和延展性；"专家型"对应的是知识"精度"问题，强调内容表达的专业性和科学性；"创新型"对应的是知识"高度"问题，强调能力构成的批判性和创造性。只有明确了"培养什么人才"这一基础性的育人理念问题，我们才能厘清当前新闻人才培养面临的主要问题，并在此基础上开展有针对性的教学模式改革。

3. 面向职业教育阶段的智能媒体人才培养

在智能媒体的时代背景下，处于职业教育阶段的新闻采编人员和新闻媒体的制作人员要有能力打破不同介质的媒体界限，能够实现对多种媒体的有效应用，主要包括采集信息、分析信息和迁移信息的能力。要求新闻采编人才具备人文道德素养，新闻采写和编辑素养，对计算机有较高水平的应用能力，具备良好的网络媒介素养。在传媒产业内部，多种媒介在不断发生多元互动，从而形成了深度融合的局面。有很多高职院校的新闻采编和制作专业对媒介融合的趋势引起重视，在对人才的培养上，希望能够获得较好成效，并展开了深入的探索。从实际的发展情况来看，很多院校有明显的介质定向性特点，所制定的人才培养方案面向的是报纸、杂志、广播、电视和网络。展开的实践教学活动岗位定向性特征非常明显，所设置的专业课程缺少了媒介融合的内容，所建立的组织体系过于零散化，这些问题比较明显，在一定程度上脱离了媒介融合的大趋势。[①]

因此，智能媒体时代高职新闻采编人才培养体系构建与实现应确定合理的人才培养目标，创新新闻教育理念，丰富课程体系的实践内容，向其中增加任务驱动的核心理念。建设课程体系本身是一个动态发展的过程，高职院校应紧跟时代发展趋势，满足社会需求，对课程体系不断加以深化和探究，培养高素质的新闻采编制作的专业人才。

4. 面向基层的智能媒体人才培养

2019年3月16日《求是》杂志第6期发表习近平总书记的重要文章《加快推动媒体融合发展　构建全媒体传播格局》，为传统媒体转型进一步提出了遵循之道。从中央媒体到地方媒体，在加速媒体融合方面动作频繁，县级融媒体中心建设正在试点，已取得阶段性成果。试点中比较普遍的做法是：将县广播电视台和县党委政府开办的网站、内部报刊、客户端、微信微博等所有县域公共媒体资源整合起来，融合发展。习近平总书记在全国宣传思想工作会议上指出，要扎实抓好县级融媒体中心建设，更好引导群众、服务群众。怎样更好地传达国家的最新政策，又反映好广大人民群众的殷切心声和基本愿望，作为桥梁和传声筒、留声机的基层新闻工作者任重道远。提升基层新闻记者的素质和能力，培养造就高素质基层新闻人才队伍尤为重要，这样才能促进媒体更加稳健发展，才能在新时期宣传好党的政策，反映好群众的心声。

媒体融合时代的到来，对记者的素质和能力提出了新的要求，尤其是基层新闻记者。以往基层新闻记者只负责电台、电视台或者报纸其中一种媒体单一的拍摄和写稿。媒体融合发展，建立融媒体中心以后，一件新闻作品有可能在电台、电视台和微信公众号等发布，每个发布平台的特点和

---

① 郑爽、刘逸：《"编辑力"——从中国近现代出版人的理念和实践谈起》，《现代出版》2012年第1期。

要求都是不一样的，电台要的是稿件和音频，电视台要的是视频和稿件，微信公众号要的有可能是照片和简要情况介绍。这就要求记者熟悉电台、电视台和微信公众号的要求，运用相应的采访器材，精准把握采访时间，完成高质量的作品。未来的媒体发展需要的是全面型的人才，加强基层新闻记者人才的培养，有利于全面提升融媒体时代新闻传播的质量。作为县级台记者，以往外出采访只需要完成稿件和镜头的拍摄，近两年，随着县委宣传部微信公众号的创建，在外采的时候我们还要拍下关键性、重要性的画面，对于一些需要展示活动场面和现场情况的，还需要拍摄短视频，这些都是微信平台需要的素材。在实际工作中，像这样的要求会越来越多，培养基层新闻人才，只有不断提升基层新闻记者的素质和能力，才能做好融媒体时代的新闻工作。

（四）人才培养方向

关注媒介技术的人文向度和人的整体性育成势在必行。新闻传播人才培养的关键能力养成解决的是树何人的问题，新闻传播教育的内涵应转变为一种与人的精神成长和生存处境相连的内在价值关系，它不只关心知识的选择，更关心人对待事情的立场和态度。从国家、社会与个人三个维度的深层次内涵，转变功利取向，从如何坚持人文关怀和伦理取向回归育人本质。新闻学教育的定位逐渐从培养主流媒体的专业新闻人才到为全社会培养具有良好媒介素养与伦理的公共传播人才。面向互联网传播、网络化社会和公共传播时代的新闻传播教育必须加快改革步伐，一些重要理念亟待更新，一些重要举措亟待落实。

1. 面向全新新闻业态来培养专业人才

目前全国新闻院校的专业设置大多数是遵循传统媒体时代对媒介类型的区分来设置专业的：新闻学专业设置对应的是传统报业，广播电视学设置对应的是广播电视行业，网络与新媒体专业设置面对的是互联网行业。但在公共传播时代，大众传播媒体的边界已然融合，传统媒体在向新媒体的融合转型中数字化程度都比较高。

新闻院校的专业设置也应该破除专业之间的壁垒，面向不断推陈出新的新媒体形态培养融合型的跨学科传播人才。例如，中山大学传播与设计学院的本科专业也从2014年开始逐渐由原来的四个专业、五个方向整合为新闻学、传播学两个专业。其中，新闻学专业需要培养多媒体融合、数据处理、视觉加工、美术设计等多种专业技能，传播学专业则要掌握扎实的新闻学理论、方法和公共传播技能。这种强调本科专业高度融合的学科规划，背后是对宽基础、厚口径人才培养理念的积极实践。[①]

2. 强调核心能力构成的专业素质培育

在大量年轻的非新闻专业出身的从业者涌入新媒体行业的当下，我们发现优质的内容依然是市场的硬通货。而以传播量为"10万+"的微信推文作为对标来看，多数新媒体的内容生产者或创业者依然是新闻专业的毕业生或者是曾经的传媒从业者。究其原因，与新闻传播教育或实践的素质培育密不可分：新闻院校都开设有基本的采写课程，新闻传播类毕业生在实践中敢写、能写、上手快；传播学理论类课程打下的学理基础，让他们分析社会现象时能快速抽丝剥茧、触及问题本质；近年来新闻专业课程改革，更新了大量新媒体课程与数据新闻课程，增加大量实训项目使得新闻传播类毕业生在面对新媒体的工作内容时更具备用户思维。

在培养学生实践能力的过程中，专业教育要注重新闻传播理论与实践的结合，适应快速兴起的大传播业对应用型人才的迫切需求。建立跨学科的知识架构，既涵盖新闻学的专业知识和技能，又需要涉猎文理交叉等多学科的广博知识，帮助学生形成敏锐洞察社会发展趋势的世界观和科学的方法论，成为复合型人才。紧扣跨学科知识传授和实验实践教学改革，发挥跨学科师资力量在教学工作中的作用，打造全新的媒介融合课程体系。

3. 加强互联网思维和自我更新意识的塑造

在媒介融合与公共传播的环境下，人们对信息产品的消费心理与使用习惯已经发生改变，新闻人才的培养必须要使之具备互联网思维。互联网思维的本意就是要求新闻从业人员改变原有的受众观念，把行为被动的受众看成具有主动行为选择的用户，要重视用户在社会化媒体塑造的媒介环境中进入信息传播过程中的动机和体验，让用户参与到信息产品的制作与分发环节中。加强互联网思维的培养，有利于新闻学子时刻保持对媒体业态变化的敏感性和在不断探索的新闻实践中保持自我的反思性，可以帮助

---

① 张志安：《新闻传播教育的理念更新与范式重构笔谈》，《贵州师范大学学报》（社会科学版）2018年第1期。

他们克服简单的"技术焦虑症",更懂得如何以人文精神去引领互联网传播实践。

此外,新闻传播教育还要大力培养学生的自我更新意识和能力。北京大学胡泳教授最近在一篇文章中指出,"世界处在向高度互联的转型中,正由垂直化变成水平化。我们越来越多地离开一个依靠垂直指挥和控制来创造价值的世界,而走入一个横向地同他人联系与合作来创造价值的世界。社会由此变得更具流动性、更加不可预测,自由发展、无拘无束"。面对这种变化带来的不确定性,他推荐了《世界是平的》作者托马斯·弗里德曼对"高想象力的人"的三种思考方式,分别是:像移民那样思考,追求创新、不断试错,保持灵活性;像工匠那样思考,保持对趋势的把握和把想法真正做深和做透的精神;像侍者那样思考,保持用户服务意识,不断提升服务意识和服务能力。

(五)人才培养逻辑

在已有的研究中,暨南大学在国内较早探索融合新闻教育的理念与实践,目前形成了融合新闻人才培养的"四维融合"模式。"四维融合"主要从知识结构、课程体系、教学形式、专业素养四个内在关联维度出发,分别回应融合新闻人才培养的四种基本能力素养——全媒型、复合型、专家型、创新型,相应地形成融合新闻人才培养的四种融合理念及其发生逻辑:一是文理融合,强调知识结构交叉的学科逻辑;二是新旧融合,强调课程体系设计的全媒逻辑;三是内外融合,强调教学形式改革的协同逻辑;四是知行融合,强调专业素养提升的实践逻辑。

1. 文理融合:知识结构交叉的学科逻辑

文理融合的具体内涵是什么?如何在新闻人才培养方式上体现并实践文理融合?按照教育部"卓越新闻传播人才教育培养计划2.0"的相关指导思想,融合新闻人才的基本素养之一是"复合型",而文理融合恰恰能够回应复合型新闻人才培养的学科逻辑。如果说"全媒化"对应的是新闻生产问题,强调新闻内容的生产方式,"复合型"则回应的是知识体系问题,具体体现为知识结构生成的学科交叉逻辑。概括来说,在"全媒化"的总体逻辑前提下,复合型人才培养导向的文理融合,强调能力素养层面的技术与人文融合。

复合型人才回应的是能力素养问题，强调一专多能。这客观上要求新闻人才不仅能够掌握基本的技术工具，而且要具有强烈的人文关怀和批判意识，即文理融合的本质是技术与人文的融合。技术主义和人文主义分别代表两种不同的认知范式，前者强调技术对于现实生活的工具意义和生产价值，后者强调一切社会实践本质上应该以人为本，体现出对人及其生存状态的终极关怀。具体到融合新闻人才的培养，技术与人文的融合包含了两方面的含义：一方面强调技术类课程与人文类课程的平衡与对接；另一方面强调技术思维和人文意识的有效对话，特别体现为在技术类课程的教学中拓展技术思维和技术实践的人文向度，也就是将技术表达统摄在一定的人文观念和逻辑中。

2. 新旧融合：课程体系设计的全媒逻辑

当下媒体融合已经成为一种底层语言，建构了媒介实践的基础思路和逻辑。无论是传统的新闻学和广播电视学，还是作为"后来者"的网络与新媒体专业，都必须回应融合新闻人才培养这一总体性的教学命题。实际上，我国新闻传播学科的专业布局，主体上是按照媒介形态进行区分和设置的。由于不同媒介形态的文体特征存在差别，不同专业之间也必然出现一定的区隔和界限，其结果就是不同知识体系之间的对话面临诸多困境。然而，媒体融合的发展，对现有的专业设置产生了结构性影响，使专业间原有的界限变得模糊，专业壁垒被打破，甚至出现了一定的嵌套结构。换言之，尽管新闻学、广播电视学、网络与新媒体专业具有不同的学科身份，但都不得不回应"媒体融合"这一时代命题以及"融合新闻"这一产品形态，即各个专业都要面对"融合新闻人才培养"这一不容回避的集体使命。

任何教学理念的"落地"，必然体现在课程内容层面。无论是传统的新闻学、广播电视学专业，还是新兴的网络与新媒体专业，既要对融合新闻人才培养给出共通性的知识承诺，也要根据不同专业的定位和特征来拓展专业内涵。具体到课程体系设计上，则是要以不同的专业知识和逻辑回应融合新闻人才的专业素养构成问题。相应地，新传播环境下新闻教育改革的重要突破口是培养全媒型人才。

3. 内外融合：教学形式改革的协同逻辑

相对于传统新闻的形式和形态，融合新闻的产品形态推陈出新，诸如

Flash 新闻、H5 新闻、VR 新闻、数据新闻、游戏新闻、互动新闻、动画新闻等新兴新闻形态日益成为融合新闻产品的"新宠"。一方面，新兴新闻形态对技术的要求更为苛刻，特别依赖于"中央厨房"式的新闻生产系统。这不仅拷问学校原有的实验条件和设备基础，而且对教师本身的知识结构和技术能力提出了更为严峻的挑战。另一方面，融合新闻的关键并非聚焦某一新闻形态的生产，而是要实现不同新闻形态之间的联动与协同，即根据不同新闻渠道的特点和优势进行有针对性的内容策划、分发和编码。而要实现这一教学功能，最有效的教学理念就是"以项目为驱动"，即将融合新闻实务的相关理念、技术、生产统摄在具体的项目之中，通过项目实施提高学生对融合新闻的实践能力。而真正的问题和项目，实际上来自一线，来自现场，来自媒体，企业所面临的现实问题。从这个意义上讲，媒体和企业不仅意味着一个实训空间，更意味着一个议题空间，而后者打开的恰恰是融合新闻的"社会之维"。

因此，融合新闻人才培养亟须教学形式创新，其中最有效的改革理念便是从单一的学校培养模式转向多元主体参与的协同培养模式，即建设学校、媒体、企业、政府共同参与的协同育人平台，实现教学形式改革的内外融合。

4. 知行融合：专业素养提升的实践逻辑

就融合新闻人才培养而言，所谓知行融合，主要强调知识系统和实践方式之间的对接。围绕"合"与"一"的辩证关系，知行融合的重点是要直面以下两个问题：一是知识功能问题，即知识是如何驱动并影响实践，进而产生积极的社会效果的？二是实践方式问题，即何种实践形态更有助于融合新闻知识的内化？前者对应的是知识价值问题，即融合新闻内容能够真正回应社会议题，帮助公众形成积极的社会认知，并提供有效的行为决策，这便需要强化专家型人才的培养；后者对应的是实践形式问题，而聚焦大型公共议题的主题实践则提供了一个有效的实践空间和方式。

第一，专家型人才的培养，强调专业知识与社会知识的融合。专家型人才要求新闻工作者不仅懂专业，还要懂社会。所谓知行融合，主要指新闻内容层面的专业表达与新闻价值层面的社会认知的有机融合。第二，社会实践形式的创新，强调专项训练与主题实践的融合。在融合新闻人才的培养体系中，社会实践的意义显得尤为重要，而主题实践则意味着一种新的实践形式。相对于传统的实践项目，主题实践主要指那些聚焦重大议题和公共问题的实践形态，其特点就是强调问题导向的社会实践。

三 研究结论与展望

（一）研究结论

在培养动因方面，本研究提出媒介技术发展、使用平台拓展、国际竞争加剧、传媒教育促进是驱动智能媒体人才培养的主要动因；同时，这四个主要动因之间也存在着相互作用的动力机制。在培养主体方面，本研究提出智能媒体人才培养应建立在开放、复杂和快速变化的知识网络之上，需要产学研多主体共同参与，师生关系将以沟通和互动为主的教学形式逐渐取代单方向的知识传递。在智能媒体人才培养层次方面，本研究基于已有研究将人才培养分为高等教育阶段、职业教育阶段以及基层传媒人才培养。在培养方向方面，本研究提出面向全新新闻业态来培养专业人才，强调核心能力构成的专业素质培育，加强互联网思维和自我更新意识的塑造等三个层面对人才培养方向进行逐层解剖分析。在培养逻辑方面，本研究归纳了文理融合回应的是基于学科逻辑的知识结构交叉问题，具体表现为技术与人文的融合；新旧融合回应的是基于全媒逻辑的课程体系设计问题，具体体现为传统新闻实务与新兴新闻实务的融合；内外融合回应的是基于协同逻辑的教学形式改革问题，具体体现为学校教育与社会联合培养的融合；知行融合回应的是基于实践逻辑的专业素养提升问题，具体体现为专项训练与主题实践的融合。最后，本研究认为智能媒体人才培养逻辑与动因、主体、层次和方向四个维度存在丰富的非线性因果关系；人才培养逻辑既是其他维度的综合，又作为其他维度不断发展和改进的逻辑起点。

（二）未来展望

未来我国在智能媒体全面合格人才培养方面的研究与实践在内容、视角和方法等方面均存在进一步拓展的空间，而且新闻理论研究与新闻教育实践应紧密结合。一是从内容上，深入探究智能媒体人才培养的学科内涵、跨学科知识融合特征及其在各应用平台中的具体功能，从而揭示出智能媒体人才培养的更深层动因;基于实践新闻人才培养各主体的目标与诉求、主体间的协同与差异、相关体制机制的优势与局限;结合高等教育的不同层次和面向,针对不同的传媒人才类型和培养层次,合理制定传媒人才培养方案;围绕智能媒体领域科学研究和传媒人才培养依赖跨学科知识融合的特点,借鉴国外高校"以人为中心""以项目为牵引"搭建跨学科平台的创新经验,从课程教学、学科建设、教育体系、教育生态等层次突破学科间、机构间、领域间的界限,促进我国智能媒体人才的跨学科培养。二是从视角上,加强中观和微观层面的研究与实践,注重从融媒体建设理念和产学研协同育人实践中汲取养分,加强智能媒体人才的教育,推进其与其他学科领域的融合;在课程教学层面,促进教师教学能力的提升和专业教材的编写,鼓励多学科背景的师生共同参与课程内容设计和课程体系构建,营造师生共同成长的教学和学术氛围。三是从方法上,加强与教育学、管理学、心理学和知识论等相关理论的结合,为智能媒体人才培养研究建构理论研究框架;在现有大量案例研究的基础上,综合运用定性与定量相结合的研究方法,加强实证研究和统计分析,从多个角度采用定性比较分析法、内容分析法、扎根理论等研究方法,对智能媒体人才培养的相关因素进行深入剖析;为智能媒体全面合格人才培养(特别是跨学科人才培养)的效果评价建立科学合理的指标体系。

Report on the Fostering of Talents of AI Media

Ye Xin

Abstract: The rapid development of intelligent media technology affects the global technology and talent competition, facing the intelligent era of media comprehensive qualified talent demand, China's colleges and universities are in urgent need of education innovation related majors and industry. Based on intelligent media talent demand of domestic and international academic papers, research reports, policy papers, conference information, and practice case, on the basis of building intelligent media talents cultivation research analysis framework, the motivation of talent training, talent training subject, training level, training direction and the talent cultivating logical system carding and comparison analysis, the five dimensions determine the smart media logic as the core dimension of the framework of personnel training, and the framework of nonlinear causality between each dimension, at last, on the basis of the analysis framework, we have experience and enlightenment, and future research prospects are put forward.

Key words：Intelligent media, Talent training, Motivation, Logic

参考文献

张志安、孙玮:《公共传播时代的新闻人才培养》,《新闻与写作》2019年第1期。

刘涛:《"四维融合":融合新闻人才培养的协同逻辑与运行机制——以暨南大学为例》,《新闻与写作》2019年第6期。

刘涛:《融合新闻人才培养的"四维融合"模式与实践探索——以暨南大学为例》,《教育传媒研究》2019年第3期。

李燕:《"融"媒体时代新闻人才培养探析》,《传媒论坛》2019年第13期。

赵红香:《我国数据新闻人才培养的路径探索》,《传媒》2019年第10期。

田秋生、夏清泉:《"四方协同、知行合一":地方高校卓越新闻人才培养体系创新》,《传媒》2019年第14期。

李华君:《智媒时代新闻人才培养的新挑战与新要求》,《青年记者》2019年第22期。

卜亚敏:《融媒体时代应用型新闻人才培养研究》,《新闻采编》2019年第1期。

许五龙:《地方高校新闻人才培养的路径创新》,《传媒》2019年第18期。

史文静:《智能时代新闻人才培养模式创新研究》,《宁波大学学报》(教育科学版)2019年第2期。

章彦、张恒军：《全媒体时代国际新闻人才培养创新模式探索》，《传媒》2019年第20期。

唐丹：《数据新闻人才培养模式探析》，《中国广播电视学刊》2019年第12期。

陶建杰：《"聚焦型"新闻人才培养模式的理念与设计》，《青年记者》2019年第10期。

朱颖、陈思言：《新传播环境下高校复合型新闻人才培养探究》，《今传媒》2019年第3期。

《西安交通大学举办新媒体学科融合与卓越新闻人才培养高峰论坛》，《教育传媒研究》2019年第3期。

郭炜、王淙：《应用型外语特色高校国际新闻人才培养初探》，《教育现代化》2019年第17期。

赵红艳、于治涛：《智媒时代融合型新闻人才培养模式研究》，《黑龙江教育》（理论与实践）2019年第11期。

张品良：《新闻德育：卓越新闻人才培养的重要途径》，《教育传媒研究》2019年第7期。

孙傲飚：《产学协同：融合实践型新闻人才培养的创新路径》，《传媒》2020年第7期。

史颖：《融媒体时代新闻人才培养的问题与对策》，《记者摇篮》2019年第4期。

唐衍军：《新文科教育引领新闻人才培养理念创新》，《新闻论坛》2020年第2期。

窦玉英、张璠：《新闻人才培养如何与社会需求对接》，《中国报业》2019年第24期。

王万森：《创新型智能科技人才培养探索》，《高科技与产业化》2013年第10期。

李德毅：《人工智能在奔跑 教育的机遇与挑战——在"北京联合大学智能机器人产学研合作与人才培养创新发展研讨会暨机器人学院成立大会"上的报告》，《北京联合大学学报》（自然科学版）2016年第3期。

刘蒙之、刘战伟：《2018传媒业需要什么样的人才？——腾讯新闻发布首份传媒人能力需求报告》，《城市党报研究》2018年第3期。

段世飞、张伟：《人工智能时代英国高等教育变革趋向研究》，《比较教育研究》2019年第1期。

李辉、王迎春：《如何培养集聚人工智能高端人才》，《大数据时代》2018年第2期。

《教育部中共中央宣传部关于提高高校新闻传播人才培养能力实施卓越新闻传播人才教育培养计划2.0的意见》，2018年10月8日，中华人民共和国教育部官网，http：//www.moe.gov.cn/srcsite/A08/s7056/201810/t20181017_351893.html。

郑爽、刘逸：《"编辑力"——从中国近现代出版人的理念和实践谈起》，《现代出版》2012年第1期。

张志安：《新闻传播教育的理念更新与范式重构笔谈》，《贵州师范大学学报》（社会科学版）2018年第1期。

T.10 人工智能在新闻传播业应用现状及发展趋势研究报告

王 勇[*]

摘 要：本文从数据采集与信息处理、内容生产与编辑校对、内容分发与精准推送、自主性接收与定制化、用户体验与反馈互动五个层面盘点了人工智能在新闻传播中的应用案例，并对人工智能技术在新闻传媒中的应用现状进行分析，分析维度包括 AI 给媒体带来的提升与优势、应用的规模与广度、人机的关系与深度以及带来的挑战等。最后从技术发展、行业变化和商业模式三方面做了趋势的解读。

关键词：人工智能 新闻传播 传感器新闻 卫星新闻 机器人写作

一 人工智能在新闻传播中的应用案例

过去，新闻传播业主要靠"耳听、眼看、手写"进行新闻的生产，通过人工进行编辑校对，然后印刷成"千人一面"的报纸进行传播。随着人工智能技术不断成熟和进步，其已经在各行各业进行融合赋能，并给行业带来巨大的甚至是颠覆性的变化。新闻传播业也不例外，可以说在新闻生产的各个流程环节中，都有人工智能技术的支撑与应用，接下来我们将从新闻生产的环节入手，详细介绍人工智能在新闻传播业中的应用现状。

（一）数据采集与信息处理

在信息大爆炸的时代，如果还是利用纯人工的方式进行信息采集，或

---

[*] 王勇，新华网融媒体未来研究院研究员。

者从成千上万条甚至更多条信息中挖掘有效线索，又或者处理几百兆个 G 的数据，恐怕是不太现实，纯手工的方式会失去新闻的时效性。随着人工智能技术的发展，有越来越多的技术可以用于新闻信息的采集处理，能够显著提升信息采集和处理的效率。

1. 传感器新闻

随着物联网及 MEMS 技术的发展，传感器的应用越来越普及，因此传感器希望也应运而生，人们利用物联网中的传感器或者是定制化的传感器，甚至是能够监测人体生理心理参数的生理传感器进行数据采集，然后通过 NB-IoT、LoRa、4G、5G 等通信方式，将数据传输到服务器，通过数据清洗融合将这些结构化或者非结构化的数据进行预处理，然后，利用机器学习等人工智能算法和大数据分析系统，可以深度挖掘"人—物—环境"等的关系，进行数据可视化处理，用于数据新闻的生产。

2013 年，佛罗里达《太阳哨兵报》的记者约翰·麦恩斯（John Maines）和萨莉·凯斯汀（Sally Kestin）通过对高速公路上的传感器数据来监测过往警车的行驶速度，发现警车超速是一种经常性和习惯性的行为。《超速警察》这篇调查性报道以可靠翔实的数据和深度的挖掘，揭露了警方知法犯法的弊病从而获得 2013 年普利策"公共服务奖"。纽约公共广播电台曾邀请听众一起用温度传感器做过一个研究"蝉鸣"的联合实验报道。每到夏季，达到一定温度后，土壤中的蝉虫就开始繁衍，蝉鸣声影响到人们的生活。该电台就邀请听众用温度传感器测量自家后院的温度，探测什么温度时有蝉出现。这个跟科技搭边又好玩的互动，吸引了许多听众，收到很好评价。

新华网以生理传感器和情感计算技术为核心，研发了生物传感机器人系统，用于新闻的生产和报道，先后用于舞台剧《战马》的测评报道[①]，能够全面精准的感知观众对剧目的体验，并可以近似不同标签属性人群的分析，产生了大量翔实客观的数据用于新闻报道；并于 2018 年首次将生理传感和情感计算技术用于全国两会直播的报道，通过观众佩戴的传感器感知用户的认知负荷和专注度，无须问卷调查即可分析观众对政府工作报告的关注度和兴趣点，实现了连续感知和分析，一篇《"更懂你"是什么

---

① 杨溟：《我懂得你的感受——生物传感技术在传媒领域的应用》，《青年记者》2016 年第 6 期。

感觉,答案在这里》全网点击量达到 3000 万次;2019 年中华人民共和国成立 70 周年国庆阅兵的直播中,新华社记者利用该生理传感机器人采集分析的数据生产的《是什么让他们心潮澎湃?》也成为爆款产品。记者利用传感数据的调查方式,不仅规避了传统的调查方式的主观性和离散型,又无须实地走访调查,也降低了记者的人身风险,而且提高了调查性报道的科学性、客观性、权威性和说服力。

2. 无人机新闻

除了物联网传感器之外,随着无人机技术的成熟和成本的降低,无人机也在新闻传播领域得到了广泛应用。在 2011 年日本大地震和 2013 年的菲律宾台风"海燕"新闻采集中,新闻媒体的受众们惊异的发现了无人机的身影。近几年,除了灾难报道,在战争报道、调查性报道、体育报道以及突发事件报道中,无人机大显身手。新华网是全国唯一一家在全国各个分公司组建无人机队的媒体机构,通过无人机队可以实现重大或突发事件的全天候全时空数据采集监测,利用无人机技术到达记者无法进入的现场进行数据影像的采集,通过后台数据分析进行新闻生产。2015 年天津港大爆炸事故中,新华网利用无人机飞抵人们无法进入的有毒现场,发回了第一时间第一视角的现场资料,提高了新闻报道的实时性、权威性,并为现场救援提供了图像参考。无人机之所以能够被媒体广泛应用,与其优势密不可分。一是便携快捷,能在第一时间抵达现场;二是能突破现场的屏蔽和限制,近距离观察事件;三是成本不高;四是安全性高,特别是在战争报道和重大灾难报道中,无人机的使用能让记者不用置于危险的境地中;五是为人们提供了不同的视角,提供了观察世界的另一种可能性。

3. 卫星新闻

随着遥感卫星性能的提升和应用成本的降低,卫星最近也开始在新闻传播领域展露其独特的优势。除了像我们每天司空见惯的利用遥感卫星进行天气预报之外,专业的每天机构也开始利用遥感卫星进行新闻生产,在疫情期间新华网利用遥感卫星超时空大跨度的特性,通过数据分析生产了《卫星发现一个信号》系列卫星新闻,比如《卫星发现一个信号:中国正在亮起来》《卫星发现一个信号:中国航线正在忙起来》《卫星发现一个信号:中国耕地正在绿起来》,以上帝视角展现了中国大地在抗疫期间的工业经济、交通运行以及春耕的复苏,用翔实的数据直观地展示出中国在抗疫期间在各级政府努力下，经济社会各个方面正在全力恢复正常水平的状况。卫星的优势是可以大时空跨度的进行数据采集、分析和对比，能够展现包括无人机的其他信息采集工具在内都无法实现的视角、广度和时空信息。

4. 大数据舆情系统

除了以上通过各式传感器或者硬件装备进行数据采集之外，线上大数据及社交媒体数据的抓取分析，也已经在新闻传播中广泛应用。由新华社和阿里巴巴集团共同投资成立的人工智能科技公司新华智云研发的突发识别机器人系统，能够自动识别突发新闻，提高突发事件报道时效，是记者们面对突发事件报道的得力助手。新华社自主研发的微信小程序新闻雷达（News Radar），实时追踪互联网、社交媒体、App 等千万级数据，为编辑记者提供新闻热点、新闻线索、微博话题，自动预警突发事件，并根据事件性质和规模预测事件热度，强化新华社在突发新闻报道中的领先优势。路透社自主研发的两款人工智能工具 Reuters News Tracer（新闻追踪者）和 Lynx Insights 在快速收集、梳理社交媒体上的可靠信息源和素材方面应用广泛。路透社推出的另一款人工智能工具 Lynx Insights，可以协助记者搜集和分析数据，撰写模式化的报道。该系统对海量数据挖掘，寻找有价值的线索，然后以短信、电子邮件或者 Flash 推送的形式发给记者供其参考。美国 News Whip（新闻鞭）公司与美联社等多家媒体合作，利用大数据挖掘等技术，从人们在社交网站上的各种活动中收集信息、挖掘线索，协助新闻机构更快地发现重要内容。它可以每两分钟扫描一次 Facebook、Twitter 等全球主要社交媒体，来捕捉什么事件是当下最热门的，怎样的内容更受欢迎，帮助媒体人根据线索整理。这种实时的线上数据抓取和处理技术，可以在第一时间发现突发事件，并可以向媒体人推荐选题线索，能够显著提高新闻报道的时效性。[①]

以上这些信息采集技术的背后都是人工智能技术的综合应用，这些信息采集工具不像人工采访那样只能获得离散有限的信息，而是能够源源不断地进行数据的连续采集和在线数据的抓取，这种规模数据的存储和分析离不开大数据系统。新华网睿思大数据系统就是专门用于传播领域的一个

---

① 庞晓华：《人工智能在新闻传播全链条中的具体应用》，《中国记者》2020 年第 2 期。

T.10　人工智能在新闻传播业应用现状及发展趋势研究报告

大数据采集分析系统，该系统能够提供实时的数据分析、舆情发现、热点排行、事件跟踪、演进预测、新闻溯源、版权追查、传播效果评估等工作，既可以用于新闻生产，也可以进行营销传播，还可以用于公共安全和场景还原等。

（二）内容生产与编辑校对

人工智能的发展已经让信息采集方式从"眼看耳听"跨越式发展到"传感器、无人机、卫星和大数据系统"的方式，那么在新闻生产环节也同样出现了颠覆性的应用，通过智能转换技术、机器人写作、机器学习和专家系统等，可以明显提升新闻生产力，将记者和采编人员从重复乏味的工作中解放出来，让他们进行更需要脑力和创意的工作。

1. 智能转换技术

在智能转换技术出现之前，人们要想将采访或者录音转换成文字，只能靠现场速记或者一遍一遍的听录音，才能写成文字，通常一个小时的采访，要3个小时才能整理编辑成文。科大讯飞利用自然语言处理作为核心技术，研发了一系列智能转换工具，比如讯飞听见App，可以实现采访的语音变成文字的功能；面向编辑环节，讯飞听见智能文稿唱词系统，能够快速实现音视频字幕生成，1小时的音视频节目，5—10分钟生成字幕出稿，经过简单人工校验，就可以生成相应的字幕文件，减少了编辑过程中人工排字幕的时间，提升了工作效率。[1] 同样的，也可以将文字稿转换成音频方式，适应多媒体和融媒体产品的生产和传播，让人们不仅可以看新闻，还可以听新闻。此外，还可以将文本自动生成短视频，大大提升了新闻生产的效率和报道的鲜活性。

除了文字和音频直接的相互转换之外，还可以将数据或者文字转换成视频。新华智云研发的数据新闻机器人表现突出。该系统提供18种专业的数据可视化模板，涵盖饼图、柱状图、折线图、排名图等样式。通过流畅的动画效果、高颜值的可视化模板，展现数据间的关系。同时简单易上手，降低了制作数据可视化视频的门槛。零基础编辑只需上传一个数据表格，即可一键生成对应的可视化视频。以色列的Wibbitz公司依托人工智

---

[1] 庞晓华：《人工智能在新闻传播全链条中的具体应用》，《中国记者》2020年第2期。

能技术将文本自动生成短视频。这项技术可以通过对图片、视频的识别功能，实现智能化分类、归档、储存，然后根据输入的文本，挑选出关键词，并迅速搜索出与关键词最相匹配的清晰图片和动图，自动生成视频。这些智能转换技术的应用，使得新闻生产效率大幅提高，有利于提高新闻时效性，也可以将记者从繁重的重复性劳动中解放出来，去做更加需要创意、艺术和思考的工作，从而提高了新闻产品的竞争力。[①]

2. 机器人写作系统

在新闻生产流程中另一个比较亮眼的应用就是机器人写作系统。机器人写作最早出现在美国。2006年，美国汤姆森公司开始使用机器人撰写经济和金融方面的新闻稿件。2007年，美国科技公司Automated Insights开发了一款名叫"Wordsmith"的软件，这款软件可以自行编写一些简单事件的新闻，比如体育、财经类的新闻，雅虎、美联社的相当一部分新闻就是Wordsmith编写的。随着人工智能技术的发展进步，机器写作技术也取得了长足进步，各大新闻机构纷纷通过与技术公司合作或者自行开发"机器人写作"系统，如《纽约时报》的机器人编辑Blossomblot，每天可以推送300篇文章，Blossom的主要职责不是写文章，而是辅助编辑挑选出潜在的热文，而经过Blossom筛选的文章点击量是普通文章的38倍。《洛杉矶时报》的员工设计了智能系统"Quakebot"，专注处理地震突发新闻。《卫报》利用机器人筛选网络热文，生成实验性纸媒产品，每月发行5000份。当国外的写稿机器人越来越多地用于新闻采编的多个环节时，国内写稿机器人也是不甘示弱。2015年9月10日，"腾讯财经"开发了机器人Dreamwriter。同年11月，新华社迎来一位新"同事"——机器人"快笔小新"，可以在体育和财经等领域24小时实时采集数据，每天生产200余条稿件，极大提高了发稿时效。与此同时，新华网也发布了生物传感智能机器人STAR，将生物传感器和情感计算技术融合到机器人写作系统，开创了情感化智能写稿的先河。2016年今日头条的"小明bot"在里约奥运会期间撰写了457篇球类消息简讯和赛事报道。2017年1月17日，《南方都市报》推出的南都机器人"小南"，一秒钟就完成了春运稿件的写作。2017年年底，新华社发布了国内首条MGC视频新闻，这是由"媒体大

---

① 庞晓华：《人工智能在新闻传播全链条中的具体应用》，《中国记者》2020年第2期。

T.10 人工智能在新闻传播业应用现状及发展趋势研究报告

脑"耗时10秒钟生成的一条视频新闻，标志着机器写作已经可以实现视频内容生产。2018年Giiso写作机器人作为一款通过跨领域查资料追热点进行内容聚合辅助创作的AI工具，开始服务于深圳报业集团《晶报》和《深圳之窗》，将新闻内容生产模式进行工业化及智能化改造，十倍级地提高创作效率助力内容生产。其中一款值得一提的写作机器人是"微软小冰"，自2014年推出至今经过七代进化，已然从一个领先的人工智能对话机器人，进化成为以情感计算为核心的完整人工智能框架，可以说已经将机器写作从码文字进化到具有情感的自主创作，由其创作的人类历史上第一部100%由人工智能创造的诗集《阳光失了玻璃窗》于2017年5月出版。

机器写作经过十几年的发展，已经取得了很大的进步：从最早的模板化、格式化简短内容生产，达到了之前只有人类可以完成的文字处理如"筛查、纠错、摘要、剪辑"等工作能力；从最早的文本内容生产到数据处理及可视化，再到视频内容的生产剪辑；从最早的规则化文字堆砌到现在具有情感的即兴文本或者视频创作。机器人写作系统能够在瞬间进行高效智能的信息检索，利用大数据进行线索的深入分析挖掘，通过自然语言处理进行语义的识别和语言的组织表达，通过机器学习和知识库进行文本纠错，并可以结合线上线下多模态数据来丰富新闻信息的内容，通过数据化的内容提高新闻可读性和可信度，还可以通过直观可视化的方式（图形、图像、表格等）进行内容呈现，大大提高了新闻传媒业的生产力，充分解放了人力，扩大了自动化新闻生产优势，增强了信息整合加工能力，提高了新闻生产和分发的效率，强化了新闻的时效性，推动产生了新的内容形态和生产模式，促进了媒体业变革。

3. 智能审校系统

在新闻生产环节，除了自动化的写作之外，还要进行审校，这往往是基于机器学习、大数据、知识系统和专家系统来完成。

早在2012年，《华盛顿邮报》就使用"Truth Teller"核实新闻的准确性，它能全程记录新闻报道中的文字、语音等信息，随后与"打假"数据库进行对比，一旦发现异常便会发出警报。路透社也正在利用名为"Open Calais"的智能解决方案帮编辑审稿。成立于美国的公司Grammarly则可以为记者提供英语的语法纠错、标点修改、词句润色、句子结构优化等功能。2019年，新华社自主研发了内容智能检校机器人"较真"。"较真"

嵌入在新华社的采编发系统中，点击"拼写检查"按钮，进入"智能检校"即可对稿件进行校验。"较真"不仅具备传统检校软件在易混淆字、内容规范表述等方面的能力，而且增加了人名自动识别、语言语法使用、语义搭配理解、知识辨别、逻辑搭配、日期规范及稿件电头格式等方面的校验功能。①

（三）内容分发与精准推送

在新闻传媒领域，产品的分发与推送决定着传播效果和传媒的生命力，只有根据用户的喜好个性化的推送，让用户接收到自己感兴趣的内容，才能增加用户黏性和忠诚度。之前的纸媒内容千篇一律，而且最终用户的身份也不容易确定，所以越来越没有竞争力。有了人工智能算法的发展，能够根据用户的浏览习惯或者社交媒体等其他的线上数据进行分析用户的喜好，相当于把原来由媒体人作为"把关人"进行内容分发的角色和权利逐渐过渡到了"算法"。如今日头条就是根据用户习惯、历史浏览数据、以及社交场景等信息建立起精准的用户画像，实现了千人千面的精准个性化推送，今日头条是目前做得非常成功的一个基于算法推送的平台。一点资讯则将编辑和算法相结合，通过对用户画像、文章画像和算法模型的分析，智能分析并匹配用户阅读喜好，精准推荐新闻内容。基于深度学习的人工智能算法机制，快手也实现了复杂网络环境下对不同用户、多种场景的内容分发。《纽约时报》的机器人 Blossomblot 可以对社交平台上的海量信息进行实时分析，推测哪种类型内容更具热度和推广价值，帮助编辑挑选出适合推送的内容。

算法推荐实现了精准推送和个性化服务，使得之前的新闻产品的"千人一面"的发行成功变革为"千人千面"的精准推送，让新闻内容更符合阅读者的喜好，让风格更加符合阅读者的习惯，提高了新闻产品的传播效率和用户黏性。

（四）自主性接收与定制化

除了媒体的自主推送之外，在人工智能的时代，尤其是新闻产品朝着

---

① 庞晓华：《人工智能在新闻传播全链条中的具体应用》，《中国记者》2020年第2期。

T.10　人工智能在新闻传播业应用现状及发展趋势研究报告

移动化与社交化的发展，用户也可以根据自己的喜好或者所处的场景自定义接收哪些新闻，也可以根据自己的需求或者时间段定制新闻产品的形态内容。比如，"澎湃"App 的新闻服务定制主要是依靠受众在平台之上的订阅数据，是一种自助定制。在"澎湃"，受众首先需要决定自己感兴趣的内容，并由此建立基于个人需求的订阅专页。同样的"学习强国"App 也提供了订阅功能，人们可以自主地去定义自己喜欢的新闻产品。《纽约时报》的 NYTNow App[①]也是突出定制化人性化服务，为用户提供筛选后的内容。这种自主定制，就相当于把更多的把决定权交了受众，与精准推送相结合可以更加匹配用户需求和喜好，也将使得产品和服务更加个性化、定制化和场景化。在这个资讯爆炸的时代，让用户自助定制，为用户量身推荐的新闻，可以让用户最短的时间内摒弃掉没用的信息，获得最具有针对性的信息，满足用户快节奏、移动化、碎片化的信息消费需求，也是客户端产品制胜的关键。

（五）用户体验与反馈互动

在信息大爆炸和移动终端普及化的时代，人们被各种信息包围，一款新闻产品如果想要赢得用户的青睐，就必须让用户有良好的体验，要懂用户的需求，要能够与用户进行互动。过去了解用户的体验基本靠调查问卷和访谈，现在则可以通过用户研究、用户画像、主观体验的客观评测等方法进行。新华网蓝星球评测系统就可以通过监测用户在观看视频内容时的生理心理参数，来评估观看时的用户体验。某些 App 也可以通过用户的浏览参数，比如浏览量、浏览时长、点赞量、转发量和评论量从侧面评估用户体验。另外，用户可以通过 App、H5、语音交互助手等融媒体技术进行评论互动、体验反馈或者定制感兴趣的内容。现在通过移动终端 App 进行新闻信息的获取，几乎都可以进行留言评论。有些 H5 产品也能够通过一些简单动作进行交互和深度参与，比如人民日报客户端推出的互动型 H5 产品《快看呐！这是我的军装照》通过人脸融合技术实现用户虚拟"军装照"合成，用户参与度极高，浏览量超过 10 亿次。在俄罗斯世界杯期间，

---

① 陈彦蓉：《信息疲劳背景下定制化新闻产品的突围——以纽约时报三款 app 为例》，《新媒体研究》2016 年第 5 期。

新华智云推出了对话机器人服务，用户可以像与人聊天一样，与机器进行问答，从而获取最感兴趣的内容信息，该"进球机器人"入驻新华社公众号，为用户提供世界杯进球视频。用户点击菜单栏的"进球机器人"，提问如"我想看梅西的最新进球"，机器人就会自动回复相关视频。[①] 而 VR、AR 和 MR 的应用也为沉浸式互动式新闻提供了可能，能够让用户通过体感、触摸等方式进行交互体验，达到沉浸式效果，还能够实现异地同台，在 2020 年两会期间，新华社通过 5G 技术和全息投影，实现了与人大代表的异地同台采访，为疫情期间的面对面采访打开了一个新的模式。在两会期间，新华网还通过 5G+AI 声像分析技术，让政府工作报告的掌声"所听即所见"，科学客观地反映出听众对政府工作报告的反响，为用户体验的反馈打开了一个全新的视角。

新的技术的应用，拉近了受众与新闻产品的距离，使得新闻产品更加懂得用户的需求，并能够人性化、个性化的满足受众的喜好，而且还能够让用户参与到新闻产品的分发流程中，根据自己的习惯和所处的场景进行定制化。

此外，还有一些人工智能技术在新闻传媒领域的综合应用，比如新华社"新小萌"AI 合成主播，能够实现三维立体、不知疲倦地新闻播报。所以，综上所见，随着人工智能技术的成熟发展，已经在新闻传媒业的各个环节中有了深度融合应用，极大地提升了数据采集的广度、数据分析的深度、内容生产的效率、内容分发的精准度、用户服务的个性化和用户的参与互动性，并促使传统新闻传媒业态向融媒体、富媒体和智媒体发展，这些新的业态带来了前所未有的传播效果和新的商业模式，并正在推动新闻传播行业跨越式的变革和发展。

二 人工智能技术在新闻传媒中的应用现状分析

近年来，虽然人工智能技术在新闻传媒业中正在如火如荼的应用，但是真正能够作为常态化业务发展或者技术应用的产品还并未大规模使用，大多数还是处于探索和尝试阶段，这其中既有技术行业化的不成熟，也有

---

① 庞晓华：《人工智能在新闻传播全链条中的具体应用》，《中国记者》2020 年第 2 期。

T.10 人工智能在新闻传播业应用现状及发展趋势研究报告

使用成本的问题,还有人员知识结构跟不上时代发展的问题,接下来我们将从几个方面来分析应用现状的特点。

(一)带来的提升与优势

通过上面的应用案例,我们发现人工智能技术已经应用到新闻传媒领域的各个流程环节中。在数据采集过程中,传感器、无人机、卫星以及爬虫大数据系统极大地拓宽了数据采集的渠道,丰富了用于新闻创作的数据维度,不论是结构化还是非结构化数据,也不论是线上还是线下数据,抑或是社会人文数据和生理心理数据,均可被采集用于新闻创作,可以说是彻底颠覆了以往通过"眼看耳听"的信息采集方式。正是有了如此丰富的数据之后,在新闻产品的内容形态也从过往的叙事为主走向了数据新闻为主,人工智能算法的应用,大数据分析系统,自然语言处理等技术,在数据分析和内容生产方面有着不可替代的作用,数据分析正是人工智能的强项,能够以秒级的响应替代人们几天的工作量,也能够瞬间生产一篇新闻稿,大大提升了生产效率,提高了生产力,解放了新闻工作者的繁重体力劳动,使得他们能够将更多精力投放到选题、策划、创意、思考、价值观等机器无法取代的工作上面。有了如此巨大生产力的提升,加上移动终端和自媒体的普及,在"万物皆媒、人人皆是媒体人"的今天,新闻内容爆炸式增长,有了大数据分析和机器学习,可以进行用户画像,通过算法推荐和人机交互等人工智能技术,实现了内容的精准推送和分发,也让用户有机会根据自己的喜欢进行内容定制,使得用户在快节奏的工作生活中,能够利用碎片化的时间接收到最喜欢、最需要的信息,对于媒体来说达到最优的传播效果,也为用户提供了"千人千面"的人性化、个性化服务,同样的,受众也将体验到定制化和精准化的服务体验,拉近了用户与新闻的距离。在信息大爆炸的时代,大数据、生理传感、VR/AR、声纹识别和语音交互等人工智能技术的应用,增加了对用户的感知和理解,也提升了用户信息消费时的体验和交互参与度,增进了用户黏性,为信息传播和产品推广提供了良好的技术支撑。

总的来讲,人工智能在新闻传媒领域的应用,实现了人与机器的共存和优势互补,极大地拓展了信息来源渠道、极大地提高了信息处理速度,极大地提升了生产效率,极大地提高了用户体验,极大地拉近了用户与新闻的距离，极大地提高了优质产品的吸粉能力和用户黏性。此外，人工智能与大数据的应用，也为新闻传媒领域的商业模式变革奠定了基础。

（二）应用的规模与广度

人工智能技术在新闻传媒领域的应用，虽然有了不少的案例，但大多还是处于探索和摸索阶段，比如传感器新闻，除了每日的天气预报，其他的传感器新闻并非每日常见。虽然人工智能技术的应用大多提升了生产效率，但是将机器人写作系统作为日常使用的也不多见。还有精准分发系统，除了今日头条几乎是一枝独秀之外，其他的并没有成为气候。另外，虽然人工智能的应用已经遍及新闻传媒的各个环节中，但是并非每个媒体机构都是如此，目前也仅仅是在一些较大规模或者国家级媒体机构中尝试应用。所以，人工智能在新闻传媒中的应用大多还是试验性或者探索性的，并没有深度应用；再就是虽然涉及面很广，但还未大规模普及化日常，主要是因为相关技术在传媒行业中的应用并不十分成熟，使用成本比较高，而且目前还处于媒体转型期间，老的媒体人的知识结构和观念也跟不上技术的发展潮流。总的来说，目前新闻传媒领域中的人工智能应用并未极致甚至并未充分发挥出现有人工智能的水平。

（三）人机的关系与深度

近年来，人工智能技术确实取得了长足的发展，但是并非人人都真的了解人工智能，很多人把人工智能与自动化混淆在一起，在新闻传媒领域，也有试图通过人工智能技术的应用完全取代人的尝试，而且也引发了"记者将被下岗"的舆论。但是从目前的发展水平和实际应用来讲，由人工智能或者机器完全取代新闻人，是不现实的，如前述分析，虽然现在新闻传媒领域的各个流程环节中都有人工智能的身影，但大多还是处于探索阶段，也没有深度应用，更没有达到可以取代人的地步。比如，机器人写作系统目前也只能写出格式化的短数据新闻，如体育赛事播报、财经类的消息或者地震疫情的速报，根本无法写出《半月谈》的"山川异域，风月同天！欢迎这样的'文艺范''治愈系'外援"！也写不出"疫情下的人类温情：'山川异域，风月同天'"等带有强烈的情感色彩和价值观的作品。所以，目前人工智能技术的应用，还只能是作为一种工具进行使用，也还只能帮助人做一些相对浅层或者重复的劳动，几乎还达不到创作的层面。即使在可以预见的未来，人与人工智能以及机器的关系，也将是人机协同，各司其职，各自发挥优势，让机器做机器擅长的重复性、规律性和计算性的工作，让人做机器无可替代的创造性、创作性、思维性和更具人性价值的工作。

（四）带来的挑战与伦理

任何新技术的应用都会对现有的伦理道德带来挑战，人工智能等新技术在新闻传媒领域的应用也不例外，具体主要表现在以下几个方面：

1. 隐私泄露问题

人工智能技术尤其是各型传感器的应用，在极大地拓展了信息来源的同时，也不可避免地采集到了一些不应该被公开或者分析的数据，比如城市里高清摄像头拍摄到的行车轨迹，比如高空无人机拍摄的画面，比如遥感卫星采集到的数据，比如可穿戴设备采集到的人体生理心理信号，再比如线上数据抓取到的个人社交或线上行为数据等。以上这些数据很多时候是在信息所有人不知情的情况下采集的，那么在采集过程中有可能侵犯了信息所有人的知情权（如拍到私人空间或者私人信息），而在数据保存或使用过程中，也有可能造成隐私泄露问题（如某商业网站的会员信息泄露）。

2. 不正当使用问题

当人们搜集到了足够多的数据，有了足够的商业价值，那就有可能造成过度解读、过度开发利用或者认为的不正当使用。2018年年初曝光的"剑桥分析"事件，其中涉及的数据来自线上社交媒体，事关公民隐私、政治和商业多重背景，在用户不知情的情况下，通过心理学界沿用多年的五大特质心理测验算法，借脸书用户进行心理分析，用于政治选举中，很显然是典型的不正当使用行为，当然也侵犯了用户的隐私权和知情权。

3. 偏见与责任判定问题

很多人工智能系统是需要通过训练来完成任务或者提高准确率的，同样的智能体算法接收到的训练数据不同，通过自我学习训练后也会表现偏见性，那么做决策的时候也就会有所偏颇，还有众所周知的信息茧房问题。当然更深层的是算法层面带来的问题，比如，同样的图片，由普通AI

识别出的结果大多都是较为常态或乐观的意象，例如小鸟、鲜花。然而，MIT Media Lab 使用 Reddit 论坛上充斥着令人不安的死亡、尸体等暗黑内容的子论坛（subreddit）的数据来训练的一个叫诺曼的 AI 系统识别出的结果多偏向冲突性、死亡场景，像是被枪杀、触电而死。因此，如果一个 AI 系统由带有种族偏见的人编写的算法或者提供的数据集进行训练的话，那么这个系统的输出结果也很难保证对所有人都公平。进一步的，人工智能可能还会造成偏见强化，比如，在社交媒体中，人工智能将观点相近的人相互推荐，新闻推送也常常存在路径依赖。当人们的信息来源越来越依赖于智能机器，偏见会在这种同化和路径依赖中得到强化。此外，当算法给你推荐了一个信息，并据此信息造成受众的一些损失的话，那么当由谁来承担这个责任呢，媒体公司？开发人员？又或是信息提供者？目前来看，就像自动驾驶汽车出现交通事故，难判定担责方一样，仍是一个未解之题。

4. 价值观问题

目前在新闻媒体领用应用的人工智能技术还不具备或者不能准确表达、传递情感及价值观，其生产或者推荐的新闻或是根据用户的喜好，或是根据用户定制，但是如果缺乏了人的审核把关，人工智能技术有可能会给对方推送了价值观错误，甚至是政治错误的内容，会造成不必要的麻烦。然而，如何将这些价值观融入算法中，让人工智能系统做出最优选择，是非常困难的，因为价值观问题，即使是人类，每个人也是不同的，也没有一个统一标准，而是需要根据实际情况并结合大量的"学习积累"（人类称之为经验）进行决定，那么人工智能系统在这种情况下应该怎样进行新闻信息的推荐，就成了一个非常严峻的问题。

5. 职业发展与教育培养方面

人工智能与新闻传媒领域真正意义上的融合，也不过几年的时间，但是由于人工智能技术对于传统的新闻人来说，属于从未接触过的技术，也没有相关的知识储备，在如今融媒体中心如火如荼的建设浪潮及人工智能在新闻传媒领域的加速应用中，已经显得力不从心，需要费很大精力去学习使用，能够进行技术研发的更是凤毛麟角，尤其是对年龄稍大的传统新闻人来说，更是一个巨大的挑战，甚至压缩了他们的工作空间。同样的，对于高校新闻传媒相关专业的学生培养，也带来了巨大的挑战，很显然之前的专业课程设置已经远远无法满足眼下人工智能技术与新闻传媒领域的融合，也无法满足融媒体和智媒体的发展。然而，之前新闻传媒专业大多设置在文科院校，而且之前的课程体系也大多偏文科，要想从根本上满足当前人工智能加持下的新闻传媒领域的知识结构和技术需求，就需要对现有的专业设置、知识体系构建以及师资力量的配置进行颠覆性的重构，这恐怕不是短期之内能够完成的，而是需要相关教育资源进行多元化的配置和重塑。

三 人工智能技术在新闻传媒中应用的发展趋势

虽然人工智能在新闻传媒领域的应用还处于探索阶段，也还存在一些挑战，但是人工智能与传媒业正在更深更广的融合，正在高速的向前发展，也已经表现出来极大的发展前景，正在颠覆传统的业务形态、传播模式以及商业模式，并且已经凸显出前所未有的商业价值。因此，不论现状怎样，融合发展已势不可挡，我们要秉承"开放、包容、融合、修正"的态度来促进人工智能在新闻传媒领域的应用。接下来，我们将从技术发展、业态变化和商业模式的角度来分析未来人工智能在新闻传媒领域应用的发展趋势。

（一）技术发展的趋势

数据是人工智能技术的根基，算法是人工智能技术的生命，人工智能技术在行业应用的实际表现和算法息息相关，然而算法的训练和迭代是离不开数据的，可以说人工智能的"智能"离不开数据的喂养。人工智能是超能的但不是万能的，因此，未来人工智能在新闻传媒领域的发展一定是与行业深度融合的，而且是人机协作的，让人工智能和机器作为人类智力和能力的延伸而不是替代，相反，深度的交互融合协作以及对人的理解，将会弥补人类感官受限和人工所力不能及之处，有助于开启新闻生产流程中海量数据的高效处理，开启机器自动创作新闻的拟人化和情感化。此外，人工智能、物联网以及5G技术的应用，将会颠覆传统的媒介和发布方式，使之变革为"万物皆媒"和"移动式、交互式、全天候、富媒体"的发布呈现。

（二）行业变化的趋势

在人工智能技术的加持下，传媒行业正发生翻天覆地的变化，整个新闻生产流程更加的自动化、智能化，业态也正从传统媒体、网络媒体到融媒体、富媒体转变。人工智能技术与行业的融合也不再是简单的叠加，而是生态化合二为一，升级为智媒体。随着人工智能从运算智能、感知智能、认知智能这样的顺序的发展进程，此中也将更加突出人的角色与地位，整个业态将实现人与新闻产品的交互反馈，使得新闻生产更加高效，可读性更强，可信度更高，传播效果更好，实现传媒行业跨时空、移动化、场景化及精准化的服务与分发，将拉近用户与新闻的距离，其行业产品也将更加个性化、人性化，甚至是具有生命化，也必将极大的提升用户的体验，增加用户的黏性。

（三）商业模式的趋势

在商业上，由于整个行业都发生了颠覆式的变革，新的商业模式也将应运而出，将在用户研究更加精准、传播效果更好的情况下，实现新闻产品的精准营销，广告产品的精准投放。此外，新闻传媒业天然的连接属性，与各行各业都有着千丝万缕的关系，而人工智能技术在新闻传媒全流程的应用，将会产生巨量的数据，比如融媒体政务数据、工农业数据、环境数据、医疗数据等，这些结构化或非结构化的事态性数据，加上人的社会化数据、行为数据、情感数据等人源性数据，通过小数据及人文数据将孤立的数据集打通，聚合成为智慧型全息大数据集，通过多模融合深度分析和多次利用，那么新闻传媒领域的产品将不再仅是新闻信息，而是大数据的价值，这就是新的商业模式最大的基础，这将会颠覆现有的商业模式，也将会成为最成功的商业模式。比如，通过对全息数据的融合分析，尤其是其中"人与物"的关系的深度挖掘，可实现对真实场景的还原，对真实意图需求的把握，也可以实现基于智慧大数据的即时决策支持、新闻舆论的全局掌控、公共安全分析预警、突发事件的实时监控、信息溯源及精准服务等。

四 总结

虽然目前人工智能在新闻传媒领域的应用大多还处于探索阶段,虽然新技术的应用也带来了一些挑战,但是,人工智能正在以前所未有的速度与传媒融合,正在以前所未有的力度颠覆着传媒行业,也正在以超出预料的能力为新的业态赋能。未来已来,势不可当,唯有"开放包容、协作共生、各司所长",才能更大程度地发挥人工智能的优势,才能更大程度地提升新闻生产效率,才能更大程度地塑造新的业态,才能让人工智能更好地成为人的智力与能力的延伸者!

Research Report on the Application Status and Development Trend of Artificial Intelligence in the Journalism

Wang Yong

Abstract: This paper reviewed the application cases of artificial intelligence in news communication from five levels: data collection and information processing, content production and editing proofreading, content distribution and precise push, autonomous reception and customization, and user experience and feedback interaction. And then this article analyzed the application status of artificial intelligence technology in news media, including the promotion and advantages that AI brings to the media, the scale and breadth of application, the relationship and depth of man-machine, and the challenges it brings. Finally, the paper explained the trends from three aspects: technological development, industry changes and business models.

Key words: Artificial intelligence, News communication, Sensor news, Satellite news, Robot writing

参考文献

杨溟:《我懂得你的感受——生物传感技术在传媒领域的应用》,《青年记者》2016年第6期。

庞晓华:《人工智能在新闻传播全链条中的具体应用》,《中国记者》2020年第2期。

陈彦蓉:《信息疲劳背景下定制化新闻产品的突围——以纽约时报三款app为例》,《新媒体研究》2016年第5期。

行业篇
Report on Industry

T.11 全球智能媒体发展的八大热点议题

薛 亮[*]

摘 要： 在新技术、新媒体快速爆发，与传统媒体深度融合的时代背景下，对前沿科技和新兴网络力量的消化和吸收成为媒体行业不得不面对的挑战，同样面临变革的机遇。全球智能媒体行业正在经历新技术、新业态对传统组织和制播流程的塑形和重构。本报告有针对性地盘点全球智能媒体领域过去发生的八大热点议题，包括持续升温的"人工智能+媒体"、机器人新闻大行其道、基于算法的新闻媒介、关于媒体的公众信任度、"新闻即服务"的理念、作为媒体内容入口的"音频"、区块链与媒体以及混合现实技术对媒体的影响等。

关键词： 智能媒体 人工智能 算法 新闻即服务 区块链

一 持续升温的"人工智能媒体"

人工智能已经不是一种趋势，它已经成为现实。人工智能的许多应用都进入了人们的日常生活中。20世纪50年代，计算机被认为是人工智能的典型代表，而技术一旦进入主流社会生活中，人们就"看"不见它们了——就像生活中很多常用的技术不再被认为是人工智能一样。

AI代表了继表计时代（早期计算机）和可编程系统时代之后的下一个计算时代。就其最基本的形式而言，人工智能是一个做出自主决策的系统。人工智能的任务是执行重复或模仿人类智能的行为，如识别声音和物

---

[*] 薛亮，博士，中国社会科学院大学新闻传播学院讲师，主要研究方向为虚拟现实等新媒体。

体，解决问题，理解语言，并使用策略来满足目标。解决人工智能的创新问题已经获得长足进步，人工智能系统在音乐创作、服装设计等领域已经取得了卓有成效的进步。例如罗格斯大学、查尔斯顿学院和 Facebook 合办的 AI 研究实验室的研究人员创造了一个能够进行艺术创作的 AI 系统，其结果令人震撼，以至于人类艺术评论家无法区分 AI 生成的作品和人类制作的作品。

中国向人工智能领域持续投入，预计将达到数千亿美元。此前，世界上还未有一个国家以如此之大的力度和速度奔向未来，这将加速大规模的社会经济流动性，从非洲到拉丁美洲和东欧的广泛联盟正在成形，这可能预示着未来几年地缘政治力量的平衡将发生巨大的变化。美国的谷歌、亚马逊、微软、苹果、IBM 和 Facebook，以及中国的百度、阿里巴巴和腾讯，在全球范围内承担着对人工智能技术的研究、开发和消费级应用。从媒体角度看，基于人工智能技术的混合现实生态系统为媒体机构提供了更多、更广泛的机会。

2020 年刚过半，尤其在新冠肺炎疫情下，世界饱受"假新闻"困扰，因此对于人工智能系统如何核查更为复杂的事实——解释信息是否被断章取义，或被夸大，或被轻描淡写——成为亟待攻克的难题之一。目前的解决方案之一，是在增强现实技术的帮助下，对陈述进行事实核查。例如，在演讲或报告上，一个 AR 应用可以显示一个人每次发言时与各种出资人和说客的关系。媒体机构可以利用 AR 和 AI 与社交媒体数据和自身的文章数据库一起，建立实时事实核对工具，增加了一个关键的编辑层，既有利于维护公众利益，又有利于树立媒体诚信声誉。

二 机器人新闻大行其道

"机器人"这个词已经成为我们主流词汇的一部分。在最基本的层面上，机器人是指旨在自动完成特定任务的软件应用。运行在神经网络上的机器学习程序分析数据，以帮助计算机发现新的东西，而不需要通过显式编程去寻找。在人工智能领域，机器学习之所以有用，是因为它可以帮助计算机在没有人类干预的情况下进行预测和实时决策。程序员在使用特殊的深度学习算法时，会使用特殊的深度学习算法和数据库——通常是许多

TB级的文本、图像、视频、语音等。在实际应用中，这意味着越来越多的人类过程将被自动化，包括软件的编写，而计算机很快就会开始自己完成。

在新闻领域，机器人可以分为两大类：新闻机器人和生产力机器人。新闻机器人可以帮助汇总和自动提醒用户关于特定事件的信息，而生产力机器人是媒体机构较常使用的工具，以帮助自动化和简化日常操作，帮助记者处理数据庞大而引发的信息过载问题。2019年，已经有超过72%的媒体公司尝试使用人工智能来寻找个性化内容，为受众创造更好的推荐；利用所谓机器人新闻来自动匹配更多的新闻事件和视频。[1] 许多新闻编辑室已经尝试使用聊天机器人，包括BuzzFeed、TexasTribune、Quartz、Mic、Los Angeles Times。为了对世界各地新闻事件做出快速响应，并调取相关各方的基本信息，媒体在随时更新和报道新闻事件的过程中，越来越依赖机器人。例如海啸报道，媒体使用简单的编程软件，一个海啸跟踪机器人可以接收一国气象监测机构的通知，并创建或发布关于海啸的消息。这种自动化让新闻可以更及时地发出去，让个人可以把时间用在更困难的任务（如深度报道）上。

媒体机构如何保障自己的新闻服务不被贴上"假新闻"标签？一般而言，数字化工具使实时报道和发布事件变得很容易，但添加出处、来源等是否符合事实通常无法在第一时间完成。不准确和虚假的消息很快就会在社交媒体上伪装成事实迅速传播。如何解决新闻内容与事实是否一致的难题？就目前而言，至少在引用数字和数据的时候，"机器人"很快就会让媒体机构自动完成核对过程。在这个领域代表性媒体公司有：NewsDigest、Facebook、Google、Jigsaw、Twitter、Instagram、Chatfuel、Pandorabots、Twilio、Amzon、iFlytek、Slack、IBM、Alphabet、Microsoft、Snapchat、Coral Project。

三 基于算法的新闻媒介

数据和算法可以通过哪些方式来增强报道？计算机辅助报道（CAR）

---

[1] "Journalism, Media, and Technology Trends and Predictions 2020", January 2020, Reuters Institute, https：//reutersinstitute.politics.ox.ac.uk/sites/default/files/2020-01/Newman_Journalism_and_Media_Predictions_2020_Final.pdf.

是一种调查性新闻技术。记者们通过查找、清理和挖掘公共记录和文件，粉碎数据，发现隐藏的事件。在机器学习算法和人工智能的辅助下，计算型新闻报道是计算机辅助报道技术的演变。

发现和挖掘公共数据只是第一步，分析内容，并将看似无法联系的点连接起来，则是更大的挑战。新闻算法技术，如多语言索引、自动报道、实体提取、算法可视化、数据集的多维分析和灵活的数据剪切等，让记者们能够将他们在数据中发现的东西结合起来，然后看到事实、关键词和概念之间的联系。通过这种方式，他们可以揭示出人与组织之间的相互关联关系，而这是他们可能看不到的。

其中一种方式是用一种被称为"人群学习"（Crowd learning）的技术来利用人群中的数据。这是一种较新的数据新闻技术，它可以查询人们的被动数据——定位、移动轨迹和在线活动，庞大而全天候的数据提供了大量的、未被发现的新闻创意。因此，记者越来越需要利用算法来帮助寻找新闻并实时验证。Data Miner 技术使用 AI 来筛选数百万条推文。它的算法可以帮助发现突发新闻。美联社开发了一个内部验证工具，帮助记者实时验证多媒体内容。路透社则利用 AI 工具，帮助记者分析大数据并提出新闻创意，帮助撰写部分新闻，这些工具和数据库为记者提供越来越多的便利和探索空间。2019 年，BBC 前瞻性地研究"公共服务算法"，包括教育受众了解算法的好处，以及如何在不产生意外后果的情况下使用个性化选项（例如删除可能会挑战用户自己的观点）。谷歌的一个新项目也探索这类问题，该项目专注于培训 AI 以帮助人们解决新闻伦理问题。

此外，算法也应用在新闻图片的拍摄和编辑上。计算摄影是计算机图形学、互联网和摄影技术的融合。不再单纯依靠光学处理，而是利用数字捕捉和处理技术来捕捉真实的图像。华为、苹果的智能手机设备支持计算摄影来实现浅景深或超长焦，而 Facebook 则允许对上传的全景照片进行修正。来自 Nvidia 和加州大学圣巴巴拉分校的新研究揭示了一种计算变焦技术，可以让摄影师实时改变照片的构图。将照片进行堆叠拍摄，然后用多个视角进行渲染。允许摄影师在照片拍摄完成后改变视角和照片内物体的相对大小。计算摄影的其他用例还包括无缝移除或添加场景中的物体，改变阴影和反射等。显然，对媒体和记者而言，这涉及新闻伦理——在什么情况下，在多大程度上可以进行照片编辑？同样，另一些媒体公司则相应地开发出一种技术，允许媒体在使用照片之前，核查照片的编辑程度。

四 公众信任度的下降对媒体构成巨大困扰

如今，媒体正受到来自许多方面的批评——从世界各国领导人谴责"假新闻"，到复杂的错误信息宣传，再到不透明的新闻推送算法。根据爱德曼的2019年信任调查表，大约有一半的公众不信任媒体。为此，有些媒体机构开展一系列活动，以提高公众对其可信度的认知度，如CNN发起的"事实第一"活动，《时代》杂志评选出"守护者"为2018年度人物，《华盛顿邮报》在2019年超级杯期间播放了一个60秒的广告，为新闻界正名。[①] 对媒体的不断攻击产生公众对媒体及媒体人所提供价值的怀疑，而由此引发的对传统媒体的远离更是引发了一系列的媒体生存危机，因此获取公众的信任是媒体生死攸关的大事。

以前，记者们在将文字写在版面上之前，要调查潜在的故事，进行采访和研究。现在，由于能够获得比以往任何时候都要多的数据，记者们正在利用分析技术来创造更有影响力的报道。记者通过分析数据来更好地了解他们的受众是谁，以及他们想读什么，甚至需要读什么。他们将真正站在受众的角度，更加专注地创造出更多相关的、引人入胜的故事。Cision的《媒体状况调查》发现，65%的记者认为，详细的受众指标的提供改变了他们评估故事的方式，只有11%的记者表示没有改变。[②] 面对推动读者量、参与度和收入的压力，记者们正在对他们发布的内容进行数据驱动的决策。

与2018年的调查结果相比，更多的记者现在认为社交网络绕过传统媒体是新闻业面临的最大挑战。其原因在于强势且霸道的社交媒体算法。从2017年到2019年对于社交媒体和新闻业来说，是艰难的三年。Facebook面临着一系列挑战：从数据隐私问题到对其参与度指标准确性的担

[①] "2019 Trends Report for Journalism, Media and Technology", Sep. 20, 2018, Future Today Institute, http://www.informeticplus.com/2019-trends-report-for-journalism-media-and-technology-future-today-institute.

[②] "Cision's 2019 Global State of the Media Report", 2020, Cision, https://www.cision.com/resources/white-papers/2019-sotm/.

忧。出版商们意识到，他们不能像想象中的那样依赖 Facebook 作为发行平台。然而，记者们仍然依赖社交媒体来保持与消息来源和实时新闻的联系。社交数据也比以往任何时候都更加重要，有助于确定哪些故事引起了共鸣。新闻业与社交媒体的关系继续变得更加复杂。

在 2020 年，记者将使用更多关于受众行为的专有数据，如点击量、浏览时间和关键词等，为内容开发提供信息，以便在开发之前就知道一个项目是否会受到欢迎。因此，为了促进记者和编辑制作媒体内容的积极性和质量，媒体组织将更多地考察总浏览量、读者量、参与度指标，这将与制作人员的收入挂钩。当然，这些指标的相对重要性因国家而异。38% 的受访记者同意更新的社交媒体算法——比如 Facebook News Feed 的变化——将成为 2020 年影响他们工作的最重要的技术。①

五 "新闻即服务"的理念将重塑媒体

智能媒体机构开始把新闻作为一种服务来运营，而非传统的新闻产品来提供。"新闻即服务"（JaaS）的概念脱胎于"软件即服务"，这是一种新的许可和交付模式，用户按需付费，按需访问。这将会成为一种不可避免的模式。媒体机构会把单篇内容（产品）的付费观看转换为媒介整体（服务）的"付费包"。这意味着媒体机构能够充分实现知识经济领域的全面价值。媒体机构将整理其历年来积累的内容，并归档为一个巨大的数据库，这些数据被结构化、可随取随用、可再度制作为新的内容，并允许其他机构和记者有偿使用。在这方面已经有较大成绩的媒体和机构有：PRX, Twilio, REDEF Group, The Information, The Coral Project, MIT Media Lab, ProPublica, 等等。

读者付费仍旧是媒体公司发展的关键，相比之下，优质内容的商业媒体对付费内容的未来越来越有信心。内容付费内在地要求媒体机构提供的内容必须要有更高的可信度。在 2019 年的一项调查中，当普通民众被问及对媒

---

① "Cision's 2019 Global State of the Media Report"，2020，Cision，https://www.cision.com/resources/white-papers/2019-sotm/.

体的信任度时，47%的人表示信任媒体（比2018年上升3个百分点）。① 在公众眼中，传统媒体是比社交媒体更值得信任的新闻来源。2019年以来，传统媒体界遭遇最大的挑战是22%受访者的新闻获取渠道是社交媒体而非传统媒体，而19%的受访者认为是社交媒体产生的假新闻降低了媒体的公信力。② 随着受众越来越意识到"假新闻"让他们在网上浪费了时间，更多的人将会远离社交媒体，甚至开始采用数字脱敏工具，以更多关注"有意义的"内容，48%的受访者接受为"有意义"的优质新闻支付额外的费用。因此，订阅和会员制是媒体行业未来发展的重点。52%的媒体行业受访者认为这是2019年的主要收入方式，相比之下，传统广告降为35%，捐赠仅占7%。此外，随着像英国的Tortoise和荷兰的De Correspondent等新的新闻企业在美国市场上的推出，"慢新闻"成为一个主题。这些企业制作的新闻产品被称为是对当前快速、浅薄和被动报道的修正，但是有多少人会加入付费仍须观察。

六 "音频"交互向消费者推送付费的媒体内容已成主流

人们正处在一个对话式界面的时代。与机器对话，利用语义和自然语言处理，以及用户的数据，来预测用户接下来想要或需要做什么。Siri、Google Now、亚马逊的Alexa，甚至是Comcast遥控器上的麦克风按钮，都是智能媒体的标志性特征之一。其他可以"对话"的联网设备，如家庭恒温器、汽车、冰箱、空调、扫地机、耳机等。资料显示，到2023年，北美人与机器进行的互动中，50%以上的互动将使用语音。

在播客的日益普及和数以亿计的新音频设备（又名智能音箱）的销售——目前正在全球范围内迅速蔓延，音频成为2019年媒体领域最热门

---

① "Digital Media Trends"，Dec. 10，2020，Deloitte，https：//www2. deloitte. com/us/en/insights/industry/technology/future-of-the-movie-industry. html？id = us：2em：3na：4di6961：5awa：6di：MMDDYY：：author&pkid = 1007375.

② "Digital Media Trends"，Dec. 10，2020，Deloitte，https：//www2. deloitte. com/us/en/insights/industry/technology/future-of-the-movie-industry. html？id = us：2em：3na：4di6961：5awa：6di：MMDDYY：：author&pkid = 1007375.

的话题之一。据估计,在美国有多达 4000 万人拥有智能音箱,在英国约 700 万人拥有智能音箱。① 随着 2019 年,《纽约时报》的播客频道《每日新闻》每月有超过 500 万的听众,许多媒体机构(包括公共广播)也推出每日新闻播客。与传统的语音广播相比,35 岁以下的年轻人消费播客的可能性是传统语音广播的三到五倍,《卫报》的《今日聚焦》和《华盛顿邮报》的《邮报报道》正在大力投资音频内容,这也是两家老牌传统媒体向年轻世代拓展影响力的主要方式之一。一项针对媒体从业人员的调查报告显示,75% 的受访者认为音频将成为其内容和商业策略中更重要的一部分,53% 受访者会优先使用将文字文章转化为音频的新闻内容;78% 的受访者认为,亚马逊 Alexa 和谷歌助手等新兴的声控技术将在未来几年内对受众如何获取内容产生重大影响。② 因此,自 2019 年起,转录、自动翻译和语音转文字服务成为最有可能获得成功的人工智能驱动技术,这将为媒体公司和机构开辟新的领域和机会。

例如,对话式语音交互界面允许记者在讲述一篇报道的事实时,可以模拟与当事人和编辑的对话,以快速完成新闻稿。IBM Watson 的各种 API,包括 Debater、视觉识别、AlchemyLanguage、Conversation 和 Tone Analyzer 等,都可以用来协助记者的工作。随着物联网(IoT)的不断发展和完善,人们可以与之沟通的设备数量也会越来越多。语音界面将让更多的用户可以询问本地资讯,即时播放新闻。在工作场所中,语音技术正以个人助理的形式被应用于个人助理,倾听、转录和重复信息,而像 IBM 这样的公司在使用帮助分析语言和语气的 API 方面走在了前列。2018 年 5 月,欧盟的《通用数据保护条例》(GDPR)正式生效,这些规定旨在对公司可以从消费者那里获取和使用的数据进行限制。这些规定对语音技术产生的影响还有待观察。关于 Alexa 和 Google Home 是否能满足欧盟的《通用数据保护条例》合规性的问题,已经有很多争论。

媒体内容的知识付费方面,语音内容的生态系统将成为媒体运营中主要的收入来源之一,主要通过用户订阅语音产品,与语音供应商合作,或

---

① "Digital News Report 2019",2020,Reuters Institute,https∶//reutersinstitute.politics.ox.ac.uk/sites/default/files/2019-06/DNR_ 2019_ FINAL_ 0.pdf.

② "Digital News Report 2019",2020,Reuters Institute,https∶//reutersinstitute.politics.ox.ac.uk/sites/default/files/2019-06/DNR_ 2019_ FINAL_ 0.pdf.

者通过付费广告等方式来实现。CNBC 等媒体基于自身平台普及率的提高，正在考虑出售音频广告赞助。因此更好的、更具沉浸感的、交互功能更为丰富的耳机（如 AirPod Pro 和类似设备）将成为 2020 年的科技大热门，并进一步推动音频格式以及声纹技术的开发，而推进此类技术发展的主要技术机构和媒体公司有亚马逊、谷歌、百度、腾讯、苹果、阿里巴巴、IBM 研究院、Facebook、斯坦福大学、麻省理工学院 CSAIL、麻省理工学院媒体实验室、德克萨斯大学奥斯汀分校等。

七 区块链将媒体"在线"转为"在链"有望剔除"假新闻"

区块链是分布式分类账技术的速记，是一种在分布式分类账上共享和存储信息的方法，其中身份和交易都受到加密保护。就其核心而言，区块链使多方能够就单一的真理来源达成一致，而不必相互信任。它利用共识算法促进了协议的达成，并通过共识算法来调整激励机制。理论上，区块链减少了中间人（如银行）协调或验证交易的需求。

区块链最早出现在 2008 年。2015 年，加拿大计算机程序员 Vitalik Buterin 共同创立了 Ethereum，这是一种基于区块链的协议，可以实现智能合约形式的更复杂的功能。智能合约是一种自动执行的协议，协议的条款直接写进代码行中。区块链可以由个人、公司或联盟发起，它们可以同时存在于多个机器上。没有一个单一的区块链托管的地方。2017 年，区块链技术作为一种革命性的信息共享和存储方式，闯入了主流市场，但是区块链仍然是一项新兴技术，在达到大规模应用之前，还有很多挑战需要解决。

对于媒体而言，很多区块链的应用场景已经浮现。区块链可以极大地影响计算机辅助报告技术，特别是灵活的数据收集和数据集的多维分析。区块链默认情况下是透明的，如果将大型公共数据集放到区块链上，记者们可能会更容易挖掘这些数据，以获得有趣的故事。美国的怀俄明州、内华达州、伊利诺伊州和其他少数几个州正在率先将公共数据库放到区块链上。公共区块链上的被动数据可以揭示出关于网络上用户的惊人数量。随着消费者行为随着区块链技术的变化而改变，人们将重新审视传统互联网术语——"线上"和"线下"。相应地,"on-chain"和"off-chain"等概念——存储在分类账上的数据和存储在其他地方的数据——越来越深入应用场景。

所有区块链中的共识算法基本上都是新闻事实的检查器。"矿工"实时工作,在将其添加到分类账中之前,对处理的交易进行验证。人们会看到经过严格验证的新闻叙事作品广泛传播,而不必担心是否是"假新闻"。而这一切,依赖于区块链的一个技术特点——创建一个分布式的不可更改的信息记录[①](永远无法删除或修改的记录,本质上是一个只能添加到记录的分类账)。这将使信息的记录和分发方式能够以所有人都能看到的方式进行记录和分发,并且在大多数用户之间不改变所有记录的情况下无法更改。利用区块链技术的分发渠道可以使审查和限制信息的访问变得更加困难。内容创作者可以利用区块链技术来保证其内容不会被第三方更改、过滤或屏蔽。媒体运营商很快就会利用基于区块链的平台,保证其内容在通往最终受众的过程中不被修改。率先开展此类技术的媒体公司有:TRON、Civil、Decent、Ethereum、reddit、Twitter、WordPress、Wix.com、Quora、WikiLeaks、Internet Archive、Agora。

八 混合现实技术改进媒体的叙事形式

混合现实(MR)将物理和数字领域结合在一起,包含增强现实(AR)、虚拟现实(VR)、360°视频(即实拍 VR)和全息图等视觉技术。这些技术可以被所有媒体和记者使用,作为增强或改进故事讲述的一种方式。

许多新闻机构,如《纽约时报》、CNN、《华盛顿邮报》和美联社等都已经开始使用 360°视频,身临其境的新闻报道渐成趋势。哥伦比亚大学和南加州大学正在将 360°和 VR 新闻学纳入教学体系中。下一代记者将更熟悉如何将 360°视频和 VR 技术融入突发新闻和长片视频中。360°视频和 VR 视频都有可能以两种不同但重要的方式提升用户的体验。在突发新闻

---

① Natalie Buciek, Philipp Sandner, *The Blockchain Technology in the Media Sector*, John Wiley & Sons Ltd., 2019.

的背景下，360°视频可以让用户捕捉到正在发生的事件的完整场景，而不仅仅是摄像机后面的人给你看的画面。在长片视频中，360°视频可以让观众成为一个互动式的"侦探"，从犯罪现场寻找线索，或者参观被飓风肆虐的地区的现场，让观众越来越多地参与其中。

尽管 VR 头盔的销售情况仍然不佳，但在电商的大规模应用下，AR 技术则受到青睐。一些大型媒体公司也尝试使用这两种技术，特别是《纽约时报》和 BBC。2018 年 11 月，《纽约时报》的沉浸式团队拍摄了自由女神像的火炬并在其 App 中投放。BBC 用 VR 流媒体播放了所有 33 场世界杯比赛，其 App 下载量超过 30 万次；[1] 2020 年 2 月，韩国一位母亲借用 VR 来"复活"7 岁的女儿，以缓解女儿死去后带来的痛苦；VR 和 AR 已经大规模地应用于焦虑症、恐惧症、脑退化和抑郁症等精神疾病的治疗当中，这些成功的应用案例，让媒体再度发现这些 MR 技术的传播效力。[2]

MR 所带来的最显著的现象之一是体验的全球化，让人们在不离开日常环境的情况下，就能到达遥远的环境中去。这为媒体机构提供了一个重大的机会，为受众提供变革性的体验，其新闻场景涵盖从外太空到人体内的所有环境，将他们传送到原本无法到达的地方。利用消费者技术的普及，以响应式视觉、触觉和听觉界面为特征的消费者技术的普及，讲故事的人正在开发非常规的叙事方式，以新的方式吸引观众。媒体和娱乐机构已经开始探索这些创新的讲故事模式，其重要特征包括个性化、互动性和沉浸式。制作公司 Eko 创造了互动式真人音视频内容，观众通过点击来决定主角的行动，Netflix 也为年轻观众推出了类似的用户体验式节目。BBC 已经发布了一款可在亚马逊的 Echo 智能音箱上使用的音频播放，听者通过直接与人物对话来引导叙事。RYOT 公司已经与包括《纽约时报》和 NPR 在内的主要媒体机构合作，制作了可在 VR 中观看的沉浸式非虚构视频片段，观众可以在 360°视频的环境中自由探索。

目前，这些新的讲故事形式还处于实验阶段，消费者尚未完全接受，企业也尚未完全掌握。然而互动和沉浸式的音视频将迎来增长，各大媒

---

[1] Zillah Watson, "Virtual Reality and 360° Video for News", CNN VR, https://edition.cnn.com/vr.

[2] 《借助 VR 和已故亲人"重逢"，真的是好事吗？》，2020 年 2 月 18 日，BBC NEWS 中文，https://www.bbc.com/zhongwen/simp/world-51543931。

体品牌都希望在这一领域抢占先机。Eko 正在为沃尔玛建立一个视频平台，可能是为了与竞争对手亚马逊的强大视频节目竞争，而像 ABC、福克斯和 CNN 等都有专门的数字频道，提供涵盖新闻、体育和娱乐的 VR/360°视频内容。随着观众更频繁地、更多地涌向新形式，走在这一趋势前沿的品牌将有能力进行强大的数据收集，并据此进行广告投放和个性化内容。

九 结论

2020 年开始过渡到下一个数字互联的时代，人们将开始普及声音和手势交互的可穿戴设备。现在已经开始从智能手机到智能可穿戴设备和隐形接口的过渡，如带有生物识别传感器（指纹、面部识别和声纹）、能感知运动的戒指和手环、能记录和显示信息的智能眼镜等——这意味过渡到"后屏幕"时代，搭配可折叠和可滚动的屏幕将为人们带来便携的、更长时间的阅读和写作，深刻改变我们体验物理世界的方式，加速人们离开传统智能手机的进程，并对媒体和相关技术产生无与伦比的影响。

然而，在这种严峻的环境下，人们对媒体的信任度却正在上升。根据 Cision 的 2019 年媒体状况调查，人们对社交媒体角色的态度已经发生变化；对获取媒体内容方式的改变做出积极响应；对数据（算法）驱动的新闻报道的依赖程度越来越高；以及对媒体公信力的质疑由弱到强，并希望媒体能有积极转变等议题的关注度越来越高。

2020 年也将是智能媒体在多年来围绕内容质量、隐私和用户体验等方面的自伤后，重建信任和信誉的关键一年。各媒体平台正在重新配置其算法，以更严谨、成熟的人工智能技术来改良流程，更重视创造有意义、有价值的媒体内容。随着全球经济下行压力的到来，更多的媒体机构和公司将遭遇发展壁垒。全球的互联网媒体则将面临愈加严格的监管，因此技术的研发推进将保持适度谨慎，但技术变革的步伐并不会放缓。人工智能提供了更多个性化和相关的新闻服务、挖掘故事的新方式以及更有效的内容包装和发布方式。区块链最终将开辟新的支付和验证形式，而音频交互（包括语音助手）则极有可能成为获取各类媒体内容最主要的界面。所有即将到来的变化，均可以通过上述热点现象，找到媒体资源与新技术浪潮相结合的方法，最大限度地发挥其潜力，创造出更有吸引力和可持续发展的媒体事业。

Eight Hot Topics for the Development of Global Intelligent Media

Xue Liang

Abstract: In the context of the rapid explosion of new technologies, new media and deep integration with traditional media, the digestion and absorption of cutting-edge technologies and emerging network forces have become the challenges that the media industry has to face, and also face the opportunity for change. The global smart media industry is undergoing the shaping and restructuring of traditional organizational and production and broadcasting processes by new technologies and business models. This report takes a targeted look at eight hot topics that have occurred in the past in the global smart media field, including: the rising trend of Artificial Intelligence Media, the proliferation of robot news, algorithm-based news media, public trust in media, the concept of "news as a service", "audio" as a gateway to media content, blockchain and media, and the impact of mixed reality technology on media.

Key words: Smart media, Artificial intelligence, Algorithms, News-as-a-service, Blockchain

参考文献

"Journalism, Media, and Technology Trends and Predictions 2020", January 2020, Reuters Institute, https://reutersinstitute.politics.ox.ac.uk/sites/

default/files/2020-01/Newman_ Journalism_ and_ Media_ Predictions_ 2020_ Final. pdf.

"2019 Trends Report for Journalism, Media and Technology", Sep. 20, 2018, Future Today Institute, http：//www. informeticplus. com/2019-trends-report-for-journalism-media-and-technology-future-today-institute.

"Cision's 2019 Global State of the Media Report", 2020, Cision, https：//www. cision. com/resources/white-papers/2019-sotm/.

"Digital Media Trends", Dec. 10, 2020, Deloitte, https：//www2. deloitte. com/us/en/insights/industry/technology/future-of-the-movie-industry. html? id = us：2em：3na：4di6961：5awa：6di：MMDDYY：：author&pkid = 1007375.

"Digital News Report 2019", 2020, Reuters Institute, https：//reutersinstitute. politics. ox. ac. uk/sites/default/files/2019-06/DNR_ 2019_ FINAL_ 0. pdf.

Natalie Buciek, Philipp Sandner, *The Blockchain Technology in the Media Sector*, John Wiley & Sons Ltd. , 2019.

Zillah Watson, "Virtual Reality and 360° Video for News", CNN VR, https：//edition. cnn. com/vr.

《借助 VR 和已故亲人"重逢",真的是好事吗?》,2020 年 2 月 18 日,BBC NEWS 中文,https：//www. bbc. com/zhongwen/simp/world-51543931。

T.12 中国移动短视频发展报告

黄楚新　吴梦瑶[*]

摘　要： 在2019年中国互联网市场增长速度趋缓态势下，短视频行业发展依然充满活力，商业化进程稳中求进；在维持抖音、快手基本竞争格局的基础上，国家队央视频正式上线，主流媒体进入最后的市场争夺战；内容发展从野蛮生长过渡至良性发展阶段，用户消费升级；行业痛点迎来了困局之变，各类规范的出台将倒逼内容生产进入良性循环。聚焦短视频行业热点，2019年直播带货成为短视频平台变现亮点，也带动了平台升级；从"短视频+X"到"X+短视频"，短视频成互联网标配功能；受新冠肺炎疫情影响，Vlog成短视频发展新风口。在短视频产业的快速发展中，需警惕低质短视频对青少年造成的负面影响，同时应注意到价值理性在商业逻辑中难突围的困境。展望未来，内容消费将带来分发的进一步升级，在5G等技术的落地应用背景下，短视频行业也将迎来新一轮的服务产品双创新。

关键词： 短视频　短视频内容　短视频平台　移动短视频　5G

一　总体概况

（一）短视频行业规模增速放缓，商业化进程稳中求进

2019年短视频行业规模增速放缓，但短视频依然是移动互联网发展新

---

[*] 黄楚新，中国社会科学院新媒体研究中心副主任兼秘书长，中国社会科学院新闻与传播研究所数字媒体研究室主任、研究员，中国社会科学院大学新闻传播学院副院长、教授、博士生导师，研究方向为新媒体传播；吴梦瑶，中国社会科学院大学新闻传播学院博士研究生，研究方向为新媒体。

的流量池，并一举超越综合视频，成为中国第三大移动互联网应用。从用户规模看，截至2020年3月，我国短视频用户规模达7.73亿，较2018年年底增长1.25亿，占网民整体的85.6%。① 2019年上半年短视频用户规模获得小幅度增长，但由于移动互联网流量红利见顶，下半年用户规模迎来"刘易斯拐点"，而受新冠肺炎疫情的影响，用户规模在2020年年初又有较大幅度提升。从使用时长看，用户短视频观看时长趋于稳定，日均观看时长在3亿小时左右。从App日均启动次数来看，2019年12月，用户日均启动短视频App达26.1亿次，同比增长14.1%，但比同年6月日均启动次数下降1亿次。以上数据显示，2019年短视频行业获客进程基本完成，下沉市场流量已开发殆尽。② 虽然短视频行业在2019年增速放缓，但依然领跑互联网发展的增长点。QuestMobile数据显示，2019年中国移动互联网月活跃用户数量（Monthly Active User，MAU）已达11.35亿，1—11月活跃用户净增299万，增长触顶。但短视频行业MAU同比增长达1.23亿，位列第一。③ 截至2019年12月，短视频MAU同比增长29.5%，已超越综合视频，成为中国第三大移动互联网应用。④ 总的来看，短视频在2019年的低幼、银发、下沉市场的最后争夺战中，依然获利最多，并持续拉动用户在整个移动互联网注意力时长中的占比，保证了行业成熟期的稳定发展态势。

商业化进程稳中求进。从平台侧来看，流量竞争过后，是平台围绕"留量运营"和"商业变现效率"的竞争，而用户使用短视频平台的多元化为竞争增加了难度。因此优化短视频内容、提升平台用户活跃度和营收变现成为平台发展的重心，抖音的"蓝V生态计划"、快手的"光合计划"都在围绕用户的偏好，建立更加丰富立体的内容生态。从内容侧来看，虽然进入2019年后，内容赛道已出现拥挤，但内容生态尚未饱和。

---

① 《第45次〈中国互联网络发展状况统计报告〉》，2020年4月28日，中国互联网络信息中心网站，http://www.cnnic.net.cn/hlwfzyj/hlwxzbg/hlwtjbg/202004/t20200428_70974.htm。
② 《Fastdata极数：2019年中国短视频行业发展趋势报告》，2020年2月17日，199IT中文互联网数据资讯网，http://www.199it.com/archives/1007147.html。
③ 《Quest Mobile 2019中国移动互联网八大战法》，2020年1月13日，Quest Mobile网站，https://www.questmobile.com.cn/research/report-new/79。
④ 《Trustdata：2019年中国移动互联网行业发展分析报告》，2020年2月22日，199IT中文互联网数据资讯网，http://www.199it.com/archives/1010486.html。

各领域内容都在向垂直化进一步细分，以优化内容创作，MCN 作为短视频平台高质量内容的最重要生产者，成为内容与广告的主要连接方式。从变现端来看，短视频变现模式基本为广告、电商、游戏、知识付费以及直播打赏。随着营销模式的不断创新，短视频带货成为变现亮点，内容电商崛起并成为常态，短视频平台成为品牌营销新阵地。2019 年上半年，短视频电商转化率达到 40%，包括服装、化妆品、休闲零食、旅游、美食、保险等多种品类，其中服饰类、日化用品两大产品类型的转化比例最高，分别为 46% 和 45%。[1]

（二）抖音、快手竞争格局已定，短视频延续"两超多强"态势

2019 年，短视频行业 C 端竞争基本进入尾声，早入局的抖音、快手凭借着先发优势，基本坐稳头部位置。而后入局的腾讯、百度等互联网巨头纷纷将短视频提升到了核心战略地位，重金投入、入口级流量补给，以及丰富的政策资源扶植，但仍追赶前者无望，位居第二梯队。抖音、快手两头部平台龙争虎斗，2019 年 12 月，抖音 MAU 超 4 亿，快手 MAU 达到 3.7 亿，由数据可知抖音用户规模始终领先快手一个身位。但值得一提的是，快手 10 亿元红包营销联手 2020 央视春晚奇袭抖音，实时活跃用户一度超越抖音，抖音则以 20 亿元红包营销携手多家地方卫视抵抗快手的一波强攻。然而春晚效应过后，快手滑落明显，增长的用户留存率不高，很快被抖音反超。2019 年 12 月短视频规模前 20 的入围名单较 2018 年未有较大变化，抖音、快手霸主地位稳固，实难撼动，二分天下之势已基本形成。[2]

受益于百度的全域流量，好看视频活跃用户增长气势如虹，进入亿级俱乐部。短视频版"趣头条"刷宝用户规模快速飙升，活跃用户已超 3500 万人，已成为三线及以下城市短视频小巨头。而字节跳动也在春节和新冠肺炎疫情期间尝试跨界长视频，6.5 亿元购得电影《囧妈》版权，于头条系多个短视频平台播出，大年初一首映当日头条系短视频平台的使用

---

[1] 王晓红、郭海威：《2019 年我国短视频发展十大态势》，《新闻与写作》2019 年第 12 期。
[2] 《Fastdata 极数：2019 年中国短视频行业发展趋势报告》，2020 年 2 月 17 日，199IT 中文互联网数据资讯网，http://www.199it.com/archives/1007147.html。

时长均上涨明显，西瓜视频的日活跃用户数量（Daily Active User，DAU）拉高到 5257 万，春节期间平均 DAU 也上涨到 4540 万，同比增长 6.7%。[1] 腾讯系除了重启微视外，在产品层面上推出多款短视频 App，结果却不尽如人意，但腾讯以 20 亿美元投资了快手，在一定程度上牵制了头条系的产品。同时，微信在开放视频号、朋友圈等短视频入口后，又进一步力推公众号视频入口，多形式渠道入口的引入，布局微信短视频全景生态。总的来说，2019 年是互联网巨头在短视频领域的破局之战，随着短视频功能逐渐成为标配，获客之争明显转化为平台之争。

2019 年 11 月，中央广播电视总台"央视频"5G 新媒体平台正式上线，"国家队"正式进军短视频。在南抖音北快手的格局下，短视频领域迎来了中场战事。近两年政务媒体在短视频平台上的粉丝人数以及互动频次，体现了央媒在短视频时代的长期缺位，爆款内容如何匹配用户，千万流量如何对应平台，央视频的上线弥补了这一缺位。尤其是在商业平台过度娱乐化的竞争中，主流媒体在短视频领域的"出战"，不仅将消解商业平台"流量至上"的原则，还有可能改变当前短视频领域"两超多强"的行业格局，助力又一轮的行业变革。

（三）内容由野蛮生长向良性增长过渡，用户消费升级

2019 年，短视频内容增速放缓，但增长秩序更为良性。内容作为制约短视频发展的瓶颈性因素，迫切需要优化内容供给。从各内容类型占比看，泛娱乐内容仍占主导地位，但同比去年已下滑 10% 以上，降温明显，影视娱乐、小哥哥、搞笑三类降幅最大。其他类型中，泛文化、泛资讯属于新发力领域，上升明显，泛生活类内容增长最快，Vlog 关注度猛增，垂类账号崛起。在各大垂直内容类型中，以时尚、美妆、汽车、运动等表现最好。用户短视频内容消费升级，从娱乐诉求向获取知识、自我价值实现等多维诉求迁移。

内容虽走向多元，但关键意见领袖（Key Opinion Leader，KOL）却越来越"聚焦"。数据显示，2019 年高品质 KOL 视频发布数量普降，粉丝过

---

[1] 《Quest Mobile 2020 中国移动互联网"战疫"专题报告——增长策略研究报告》，2020 年 2 月 18 日，Quest Mobile 网站，https://www.questmobile.com.cn/research/report-new/82。

百万，有一定基础的红人，发布频率都在下降，而粉丝过 300 万人的高价值 KOL，发布频率下降了 24%。粉丝量越高，粉丝忠诚度越高的 KOL，越是放慢了脚步。可见短视频爆发期过去后，高品质内容和精细化运营成为最佳打法。从 KOL 粉丝来看，截至 2019 年年底，仅有 33% 的 KOL 处于增粉状态。与上年比较，2018 年年底粉丝不足 30 万人，而 2019 年年底粉丝突破 100 万的 KOL 仅占 1%，爆红概率下降。[①]

（四）行业痛点迎来困局之变，规范出台倒逼优质内容生产

随着短视频一路高歌猛进的发展，短视频行业逐渐变成版权问题的重灾区。由于短视频体量过大、制作时间短，制作者很难通过高效便捷的方式获取著作权人授权，这使得视频制作者面临被诉侵权的风险。2019 年 4 月，全国首例广告短视频侵权案宣判，一条公司由于搬运了一段 2 分钟的视频用于广告宣传，且并未署名视频原作者，须赔偿作者 50 万元。这也是短视频领域因侵犯著作权获赔金额最高的案例，受到了行业内外的广泛关注。版权问题另一大热点在于混剪视频，混剪视频往往涉及各类电影、电视剧等作品，存在很大的侵权隐患，虽然国家已经针对这类版权问题出台了相关规范，但具体情况纷繁复杂，难以采取一刀切的处理方式。

2020 年 4 月 21 日，北京市高级人民法院发布了《关于侵害知识产权及不正当竞争案件确定损害赔偿的指导意见及法定赔偿的裁判标准》，其中明确将短视频纳入知识产权保护范围，并明确了赔偿数额和标准，除了对视频作品的在线直播侵权进行了具体描述外，还明确了分割视频片段并进行网络传播的基本赔偿标准。这样的规定，将对短视频里大量的"搬运工"们造成毁灭性的打击，也将倒逼短视频行业步入良性循环。

想要破解版权问题的困境，除了出台相关规范意见，关键还在于打造优质内容和平台。目前短视频平台正在逐步加强与 MCN 机构的合作，抖音、快手相继出台 MCN 扶持计划，为内容生产者提供稳定的内容创作，将 UGC 与 PGC 有机结合，以优质内容驱除劣质侵权内容，在激烈的市场竞争中得以立足。

---

① 《〈2019 短视频 KOL 年度报告〉重磅发布：爆炸期后逐步转向稳定增长期》，2020 年 1 月 13 日，卡思数据微信公众号，https://mp.weixin.qq.com/s/0O8O-fp-cVd5VEidTMU2Xg。

二 热点聚焦

(一) 短视频"带货"作为变现亮点，带动平台升级

2019年，继用户付费模式后，网红"带货"作为一种新的营销变现方式，逐渐成为行业变现的一大亮点。短视频传播速度快，转化效果好，用户黏性高，以更加直观的体验优势，创造出更多的消费场景，释放出了更大的营销价值。在当前资金流、货流、物流体系都非常完善的情况下，短视频意味着最大的流量，在强大的品牌能力、种草能力及带货能力攻势下，短视频可以发挥出巨大的能量。

另外，短视频还能全面展示企业，相比语音和图文，短视频可以给用户展示出更多的内容元素。企业通过短视频可以更快、更准确地向用户展示自己的产品。

而伴随消费的升级，KOL的内容价值得到提升，平台也得以二次升级。2019年抖音宣布与京东、考拉海购、唯品会等电商打通，支持KOL带货，同期推出小程序电商，在发展路径上，抖音坚持自建小程序电商生态。2019年6月快手则选择与拥有着相似线性人群分布的拼多多通力合作，快手小店升级，支持微信卖货，在发展小程序上，快手选择亲密拥抱微信小程序，打通小程序带货功能。平台的升级使"带货"短视频KOL加强社交属性，抢占更多用户资源，也能更大程度提升KOL和平台的价值。

从抖音平台的数据情况来看，有一半的KOL都在"带货"，其中粉丝量在10万—30万的低粉KOL是主力人群。但粉丝规模在300万以上的高价值KOL层级中"带货"占比最高，份额超八成。从商品类别来看，美妆个护、时尚女装、居家日用、母婴产品等类别带货数量最多，可见消费者仍然以女性为主，但"她经济"供给狭窄，而"他经济"的市场开发远远不够，"种草带货"类KOL还有开发空间。

2019年，"短视频+直播+电商"模式火爆全网。随着电商直播的走俏，快手一改去年"双十一"低调筹划的风格，前期"短视频种草"，后期"直播带货"，竭力将"11·6购物节"打造成为快手的电商节日IP。数据显示，"双十一"活动结束后，辛巴以3.3亿热度成为人气卖货王，

总销售额4亿、总销售单数650万、总观看人数2700万。①"短视频+直播+电商"模式通过消费场景的转移，进一步固化KOL人设，增强粉丝与KOL黏性与匹配度，使得消费更易达成，如今短视频已成为新的消费入口，随着短视频与小程序的打通，社交属性进一步增强，短视频对各产品、服务、场景的展示上显示出天然的优势。

（二）"短视频+X"到"X+短视频"，短视频成互联网标配功能

2019年，各大互联网平台纷纷嵌入短视频功能，短视频已成为大型互联网产品的标配。随着"短视频+资讯"、"短视频+政务"、"短视频+电商"和"短视频+旅游"等模式的不断涌现，短视频已从最初的工具属性变为流量高地。各大媒体纷纷入驻短视频平台，以实现对更大舆论阵地的占领。2019年8月，《新闻联播》正式入驻抖音、快手平台，依托央视优质内容，《新闻联播》迅速在两大平台获取了不少粉丝，取得了良好的反响。随着近年来城市网红意识的觉醒，MCN机构大量涌入短视频平台，助力了文旅短视频的快速崛起。有料的创意，专业的创作，再加之短视频平台的推广，很快催生了"打卡经济"，加大了城市宣传力度的同时，也拉动了旅游城市的经济增长。

短视频带来的这种"注意力经济"的成功转化，让各大互联网平台趋之若鹜，而在这一年中，除了入驻独立短视频平台，互联网巨头也在悄然布局，短视频的风也从C端吹到了B端。淘宝、京东等电商平台，已基本完成产品的图文展示向短视频展示的转化，但在电商短视频App的开发方面，虽然尝试了几年，但一直没有获得预期的效果。而直播间的嵌入，在2019年大获成功，也给了电商平台不少信心。在招聘行业，快手招聘为招聘行业打开了新的视野，短视频招聘逐渐成为互联网招聘中日趋流行的新手段，钉钉、赶集网等招聘平台纷纷试水短视频，从短视频平台抽离出来的短视频招聘，面对社会需求和行业竞争，也在致力于摆脱娱乐化，向着更加专业的方向转变。在旅游行业，马蜂窝、携程等在线平台，看准短视频带来的新机遇，纷纷开始布局短视频领域，线上线下联动，覆盖用户、

---

① 《快手电商"双十一"：从1.6亿到4亿，中小主播崛起、商家入局，狂欢能持续多久？》，2019年11月13日，搜狐网，https：//www.sohu.com/a/353577120_100005778。

商家、景点等多个节点,加速"内容+交易"闭环的转速,寻找新的内容变现模式。

可见,越来越多的平台或行业选择将自己的产品短视频化或将短视频变成服务用户的产品。短视频发展的今天,视频化已经成为媒介传播的不可忽视的力量。在 C 端短视频产品已经处于饱和状态下,短视频在 B 端仍有巨大想象空间,尤其是可视频化程度高的平台或行业,短视频已逐渐被抽离独立的短视频平台,成为互联网各大 App 的标配。

(三) Vlog 成最热短视频传播方式

2019 年 Vlog 以其生活化、真实化的特征成为短视频领域最热门的传播方式。一方面,各类 MCN 机构的 KOL 以原创的故事性表达树立个人形象,打造个人品牌,实现了内容变现;另一方面,普通用户也开始热衷以 Vlog 形式记录生活,开启视频社交新模式。

值得关注的是,2020 年新冠肺炎疫情的暴发,考验了新闻媒体应对公共突发事件的报道能力,也倒逼了传统媒体报道形式的改革。疫情信息的缺位、大众心理的恐慌、传统媒体的时长限制、新媒体中快速传播的谣言以及某些辟谣式造谣的现象,使得用户对网络短视频的需求激增。而在各类与疫情相关的短视频形式中,Vlog 以其直观、生动的表达,满足了处在疫情隔离当中的用户全方位的需求,特别是反映疫情一线的医生、护士、志愿者、施工队等充满人文关怀的正能量 Vlog,不仅给未在前线的公众带来一手真实信息,也能第一时间打破谣言,防止恐慌心理的蔓延。

三 问题与困境

(一) 警惕低质短视频对青少年造成的负面影响

短视频的快速增长意味着变革的迅速发生,在享受发展红利的同时,许多问题也逐一暴露。内容爆发时代,在商业利益、流量思维的驱使下,形成了复杂格局,虚伪的真实、过度娱乐化、负面情绪化等问题大行其道。

随着"00 后"等低幼群体的触媒,短视频平台的用户画像更加偏向青少年,初中及以下学历用户短视频热情高涨,用户规模持续增长,随之而来的是高学历用户正快速逃离短视频平台。① 综上可见，纷繁复杂的短视频内容，正在影响着广大青少年群体的成长。2019 年 8 月，14 岁女孩哲哲模仿博主"办公室小野"用易拉罐做爆米花的视频，结果使用的高浓度酒精在操作过程中发生爆燃，哲哲因伤情过重身亡。这件事随后便引爆网络，"办公室小野"删除了这条发布于 2017 年的视频，并且宣布停更。模仿是青少年在成长过程中非常重要的社会化表现，短视频中包含着很多低俗化、娱乐化等良莠不齐的猎奇内容，极易引起青少年群体的风险性模仿，从而危害身心健康。

如何满足各层级公众对短视频信息不同的需求，形成健康的新媒体信息生态，是未来的重要课题。现阶段需要出台更加规范的行业标准，同时平台也应加强社会责任感，目前抖音上线的"风险提示系统"和"时间管理系统"，快手上线的"家长控制模式"等，都是保护青少年群体的重要功能。未来也可借鉴电影、游戏，尝试短视频内容的分级制度，并推行完善的互联网实名制度，有效识别青少年身份，保护青少年远离有害内容。总之，平台、政府与大众都需要用更加专业和冷静的态度对待短视频的发展，不在狂欢时失智，才能保证其在健康生态中运行，在良性环境中发展。

（二）价值理性在商业逻辑中难突围

短视频行业从产生之初到异军突起都离不开其背后的商业逻辑，每一次的突破性发展都不是突发状况，其背后的重要推动机制之一就是资本力量的精心策划与营销模式的不断创新。而无论是平台内的 KOL，还是普通用户，都在群体不断地自我赋权过程中，逐渐累积起巨大的商业力量，这一过程中也暗含着经济利益导向，这一导向的后果就是理性表达的缺失和传统话语的消解。从抖音和快手平台内部的热议视频内容来看，更受推崇的短视频大多为同质性娱乐话题或与之相关的模仿行为，缺少真正能够推动文化发展或是与社会现实议题相关的讨论和参与行为。

商业触角得以蔓延取决于多方责任，短视频本身的低门槛也决定了平

---

① 《Fastdata 极数：2019 年中国短视频行业发展趋势报告》，2020 年 2 月 17 日，199IT 中文互联网数据资讯网，http：//www. 199it. com/archives/1007147. html。

台运营的基本逻辑。虽然平台的发展离不开商业的形塑,但平台的生命力却在于内容的创新性。因此,平台以及平台的监管者需要对短视频行业的走向及时进行批判性思考,对目前短视频行业内部出现的各类问题进行反思,引导用户进行理性化表达,与 MCN 机构合作凸显其文化价值,打造优质内容和平台,让平台的活力得以良性延续。

四 趋势与建议

(一) 内容消费带来分发升级

随着短视频行业火山爆发式的增长,流量思维一直推动着"投其所好式"的大量碎片化内容分发,进而形成用户的"沉浸陷阱",让消费从高效到低效。尤其是引入了算法推荐的内容行业,当前的人机协同个性化推荐,给用户造成了需求偏差、视野孤岛、过度沉浸等问题,未来需要打碎"填鸭式"的内容供给,分层打造更精微的"集束化内容分发系统",优质内容更精微的靶向投放,也让用户得到一个持续性的"高效内容光谱",实现消费者和内容创作者同步受益。[①]

个性化内容分发基本实现了信息由面到点的过程,但从用户反馈来看,目前的内容分发机制远未达到用户的预期。而未来将全面发展起来的人工智能技术,将使人机协同深度融合,对用户偏好的收集更加精细化,让用户的显性和隐性需求都能够被识别,并在适当的场景予以高效满足。集束分发不属于新技术,但却是分发思维的转换以及技术的纵深发展。

在全局消费将迎来新变革的未来,娱乐之上,价值成为大众的新共识。头部内容用户对垂类内容产生更加强烈的品质消费需求,大众内容用户对泛知识类产生学习需求和消费渴望。未来平台需要摆脱流量思维,坚持价值优先理念,升级分发模式,为每一位用户都提供"营养均衡"的视频内容。

(二) 5G 赋能推动服务创新

移动视频特别是短视频总是随着技术的发展快速演进,自动播放、根

---

① 《企鹅智库:2019—2020 内容产业趋势报告》,2019 年 12 月 4 日,199IT 中文互联网数据资讯网,http://www.199it.com/archives/975262.html。

据情境自动静音、自动加载字幕等,技术的每一步发展都快速体现在移动视频的传播上。2019年10月底工信部宣布5G商用正式启动,移动通信技术迭代升级将带来短视频服务边界的扩展与经济效能的提升。

一方面,在5G网络的影响下,单一技术不再是一个个的孤岛,而是变得越来越紧密,技术间的相互依存和影响,将带来技术应用的价值增值。5G技术搭载下的VR/AR、超高清、人工智能、动作捕捉等前沿科技走向应用,尤其是在PGC领域将为视频内容产品的多样化表达带来更多机会。在多种技术的交互作用下,未来短视频的相关产品和服务将更智能、更高速、更个性化、更具互动性且更加真实。

另一方面,智能互联时代,万物皆媒将在极大程度上拓展短视频内容的传播渠道,内容创作者在内容创意和形式创新上利用技术升级实现更多可能,这将驱动短视频产业与其他产业的关系不断演进,催生更多渠道平台以及细分业态,例如在各大短视频平台已经大规模应用的"边看边买"技术,实现了短视频和电商平台关系的重构,催生了"直播带货"这一新的短视频平台变现形式。

随着5G时代的到来,媒介的内容生产、传播、表达以及接收方式都将随之发生改变,同时也给短视频领域带来了机遇和挑战。新技术的应用正带领短视频行业进入新的发展时期,许多服务和产品也将在未来取得突破,如何借助技术变革产出更优质的作品,在MCN机构和KOL不断涌现的时代脱颖而出,是未来平台方和内容创作者们都应思考的问题。

Report on the Development of Mobile Short Videos in China

Huang Chuxin, Wu Mengyao

Abstract: The year of 2019 saw a prosperous development of short video industry and its commercialization, although the whole Chinese Internet market showed moderate growth. *Douyin* and *Kuaishou* have basically become the Group of Two in short video industry, while at the end of 2019 *Yangshipin* was officially launched by CCTV, which indicated that mainstream media entered the battle of short video market. Contents of short video evolved from wild production to high quality, and customers' needs were also upgraded. The whole short video industry and its supervisors have started to tackle the pain points by issuing regulations and guidance in order to promote a virtuous circle in contents production. Focusing on the short video industry, there are three remarkable features in 2019. Livestream e-commerce was definitely the key word of short video industry, and it fueled the upgrading of short video platforms in a way. Short video became a must for other mobile platform because it could unleash great potentials in other industries. Vlog, as a common form of short video, has been widely accepted by users and development very fast, especially after the COVID-19 epidemic. Meanwhile, it's also important to attach importance to negative impacts to youngsters due to low quality contents. Also, the whole industry is facing the dilemma of balancing the value rationality and commercial logic. Looking into the future, contents consumption will promote the improvement of distribution mode. With the application of 5G and other technologies, the products and service of short video will be both innovated and enhanced.

Key words: Short video, Short video content, Short video platform, Mobile short video, 5G

参考文献

《第45次〈中国互联网络发展状况统计报告〉》，2020年4月28日，中国互联网络信息中心网站，http://www.cnnic.net.cn/hlwfzyj/hlwxzbg/hlwtjbg/202004/t20200428_70974.htm。

《Fastdata极数：2019年中国短视频行业发展趋势报告》，2020年2月17日，199IT中文互联网数据资讯网，http://www.199it.com/archives/1007147.html。

《Quest Mobile 2019中国移动互联网八大战法》，2020年1月13日，Quest

Mobile 网站，https：//www.questmobile.com.cn/research/report-new/79。

《Trustdata：2019年中国移动互联网行业发展分析报告》，2020年2月22日，199IT中文互联网数据资讯网，http：//www.199it.com/archives/1010486.html。

王晓红、郭海威：《2019年我国短视频发展十大态势》，《新闻与写作》2019年第12期。

《Quest Mobile 2020中国移动互联网"战疫"专题报告——增长策略研究报告》，2020年2月18日，Quest Mobile 网站，https：//www.questmobile.cn/research/report-new/82。

《〈2019短视频KOL年度报告〉重磅发布：爆炸期后逐步转向稳定增长期》，2020年1月13日，卡思数据微信公众号，https：//mp.weixin.qq.com/s/OO8O-fp-cVd5VEidTMU2Xg。

《快手电商"双十一"：从1.6亿到4亿，中小主播崛起、商家入局，狂欢能持续多久?》，2019年11月13日，搜狐网，https：//www.sohu.com/a/353577120_100005778。

《企鹅智库：2019—2020内容产业趋势报告》，2019年12月4日，199IT中文互联网数据资讯网，http：//www.199it.com/archives/975262.html。

T.13 新华网智能媒体发展的现实图景与未来空间

王宇航　刘胜男[*]

摘　要：从超级编辑部建设、内容创意生产、业务创新三个层次解读新华网智能媒体发展的现状，并从人机协作、5G引领数字内容形态变革、抢占物联网新终端、搭建"源数据"平台和构建赋能体系等多维度探讨新华智媒的未来空间。

关键词：新华网　智能媒体　卫星新闻　传感器新闻　超级编辑部

媒体融合发展，科技是动力。新华网始终致力于推动前沿科技与媒体行业深度融合，发挥技术"牵一发而动全身"的引领作用，拉动内容、机制、人才等整体转型，构建新型生产方式。同时，实现业务扩展。

一　智媒时代的超级编辑部

新华网在2014年启动了"超级编辑部"建设，借助物理空间的构建和组织架构的调整初步重塑了采编流程。历经持续迭代，从2018年开始，新华网正式迈入超级编辑部4.0的建设阶段，旨在以智能化为核心理念，通过提高人机协作水平，带动全媒体采集、全媒体加工、多终端分发等能力的整体提升。新华网自主研发的系列技术成果都整合其中。如新华睿思数据云图分析平台，以500亿条大数据为依托，帮助采编人员研判舆情态势、追踪事件发展、感知网民情绪；再如生物智能用户评测系统，能够敏

---

[*] 王宇航，新华网总编室副主任；刘胜男，新华网融媒体未来研究院科技记者、科研助理。

锐捕捉用户观看内容时的情绪波动，实现用户体验的精准分析和定向优化。

如今新华网超级编辑部5.0迭代在即，"AI中台+数据中台""智媒空间""5G+AI"将成为转型升级的三大亮点。

（一）AI中台+数据中台

AI中台，加强AI能力的技术储备，构建算法库和数据、信息、知识三级资源池基础设施。接入"媒体大脑"智能平台，深化与行业领先公司合作，实现会议报道机器人、虚拟主播机器人、数据新闻机器人等，对算法模型和智能技术进行产品化封装，达到复用共享、敏捷响应、组合创新的目的。

数据中台将由前端发往不同终端渠道的数据进行自动化汇聚整合，通过一些人工智能技术对数据集中进行标引化和审核等处理，进而支撑与多渠道终端的数据对接。全流程智能化内容推荐，辅助采编人员大幅提升过程生产效率，文本内容智能勘误、敏感内容智能检测、图像人脸识别匹配、历史数据批量清洗等数据智能化审核、勘误能力。

（二）智媒空间

智媒空间，以采编人员为中心，打造软硬件一体、云端结合的智媒工作空间。新华云海作为智能稿源推荐系统，主要实现稿源素材的全面融合接入、管理、选用，实现了音、视、图、文等多类型稿件的信息融合处理，广泛增加稿件素材来源。使用智能化语义分析、场景识别等人工智能技术，实现个性化的智能化稿源推荐、主动式栏目素材推送能力，为用户定制多样的智能化稿源。新华云创作为全媒创作平台，着力于生产关系的革新，突破性的实现以工作室为核心的内容生产模式，以稿件生产与发布相分离的生产方式提供技术支撑手段。新华云桥作为融合发布中心，实现了各类内容的池化汇聚，可以面向不同终端进行定向发布。作为云桥全媒发布服务平台，实现对所有全媒体终端的全面管理。

（三）5G+AI

随着国内5G的快速发展，5G+AI必然能够在媒体传播领域带来新一轮的变革。新华网超级编辑部的平台不但提供了强大的后台、中台的支撑能力，还提供了以智能为引擎，引入视觉化、互动化等面向受众的前台智能化融媒产品。提供了自然语言对话问答交流机器人，为面向车载媒体终端提供智能化内容分发服务，基于人脸识别、表情识别、声音识别等智能化技术，赋能融媒产品的新型媒体表达方式。在2020年刚刚结束的两会新闻报道中通过综合利用以上技术完成了《5G+AI声像分析，掌声里的"共振时刻"》等富媒体新闻产品。

二 智媒时代的内容创意生产

近年来，新华网不断用科技为内容生产插上新的翅膀，从动新闻、数据新闻、无人机新闻、机器人新闻、传感器新闻、沉浸式新闻到卫星新闻，其探索始终走在行业前列，将大数据、人工智能、虚拟现实、生理传感等技术应用于内容生产。

（一）创意视频制作

（新华媒体创意工场：技术驱动的创意视频制作平台）

2018年年底，新华网独家构建的媒体创意工场正式启用，旨在不断提升智能化水平，探索符合移动互联网规律的融合发展模式。目前，媒体创意工厂构建了"MR智能演播厅""MOCO交互式智能视频摄制平台"和"生物智能用户评测实验室"三大利器。

其中，"MR智能演播厅"拥有国内最大的四面屏AR演播系统，并搭载智能拍摄机器人系统、前景增强现实实时渲染系统、动态捕捉系统等功能，可根据节目需求设计各类三维虚拟场景；"MOCO交互式智能视频摄制平台"作为全世界最先进的运动控制系统，能够完成好莱坞级别的特效拍摄，如"无限克隆""一镜到底""上下颠倒"等；"生物智能用户评测实验室"通过最新的生物传感技术，真实捕捉观众体验和反应，为视频传播效果评测、内容调整等提供更精准的数据支撑。三大"利器"拓展了新华社及新华网视频创意策划、内容制作的空间，为系统化创意创新提供有力支撑。

在高新科技的助力下，创意团队把更多的想象变为现实。2019年两会期间，新华网交出现象级作品《全息交互看报告》，将政府工作报告中的关键数据融入故事情节，将现场原声与虚拟场景、可视数据等融为一体，带给受众沉浸式的观看体验。在《全息交互看报告》的幕后功臣名单中，MR智能演播厅扮演着不可或缺的角色。《全息交互看报告》全网总播放量达到亿级，这是继2018年两会期间推出的《跃然纸上看报告》后，新华网利用高新技术制做出的第二个播放量过亿的"看报告"系列视频。一年多的时间里，新华媒体创意工场制作的浏览量过亿的现象级作品达到十多个。

（二）卫星新闻

（卫星知识局：让卫星新闻成为常态化报道类型）

卫星知识局栏目由新华网思客、新华网空间计算实验室联合打造，以卫星新闻为主打，应用卫星遥感、无人机、VR、数据可视化等形态，呈现不一样的地球家园；通过卫星遥感技术，从太空视角观察地理变迁、追踪突发热点、俯瞰自然之美。

2020年上半年疫情期间，新华网思客独家联合多家卫星遥感中心进行"定制化"卫星遥感拍摄，推出《"动""静"之间，感受武汉的英雄气质》《卫星高空"监工"，看雷火双神山如何迅疾如雷》《卫星图告诉你，火神山医院是如何炼成的?》等系列策划，通过对比离汉通道关闭前后的城市变化，聚焦武昌火车站、武汉长江大桥、汉阳老城区等地，通过以往街道的"静"与火神山、雷神山、方舱医院的"动"作对比，在动静之间体会武汉为什么是座英雄的城市。该系列策划利用卫星影像，生动展示了疫情前后武汉城市的变化，体会这座城市抗击疫情的坚定信心和斗志，感受这座城市的英雄气质。在新华社客户端、新华网客户端等各端口播发，总阅读量超过5000万，网友留言超过500条。

（三）传感器新闻

2020年两会期间，新华网思客联合中科院声学所推出人工智能产品《5G+AI声像分析，掌声里的"共振时刻"》，首次基于5G+AI声像分析技术对政府工作报告的全场37次掌声进行了超过300个声音切片精准分析和160个能量值分析，形成关于掌声的密码图谱，同时运用数字可视化技术精准呈现，让政府工作报告"所听即所见"，最终实现运用掌声这个重要元素揭示报告与代表委员心声、百姓民意同频共振的报道主旨。此报道案例引发业界学界的高度评价和深入研讨，报道以超过 1 亿的访问量印证了网民的充分认可。这是新闻报道与声音技术的一次跨界碰撞，也是人工智能辅助与人脑策划的一次完美协同，对于探索人工智能技术在新闻报道中的深度广泛运用具有借鉴意义。同时，它也是应用传感器采集数据作为报道材料的典型案例。

而在 2018 年两会报道中，新华网应用自主研发的 Star 生物传感智能机器人以一套科学"读心术"，生产出的国内首条生理传感新闻（SGC）也成了学界、业界热议的前沿技术应用经典案例。

在总理作报告的 100 多分钟内，Star 描绘出观众的"情绪曲线"，精准分析出人们"心潮澎湃"的瞬间，直接"触碰"人们内在的真实情感。政府工作报告中"直击人心"的那些话，由 Star 生物传感机器人实时捕捉、自动计算得出，通过人机交互等技术转化为数值，同时自动生成体验报告。这成为情感交互技术在时政新闻领域的首次应用。

（四）大数据新闻

在 2020 年的新冠肺炎疫情防控报道中，新华网利用新华睿思大数据平台，推出《抗击疫情·睿思这么看》《抗击疫情·睿思数据观》等系列报道，借助"用户行为画像""情绪演化追踪""关联热词聚类""网络关注度""网民参与度"等分析模型，对疫情下的"科研攻关""钟南山院士专访""火山神医院启用""宅群体"等热点话题进行深度挖掘分析和数据可视化呈现，展现全国战"疫"全景。目前，系列报道已累计推出32 期，总访问量近 7000 万。

围绕习近平总书记到湖北省武汉市考察湖北和武汉新冠肺炎疫情防控工作，推出大数据新闻《武汉！武汉！网民的关切就是总书记的牵挂》，通过对海量网上疫情数据和网民互动数据进行统计分析，充分反映网民的关切就是总书记的牵挂，凸显"民之所望、政之所向"，截至当天 16 时转载媒体 108 家，总访问量 721 万。新华网还围绕人类命运共同体理念提出七周年，结合当前新冠肺炎疫情在全球蔓延的形势，推出大数据深度分析稿件《全球战"疫"，网民这样学习近平提出的理念》，对 3 月 1 日以来网民对"人类命运共同体"这个关键词的关注度及相关讨论热词等持续跟踪并进行大数据分析，阐释人类命运共同体理念在全球抗击疫情中的理论意义和实践意义，凸显中国智慧、中国方案、中国担当。稿件推出当天转载量超过300家次，总访问量2700余万，传播效果显著。

新华网思客知识中心推出《"疫"考之下，大数据分析被"摊平"的春运丨思客数理话》《复工"进度条"大数据这样画出来丨思客数理话》《地图来了！一图看清北京33个中高风险地区丨思客数理话》等系列大数据产品，通过对春运客流量、用电变化、物流情况、城市灯光等进行大数据分析，展现抗疫不断取得的进展以及复工复产的有序推进。目前，系列报道已累计推出26期，总访问量近9000万。

2020年6月11日以来，北京连续发现新冠肺炎确诊病例。思客数理话栏目围绕网民关注的中高风险区域、确诊病例行动轨迹等制作"地图来了"系列数据产品。"地图来了"系列以清晰明了的方式解答了中高风险地区都在哪里、每个区域的范围包括哪些地方、确诊病例都去过哪儿、他们和新发地的关系、他们用什么交通工具出行等网民关心的话题，深受网民好评。6月15日稿件《地图来了！北京新冠肺炎确诊病例活动轨迹》，第一时间将北京7例病例行动轨迹可视化，传递疫情防控千万不能松劲的信息，取得良好传播效果。稿件总阅读量超过500万。

（五）沉浸式数字内容创作

在2019年5月于法国举行的第72届戛纳电影节上，新华网携《飞越清明上河图》亮相戛纳电影VR展。戛纳电影节VR展聚焦世界电影技术的发展前沿，《飞越清明上河图》作为海外知名度颇高的国宝级文物《清明上河图》的再创作，是运用前沿互动展示技术制作的生动有趣、体验性强的多语种VR影片，其以文化带动交流，以技术促进传播，引起现场嘉宾的热烈关注。

在2016年VR元年时，新华网数字影视制作中心打造了颇具行业影响力的VR八一南昌起义、VR飞夺泸定桥等系列沉浸式报道案例。VR八一南昌起义影片利用5G的高速特性和VR科技的沉浸感相融合，让体验者可以在互联网上进行VR实景沉浸式直播参观，身临其境地了解八一起义的历史背景、意义，深刻领悟八一起义精神和内涵。VR飞夺泸定桥利用5G

的高速特性和 VR 科技的沉浸感相融合，体验者为红军一员，与红军们冒雨前进，赶在清晨到达泸定桥，模拟作战，体验拿起冲锋枪还击敌军和红军一起爬铁索桥的真实场景。

三 智能驱动的业务创新

（科技创新驱动业务升级；开拓新兴业务，赋能战略转型）

新华网作为新型网络主流媒体，始终致力于推动科技、资本、人才与传媒深度融合，着力构建技术引领和驱动型新兴业态，以 5G、大数据、云计算、人工智能、物联网、无人机、生物传感等先进技术为核心，结合新华网的战略资源优势以及技术研发实力，坚持守正创新，强化主流网络媒体引领者和赋能者功能，为各领域各行业数字化转型和现代化建设赋能。

（一）大数据智能分析服务

新华网大数据中心成立于 2017 年，立足于国家级媒体视野，以大数据技术为核心基础，致力于打造具有全球影响力的智库服务机构。应用大数据、云计算、机器学习、深度学习、知识图谱等先进技术，重磅推出了自主研发的"新华睿思"品牌大数据产品矩阵，打造数据驱动下的全链条技术服务体系（如图 1）。

新华睿思数据资源共享与服务覆盖当前互联网上各类公开数据，包括门户网站、论坛贴吧、微博、微信公众号、移动新闻客户端、电子报刊、抖音号、头条号以及境外主流媒体等十大信源。从 2018 年上线以来，目前累计存储数据量已超过 707 亿条，日增量约 1 亿条。数据中心构建自有数据标准规范体系，数据维度高达 700 余项，数据标签达 5400 余项，数据时效可达分钟级，覆盖范围领先于国内同类技术厂商。丰富的数据资源已成为新华网大数据业务发展的基石。

目前，新华网大数据中心已拥有独立技术软件著作权数十项，比如网络水军智能识别、网民情绪精准感知、事件演化脉络分析以及跨信源传播追溯等，在互联网信息研究、智慧媒体内容生产、网络舆情管理、大数据信息服务等方面为数百家国家部委和企事业单位用户提供了综合信息智库服务，帮助用户实现信息采集、监测、风险预警、热点分析、趋势研判、情报发现、决策支持等应用需求，提高用户应对网络公共事件或公关危机的响应速度和处理水平，主动积极地管理和利用网络信息，规避管理和经营风险，提升自身能力和形象。同时在教育、快消、汽车、文旅等领域研发推出行业大数据平台和指标评价体系，成为行业影响力、竞争力评估的权威依据。

图1　新华睿思大数据产品矩阵

资料来源：新华网大数据中心。

新华网大数据中心为世界军人运动会、中国企业家博鳌论坛等重大国际性、国家级会议活动提供了成功的大数据支撑和深度的报告服务，得到业内一致认可。2019年年底，"新华睿思"被评为"2019年度中国大数据行业应用最佳品牌"。未来，新华网大数据中心将以继续秉承企业责任和时代使命，以数据为眸目，洞悉真义，以智能代远足，通达天下。

（二）溯源中国

新华网溯源业务依托于新华网的公信力和影响力，依托新华网"科技+媒体+产业"的产业互联网发展战略，基于物联网与区块链、大数据和5G富媒体等前沿技术融合应用，构建了溯源中国·区块链云服务平台、溯源中国·XR品牌展播平台和溯源中国·区块链电商营销平台，以溯源实现生产、消费和商品的数字化连接，为政府、企业和消费者提供"品质可溯、品牌可视、消费可信"的数字化、可视化和价值化的可信品牌生态服务平台。

1. 溯源中国·区块链云服务平台

基于中国科学院国家物联网标识解析平台，凭借新华网特有的"区块链+彩链溯源专用码"，对接各类商品追溯平台，打通生产、加工、流通、销售等全产业环节。为广大消费者提供优质品牌的原产地、检测认证、真伪验证的公共溯源查询和购买服务；为入驻企业提供商品的"一物一码"查询、营销、管理等综合溯源服务功能。通过溯源中国平台IP信用+区块链数字信用的双信用保障机制，帮助品牌企业实现"品质可溯，品牌可信"的品牌信用强化。

2. 溯源中国·XR品牌展播平台

聚焦品牌的经营主体、文化和产品三个维度进行品牌溯源，基于无人机航拍、XR（VR/AR/MR）技术、短视频制作、3D建模等融媒体技术融合应用，聚合品牌信息，可视化溯源品牌主体发展历程、品牌文化衍生背景和品牌产品的诞生过程，为品牌企业在新华网平台打造一套线上XR数字虚拟展播厅，面向全球推广永不落幕的品牌展厅，助力品牌塑造行业IP影响力和实现全球化崛起。

3. 溯源中国·区块链电商营销平台

为入驻平台的品牌商品提供消费端全流程可信溯源、电商交易方的eID身份认证和交易环节的消费积分等环节的区块链可信技术深度融合应用，形成消费过程中的电商可信服务体系。最终，实现以区块链技术重构消费生态的全流程可信价值体系。

溯源中国5.0平台打造了5G时代"万物互联、万物皆媒、价值互通"的数字经济新基建，致力于发展成为美好生活连接者、品牌经济赋能者。

T.13　新华网智能媒体发展的现实图景与未来空间

（三）智慧展览业务

新华网数字影视制作中心是创新型技术研发部门，按照新华网战略部署，该部门坚持"前店后厂"的协同模式，通过前沿数字技术支撑新华网的内容创新和产业拓展，加速媒体融合发展。

核心业务为线下数字展览、线上智慧展览和数字内容创作。

1. 线下数字展览案例

在黑龙江省游客服务中心数字化改造项目中，运用虚拟现实、增强现实、体感互动、沉浸式影院、数字特效、数据可视化等一系列前沿展示技术，让游客全方位感受哈尔滨的自然之美和人文之美。改造之后的哈尔滨游客服务中心以面貌一新的姿态及丰富的互动体验吸引了众多游客。

在"壹基金青少年与未来防灾体验馆"项目中，运用增强现实和虚拟现实的技术，让更多的青少年能够近距离的参与到防灾体验中，更加直观的起到防灾教育科普目的。

2. 线上智慧展览

新华5G云展服务平台是基于5G、AI、大数据、扩展现实等移动互联网前沿技术，依托新华网客户端构建一站式服务平台。以"云+会展"理念，充分发挥新华网覆盖全球的高速网络、多语种多终端传播优势、资源整合优势和技术赋能优势，为会展行业提供全球云上展览、多语种线上直播、全行业信息服务等，打造会展经济创新业态。

3. 数字内容创作

前面介绍的《飞越清明上河图》项目即是新华网数字影视制作中心为北京石景山游乐园定制打造，另外还有AR数字沙盘、VR电影及全景航拍特效影片等可定制类型。

四　新华智媒的未来空间

当前，数字化、网络化、智能化进程不断加速，舆论生态、媒体格局、传播方式发生深刻变化，未来三年是新华网转型升级、实现高质量发展的关键时期，也是顺应潮流、加快自我革命的攻坚阶段。为适应全媒体时代发展大势，推动事业发展开创新局，新华网于2020年4月22日发布

《新华网改革发展三年行动计划（2020—2022 年）》。从中可探新华网在智能媒体方面的未来布局，亦是未来空间所在。

抓住新一轮科技革命浪潮，以构建彰显国家主流网络媒体品格、符合网络传播规律、契合网民需求的内容新生态为核心，以 5G、大数据、云计算、人工智能等先进技术为牵引，重塑生产体系、传播体系、技术体系、人才体系，用三年时间全面实现移动化转型，全面强化场景化传播，全面拓展年轻化群体，全面完成智能化改造，建成国际一流、国内领先的新型主流数字媒体旗舰，牢牢掌握网上意识形态主导权，有力抢占新时代网络传播制高点。

就智能媒体的打造，未来空间将在以下几个方面。

（一）重构生产方式，加强人机协作

（打造智慧媒体：重构生产方式，加强人机协作）

重构内容生产方式，以超级编辑部升级带动智能化变革，着力提升智能化基础设施的硬实力、"数据＋算法"的软实力和人机协作的巧实力，实现 AI 技术在业务场景中的大规模应用。重点拓展三个方向。

——"AI 中台"。加强 AI 能力技术储备，构建算法库和资源池基础设施，积淀生物传感等自主研发成果，接入"媒体大脑"智能平台，深化与行业领先公司合作，实现复用共享、敏捷响应、组合创新。

——"智媒空间"。以采编人员为中心，打造软硬件一体、云端结合的智媒工作空间，持续迭代"云海"智能稿源推荐系统、"云创"全媒创作平台、"云桥"融合发布平台、"云盾"安全风控服务等全系产品，实现全流程、主动化、个性化的辅助支撑。

——"空间计算"实验室。加强与相关机构合作，深度整合遥感、卫星、地图、物联网、地理信息、位置状态等数据和能力，探索基于时空信息的内容生产和内容分发，服务重大时政报道和重大主题宣传。

（二）瞄准 5G 时代需求，引领数字内容形态变革

（发力数字内容：瞄准 5G 时代需求，引领 XR 形态变革）

顺应 5G 时代信息消费升级趋势，进一步放大数字技术、创意生产和主流价值有机结合的独特优势，探索数字内容的新形态、新种类、新模

式，满足人们日益增长的多元内容需求。重点探索四类新型内容。

——"5G+扩展现实"。依托媒体创意工场，发挥5G富媒体实验室联合研发优势，充分运用场景交互、虚拟重现、高清移动直播等技术，增强新闻报道和创意产品的现场感和沉浸感，推出更多面向5G消息等应用的富媒体产品。

——"AI+音频"。聚焦资讯、人文、财经等优势领域，融合PGC、UGC、MGC等生产方式，逐步实现全内容音频化，打造"新华广播"主品牌、垂直栏目子品牌和知名主播IP共同构成的产品矩阵。

——数字文创。挖掘数字文化市场潜力，响应传统文化数字化传播和公共服务数字化改造的广泛需求，善拓展数字展览O2O新模式，优化提升"时间的光辉"沉浸式艺术特展品牌。

——知识付费。探索主流媒体优质内容价值转化的新路径，完善新华网客户端知识付费产品架构，拓展金融、健康、科普等知识化内容。

（三）抢占物联网新终端，拓展多元场景

（拓展多元场景：抢占物联网新终端，营造沉浸式新体验）

完善立体式内容分发网络，建立"万物皆媒""智能网联"背景下多场景触达的传播体系，提供丰富内容和个性化体验，让党的声音直接进入各类用户终端。重点拓展三大场景。

——跨屏融通。以新华网客户端为移动端链接用户的主平台，突出智能交互和服务功能，加大知识化等特色内容供给，加快进入行业第一阵营。

——车载媒体。借力生物智能研发优势，深化与汽车制造商及车机系统提供商、车载软件开发商的合作，着力构建面向车载媒体的新闻资讯分发平台。

——智能家居。抢占数字家庭智能终端，进驻国内主流智能音箱平台，针对伴随收听、语音交互、早晚间高峰等消费特征，开发定制资讯类、生活类专属内容。

（四）建设大数据基础设施，搭建"源数据"平台

（搭建"源数据"平台：建设大数据基础设施，推进区块链融合应用）

将"数据"纳入核心生产要素，深化在新闻、智库、产业领域的应

用，推动与人工智能、区块链技术的融合，实现从新闻枢纽向数据枢纽、从拥有数据到运用数据的有效延伸。重点拓展三个方向。

——"源数据"共享云。以政务和产业互联网数据为重点，打通政府、企业、媒体之间的数据壁垒，汇聚产业链上下游数据管理、数据挖掘、数据应用、数据运营等专业能力，打造开放共享的大数据资源运营平台，为大范围、跨行业数据合作提供支撑。

——"大数据+"产品集群。优化"思客数理话""睿思一刻"等大数据洞察类新闻产品，形成以大数据方法和工具为支撑的智库研究新范式，充分利用政策把握、态势研判等独特优势，将高级分析挖掘能力与垂直领域业务场景深度融合，深耕汽车、健康、旅游等行业。

——区块链 BaaS 系统平台。推进多方参与的联合研发机制，打造数据安全、可信、透明、可用的联盟链平台，优化升级新华网版权链平台，提升"溯源中国"区块链技术应用水平。

（五）助力治理能力现代化，融入产业互联网新生态

（构建赋能体系：助力治理能力现代化，融入产业互联网新生）

强化公共服务功能，将生产能力、传播能力、数据资源和技术实力等转化为平台化产品，为各领域各行业数字化转型和现代化建设赋能，探索全效媒体建设的创新模式。重点实施三项举措。

——搭建国家级数字政务服务平台。依托平台建设、技术研发、安全运维等综合能力，改革现有政务网站集群建设方式和运作模式，提供安全、可靠的"互联网+政务服务"整体解决方案，成为国家治理体系和治理能力现代化可信赖的专业赋能力量。

——输出媒体智能化改造解决方案。持续提升"超级编辑部"平台、新华云、新华睿思、生物智能传播评测系统的产品化和市场化水平，为新闻媒体、出版机构、县级融媒体中心等提供智能化改造的整体解决方案，助推现代化传播体系建设。

——拓展产业互联网信息服务功能。重点拓展智慧教育、智慧健康、智慧文旅等具有传播属性、需要内容支撑的领域，提供丰富、精准的数字化资源和服务，渗透产业链相关环节，助力传统行业智能化转型。

未来空间的打造需要强有力的支撑体系，新华网正在技术建设、人才队伍建设和组织架构重塑方面积极优化布局。

2020年，新华网制定了《新华网改革发展三年行动计划（2020—2022年）》，提出要抓住新一轮科技革命浪潮，以构建彰显国家主流网络媒体品格、符合网络传播规律、契合网民需求的内容新生态为核心，以5G、大数据、云计算、人工智能等先进技术为牵引，重塑生产体系、传播体系、技术体系、人才体系，用三年时间全面实现移动化转型，全面强化场景化传播，全面拓展年轻化群体，全面完成智能化改造，建成国际一流、国内领先的新型主流数字媒体旗舰，牢牢掌握网上意识形态主导权，有力抢占新时代网络传播制高点。为实现这个目标，新华网提出要强化"主信源"思维、"富媒体"思维、"超链接"思维、"赋能者"思维，其中"富媒体"思维就是创新内容生态，从图文为主的新闻资讯向可视化为主的全息传播拓展升级；"超链接"思维就创新传播体系，从桌面互联网时代的新闻门户向智能物联网时代的"全场景"触达拓展升级；"赋能者"思维就是创新产业链条，从面向传统互联网的信息服务向面向新型互联网的赋能平台拓展升级。追溯至2014年，新华网创立国内首个媒体研究院——新华网融媒体未来研究院，这标志着新华网迈向前沿技术、核心技术自主研究的新起点。

毫无疑问，这一系列举措将使未来的新华网智能媒体发展进入全新的阶段。

The Realistic Prospect and Future Space of Intelligent Media Development of Xinhuanet

Wang Yuhang, Liu Shengnan

Abstract: This paper analyzes the current situation of intelligent media development of Xinhuanet from the three levels of business innovation of construction content creativity generation of super editorial department, and discusses the future space of Xinhua Intelligence media from multiple dimensions, such as human-computer cooperation, 5G leading the transformation of digital content form, preoccupying new terminals of Internet of Things, building source data platform and building enabling system.

Key words: Xinhuanet, Intelligent media, Satellite news, Sensor news, Super editorial department

T.14　中国网络视频直播发展报告

罗　兵　万丽萍[*]

摘　要：受新冠肺炎疫情影响，2020年网络直播飞速发展，除泛娱乐直播之外，电商、教育、健康等行业广泛运用网络直播。电商直播呈井喷之势，淘宝直播、抖音直播、快手直播等平台硝烟四起。影视明星、电视主持人、企业总裁和政府官员等纷纷直播带货。直播间的商品也越来越丰富，从美食、化妆品、日用品到空调、汽车、房子、旅游套餐乃至火箭等，几乎无所不包。网络直播推动了社会经济发展和转型，同时其繁荣的表象之下浮现出诸多问题，如宣导娱乐至上的理念、夸大功效、虚假营销、售后无法保障等。政府、企业、消费者等应该多方协同治理，促进网络直播生态良性发展。

关键词：新冠肺炎　网络直播　电商

网络视频直播是一种借助互联网实时采集、制作和播出视频节目内容的传播形式。它跨越了视听节目、网络表演、新闻信息服务、网络游戏等多个内容领域。[①] 2016年以来直播作为网络时代信息传播的一种新手段，正被引入教育领域，带来了"直播＋教育"的迅速发展。[②] 2020年，直播

---

[*] 罗兵，博士，衡阳师范学院副教授，主要研究国家形象、对外传播、新媒体等；万丽萍，博士，浙江传媒学院播音与主持学院副教授，主要研究国家形象、跨文化传播、影视传播等。

[①] 刘锐、徐敬宏：《网络视频直播的共同治理：基于政策网络分析的视角》，《国际新闻界》2018年第12期。

[②] 刘佳：《"直播＋教育"："互联网＋"学习的新形式与价值探究》，《远程教育杂志》2017年第1期。

在各个领域全面展开，尤其电商直播发展更为迅猛。受新肺炎冠疫情影响，传统的线下行业哀鸿遍野，许多企业宣告停工、裁员、减薪，这一年大多数企业的目标是"活下来"。与此形成鲜明对比的是，疫情之下直播电商行业对经济的拉动不降反升，发展势头极其迅猛，传统行业纷纷走进直播间，试图通过电商直播扭转局势。2020年将注定成为中国网络视频直播历史上具有重要意义的一年。

一 中国网络直播的市场格局

近五年来中国网络直播的用户规模持续增长，艾媒数据中心显示，2019年中国直播用户达到5.04亿人，预计2020年将达到5.26亿人。实际上2020年直播用户规模可能会超过这个预测数据（如图1）。

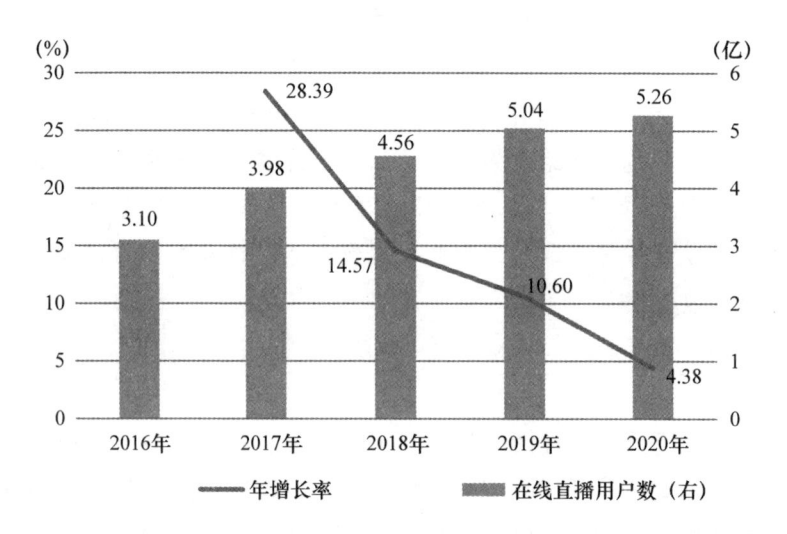

图1 2016—2020年中国在线直播用户规模及预测

资料来源：艾媒数据中心（data.iimedia.cn）。

中国互联网络信息中心发布的第45次《中国互联网络发展状况统计报告》显示，截至2020年3月，我国网络直播用户规模就已经达到5.60亿，占网民总数的62.0%。其中游戏直播的用户规模为2.60亿，较2018年年底增长2204万，占网民总数的28.7%；真人秀直播的用户规模为

2.07亿,较2018年底增长4374万,占网民整体的22.9%;演唱会直播的用户规模1.50亿,较2018年年底增长4137万,占网民总数的16.6%;体育直播的用户规模为2.13亿,较2018年年底增长3677万,占网民总数的23.5%。2019—2020年直播电商快速发展,用户规模迅速飙升到2.65亿,占网民总数的29.3%。①

直播用户迅速增长主要是"基于对网络播主的情感依赖,受众往往在网络播主的驱使下进行认同和追随,这种消费主要体现为购买播主所使用的物品、所介绍的商品等"。②在直播间,荧屏的障碍似乎被打破,粉丝与主播仿佛实现了面对面交流。粉丝们在直播间长时间逗留、打赏、抽奖和下单。有时候用户购买商品,并不是真正想要,而是出于对主播的信任、情感共鸣、消费认同。

"网络直播的兴起体现着'微时代'媒介技术对日常生活的渗透。"③近年来淘宝、拼多多、京东、唯品会、蘑菇街、苏宁易购、考拉海购等传统电商平台将直播电商作为主要业务板块,抖音、快手、火山、小红书、美拍、虎牙、斗鱼、花椒等社交平台也纷纷入局直播。当前我国直播平台主要可以分为娱乐直播、游戏直播、电商直播等类别,具体包括音乐、舞蹈、美食、户外、综艺、游戏等内容。游戏直播平台如斗鱼直播、虎牙直播、企鹅电竞、龙珠直播、战旗直播、触手直播等;娱乐直播平台如抖音、映客直播、花椒直播、NOW直播、KK直播、一直播、哔哩哔哩、YY直播、快手、CC直播、秀色直播、酷狗直播;电商直播平台如淘宝直播、拼多多、京东、蘑菇街等。平台类别不同,用户属性具有显著差异。电商直播平台用户侧重消费属性,直播与其电商平台无缝对接,商品非常丰富,供应链成熟,直播带货的转化率最高。

泛娱乐直播仍然拥有极大的受众群体,有学者对浙江某高校进行问卷调查发现,"被试最多收看的前三类的直播内容分别是游戏电竞(51.8%)、真

---

① 《第45次〈中国互联网络发展状况统计报告〉》,2020年4月28日,中国互联网络信息中心网站,http://www.cnnic.net.cn/hlwfzyj/hlwxzbg/hlwtjbg/202004/t20200428_70974.htm。
② 王艳玲、刘可:《网络直播的共鸣效应:群体孤独·虚拟情感·消费认同》,《现代传播》(中国传媒大学学报)2019年第10期。
③ 吴震东:《技术、身体与资本——"微时代"网络直播的消费文化研究》,《西南民族大学学报》(人文社会科学版)2020年第5期。

人聊天秀（43.0%）、演唱会（30.6%）；在日均使用时间上，累计77.7%的被试使用直播平台的时间在一小时以内"。① 从泛娱乐平台来看，2019年PC端斗鱼直播最为活跃，月活跃用户数量7642.5万人，其次是YY直播、虎牙直播、六间房和企鹅电竞。移动端花椒直播的月活跃用户数量最高，YY、斗鱼、映客、虎牙等位居前五（如表1）。

表1　　　　　中国泛娱乐直播平台月均活跃用户数　　　　（单位：万人）

	平台名称	月均日活	平台类型
PC端	斗鱼直播	7642.5	游戏类
	YY直播	6529.3	娱乐类
	虎牙直播	5631.9	游戏类
	六间房	5318.7	娱乐类
	企鹅电竞	1031.7	游戏类
移动端	花椒直播	2765.8	娱乐类
	YY直播	2353.0	娱乐类
	斗鱼直播	1164.1	游戏类
	映客直播	963.5	娱乐类
	虎牙直播	847.2	游戏类

资料来源：艾媒数据中心（data.iimedia.cn），艾媒北极星互联网产品分析系统（bjx.iimedia.cn），数据截止到2019年12月。

直播平台及主播团队等的收入主要来源于以下五个渠道：直播打赏、广告收入、会员收入、游戏推广以及佣金分成。以游戏和才艺为主的泛娱乐直播平台的收入主要来源于直播打赏，占比超过90%；游戏类直播平台则主要依靠游戏推广。电商直播平台及主播团队等的收入主要依靠直播带货中的佣金收益和"坑位费"。直播佣金通常为商品售价的10%—30%。"坑位费"指的是一个商品播出时段的固定费用，根据主播的粉丝量、运营能力、转化能力以及商品的属性等综合因素考量设置，0元到几十万元

---

① 马志浩、葛进平、周翔：《网络直播用户的持续使用行为及主观幸福感——基于期望确认模型及准社会关系的理论视角》，《新闻与传播评论》2020年第2期。

不等。2019—2020年，电商直播高速发展，涌现出遍地直播带货的热潮，相比之下泛娱乐直播平台的发展速度显得比较平缓。

二　中国电商直播全面爆发

2019年中国电商直播全面爆发，艾媒数据中心的数据显示，这一年中国电商直播市场规模达到4338亿元，同比增长226%，被业内称为"电商直播元年"，预计到2020年将会持续以超100%的增速增长到9610亿元。

淘宝、抖音、快手是当前市场占有率较高的三大直播电商平台，月活跃用户数都超过3亿人（如表2）。不少用户已经成为忠诚的粉丝。三大平台各有优势，呈三足鼎立之势，淘宝直播具有天然的电商属性，其粉丝具有很强的消费属性，加上淘宝平台的商品库支持，其直播带货能力较强。抖音的月活用户最多，但其娱乐属性较强，直播带货效果相对较弱。快手则兼具娱乐和直播带货的能力，发展势头看好。

表2　　　　　　中国直播电商三大平台用户数据　　　　（单位：亿人）

平台名称	月活跃用户数	女性占比	男性占比
淘宝	3.36	49.8%	50.2%
抖音	4.87	51.7%	48.3%
快手	3.85	42.0%	58.0%

资料来源：艾媒数据中心（data.iimedia.cn）、艾媒北极星互联网产品分析系统（bjx.iimedia.cn），数据监测时间为2020年3—4月。

从销售额来看，淘宝和快手是直播带货的主阵地，抖音虽然月活跃用户数较大，但抖音直播带货目前尚未领先。结合新榜旗下抖音数据平台"新抖"、快手数据平台"新快"，以及淘宝数据平台"胖球数据"，新榜联合中国广告协会、第一财经商业数据中心（CBNData）发布了全平台直播电商主播影响力10月榜。[①] 数据显示，2020年10月全网直播带货前20

---

① 《薇娅单月带货80亿，47位主播进入"亿级俱乐部"｜10月直播电商榜单首发》，2020年11月18日，新榜有货微信公众号，https://mp.weixin.qq.com/s/ucfgm2SDYetYRmfvwCf98g。

位主播的预估销售额共计 221.99 亿元,其中淘宝主播占据 8 位,预估销售额占 77.03%;快手主播占据 11 位,预估销售额占 21.52%;抖音仅占 1 位,预估销售额占 1.45%。10 月份销售冠军、亚军、季军均为淘宝直播(见表 3)。

表 3　　　　全网直播带货排行榜 TOP20(2020 年 10 月)　　　(单位:元)

序号	主播名称	来源平台	预估销售额
1	薇娅 viya	淘宝	80.10 亿
2	李佳琦 Austin	淘宝	58.80 亿
3	雪梨_Cherie	淘宝	14.10 亿
4	蛋蛋	快手	8.85 亿
5	辛有志	快手	8.82 亿
6	玩家	快手	6.60 亿
7	时大漂亮	快手	5.87 亿
8	烈儿宝贝	淘宝	5.60 亿
9	陈洁 kiki	淘宝	3.90 亿
10	祖艾妈	淘宝	3.90 亿
11	猫妹妹	快手	3.84 亿
12	瑜大公子	快手	3.56 亿
13	罗永浩	抖音	3.21 亿
14	Timor 小小疯	淘宝	2.60 亿
15	赵梦澈	快手	2.19 亿
16	娃娃	快手	2.19 亿
17	小翱小 BABY	淘宝	2.00 亿
18	超级丹	快手	1.96 亿
19	安九 Angel	快手	1.93 亿
20	玉匠人	快手	1.97 亿

资料来源:新抖、新快、胖球数据。

淘宝直播起步早,是目前中国电商直播最有代表性的一个平台。淘宝直播连续三年直播引导成交增速 150% 以上,成为近三年全球增长最快的电商形式。2019 年,淘宝直播累计了 4 亿用户,全年成交总额突破 2000

亿元，其中"双11"当天直播成交总额突破200亿元，177位主播年度成交总额破亿。MCN机构的数量已经超过1000家，代播服务商在半年内从0家快速增长到目前的200余家。[①] 淘宝直播已经几乎覆盖了全部行业，其引导成交增速最快的是汽车、大家电、图书等原来高度"线下"的商品。从直播渗透率的维度来看，家电、汽车、生活电器等行业也在2019年下半年异军突起。

杭州、广州等城市努力打造"直播之都"。从淘宝主播分布情况来看，杭州、广州、连云港、宿迁、上海、北京、深圳、成都、苏州、金华入选十大淘宝直播之城。杭州是名副其实的直播之都，10.07%的淘宝主播在杭州。北上广深四个一线城市中，广州是第一大淘宝直播之城，7.38%的淘宝主播在广州。[②] 2020年5月20日，中国（杭州）直播电商（网红经济）研究院、中国（杭州）直播电商（网红经济）产业教育学院在"云上杭行 5★20直播电商季启动仪式"上隆重揭牌亮相。该机构由杭州市商务局、杭州市钱塘新区管委会、阿里巴巴研究院、浙江传媒学院、浙江工商大学联合发起筹建，运行机构设于浙江传媒学院。研究院主要职能是制定行业标准、进行产业研究、发布行业指数、提供决策参考；产业教育学院则在编制教材、行业培训、企业实训、人才输送等方面发力。[③] 2020年3月23日，广州市商务局发布了《关于印发广州市直播电商发展行动方案（2020—2022年）的通知》，其目标是到2022年，推进实施直播电商催化实体经济"爆款"工程——"个十百千万"工程。即构建1批直播电商产业集聚区、扶持10家具有示范带动作用的头部直播机构、培育100家有影响力的MCN机构、孵化1000个网红品牌、培训10000名带货达人，将广州打造成为全国著名的直播电商之都。[④] 还有一些城市也在直播

[①]《2020年淘宝直播新经济报告》，2020年3月31日，搜狐网，https://www.sohu.com/a/384587424_665157，数据截至2019年12月。

[②]《2020年淘宝直播新经济报告》，2020年3月31日，搜狐网，https://www.sohu.com/a/384587424_665157，数据截至2019年12月。

[③] 海琳：《浙江杭州：中国（杭州）直播电商研究院和产业教育学院揭牌成立》，2020年5月21日，人民日报客户端浙江频道，https://wap.peopleapp.com/article/5518610/5439179?from=groupmessage&isappinstalled=0。

[④]《广州市商务局关于印发广州市直播电商发展行动方案（2020—2022年）的通知》，2020年3月25日，广州市总部经济协会网站，http://www.gzhea.org.cn/Article/20200325/6424.html。

领域布局和深耕，以此作为地方经济的发动机，并试图打造成城市的一张独特名片。

目前直播间几乎涵盖了所有品类，美妆、穿搭、美食的直播销售额排名前三。从直播供应链角度分析，三类产品各有优劣，美妆用品销量大、利润高、退货率低，但对主播的专业性以及形象等要求较高；穿搭用品销量大、利润高，但退货率高；美食销量大、退货率低，但利润较低，这三类是直播运营优选的品类，此外，珠宝和亲子类产品也是直播的热门品类。随着直播的迅猛发展，直播商品类别也越来越丰富多元，从化妆品、农产品、日用品、快消品到电器、家具、旅游套餐等都是直播的常客，甚至火箭也可直播出售。2020年4月1日，薇娅直播卖火箭，成为直播界的一个传奇。此外，碧桂园与汪涵、大张伟合作直播卖房，罗永浩直播卖车，柳工、徐工、三一重工等工程机械企业也尝试直播带货。

《2020淘宝直播新经济报告》显示，截至2020年2月，至少100种职业出现在淘宝直播间。电商和娱乐领域的网红是第一批电商主播，2019年以来越来越多的企业"大佬"、电视主持人、影视明星、县长乡长等加入直播带货的队伍，完全颠覆了人们对主播的刻板印象。不过在日常的电商直播中，网红仍是主播的主力队伍。

如表4所示，根据淘指数排行，薇娅、李佳琦、烈儿宝贝等位居淘宝直播淘榜单前列。淘指数是用来衡量淘宝直播达人内容营销综合能力的指数，反映达人通过内容获取用户、转化用户、运营用户的能力。淘榜单分别从粉丝、内容、商业转化三大维度对达人进行评估，通过粉丝号召指数、内容消费指数、商业转化指数综合得出淘指数进行排行。粉丝号召指数衡量达人运营粉丝的能力，主要从达人的粉丝规模、达人转化新粉丝，以及老粉丝的活跃度三个子维度来综合评估。达人的粉丝规模越大、新粉转化数量越多、老粉丝活跃度越高，相应的粉丝号召指数越高。内容消费指数衡量达人内容营销的影响力。主要从达人通过内容带来的浏览和互动，以及达人账号的活跃情况三个子维度来综合评估。达人通过内容实现的流量越高、与用户互动越频繁、达人账号越活跃，达人的内容消费指数越高。商业转化指数衡量达人通过内容营销实现商业转化的能力，又可进一步细分为内容转化指数和商家服务指数两个子维度。其中，内容转化指数评估达人内容从进店、收藏、加购、成交全链路的营销转化能力，商家服务指数反映达人通过内容服务商家能力。① 淘榜单是一个动态的排行榜，每周上榜的达人处于变化之中。

表4　　　　　　　　　　淘宝直播淘榜单TOP10　　　　　　（单位：万人）

序号	达人名称	达人类别	粉丝量	所属机构	淘指数
1	薇娅 viya	其他	2464.7	谦寻文化	999
2	李佳琦 Austin	美妆个护	2594.1	美ONE	997
3	烈儿宝贝	美搭	409.7		979
4	陈洁 kiki	美搭	306.3	宇佑文化	976
5	柯柯 baby	美搭	230.5	一柯	946
6	大英子 LOVE	美搭	121.3	谦寻文化	944
7	恩佳 N	美搭	157.5	阿卡丽	942
8	安安 anan	美搭	462.9	谦寻文化	939
9	fashion 美美搭	美搭	136.4	蚊子会	937
10	小乐小主	美搭	75.8	谦寻文化	933

资料来源：淘宝直播2020年5月18—24日数据。

薇娅与李佳琦是电商直播行业中现象级的主播，稳稳占据淘榜单的第一、二把交椅，其粉丝量和带货能力都要远远超过其他主播。二者的粉丝多为年轻女性，喜欢消费，注重生活品质，购买能力强。烈儿宝贝、陈洁常常稳居淘榜单第三、四位。随后的一些主播差距不大，在榜单中的位置经常有所升降。张大奕（粉丝数1165.42万）、主持人李湘（粉丝数271.84万）等知名网红也经常在TOP10榜上有名。当前电商直播竞争异常激烈，头部主播相对固定，官方流量、优质商家等各种优势资源主动聚集到他们周围，其江湖地位难以撼动。头部主播数量极少，成千上万的商家奋力争夺其直播间的"坑位"，薇娅、李佳琦团队对直播商品的控制极其严格，并且收取较高额的"坑位费"。即便如此仍然僧多粥少，大多数的商家只能选择与腰部主播或小主播合作。

从MCN机构来看，谦寻文化、美ONE等是直播领域的"扛把子"。

---

① 《淘榜单2.0榜单说明》，阿里V任务，https://v.taobao.com/v/taobangdan。

谦寻文化打造了以薇娅为龙头，大英子、安安、小乐小主等主播协同的直播矩阵。美ONE拥有一位现象级的主播——李佳琦。2020年4月上述两个机构流量分别达到1.46亿人次、0.80亿人次，牢牢霸占机构排行榜头两个席位。优娃、意涂、纳斯等机构在直播电商行业也有自己的一席之地（如表5）。

表5　中国直播电商行业淘宝MCN机构排行榜（2020年4月）

序号	机构名称	机构流量（亿人次）	直播销售商品数量（万件）	总粉丝（亿人）
1	谦寻文化	1.46	961.5	0.53
2	美ONE	0.8	645.36	0.26
3	优娃	0.44	583.84	0.019
4	意涂	0.43	793.13	0.032
5	纳斯	0.39	190.79	0.16
6	构美	0.38	360.38	0.31
7	宸帆	0.26	210.88	0.24

资料来源：艾媒数据中心（data.iimedia.cn），2020年4月。

快手平台上，辛巴（辛有志）稳坐"快手一哥"的位置，辛巴家族一家独大。2019年快手电商全年GMV为400亿至450亿元，辛巴家族的GMV为133亿元，占比接近1/3。2020年快手面对抖音和淘宝直播等对手，冲击2500亿元GMV。2020年8月，快手主播前四名都是辛巴家族成员，GMV总数接近快手TOP30的一半。2020年6月14日，辛巴5小时卖了10亿元，一周后，辛巴携手周大生一天卖出了300个线下店一年的销量。[①] 2020年，初代网红罗永浩宣布进军直播，与抖音签约合作，成为抖音进入直播电商领域的一件标志性事件。2020年4月1日罗永浩抖音直播首秀，销售额突破1亿元，创下了抖音平台当时最高带货纪录，成为抖音影响力最大的主播。至此，直播带货领域呈现出淘宝、快手、抖音"三国杀"的格局。

① 任晓宁：《辛巴家族》，《经济观察报》2020年9月21日第1版。

三 透过典型事件看直播的未来趋势

2020年直播行业出现了一系列热点事件，可以管窥中国网络直播的一些发展趋势。平台方面，淘宝直播、抖音直播、快手直播三个头部直播平台硝烟四起，腾讯、拼多多、小红书、哔哩哔哩、斗鱼都火力全开，抢占电商直播的蛋糕。主播方面，传统电视媒体纷纷派出当家花旦试水直播，如央视主持人康辉、撒贝宁、朱广权等直接走进直播间卖货，三个小时卖货超过5亿元。此前，朱广权与李佳琪、欧阳夏丹和王祖蓝为湖北直播带货，这一场场由传统电视主持人带来的电商直播刷新人们的认知，人们惊呼"国家队"入场了，官方机构进入直播。直播主体不仅包括广大网红主播，越来越多官方背景的主播进入直播行业，如电视主持人（康辉、夏丹、撒贝宁、朱广权等）、基层政府官员（县级、乡镇领导助农直播）。企业大佬也纷纷进场，格力董事长董明珠两个月内五次直播销售额超过178亿元。产品方面，直播带货的产品越来越丰富多样，从美食、化妆品、日用品等，到直播卖空调、卖车、卖房，甚至卖火箭，没有卖不出，只有想不到！

（一）"国家队"频频直播带货

央视、人民日报社等国家级媒体，湖北卫视等众多省级媒体力挺电商直播，央视主持人纷纷走进直播间化身卖货主播，为国货代言，助力新冠肺炎疫情下中国经济走出低迷。

2020年4月6日晚，央视主持人朱广权与带货一哥李佳琪隔空组队，以"小朱配琦"为口号，为湖北企业公益带货。两小时内1091万人进入直播间观看，总销售额达4014万元，"小朱配琦"成为当日热搜。4月12日，央视主持人欧阳夏丹与明星王祖蓝等人直播带货，在央视新闻客户端、央视新闻快手号、央视新闻微博平台同步直播，带动热干面、小花菇、红薯粉等12种湖北特产的销售，当晚这场直播帮助湖北卖出农副产品6100万元。4月13日晚，人民日报社与"淘宝一姐"薇娅合作推出"湖北冲鸭"公益直播专场，湖北籍演员吴倩助力直播，这场直播主要销售周黑鸭的鸭脖、鸭翅、鸭掌、鸭舌、鸭锁骨等湖北特产，产品上架后均被一抢而空。上述几个事件均为官方媒体发起，旨在帮助处于新冠肺炎疫情核心的湖北地区经济复苏。

5月1日晚上8点，央视与国美合作，策划实施了一个更大胆的活动，央视四位著名主持人康辉、朱广权、撒贝宁、尼格买提组合直播带货，直播商品包括海尔、华为、格力、美的、方太、老板、荣耀、德龙、摩飞在内的一系列生活家电和数码3C产品。在央视新闻客户端、抖音、拼多多、京东、国美美店微信小程序等平台同步直播。四位主持人分为两队在直播间带货比赛，在3个小时内销售额破5亿元。

从上述个案中可以发现，电视主持人具备专业的场控能力、应变能力和丰厚的知识储备等，在电商直播中也是可以游刃有余的。事实上，一些电商主播的大型活动策划，往往就是交给具有专业电视节目策划能力的团队进行，比如近年来薇娅的一系列活动，就是由长沙妙趣新媒体公司完成的，该公司初创团队成员主要来自湖南广电旗下不同业务模块的精英，大多在湖南广电工作近十年。专业团队的加持是直播成功的一个重要因素。

（二）明星变身"好物推荐官"

2020年以来经常有当红明星或"过气"艺人参与到直播带货中来，有的与电商主播合作以做客直播间的方式参与，有的明星直接化身带货主播，比如杨幂、鹿晗、吴亦凡等艺人都纷纷"入淘"。2020年5月9日，著名影星刘涛宣布正式加入阿里巴巴，花名"刘一刀"，成为聚划算官方首席优选官。5月14日晚，刘涛在淘宝直播首次开播，三小时卖货1.48亿元，创下全网明星直播的新纪录。

5月16日，陈赫开启抖音带货直播首秀，在4个小时的直播中拿下8000多万元的销售额。6月30日晚，柳岩在快手直播首秀，观看人数超过500万，总销售额突破1000万元。

李湘是最早入驻淘宝直播的综艺明星之一，号称娱乐圈的"带货女王"，截至2020年6月8日，李湘在淘宝直播的粉丝数为271.88万人，其淘宝直播卖货单月成交额最高突破1000万元，在淘榜单中这个战绩并不算特别突出。

王祖蓝较早进入了直播带货行业，在直播间频频现身，他曾在快手上直播，12分钟卖出10万份面膜，成交额660万元。5月16日晚，王祖蓝回到家乡东莞,参加"世界好物东莞造"直播带货活动,销售成交2280万元。

此外,小S曾经做客薇娅淘宝直播间,一秒卖货88万元,郭富城与快手的主播辛巴合作,创下5秒卖出5万瓶洗发水的成绩;朱一龙、刘涛等曾与李佳琦合作卖货,林更新曾与淘宝主播张大奕携手直播。

近年来,很多明星都坦言没戏可拍,不少演员面临生活压力。同时,越来越多的商家减少或砍掉在传统媒体请明星代言的广告方式,而是把广告费投放到能实实在在带来销量的地方,如直播带货、社交电商、社群团购等。在广告界一直流传一句话:"我知道我的广告费至少浪费了一半以上,但我不知道究竟浪费在哪里?"商家通过上述方式可以减少广告预算被浪费的风险。因此,明星形象代言的机会变少,代言费用也大幅减少了。另一方面,一场电商直播动辄几千万元甚至上亿元的销售额,主播获得巨额的"坑位费"和佣金分成收益。综合这些因素分析,众多明星纷纷进入电商直播行业就易于理解了。

(三)企业"大佬"加入直播队伍

2020年以来,在新冠肺炎疫情带来的经济压力之下,众多企业总裁加入直播带货行列,罗永浩、梁建章、董明珠、丁磊、宗庆后等纷纷化身"好物推荐官"。

2020年4月1日,锤子科技创始人罗永浩在抖音开启直播首秀,累计观看人数4820万,总销售额超过1.1亿元。4月10日,罗永浩推出"湖北专场"直播,总销售额降低,只有4000万元。

在新冠肺炎疫情的影响下,2020年第一季度携程的运营亏损额度高达18.5亿元,携程自救的办法也是直播带货。4月15日,携程CEO梁建章在快手开启了自己的第一次直播带货,此后陆续直播了五场,总销售额达到8000万元。

最具话题性的是董明珠的直播。格力电器在全国有3万个线下门店,60万线下员工,董明珠曾经公开表示,"坚决不做直播带货,不能让员工失业"。新冠肺炎疫情发生三个月,格力电器集团销售收入锐减300多亿元。2020年4月24日,新冠肺炎疫情压力之下的董明珠在抖音开启了她的直播带货首秀。作为格力电器董事长兼总裁,董明珠直播带逛格力科技展厅，亲自介绍展厅中的空调、冰箱、各式家电以及冠状病毒净化器、口罩等，这场直播观看人数431.78万，在线人数峰值21.63万。但直播过程中频频卡顿，用户体验感很差，最后销售量只有22.53万元。半个月之后，5月10日，董明珠在快手开启第二场直播，成交额达3.1亿元。5月15日晚，董明珠与达人王自如在京东直播间合作直播，总成交额达7.03亿元。6月1日，董明珠在淘宝开启第四次直播，这场直播中各地经销商积极参与进行线下引流，全天直播销售额达到65.4亿元。6月18日董明珠开启了第五场直播，销售额高达102.7亿元。两个月来，董明珠进行了五场直播，销售额超过178亿元。

与董明珠一样，娃哈哈的创始人宗庆后也曾坚定地依靠线下、反对电商。2020年娃哈哈的态度发生了180度的转弯，几个大动作凸显其进入电商领域的决心。首先是设立电子商务公司，然后宣布将推出旗下4大电商平台，5月15日，推出康有利电商平台。5月29日晚，宗庆后在抖音直播间开启了他的第一场电商直播。显然，曾声称"电商冲击不了娃哈哈"的宗庆后感受到电商带来的强烈冲击，他不仅不再拒绝电商，而且要亲手打造自己的电商平台。

6月1日晚，联想集团执行副总裁兼中国区总裁刘军与京东集团高级副总裁、京东零售集团3C家电零售事业群总裁闫小兵，以及著名演员王自健，三人携手在京东直播间进行直播，这场直播堪称电商直播中的脱口秀，期间三人共带货20款，销售额超过1亿元。有消息称，网易CEO丁磊将于6月11日在快手直播推荐网易严选商品。

2020年众多企业大佬纷纷加入直播队伍，绝对不是偶然，也不是跟风。实体行业和传统互联网行业都面临直播电商、社交电商等新经济形态的极大冲击，要么抱残守缺艰难度日，要么主动拥抱新的经济形态，当前来看，直播电商是一种促进新旧经济形态结合的有效办法。另外，新冠肺炎疫情重创线下各个行业，成为推动新旧经济结合、线下线上结合的临门一脚。

四 网络直播存在的问题

网络直播推动了社会经济发展和转型，同时其繁荣的表象之下浮现出诸多问题,"相当一部分未成年人在平台和主播的诱导下,陷入娱乐、情感、炫耀等非理性的消费旋涡难以自拔……直播内容和价值观念冲突的日益扩大化,甚至一些靠着怪诞、猎奇性乃至低级庸俗的内容吸引人眼球的网络直播层出不穷"。[①] 还涌现出一些"民事侵权和行政违法问题"。[②] 有人认为,网络直播产生了诸如"网络主播纳税监管难、个人隐私外泄、内容涉黄涉暴等"问题,并建议有关部门"从网络主播的从业资格认证、保护制度、监管体系、隐私权确认等方面加强监管"。[③] 网络直播宣导娱乐至上、消费主义的理念,制造一夜暴富的梦幻。此外,游戏类直播引导用户沉迷游戏,尤其对青少年造成极为恶劣的影响。直播诱导青少年非理性打赏,有的青少年在直播间打赏几十万元,给家庭造成很大的经济损失。电商直播也存在一系列问题,如虚假营销,对商品的质量、功效、性价比等夸大宣传;误导、诱导消费者下单,用户购买了一大堆没用的商品;直播中使用广告极限词等,违反广告法的规定;一些直播间的商品质量低劣,或者包装严重破损;售后服务跟不上,消费者遇到问题很难维权。很多时候,电商直播的"战报"数据具有很强的欺骗性,如粉丝数、销售额等有时候并不真实,一些厂家和商家被这些数据蒙蔽,投入巨额的"坑位费",实际上在直播中远远不能收回成本,导致严重亏损。

电商直播不仅依靠主播的流量和带货能力,商品的性价比是更为重要的因素。电商直播的商业逻辑是去除商品产地与消费者之间的中间环节,减少物流、仓储等成本,从而把价格打到最低。任何一场成功的直播带货,其撒手锏无一例外都是"全网最低价"。当直播泛滥的时候,很可能会成为价格战的升级版。

五 对网络直播的几点建议

网络直播繁荣背后存在不少隐忧,需要"将政府、新媒体平台、用户

[①] 王艳玲、刘可:《网络直播的共鸣效应:群体孤独·虚拟情感·消费认同》,《现代传播》(中国传媒大学学报)2019年第10期。

[②] 孟德楷:《网络直播侵权问题:争议焦点与法治趋向》,《现代传播》(中国传媒大学学报)2019年第7期。

[③] 杨继慧:《整治网络直播乱象》,《人民论坛》2019年第6期。

和社会公众置于真正平等互利的位置上,进行充分的协商和配合"。[①] 唯有政府、企业、消费者多方协同,方可趋利避害,推动网络直播生态良性运行。

(一)政府部门加强监管

网络直播的良性运行有赖于国家对平台加强监管。国家网信办、工业和信息化部、公安部、市场监管总局等政府部门应该针对网络直播制定相关规定,进行专项整治和规范管理的联合行动,对于传播低俗庸俗内容、冲击主流价值观的直播平台采取约谈、整改、关停等处罚,促使平台加强内容监管,遏制直播行业乱象,促进网络直播良性发展。

(二)推动经济社会持续发展

一些传统行业和传统电商在新媒体的冲击之下面临巨大的生存压力,直播电商可能成为推动传统行业复兴的助推器。所以需要进一步解放思想,通过直播为传统行业和传统电商助力。

经济发展不平衡是当前中国社会的主要问题之一,可以通过直播帮助农民或低收入人群,减少城乡差别、贫富悬殊。网络直播不能局限于电商直播一个类别,直播只是一个展现的平台,它不仅可以和电商结合,也可以和教育、公益、综艺、文化等结合,实现"直播+"的模式创新,在内容与形式方面实现直播的多样化发展,满足用户的多元化需求。

(三)应该给直播降降温

当前直播全面爆发,各行各业都入驻直播,业内甚至提出"人人皆主播,万物皆可播"的励志口号。笔者认为,应该冷静理性地对待这种直播热的现象。

薇娅、李佳琦、辛巴等达人的成功激励着数以万计的人走上直播之路,然而最后能够成功的主播只是极少数,大多数主播成了"炮灰"。主播应该具备营销经验,懂消费心理,熟悉直播间每个产品的属性和卖点,

---

[①] 刘锐、徐敬宏:《网络视频直播的共同治理:基于政策网络分析的视角》,《国际新闻界》2018年第12期。

还需要高超的表达能力和场控能力，不具备这些基本素质，不宜盲目成为主播。

商品的性价比高，是直播成功的不二法门。商品品质高、价格低，再加上令人心动的抽奖，这样直播间就具备较强的竞争力了。不是什么商品都可以用于直播的，能够被选入直播的商品通常是优选、严选的。在考虑商品性价比的同时，选品还应该考虑粉丝属性的契合度。不严格选品导致直播"翻车"的案例屡见不鲜。

（四）直播需要专业团队

娱乐类、游戏类等泛娱乐直播可能以一己之力能够完成，电商直播却是个系统工程，主播、助播、运营、选品、引流以及店铺管理等环环相扣，一个环节出现问题，直播带货就可能"翻车"。这些环节需要专业人员、专业团队支撑。电视节目主持人化身直播间的主播时，很快就能游刃有余。薇娅等达人的粉丝节、感恩节等活动往往由专业的电视节目策划团队操刀，其效果恢宏大气，充满想象力。新闻与传播学领域学习播音与主持、创意与策划、文案写作等专业知识和技能，对直播都是很有助益的。

随着5G、VR、AI等技术逐渐成熟和使用，未来的直播平台将与新技术结合，获取差异化优势，从而布局更多业务。

Report on the Development of China's Live Webcast

Luo Bing，Wan Liping

Abstract：Affected by COVID-19, the live webcast has been developed very rapidly in 2020. In addition to the pan-entertainment industry, live webcast has been widely used in e-commerce, education, health and other industries. E-commerce live webcast shows a well blowout development, Taobao live webcast,

Douyin live webcast, Kuaishou live webcast and other platforms has got rapid development in competition. Film and television stars, TV hosts, business executives and government officials have been doing live webcast to sell goods. The goods in live webcast have been more and more diversified ranged from food, cosmetics, daily necessities to air conditioners, cars, houses, travel packages and rockets. Live webcast drives socioeconomic development and transformation. Meanwhile, there also exits many problems under the surface of its prosperity, such as promoting the concept of entertainment supremacy, exaggerating the efficacy, false marketing, and non-guaranteed after-sale service. Governments, enterprises and consumers should make concerted efforts to promote the sound development of the ecosystem of live webcast.

Key words: COVID-19, Live webcast, E-commerce

参考文献

刘锐、徐敬宏：《网络视频直播的共同治理：基于政策网络分析的视角》，《国际新闻界》2018年第12期。

王艳玲、刘可：《网络直播的共鸣效应：群体孤独·虚拟情感·消费认同》，《现代传播》（中国传媒大学学报）2019年第10期。

马志浩、葛进平、周翔：《网络直播用户的持续使用行为及主观幸福感——基于期望确认模型及准社会关系的理论视角》，《新闻与传播评论》2020年第2期。

孟德楷：《网络直播侵权问题：争议焦点与法治趋向》，《现代传播》（中国传媒大学学报）2019年第7期。

杨继慧：《整治网络直播乱象》，《人民论坛》2019年第6期。

吴震东：《技术、身体与资本——"微时代"网络直播的消费文化研究》，《西南民族大学学报》（人文社会科学版）2020年第5期。

刘佳：《"直播+教育"："互联网+"学习的新形式与价值探究》，《远程教育杂志》2017年第1期。

《第45次〈中国互联网络发展状况统计报告〉》，2020年4月28日，中国互联网络信息中心网站，http://www.cnnic.net.cn/hlwfzyj/hlwxzbg/

hlwtjbg/202004/t20200428_70974.htm。

《2020年淘宝直播新经济报告》，2020年3月31日，搜狐网，https：//www.sohu.com/a/384587424_665157。

《薇娅单月带货80亿，47位主播进入"亿级俱乐部"｜10月直播电商榜单首发》，2020年11月18日，新榜有货微信公众号，https：//mp.weixin.qq.com/s/ucfgm2SDYetYRmfvwCf98g。

海琳：《浙江杭州：中国（杭州）直播电商研究院和产业教育学院揭牌成立》，2020年5月21日，人民日报客户端浙江频道，https：//wap.peopleapp.com/article/5518610/5439179？from=groupmessage&isappinstalled=0。

《广州市商务局关于印发广州市直播电商发展行动方案（2020—2022年）的通知》，2020年3月25日，广州市总部经济协会网站，http：//www.gzhea.org.cn/Article/20200325/6424.html。

T.15　数字出版发展报告

崔　波　樊俊豪[*]

摘　要： 数字出版借助人工智能、5G、大数据、虚拟现实等新技术，在不同领域有了诸多尝试，体现出数字出版的固有优势。2020年2月，科学期刊在抗击新冠肺炎疫情期间对出版流程的调整和迅速应对，数字出版在公共突发事件领域里的治理作用凸显。本文梳理了2019—2020年5月我国数字出版领域的主要现象，从新技术赋能数字出版、数字出版的场景运用、学术期刊和发展前景四个维度回顾其发展历程，并提出相关思考。

关键词： 数字出版　5G　场景分类　虚拟现实　版权问题

一　新技术赋能数字出版

（一）5G与数字出版

5G通信技术大大提高数据传输效率，因此也进入数字出版人的视野，应用领域主要体现在内容的个性化定制、形式的多元呈现、智能终端相融等三个方面。

其一，基于5G技术与物联网的使用，数字出版商可以根据用户的消费行为和自身需求满足对出版物进行个性化定制，如对图书排版、装帧方式和封面设计等；其二，基于5G通信快速和稳定的特征，音视频和文字相组合的方式能够极大丰富读者的阅读感受。相比枯燥的文字阅读体验，

---

[*] 崔波，浙江传媒学院新闻与传播学院教授、硕士生导师，研究兴趣为版权经济；樊俊豪，硕士，研究兴趣为网络直播和风险传播。

多种元素的内容呈现方式更具有吸引力；其三，随着家庭智能设备拥有更高级的功能，这些家庭智能设备也将成为5G终端设备。这意味着数字出版内容将有可能随处可见，随时使用。[1]

随着我国5G基站的建设，以及5G终端设备的价格下调，搭载5G通信技术的智能手机、智能手环、平板电脑等设备成为大众消费品。这意味着消费者使用5G设备进行视听说阅读的成本在逐渐下降。可以预计，数字出版行业将与5G业务在各大城市的铺开而释放出巨大潜力。

尽管前景可期，然而目前基站规模和高昂的5G资费仍是构成该目标实现的关键性障碍。一方面，5G网络的覆盖范围较小，若要达到4G网络的覆盖水平，5G基站的建设规模至少是当前4G基站的二至三倍。以目前的建设速度，实现5G通信技术的普及最少需要五年时间。除时间成本外，新增的基站建设需要巨大的资金投资。另一方面，当前三大运营商提供的5G套餐资费较高。以中国联通为例，30GB的流量套餐月费为129元。消费者对于5G基站的建设速度和资费仍处于观望中，购买5G终端设备不是当前必要的消费需求。因此，要实现基于5G技术的内容消费仍有一段时间。[2]

（二）场景分类与数字出版

目前，主流的数字营销手段是通过挖掘消费者既往的购物记录进行数据分析，向消费者推送相应的产品。比如，淘宝网首页的"猜你喜欢"即是根据以往购物经历和搜索记录提供相关产品。这种搜索方式的优点是能够较为精准的推送。但是，从用户的角度上分析，这种推送方式除了可能对消费者的隐私构成侵犯、引发技术伦理问题外，还会形成信息茧房，影响消费者的知情权。从出版者的角度分析，这种推送还存在着一系列问题。其一，消费者的历次消费行为不一定完全出于本人意愿，因为有些消费行为完全是替人购物。其二，用户对某些产品进行搜索可能只是心血来潮，为了满足猎奇心而已。上述消费行为可能"干扰"了后台对消费者消

---

[1] 陈洁、蒋三军：《5G时代的数字出版变革与创新》，《编辑学刊》2019年第5期。
[2] 《中国联通张云勇：5G网络覆盖还需5至8年，现在有必要买5G手机吗？》，2020年5月25日，腾讯网，https://new.qq.com/omn/20200525/20200525A044X400.html。

费偏好的分析,难以做出精准的预测。另一种预测消费者行为的思路是分析频繁购买某产品的顾客群体的消费行为,获得这一群体其他的消费模式,再推送给其他购买该产品的群体。举个例子,通过分析频繁购买产品 A 的客户群体,得知大部分的顾客还会购买产品 B,则将产品 B 推送给其他购买产品 A 的客户,以扩大产品 B 的销量。不过,消费者千人千面,这种思路有一定成效,但也无法做到完美的匹配。

总体而言,当前的营销模式对消费者的大数据处理还没有达到一定的精度,对顾客个性化需求的匹配还有一定距离。除此之外,消费者在什么时候、什么地点消费具体的产品也构成了消费行为的因素之一。场景限定了相关消费行为,这使得营销者注意到场景的重要性。对消费者何时何地使用该产品能更为精确地获知消费者具体的消费行为,从而在推送产品时做到更为精确。"场景分类"的概念由此产生。

场景分类指的是依托大数据和云计算等方式,识别原始数据(包含文本、图片和音视频信息)所处的场景类别。信息消费是强调其使用场景的。场景的灯、舒适程度、安静或者嘈杂,这些因素都影响信息消费者的体验感。因此,将场景分类的技术迁移至数字出版就在于可以通过识别读者所处的场景(如室内、室外),智能推送与之场景相适应的数字出版物,以此满足读者个性化的需求。[①]

该技术的操作路径是通过识别读者所处的空间地理位置的属性、读者自身的人口统计学因素(如性别、年龄和职业),以及采集个人消费习惯等数据,与数据库相匹配,为读者提供量身定制适合当前场景需要的信息消费产品。具体来说,当某读者的智能终端识别该读者位于健身房,且合法获得该读者的身体素质情况及健身需求,即可向该读者推送适合于当前嘈杂环境的健身教学视频或图片。

目前,场景分类的使用仍处于起步阶段。在国内主要以 QQ 音乐与喜马拉雅 FM 为主的平台在音乐、英语口语领域尝试。数字出版单位若要通过场景分类实现精准推送仍缺乏资金、技术的支持,若要释放场景分类对数字出版的巨大能量,各数字出版单位应当加强资源共享,并与科技公司加强合作,以达到该技术能够细致地描摹消费者在不同场景下对数字出版

---

① 孙艳华:《场景分类在数字出版中的应用》,《出版发行研究》2019 年第 3 期。

内容的个性化需求。[1]

(三) 虚拟现实技术与数字出版

虚拟现实（Virtual Reality）技术与传统行业的融合已成为近年来的发展趋势。数字出版领域对虚拟现实技术的使用主要集中在以下两个方面：其一，将现有的版权内容进行虚拟化呈现；[2] 其二，将虚拟技术产品作为传统出版物的补充，即捆绑销售。[3]

目前，国内学者认为这两种使用方式的VR产品没有脱离纸质出版物而存在。其本质只是将传统出版物的呈现方式与虚拟现实技术相结合，而出版商使用虚拟现实技术的动机是扭转出版颓势。[4] 但这种方式与虚拟现实技术所强调的交互式体验相距甚远。具体来说，当前的VR出版物仍旧以呈现为主，即单向地展现了出版物的信息，并未与读者产生交互行为。读者观看VR出版物与阅读传统出版物之间没有显著差异。因此，增强读者与出版物之间的交互行为是目前需要考虑的问题。[5]

当前市面上能够提供的虚拟现实技术的设备较为丰富，如可佩戴的眼镜、头盔、手机和平板电脑等。虚拟现实技术在出版物中的使用，可以增加出版物的"可视""可感"。比如，通过佩戴VR眼镜或头盔，可以让读者置身于宇宙中，切身感受到天体运动的情况；通过平板电脑的VR教育软件，观看某地的地理特征，从而获得诸如修建河道、建大坝、毁林开荒等人类行为对自然环境负面影响的认知。虽然这种简单的交互行为在技术上实现并不难，但是却比单调的文字介绍更具互动性和趣味性。

(四) 智能语音与有声读物

在数字出版中，有声读物是目前发展较为成熟、受读者欢迎的出版物

---

[1] 孙艳华：《场景分类在数字出版中的应用》，《出版发行研究》2019年第3期。
[2] 杜耀宗：《VR技术在出版领域中的应用现状及对策分析》，《出版发行研究》2017年第3期。
[3] 李玉帼：《当我们遇到恐龙——当传统出版遇到VR》，《科技与出版》2017年第10期。
[4] K. Tomas, "Virtual Reality: Why Magazines Should Adopt a Mobile-First Publishing Strategy", *Publishing Research Quarterly*, No. 4, 2013.
[5] 王睿、姜进章：《从嫁接到独立：行为理念下VR出版未来发展的核心与样态》，《出版发行研究》2019年第7期。

形式之一。有声读物的亮点在于契合了当前快节奏的都市生活,能够让人们在碎片化时间内获得一定的阅读体验。尤其在大都市,上班族可以选择在较长的通勤时间里进行阅读。借助"听"而不是"看"的方式,使得一心二用成为可能。获取知识和信息的方式不再局限于纸质出版物和一定的阅读空间,阅读方式和阅读空间的解放使有声读物的用户群体逐渐扩大,有声读物终端和产品内容也逐渐多样。[①]

较高的开发成本(生产周期较长、聘请专业播音员的费用较高等)、版权保护欠缺、使用载体局限于手机终端是目前有声读物发展所面临的困局。因此,有国内学者提出使用人工智能语音或可成为解决这些问题的方式。具体而言,人工智能语音在转化文本效率较高,可缩短制作周期和制作成本。除此之外,人工智能语音还具有提供语言翻译、优化信息检索、交互性高、可模仿知名配音员声音的优势。[②] 这都能极大提高有声读物的制作效率和使用体验。

当前主流的阅读软件中的"朗读功能"只能提供单一的、缺乏感情的声音。人物角色和特征、故事情节及其发展、环境声音等都未能得到很好的呈现。在极端的情况下,原本含义丰富的故事可能因为平淡的机器声音变得寡淡无味。这一问题经过人工智能的处理可以得到较好的解决。一方面,人工智能技术可以通过对人物角色的分析,在具体情节下获得该人物应有的情绪色彩,从而可使读者在音色、音品和话语节奏上感受人工智能语音的不同表达方式。另一方面,人工智能技术可以通过对小说情节的发展、捕捉环境描写的关键词等方式播放恰当地背景音乐或音效,以此丰富语音作品的体验感受。举例而言,适时地添加音效用来反映"关门声""火车呼啸而过""屋外倾盆大雨",可以增强读者的沉浸式体验。

二 数字出版的场景运用

(一)数字出版与城市服务

出版被有些学者定义为将信息和知识以一种可感知的方式加以复制,

---

① 李春梅、李璐曦:《数字化视域下我国有声读物的发展研究》,《出版广角》2019年第6期。
② 刘一鸣、高玥:《人工智能语音在有声读物中的应用研究》,《出版发行研究》2019年第11期。

并将其传播给大众的过程。① 一座城市的悠久的历史、灿烂的文明、丰富的人文生活以符号化的形式通过多种媒介渠道，尤其是以新媒体的方式向大众传播时也可看作是一种广义的出版形式，这种出版形式可被称为"城市数字出版"。②

近年来，随着我国城市的现代化建设，除了北上广深这一类"一线城市"之外，从宜居、宜游、宜创业等角度涌现了一大批"新一线城市"。这些城市因自身的独特魅力在各大社交平台，尤其是短视频平台受到网民青睐。去"网红城市""打卡"成为都市青年的一种新型的文旅消费方式。哈尔滨的雪乡、杭州的网红街、西安的大唐不夜城、重庆独特的交通体验、成都的小吃与悠闲、厦门及海南岛的阳光沙滩以及长沙的"解放西"都成为这些城市的名片。这些以网民自发表达的、以互动交流为基础的真情实感的流露，用一种平行的视角积累了一个城市的"口碑效应"。如果这种"去中心""去机构"的城市出版模式能够加以引导与利用，势必能形成规模效益，给城市发展和建设带来巨大的潜力。

面对我国城市数字出版的发展现状，王翔和其他学者发现数字出版产业存在以下问题。1. 平台缺乏统一建设，资源尚未得到整合。一个城市在不同的社交平台往往有多个社交账号，其中不仅包括权威发布机构，同时还有草根阶层自发运营的非官方账号。这些账号往往自说自话，未能形成传播的聚合效应。2. 缺乏健全的监管机制以及运营机制。粗放式的运营方式，缺乏对城市形象有战略性、步骤化的传播方式。同时，缺乏监管造成了质量难以得到保证。因此，王翔和其他学者从规划机制、传播机制、运营机制和监管机制四个方面提出了建设性意见。具体来说，从规划机制来看，应当确定城市出版传播格局的重点，在设计时注重科学性、系统性和可操作性；从传播机制来看，应当着重借助新媒体的力量，以人际交往的方式扩大城市形象在交往互动中的传播；在运营方面，应当以顾客为导向并加强运营团队建设；从监管机制来看，应当机制明确监管的责任主体与

---

① 中国出版科学研究所：《编辑实用百科全书》，中国书籍出版社 1994 年版，第 150—161 页。
② 王翔、鲍海波、马增强：《"城市数字出版"与新媒体公共平台建设》，《出版科学》2019 年第 1 期。

分工，并优化治理体系和监管技术。①

城市数字出版的价值在于以一种实践性质的、可操作的角度为智慧城市的建设和城市形象的传播提供了一个全新的视角。这迎合了未来城市的发展和管理。城市的发展离不开每一位城市建设者，而吸引企业、资金、人才都离不开对一个城市的认知。目前，"新一线城市"丰富的实践经验足以见证传播方式变革的重要性，这对未来二、三线城市的发展提供了借鉴意义。

（二）疫情下的数字出版

2020年1月，突如其来的新冠肺炎疫情打乱了社会的正常节奏，同时也对出版行业提出了巨大的挑战。无接触式的远程办公势必在一定程度上干扰出版行业协同工作的效率，而正是因为这样的契机使出版从业人员和相关学者看到了数字出版对公共卫生安全事件的应急反应速度。

在"疫情就是命令，生命大于一切"原则指导下，我国科学期刊，尤其是医学类期刊反应迅速，以极高的人文关怀、极快的处理速度，负担起极大的社会责任，对科学期刊的出版发行进行了深刻的调整。具体而言，《中华医学杂志》免费开放优质学术期刊，并对疫情期间相关研究开放绿色通道，稿件快速审理并免征稿件处理费用。同时，为保证稿件质量，聘请钟南山等院士组建学术评议委员会，对来稿的真实性和有效性进行把关。② 这在极大程度上促进了医学知识的共享，体现了出版行业高度的文化自觉和社会责任感，即将人民放在主体地位，践行了生命至上的医学道德。

此次科技期刊的数字出版行业的快速反应不仅体现了数字出版技术本身的巨大优势，同时也能看出我国社会主义制度的优越性，即一呼百应、集中力量办大事。疫情期间，越早将科研成果与科学共同体共享，则越有可能挽救一个个生命，越有可能提早结束抗击疫情这场战争，尽快回归到正常的社会经济发展中来。而在疫情期间，稿件审理与出版流程的极高效

---

① 王翔、鲍海波、马增强：《"城市数字出版"与新媒体公共平台建设》，《出版科学》2019年第1期。

② 沈锡宾、刘红霞、李鹏、赵巍、张文娜、赵亚楠、刘冰、魏均民：《突发重大公共事件下科技期刊数字出版平台的社会责任与使命担当》，《科技与出版》2020年第4期。

率体现了出版人的奉献精神。然而，在日常出版工作中是不可能放下手头中所有的事情、所有的选题让位于某一个议题。疫情也是对出版业的一次大考，如何策划广大群众关心的选题，为这次疫情防控贡献出版智慧，以敏锐触觉抢占市场先机，显示出出版人的经营胆识和社会担当。不少编辑及时捕捉到社会动态与需求，及时组织书稿介入，在短期内上线若干电子版图书，如湖北科学技术出版社的《新型冠状病毒肺炎预防手册》在2020年1月初就制成电子版发布，这是我国第一本新冠肺炎防疫抗疫电子书。山东人民出版社出版的《新型冠状病毒感染的肺炎防控知识120》3天组稿定稿，4天上线"学习强国"学习平台、山东教育新闻网、咪咕阅读等多家网络平台，5天出版纸质图书，当月版权输出。更重要的是，这次疫情加快传统出版行业的转型升级。不少出版社化危机为机遇，策划数字出版抗疫选题，制作各类数字出版物，快速有效地为打赢疫情防控阻击战提供了有力的精神支持，也为学生的在线教育提供了有力的保障。

对于数字期刊而言，经历了此次疫情，逐步形成一套标准化的流程。在保证知识共享的有效性、确保学术期刊审稿效率与期刊质量的前提下，在公共突发事件面前，形成专家评议委员会制度，确保学术成果能为科技工作者以及政府工作人员所利用。学术成果要促进公众理解科学，以一种通俗易懂的方式为大众所接受，从而有利于调动一切积极因素共同参与公共事件的处理。

三 数字出版与学术期刊

学术期刊作为我国科研成果呈现的重要载体，是进行学术交流的重要渠道。学术期刊在数字出版领域的发展成为今年来的焦点。国内诸多学者在学术期刊的实际发展过程中关注到了一些问题，并对此提出了相关建议。

（一）版权问题

版权问题不仅是一个法律概念，同样也成为数字出版领域下的技术问题。目前，我国对数字出版版权的法律法规和政策有待于逐渐完善，在权利梳理、预防侵权、发现侵权和版权维护方面尚未形成成体系的法律法规。法律法规和政策相对滞后、可操作性较弱、针对性不强，以政策性规定为主替代版权业务管理还会在相当一段时间内存在；此外，我国数字出版维权环境不佳，法律诉讼成本较高，且出版企业维权意识较低，对侵权人的惩罚力度不足，缺乏一定的威慑力。[1]

除了版权保护的问题以外，另一个值得关注的问题是学术期刊中版权的归属。一般而言，科研工作者通过发表自己的科研成果，其目的是希望共享知识成果，并提高自身的学术地位。这样做不仅利于知识的传播，也有利于科学共同体的共同发展。然而，目前的版权保护机制使得保护期过长，可获取研究成果的人员有限，反而成为阻碍科学发展的因素。[2] 具体而言，部分学术期刊仅提供少量页数的试读部分，而阅读全文需要额外购买；文献数据资源库提供了付费下载期刊的服务，但仅通过标题、摘要和关键词无法确定获得更多信息。虽然知识成果值得尊重，但较高知识获取壁垒有悖于科学的公益性质。

国外近年来发展的"开放存取"的版权模式有助于促进知识共享、快速回收出版成本以及保护知识产权三者之间的关系。在国外的实际操作中，以"去版权化"为核心理念，有的在一定时间内全文公开内容，有的则是完全公开研究成果（被称为"绿色通道"），或是以科研者或科研团队承担发表成本的开放模式（被称为"金色通道"）。虽然对开放存取这一数字出版实践已取得丰硕成果，不过文献发表质量良莠不齐、出版成本较高等问题均限制了这些模式的进一步发展。[3] 在我国，开放存取的出版模式也存在显著的问题。主要体现在缺乏具有影响力的平台，数量有限、技术支持不够。总体而言，难以达到知识共享的目的。[4]

这看起来似乎是一个悖论，在强调数字版权的宏观背景下却提出对学术期刊的"去版权化"的讨论。笔者认为这是学术期刊与商业出版物在性质上的区别。具体而言，商业出版物以营利性为目的，而科研成果

---

[1] 肖江涛、丁德昌：《论我国数字出版企业的版权保护机制构建》，《出版广角》2018年第24期。

[2] Frank Mueller-Langer, Marc Scheufen, "Academic Publishing and Open Access", Max Planck Institute for Intellectual Property and Competition Law Research Paper, No. 13, 2013, p. 8.

[3] 张慧春：《学术期刊数字出版中的版权问题分析》，《编辑之友》2019年第2期。

[4] 李洋、韩跃杰：《开放存取与中国科技期刊出版发展研究》，《出版广角》2016年第7期。

的公益性质更强。从国内外学者对学术期刊的版权问题的讨论可以看出对于版权问题的保护不能采取"一刀切"。这应对出版物的性质进行具体的分析和讨论，在不破坏法律公正性的前提下，满足于更广泛的公共性利益。

（二）"数字化断层"现象

"数字化断层"现象是由我国学者谭春林在多年的科技期刊出版中提出的一个概念。具体而言，"数字化断层"现象指的是编辑部门使用纸质版本进行审校，而排版部门则是使用排版软件校改。在这种操作流程中，两部门之间纸质版本和数字版本的信息内容不一致的现象被称为"数字化断层"。[①]

"数字化断层"现象是由传统校对工作遗留下来的"工作惯性"，这是校对人员重视印刷出版质量的体现。然而在工作流程中，"数字化断层"现象造成了一系列的问题。其一，重复性的工作造成了稿件的处理周期变长，进而导致大量可发稿件库存堆积。其二，对于稿件不一致的内容，需要工作人员手动标识并输入。这有可能造成错误，导致数字出版质量的下降。由于时效性的下降，科研成果中的创新点、研究方法均受到影响，最终严重稀释了学术论文的引用价值。[②]

知识是具有时效性的，科学技术的发展体现在知识的更新迭代。过时的发现或是解决方法可能与常识无异，也有可能不再是有效的科学问题的解决方法。如疫情期间医学类期刊越早发表，则越有可能将相关科研成果反馈于一线医务人员。当人们深入理解了病毒的传播机制和发病原理时，不仅可以挽救更多的生命、增加治愈率和治疗效率，也可以保护医务人员免受病毒感染。因此，"数字化断层"的问题除了延误信息的扩散，同时从长远看也是阻碍社会前进发展的因素之一。

（三）智慧出版

智慧出版是在数字出版的基础之上，运用人工智能、算法推荐、虚拟

---

① 谭春林：《新媒体时代科技期刊的"数字化断层"现象分析》，《编辑学报》2019年第1期。
② 谭春林：《新媒体时代科技期刊的"数字化断层"现象分析》，《编辑学报》2019年第1期。

现实等技术，实现智能数据分析、智能管理等手段，满足读者个性化需求的一种出版新思路。科技的快速发展契合了学术期刊对智慧出版的要求。一方面，智慧出版可以整合学术期刊资源，建立统一标准，避免学术期刊之间的竞争壁垒，实现知识共享并提升用户的体验感；另一方面，智慧出版能为学术期刊提供与用户互动交流的渠道，从而改变学术期刊单一呈现学术成果的局限性。另外，通过数据挖掘的方式，可以获得读者的阅读需求，以更精准的方式向读者推送期刊文章。从这一角度来看，智慧出版不仅有利于读者提高检索文献期刊的效率，也能使文献期刊的引用更具有针对性，最终促进科学共同体的良性发展。①

四 数字出版发展评价

（一）发展现状

目前，数字出版领域发展主要集中在专业、教育、大众三大出版领域。②

专业出版领域已搭建多个平台，以分享知识资源为主，具有代表性的是以视频课堂为主的网易云课堂、腾讯课堂、MOOC等。其中，MOOC与各大高校合作，内容以大学通识课程为主。其视频质量较高，由院系教职员工共同编写教材、知名教授录制课堂讲授过程，活跃用户数量较多。

数字教育出版在2020年疫情期间获得更大的发展空间。各大在线培训平台给各个年龄层次的用户提供了在家提升自我的渠道。以哔哩哔哩视频弹幕网为例，该网站开设的"我的课堂"专栏中提供了语言学习（英语考试、日本语、韩语等）、中高考学科教育、职业技能培训（讲演技巧、Office办公软件的使用等），以及生活兴趣爱好（美妆造型、健身减脂等）的课堂。涵盖范围广，且价格贴近学生群体的支付能力，购买课程后可终身享受。它的一大亮点是可以开启"课堂模式"，用户即可进入一个免打扰、免干扰的学习环境，给需要网络学习但自制力较弱的学员提供了

---

① 杨志辉：《学术期刊数字化出版到智慧出版的变革》，《编辑之友》2019年第1期。
② 张忠月：《新时代数字出版发展的特点与展望》，《出版广角》2019年第13期。

方便。

大众出版领域迎合了近年来网络文学的发展热潮。阅文、晋江、微信阅读等数字阅读软件积累了大量受众,并培育了一批优秀的网络文学作家。为了培养读者的数字阅读方式,以当当网为例,目前主流的图书网购平台也尝试开发自己的电子阅读平台。

(二) 发展困境

虽然我国移动互联网市场发展迅速,网民基数大,这些都是我国优于西方发达国家发展数字出版的先在条件,然而,我国数字出版业的发展并不乐观,除了要解决数字出版中的资金、技术、人员和版权保护等问题外,还得应对由于数字化创新能力低下带来的挑战。

国内学者常嘉玲以信息生态学的角度,广泛调研当前数字出版行业转型中的实际情况,发现当前制约数字化创新能力的五大因素,其分别是:决策能力欠缺、管理能力落后、研发能力不足、生产能力低下、营销能力匮乏。[①]

基于这一研究成果,我们认为当前研发能力和生产能力的不足是技术人才欠缺导致的,而更深层次地反映了缺乏对新技术扩散、新技术培训和达成的资金支持。从这一点考虑,研发能力和生产能力并非能在短期内得到解决。而从决策能力和管理能力的角度来看,这需要高层管理者应具备对数字出版的全局意识,优化出版流程,与科技公司合作,从顶层设计的角度进行布局。而从现有的、发展较为成熟的技术路径来看,对于消费者需求的洞察、跟踪市场热点、采取多渠道的社交软件的营销方式是目前可以攻克的难点。因此,数字出版的主体或可从营销方式的转变,以达到管理能力和决策能力的转变,进而积累实践经验、获取资金支持,以此吸纳技术人员的加入,最终达到研发能力和生产能力的突破。

(三) 发展策略

1. 企业层面

数字出版行业从实践层面的优化路径来看,必然脱离不了技术创新。

---

① 常嘉玲:《信息生态学视角下出版企业数字化创新能力探析》,《编辑之友》2019年第5期。

人工智能、5G、大数据、虚拟现实技术等不同技术领域均对数字出版指明了方向。但正如前文所述，技术对产业发展的变化并非一朝一夕之功。资金、人才方面的缺乏是当前制约行业发展的普遍难题。因此，应当以发展的眼光，积极的态度对待数字出版行业各项尝试。

一方面，应当依据数字出版内容的自身特性思考技术嫁接的方式。从行业发展的实际情况来看，教育及科普型类别的出版物依托新技术发展的趋势较为明显。具体而言，由于科普型读物以介绍知识为主，借助虚拟现实技术增强知识呈现方式上具有明显的优势。如，介绍天体知识时，可通过佩戴VR头盔置身感受星空的奥秘；在阅读历史知识时，则可通过虚拟现实技术具体感知文物的模样。通过建模的方式，呈现江河山川、日月星辰等自然景观，或者是建筑、发明等人类创造物。这种技术路径相比虚构性小说需要演绎情节的方式来说较为简单。因此，不同的出版物可根据其自身内容的特性选择最佳的技术路径，以此增强读者的阅读感受。

另一方面，虽然目前拓展数字出版渠道的尝试较为基础，但并不是毫无借鉴意义。比如，利用二维码等方式将VR产品或有声读物等内容进行捆绑销售的方式，以及将出版物以多种媒介形态呈现都是对数字出版的有益尝试。[1] 这些都为数字出版的下一步实践积累经验、打下基础。

2. 政策层面

当前，我国对数字出版行业的政策扶持日趋完善，这离不开我国政府部门对数字出版主体的诉求的回应以及研究者所做出的努力。有研究者从内容分析法的角度对我国近年来出台的出版产业政策进行研究。研究结果发现我国的数字出版政策集中在环境面政策上，而供给面和需求面政策占比较少。[2] 这与环境面政策以维护市场秩序，激励数字出版产业主体的参与性的总体需求相关。[3]

---

[1] 邱俊明：《探索数字出版盈利的全新模式》，《出版广角》2019年第8期。
[2] 常嘉玲：《基于内容分析法的我国数字出版产业政策优化路径探究》，《出版发行研究》2019年第4期。
[3] 李承宏、李澍：《我国高新技术产业政策演进特征及问题——政策目标、政策工具和政策效力维度》，《科技管理研究》2017年第5期。

虽然产业政策的力度逐渐加大，但在实际情况中仍面临诸多问题，在以下方面仍可继续加强：首先，应逐步细化产业环境面政策。这是出于当前不同的市场特性、不同的受众需求，以及不同的产业转型难度的考量。因此，持续的产业政策扶持应当对不同情况进行可操作的制定和实施。其次，应避免因政策溢出现象而导致产业过度依赖政策扶持，或采用投机取巧的方式获得资金技术的支持，进而导致产业丧失创新力、竞争力的情况。最后，应当制定相应的实施效果评估与纠错机制，确保产业政策的有效性、资源和技术的合理化配置。[①]

五 结语

2020年的数字出版发展以新技术为依托，以新冠肺炎疫情为契机，给我国数字出版业带来很多启发。尤其在抗疫期间，人民群众恪守防疫规定，实行居家隔离，这段时间培养了读者尝试并使用数字化内容进行文娱消费的习惯，也为数字出版提供了一个良好的市场基础。正如当网购成为家家户户的购物选择之后，才能有当前"直播带货"的火爆热潮。

目前，巨大的机遇已经摆在眼前，我国数字出版行业应当抓住机遇，迎接挑战。在技术应对方面，应当加大资金投入，并重视科技人才的培养，将分散的资源进行整合，以此提高技术研发的效率。在运用场景方面，应当逐渐拓宽数字出版的应用领域，应主动在智慧城市、城市管理、智能家居、网络教育等领域崭露头角，借助有声阅读等既有的成熟经验，逐渐向其他领域进行拓展；在产权保护方面，既要制定出可操作、细致化的法律政策，同时也应当关照学术期刊的公益性质，在保证合法权益、回收科研成本的情况下，将知识更好地为广大人民群众服务；在未来的数字出版发展中，应当遵循互联网个性化、小众化的核心特质，精准定位消费者需求，提升数字出版物的体验感。

[①] 常嘉玲：《基于内容分析法的我国数字出版产业政策优化路径探究》，《出版发行研究》2019年第4期。

Report on Digital Publishing Development

Cui Bo, Fan Junhao

Abstract: By applying the new technologies of AI, 5G, Big data and VR, the digital publishing has presented its inherent advantages. Especially in February 2020, during the spread of COVID-19, the academic periodicals have transformed the way to address the urgent needs of disseminating the academic outcomes of this pandemic, which has presented the merits of digital publishing as well as its managerial abilities in public affairs. In this essay, the researchers present the main trends of digital publishing in China during the period from January 2019 to May 2020, by reviewing the historical development from the four dimensions, which are the digital publishing empowered by new technologies, the usages of scenarios in digital publishing and digital academic periodicals, and put forward the concerns of the industry.

Key words: Digital publishing, Sense classification, 5G, Virtual reality, Copyright

参考文献

Frank Mueller-Langer, Marc Scheufen, "Academic Publishing and Open Access", Max Planck Institute for Intellectual Property and Competition Law Research Paper, No. 13, 2013.

常嘉玲：《信息生态学视角下出版企业数字化创新能力探析》，《编辑之友》2019年第5期。

常嘉玲：《基于内容分析法的我国数字出版产业政策优化路径探究》，《出版发行研究》2019 年第 4 期。

陈洁、蒋三军:《5G 时代的数字出版变革与创新》,《编辑学刊》2019 年第 5 期。

杜耀宗:《VR 技术在出版领域中的应用现状及对策分析》,《出版发行研究》2017 年第 3 期。

李承宏、李澍:《我国高新技术产业政策演进特征及问题——政策目标、政策工具和政策效力维度》,《科技管理研究》2017 年第 5 期。

李春梅、李璐曦:《数字化视域下我国有声读物的发展研究》,《出版广角》2019 年第 6 期。

李玉帼:《当我们遇到恐龙——当传统出版遇到 VR》,《科技与出版》2017 年第 10 期。

李洋、韩跃杰:《开放存取与中国科技期刊出版发展研究》,《出版广角》2016 年第 7 期。

刘一鸣、高玥:《人工智能语音在有声读物中的应用研究》,《出版发行研究》2019 年第 11 期。

邱俊明:《探索数字出版盈利的全新模式》,《出版广角》2019 年第 8 期。

沈锡宾、刘红霞、李鹏、赵巍、张文娜、赵亚楠、刘冰、魏均民:《突发重大公共事件下科技期刊数字出版平台的社会责任与使命担当》,《科技与出版》2020 年第 4 期。

孙艳华:《场景分类在数字出版中的应用》,《出版发行研究》2019 年第 3 期。

谭春林:《新媒体时代科技期刊的"数字化断层"现象分析》,《编辑学报》2019 年第 1 期。

K. Tomas, "Virtual Reality: Why Magazines Should Adopt a Mobile-First Publishing Strategy", *Publishing Research Quarterly*, No. 4, 2013.

王睿、姜进章:《从嫁接到独立:行为理念下 VR 出版未来发展的核心与样态》,《出版发行研究》2019 年第 7 期。

王翔、鲍海波、马增强:《"城市数字出版"与新媒体公共平台建设》,《出版科学》2019 年第 1 期。

肖江涛、丁德昌:《论我国数字出版企业的版权保护机制构建》,《出版广角》2018 年第 24 期。

杨志辉：《学术期刊数字化出版到智慧出版的变革》，《编辑之友》2019年第1期。

张慧春：《学术期刊数字出版中的版权问题分析》，《编辑之友》2019年第2期。

《中国联通张云勇：5G网络覆盖还需5至8年，现在有必要买5G手机吗?》，2020年5月25日，腾讯网，https://new.qq.com/omn/20200525/20200525A044X400.html。

张忠月：《新时代数字出版发展的特点与展望》，《出版广角》2019年第13期。

中国出版科学研究所：《编辑实用百科全书》，中国书籍出版社1994年版。

技术篇
Report on Technology

T.16 智能媒体产业区块链应用研究报告

刘英华　胡佳音[*]

摘　要： 区块链技术给媒体产业带来革命性的变化，其去中心化、高度信任、可溯源、信息不可篡改性和数据安全的特征推动了媒体产业智能化的进程。本文根据当前区块链技术与媒体产业的融合情况，详细介绍了区块链在媒体创意、生产、流通、消费、生态的具体应用，并预测智能媒体产业区块链将面临的机遇与挑战。

关键词： 区块链技术　区块链媒体　智能媒体

一　媒体区块链的发展情况

（一）媒体产业与区块链结合

技术是媒介发展的助力器，传统新闻业努力借助互联网实现自我革新和发展。近年来，媒体产业表现形式层出不穷，从最初的门户网站、手机App，到"人人都有麦克风"的自媒体，再到人工智能加入的全媒体，传统媒介信息生产传播的各个阶段都实现了创造性的颠覆。万物皆媒的时代来临，"每个人都是信息的来源，也可能成为信息传播的节点，人们的社交网络成为主流的信息传播渠道之一"。[①]

---

[*] 刘英华，博士，中国社会科学院大学副教授，研究方向为数字媒体与网络传播；胡佳音，英国爱丁堡大学数字化社会硕士，中南传媒出版集团上海浦睿文化传播有限公司品牌经理，研究方向为数字化媒体。

[①] 彭兰：《智媒来临与人机边界：2016 中国新媒体发展报告》，2016 年 11 月 17 日，腾讯视频，https://v.qq.com/x/page/e03474pxam2.html。

但全面迭代的同时，媒体也面临了诸多问题。比如，用户的隐私保障不足，数据泄露事件时有发生；流量竞争激烈，传播的信任机制被版权侵犯、洗稿刷单等行为影响；激励约束机制不足，传播参与者未获得合理的分配利益……基于以上情况，智能媒体产业区块链应运而生。

区块链，是一个由不同节点共同参与的高度去中心化的分布式账本，账本中的每一个区块包含多条有效确认的数据信息。这些信息被自动加盖时间戳，不可篡改，公开透明。区块链作为新技术，主要应用在泛金融行业、物联网、政府管理等领域，但目前该技术也被应用到了文化传媒领域。基于其四大核心技术，即 P2P 网络技术、加密技术、智能合约、共识机制等，区块链能够自动验证、自动确认并形成共识，且都能够向前追溯，提供透明性和可审计性。

因此，区块链与媒体产业相结合，在很大程度上促进了传媒业的多渠道内容创造与传播，增强了传播内容的完整性和可行度，又能及时给予传播者创作激励，进而营造出良好的信息传播环境，"将传媒产业生态与外部商业生态和社会生态呈现更加无缝融合的态势"。[①]

（二）智能媒体产业区块链的发展

区块链媒体是以区块链技术的开发与应用为基础所打造的区块链媒体平台，具有高度去中心化、无须信任的高度信任、价值传递、信息不可篡改性、隐私高度保护等五大技术特征。

具体而言，区块链首先为媒体的信息资产建立与其相对应的数字身份。即每一篇文章、每一部电影都能在区块链中有具体、确定的信息值，由此版权问题得到极大程度的改善。其次，区块链将合约智能化，明确分配相应收益。内容生产者可以清楚地了解合约内容、作用，更加信任信息流通体系，促进新一轮的传播。再次，区块链去中心化的点对点交易，让闲置资源与资本全球流通，推动信息共享的全球化进程。最后，通过区块链，媒体产业实现创意、生产、流通、消费、生产等五个智能化，达到

[①] 人民创投区块链研究院：《传媒行业区块链应用发展研究报告》，2018 年 11 月 8 日，人民网，http://blockchain.people.com.cn/NMedia-File/2018/1108/MAIN201811081636000407802071444.pdf。

"万物皆媒体"的高度。

二 智能媒体产业区块链应用

（一）媒体创意智能化

当今媒体产业需要流量的支撑。即便是相同的媒体业务、相同的受众群体也不得不面对流量的自然衰退周期，那就需要媒体频繁运用不同的创意来保证流量的增长。因此，媒体创意的质量和数量对媒体产业的发展具有重要影响。

随着 Web 3.0 社交媒体交互的发展，UGC（用户生产内容）应运而生。用户不再是单纯地阅读、下载，单方面从社交网站上索取信息，而是可以发表自己的观点，与其他用户发生联系。这样的互动模式给媒体产业的创意化发展注入了新鲜活力。传播内容不再只来源于专业的新闻团队，不再受限于网站开发者的个人逻辑，而是收集了众多观点，再以交互的模式去吸引更多的用户。同时，这些社交平台也受益于此，积攒了大批新的用户数量，提升了网站的活跃度，反过来再给予更优质、更专业的 UGC 更好的创作土壤，营造出更广阔的传播生态。但 UGC 模式也存在问题，内容质量浮动太大，信息池很容易鱼龙混杂，甚至可能沦为广告、垃圾消息的集散地。由此，部分 UGC 逐渐更新升级为了 PGC（专业生产内容）。

PGC 即专家提供的内容，也就是在某一社交媒体上有较为权威的、各行各业的专家提供的、具有一定水平和质量的内容。例如 36 氪、虎嗅网上的专栏作家，知乎的"专业认证"，微博的行业大"V"等。PGC 的优势十分明显，这些内容的可控性强，经过了多层的筛选，以更权威、更系统、更实用的面貌呈现给平台用户。的确，这些内容更具吸引力和影响力，但这些所谓的"Professional"的数量有限，产出内容的速度和质量仍具有很大变数。

技术的发展让传播内容的生产方式又有了新的变化——MGC（机器生产内容），也就是依托于大数据的"媒体大脑"，将新理解的内容与已有数据进行关联，对语义进行检索和重排，去智能生产新闻稿件。同时，人工智能还将基于文字稿件和采集的多媒体素材，经过视频编辑、语音合成、数据可视化等一系列过程，最终生成一条富媒体新闻。

目前，PGC 与 MGC 相结合已经成为一个明显的媒体创意智能化趋势。具体来讲，通过运用人工智能、大数据、区块链、云计算等技术，提前设定文本写作框架，使计算机可以在没有人工参与的情况下，自动把写作素材和数据加工成媒体内容产品。人来从事更有创意、创造力的工作，用机器取代大部分机械工作，以区块链等智能技术为基础，以人机协作为特征，大大提升了内容生产效率，降低了生产成本，同时强化了新闻产品的创意表现。区块链在其中不仅是一种技术依托，更是一种新型的思考方式。它推动了创意的生成、完善、实现和转化，帮助实现了人（创作者）—机互动，乃至人（创作者）—机—人（用户），即众创（crowd-creativity）；拓展、垂直、细分了创意的类别；[①] 保护了创意知识产权，提升了传媒从业者的新闻敏感度、机器思维及互联网素养，从而真正地应用在了媒体产业的发展中。

（二）媒体生产智能化

当媒体创意实现智能化之后，媒体产业就需要将创意付诸实践，投入生产。目前媒体生产的智能化主要体现在用计算机程序处理数据来生成相应的内容，各种智能内容生产方式也层出不穷，如数据驱动新闻（data-driven journalism）、机器人新闻（robot journalism）、算法新闻（algorithm journalism）、计算新闻（computational journalism）、传感器新闻（sensor journalism）等。而在实践中贯穿以上新闻生产、信息传播各个环节的，则离不开人工智能、区块链等新技术。如今，中国主流媒体也实现了从预设计算机程序编制新闻内容的"机器人写稿"模式，向使用计算机程序、借助传感器自动收集数据并生成报道文本的"媒体大脑"模式的升级。[②] 例如，新华社推出了智能化内容生产平台"媒体大脑"，该平台具备检测、识别、分析各新闻事件和数据的功能，从而选取报道角度，调配地理位置、气象等多维信息，生产出即时性的数据新闻，提供富媒体式的报道。

但这种"大脑"真的可以达到智能媒体的标准吗？机器写作可以达到

[①] 胡正荣：《解析人工智能、区块链与媒体大脑如何颠覆传媒业》，2018 年 7 月 4 日，搜狐网，https://www.sohu.com/a/239212849_770746。

[②] 宋建武、黄淼：《媒体智能化应用：现状、趋势及路径构建》，《新闻与写作》2018 年第 4 期。

新闻从业者的水平吗？产出内容可以满足用户的需求吗？写出来的作品有温度、有情感、有个性吗？诚然，这些疑虑和担忧确实存在。事实上，媒体生产智能化离不开创意智能化。数据训练、数据挖掘等人工智能技术是以工具的形式提高媒体内容产量，丰富媒体生产质量，而内容生产的决定权、监督权还是牢牢掌握在人的手里。

因此，智能媒体产业的发展并不是只有算法与数据的碰撞，还离不开人和机器、人和人的智慧汇集。清华大学的彭兰教授认为，"随着人工智能的发展，机器写作会在更大的层面，更广的层面推动人和机器在新闻写作方面的合作和进展"。[①] 也就是说，当机器的能力和人的智力融合之后，未来的传媒领域将会变成人机合一的写作体系。一方面，机器提供更多的报道广度深度、提炼传播规律，预判传播效果，然后再反作用于写作的起点；另一方面，大量人员个体，包括用户和专业机构，通过一种去中心化的自组织的方式完成了新的新闻协同生产。

智能媒体产业的以上操作与区块链技术的"去中心化"理念不谋而合。所有参与媒体产业生产链的利益方都能通过自组织、去中心化的方式生产传播内容。媒体生产过程非线性化、网络化，即所有生产要素可以网络化多点配置，内容生产可以存在于区块链的任何一个分布式节点，无论是创造、审核、传播、认证，都能有相应的副本确认，起到版权保护作用。另外，生产方式完全协同化，在人—机—人的协同中完成产品，实现众产（crowd-production），区块链提供了这样的网状协同的技术条件，媒体大脑提供了非线性生产平台。[②] 这种智能化的结合促进媒体生产的众筹，建立实时沟通、公开透明的流程，准确跟踪媒体流向，甚至推动全球化的信息流通。

（三）媒体流通智能化

美国学者拉斯韦尔在1948年提出了构成传播过程的五种基本要素，即传播者（Who）、传播内容（Says What）、传播渠道（in Which chan-

---

[①] 彭兰：《智媒来临与人机边界：2016中国新媒体发展报告》，2016年11月17日，腾讯视频，https://v.qq.com/x/page/e03474pxam2.html。

[②] 胡正荣：《解析人工智能、区块链与媒体大脑如何颠覆传媒业》，2018年7月4日，搜狐网，https://www.sohu.com/a/239212849_770746。

nel)、传播受众（to Whom）、传播效果（with What effect）。在当下新媒体的语境下，该模型仍然适用，具体表现为传播效率提升，传播效果明显，进而促进新一轮的传播。

具体来讲，PC时代和移动网络间接地降低了信息生产和传播的门槛，传播者增多，自媒体人迅速掌握话语权；传播内容激增，海量信息铺天盖地；传播渠道多样，多种社交媒体平台提供互动舞台；传播受众更易获取信息，围观甚至恶搞盛行；传播效果明显，转发、评论、点赞、投币等行为给出即时性的反馈。但媒体流通的高效也产生了相应的问题，比如传播者的媒介素养并未达到一定高度，传播内容冗杂，把关人缺失，一些不符合群体规范或者把关人价值标准的信息进入了传播渠道。盗版猖獗，谣言四起等负面传播事件屡禁不绝。这不但侵犯了内容生产者的既得利益，打击他们的创作积极性，而且对媒体产业生态造成了极坏影响。

区块链技术在很大程度上改善了媒体流通中的各类状况。在本章的前两部分，笔者介绍了区块链如何推动媒体创意和媒体生产的智能化，从而缓解或解决了媒体流通中传播者和传播内容的相关问题。与此同时，区块链技术在传播渠道方面亦有贡献。

首先，区块链可溯源、不可篡改的特质让多个渠道的内容创作生产传播有迹可循，提高了内容呈现的可信度和完整度，[①] 且区块链可溯源的实现成本低，激活了媒体内容行业的生产力，促进内容价值转向两端——使用者和创作者,[②] 加快媒体流通智能化进程。其次，区块链具有去中心化、分布式存储的重要特征，可以在多个节点上设置把关人，并有条件去反复多次确认媒体的流通过程。同时，区块链可以使交易、流通的原有中介渠道消失或重组，这种去中介化的特征使得传媒产品可以与任何时空、任何用户见面，并且都有记录。那就允许传播内容的审核主体并不局限在专业的传媒从业者或者特定机构，而是能让对其传播内容感兴趣的网民、用户、粉丝、监管机构等多个群体也参与到把控环节。如此，传播内容的质

[①] 欧阳日辉：《区块链媒体：任重道远的新媒体形态》，《新闻与写作》2019年第7期。
[②] 《"百度已死"，内容永生——区块链将开启第4次媒体内容革命》，2019年1月25日，巴比特网，https://www.8btc.com/article/351275。

量得以提升,媒体流通也变得更加智能化。最后,区块链生态中主张"行为即资产",① 它的各类底层协议和智能合约体系架构起全球价值互联网络,人类社会的各项数字资产及实在资产都可以在区块链中实现价值传输、分享和流转。② 在媒体产业中,这种流通会让非线性、垄断渠道平台地位逐渐式微,生产者、产品与用户之间的智能合约使得产品和服务点对点之间的可信任传播变得可能。换句话说,区块链技术推动了媒体产业中的任一有价值的参与方都能在传播链中建立信任,收获利益。因此,区块链技术有效节约了价值流通的成本,保护了内容生产者,提升了媒体流通速率,提高了价值的效益与效果,维护了传播生态。

（四）媒体消费智能化

生产决定消费,智能媒体产业生产方式的变革也带来了新的消费取向。互联网的交互逻辑促进媒体消费形成新的消费闭环,推动用户对媒体市场更高层次的追求,同时要求传媒的商业化模式尽可能地满足消费者需求。针对以上媒体市场新形势,区块链技术也提供了相应的支持。

第一,区块链的智能合约、无信任的高度信任属性维系了媒体市场的运行。在数字系统中,区块链设置了一套代码化约定,要求合约的参与方落实具体的协议内容。此合约高度透明,不可扣押或撤销。③ 区块链还公开了相关的交易信息,通过共识算法机制,为消费参与者建立起一个完全诚信的网络。在媒体市场中,区块链搭建版权自助交易平台,让传播内容作为商品去售卖,由用户购买、消费、分享后产生使用价格和分享收益,随即根据合约内容分配至内容创造者、生产者的相应账户。这种形式既提升了传播受众的版权意识,又给予了传播者实际支持。综上,区块链技术为版权交易形成了良好的商业闭环,规避了多方参与所产生的纠纷可能,

---

① 人民创投区块链研究院:《传媒行业区块链应用发展研究报告》,2018年11月8日,人民网,http://blockchain.people.com.cn/NMediaFile/2018/1108/MAIN201811081636000407802071444.pdf。
② 李华君、张智鹏:《区块链技术背景下传媒产业的新现象、新特征与新趋势》,《宁夏社会科学》2018年第6期。
③ 郭全中:《"区块链+"时代下的传媒业新机遇与新挑战》,2019年11月4日,人民网,http://media.people.com.cn/n1/2019/1104/c14677-31436264.html。

保证了信息生产消费的公平合理。

第二，区块链的价值传递间接推动了媒体产业的长期发展。当下，媒体产业的消费主权已经发生了变化。传播者单向主导媒体消费的时代一去不复返，传播受众即用户掌握了消费的主动权。他们既需要更多的商品选择，又对商品的质量有了更高的需求。这不但推动了媒体产业技术的发展，而且督促传媒从业人员提升专业能力。具体来说，用户需要更多层次的个性化新闻推荐，则设备终端需要更加智能化，拥有更强的数据分析和内容塑造的能力，在技术上为用户提供多种选择。在整理计算出消费倾向之后，传播内容的质量则成为进一步的消费对象。而无论是哪一种消费需求，区块链技术都可以满足。区块链把基于算力的公平性和价值分配利用到分布式网络构建中，通过智能合约和通证即时传递，把投资人、用户、治理者、开发者等所有参与方都纳入价值分配中，实现了科学的媒体消费分配。同时，区块链技术能促进传播内容更加优质，确保数据采集的真实性，纠正报道者的刻板印象和"媒介的偏向"；确保报道的安全性，抵御政治和技术力量的干预；[1] 并从源流上抑制假新闻，减少被商业资本操纵的新闻报道数量，新闻工作者回归其告知和赋能的基本社会职责。[2]

第三，区块链提升了媒体消费的体验，平衡了传播市场的供给。区块链可以记录每个分布节点的信息，在很大程度上解决了虚假流量的问题；可直接计算分析出消费者的阅读习惯，进而为其定制化生产新闻，定向性推送信息，省去了很多中间营销环节，将媒体消费垂直化，消费体验更加人性化。同时，区块链技术让文化传媒领域的交互性变强，通过搜集、过滤、整合、优化、匹配、参与等流程，"将人的行为量化、可追踪、可分析，是为了更好地理解人"，[3] 然后生成用户所需的产品与服务、消费方式、消费场景。用户可根据特定的场景和行为惯性获取信息，从看新闻到聊新闻，到与社交平台的互动，再到各类沉浸式、体验性消费。如此，媒

---

[1] 邓建国：《新闻＝真相？区块链技术与新闻业的未来》，《新闻记者》2018年第5期。
[2] 李华君、张智鹏：《区块链技术背景下传媒产业的新现象、新特征与新趋势》，《宁夏社会科学》2018年第6期。
[3] 彭兰：《智媒来临与人机边界：2016中国新媒体发展报告》，2016年11月17日，腾讯视频，https://v.qq.com/x/page/e03474pxam2.html。

体产业的供给与需求得到匹配。

（五）媒体生态智能化

区块链技术在净化媒体产业生态上也发挥了极大作用。首先，版权得到了有效的确认与保护。移动互联网下，内容创作者、审核者、传播者之间没有明确的条约规定，导致抄袭、篡改、盗版现象严重。区块链技术为原创、多元化、高质量内容提供保障，内容付费时代迎来高光时刻，用户订阅和数字版权管理格局将会得到根本性地变革。

其次，区块链技术帮助传媒业实现价值转化，不忘初心。信息来源不再局限于专业人员和机构，而是以去中心化的流程进行着选题策划、内容创作、信息流通的各个环节。因此，内容为王的时代还在继续，传播受众将以各种数字加密的货币为新闻内容付费买单。报道活动不再依赖于利益集团和商业广告资金，而是从实际出发，回归记录真实的事件，在良好的传播环境中进行价值分享。

再次，激励机制有助于促进媒体产业的良性循环。不光是内容创作者、生产者可以得到收益，区块链中的审核者、传播者、反馈者都可以有所营收。因此，公众参与了媒体流通，对相应的传播节点负责，并且付出就有回报。自然而然，更多的人、更好的内容被吸引至区块链下媒体产业的发展中来。

最后，传媒业全产业链、全业态、全市场布局发展成为可能。区块链打通了传播内容的生产、运营以及与用户间的沟通壁垒，整合好内部资源、行业资源和产业资源，同时支持媒体产业与其他行业的跨界融合。区块链让媒体的边界逐渐消失，信息的资本流通也将进一步的迭代升级。

三 智能媒体产业区块链的发展趋势

（一）智能媒体产业区块链的机遇

区块链技术推动媒体产业智能化，如版权保护与资产管理、信源认证与内容审核、内容生产与新闻众筹、智能交易与广告效果、舆情分析与舆论环境等。① 这些应用为传媒文化领域注入新的活力，带来了一系列的机遇。

第一，区块链从媒体传播的各个环节加深了传媒业的数字传播商业化趋势。具体来说，区块链的内容生产版权确认，智能合约与激励机制并行，将信息价值系统化、资产化，平衡公开透明的信息链供给关系，监督管理维护传媒生态。在以上过程中，传统媒体正逐渐被改造为智能媒体，提升了媒体产品的传播效率，在更快地与传播受众接触的同时，还能抓取到用户的第一手数据资料，而这些数据又拥有庞大的产业价值。其中，区块链作为技术，为数字商业传播保驾护航，其分布式、可追溯等特征，构建起了新的市场规则。即以数字加密货币为流通方式，以用户化、社交化、资产化的内容为商品，带动传媒产业的信息数字化消费。

第二，区块链技术扩展了公众话语空间。一方面，区块链技术的P2P和加密技术吸引了更多传播参与者，增加了社交互动的可能，且媒体产业在区块链的各个节点中公开透明，内容生产者和消费者可以更直接、更安全地发生联系，于是公众话语权在更广阔的网络公共领域中得以实现。另一方面，区块链去中心化的特征让传播生态变成一个自组织、自管理的系统。也就是说，讨论参与者有自主选择和管理的权利。他们的创作表达意愿也得到提升，并在区块链维系的传媒生态中培养了良好的媒介素养，增加了公众话语空间的广度和深度。

第三，区块链提升了媒体产业的文化价值。源头上，区块链有效保护了知识产权，控制了粗制滥造、恶意抄袭等不文明传播现象。流通上，区块链的合约激励让信息不再受限于商业资本，为新闻报道提供经济上的保障支持，从而推动解决社会现实问题，挖掘更深层次的社会文化价值。

（二）智能媒体产业区块链的挑战

尽管区块链在智能媒体产业中的发展前景十分美好，但我们也要意识

---

① 郭全中：《"区块链+"时代下的传媒业新机遇与新挑战》，2019年11月4日，人民网，http：//media.people.com.cn/n1/2019/1104/c14677-31436264.html。

到，这种融合也伴随着种种挑战。

就技术层面而言，目前区块链的技术水平有限，在性能、扩展性、隐私保护、安全度等方面还未达到真正成熟的水平，在基础设施的建设和分布上也没有达到大规模商业化的高度。事实上，区块链技术可以在许多传媒场景中发挥重要作用，例如：（1）媒体信源认证；（2）公民新闻审核；（3）数字版权保护；（4）付费内容订阅；（5）传播效果统计；（6）用户隐私保护；（7）数字资产管理等。[1] 但目前，区块链技术在我国媒体产业中的应用还是主要集中在了版权保护方面。对于其他场景，传媒业区块链的探索才刚刚开始。

就信息成本而言，区块链的前期投入成本很高。理论上来讲，信息空间的维度越大，机制运行的信息成本越高。区块链所呈现的网络形态为分布性，不仅信息空间维度大，而且还要配有交叉确认以避免私自同谋篡改等情况，如此便加剧了信息的运行成本。

就信息监管而言，国家对货币和媒体产业监管严格，而区块链技术应用了数字加密货币来推动媒体产业的流通。基于体制政策，区块链技术人员和媒体专业人员都要考虑如何平衡国家监管与区块链下的智能媒体发展。学者郭全中认为，一是未来可以在国家发行数字货币的基础上，让 Token 对标国家数字货币；二是在一定程度上降低区块链媒体的安全性的同时，设立具有较大权限的节点，在需要删除和修改内容时进行修改和删除。[2]

就智能媒体区块链的发展而言，传媒生态系统的创建与维护难度大。媒体行业对于时效性的要求极高，这就要求区块链技术能更快捷地与其匹配。当下区块链延时性较高，并发能力不足，很难满足大规模地推送新闻报道。同时，新技术的确能进行媒体的创意和生产，但现阶段媒体再智能还是要依靠人创造出来的公式算法来提取和分析数据。尽管传播效率有所提升，但当媒体利益产出不大时，智能合约和激励机制很难调动起传播链各参与方的积极性。

---

[1] 李鹏飞：《基于区块链技术的媒体融合路径探索》，《新闻战线》2017 年第 15 期。
[2] 郭全中：《"区块链+"时代下的传媒业新机遇与新挑战》，2019 年 11 月 4 日，人民网，http://media.people.com.cn/n1/2019/1104/c14677-31436264.html。

综上所述，尽管区块链技术在媒体创意、生产、流通、消费、生态等五个方面实现智能化，能有效推动媒体产业长期稳定发展，但短期内如何融合智能媒体产业和区块链并产生实际效益，仍值得学者深思探讨。

Smart Media Industry Blockchain Application Research Report

Liu Yinghua, Hu Jiayin

Abstract: Blockchain technology has revolutionized the media industry. Its features such as decentralization, high-trust, traceability, tamper proof and data security promote the development of smart media. Based on the recent combination of blockchain technology and media industry, this thesis introduces how blockchain technology applies into creativity, produce, circulation, consumption and environment in media industry, thereby predicting the opportunities and challenges of blockchain media.

Key words: Blockchain technology, Blockchain media, Smart media

参考文献

《第 44 次〈中国互联网络发展状况统计报告〉》，2019 年 8 月 30 日，中国互联网络信息中心网站，http://www.cnnic.net.cn/hlwfzyj/hlwxzbg/hlwtjbg/201908/t20190830_70800.htm。

彭兰：《智媒来临与人机边界：2016 中国新媒体发展报告》，2016 年 11 月 17 日，腾讯视频，https://v.qq.com/x/page/e03474pxam2.html。

郭全中：《"区块链+"时代下的传媒业新机遇与新挑战》，2019 年 11 月 4 日，人民网，http://media.people.com.cn/n1/2019/1104/c14677-31436264.html。

人民创投区块链研究院：《传媒行业区块链应用发展研究报告》，2018年11月8日，人民网，http：//blockchain.people.com.cn/NMe-diaFile/2018/1108/MAIN201811081636000 407802071444.pdf。

胡正荣：《解析人工智能、区块链与媒体大脑如何颠覆传媒业》，2018年7月4日，搜狐网，https：//www.sohu.com/a/239212849_ 770 746。

李鹏飞：《基于区块链技术的媒体融合路径探索》，《新闻战线》2017年第15期。

欧阳日辉：《区块链媒体：任重道远的新媒体形态》，《新闻与写作》2019年第7期。

《"百度已死"，内容永生——区块链将开启第4次媒体内容革命》，2019年1月25日，巴比特网，https：//www.8btc.com/ article/351275。

邓建国：《新闻=真相？区块链技术与新闻业的未来》，《新闻记者》2018年第5期。

李华君、张智鹏：《区块链技术背景下传媒产业的新现象、新特征与新趋势》，《宁夏社会科学》2018年第6期。

邓家鑫：《基于区块链技术下的自媒体新闻业发展探究》，《新闻世界》2019年第1期。

栾心怡：《传媒业中的区块链：虚假新闻的天敌》，《青年记者》2018年第20期。

宋建武、黄淼：《媒体智能化应用：现状、趋势及路径构建》，《新闻与写作》2018年第4期。

T.17 生物传感技术在智能媒体的应用发展报告

鞠　靖　曹素妨[*]

摘　要： 以传感器技术为基础的智能物联时代，正在给新闻业带来颠覆性的变革。现阶段，传感器在新闻业的应用实践以及案例还比较缺乏，而生物传感技术在新闻传播的应用就更加小众，新华网融媒体未来研究院（FMCI）在2013年开始意识到生物传感技术将对传媒业产生颠覆性的影响，并开始开展生物传感技术的相关科研研究及应用实践，目前在智能车媒体、传感器新闻、广告效果评测、影视评测、传播效果评测等泛传媒领域已经取得了一定的科研及实践应用成果。

关键词： 生物传感　智能媒体　传感器新闻　传播效果评测　人机交互

随着人工智能和物联网的普及，一个万物互联的时代即将到来，它所带来的变化必然更加广泛而深远。尤其是以传感器技术为基础的智能物联时代的技术革命又将给新闻业带来颠覆性的变革，使媒介与非媒介之间清晰的边界正在消解，新闻业的某些环节也面临着被重新定义的可能，万物皆媒时代也即将来临。

---

[*] 鞠靖，新华网融媒体未来研究院副院长，清华大学新闻与传播学院博士研究生在读；曹素妨，新华网融媒体未来研究院科技记者、科研助理，河北大学新闻学硕士，曾就职于新华社《中国传媒科技》杂志社，担任编辑部主任、记者，曾参与中国首个生物传感实验、用户体验评测实验室的建设与运营。

T.17 生物传感技术在智能媒体的应用发展报告

一 生物传感技术的发展历程

从广义上来说,传感器就是一种可以检测到周围环境变化并将这种变化通过某种方式输出的一种装置。从19世纪末出现的第一个现代的人造传感器,到20世纪40年代出现的红外传感器,在过去的一百多年里,传感器技术的发展日新月异。[①]

由于应用场景的多元化,传感器的种类也相应地越来越丰富。生物传感器是物联网时代非常重要的一大类,目前已被广泛应用于影视、生物、医学、神经学、心理学等多个相关领域。经过半个多世纪的发展,生物传感器的定义基本形成,简单来说,生物传感器充当着一个接收器和转化器的角色。主要体现在三个方面:感受,提取动植物发挥感知作用的生物材料(对于人而言,则是人的情绪情感数据)。观察,将生物材料感受到的持续、有规律的信息转换为人们可以理解的信息。反应,将信息通过光学、压电、电磁等方式展示给人们,为人们的决策提供依据。[②]

目前我们将传感器分为物理传感器(基于物)和生理传感器(基于人)两大类。如果说物理传感器如温度传感器、重力传感器、距离传感器、加速度传感器、物体识别传感器等是人工智能感知外部世界的核心载体,那么生物传感器如皮电传感器、红外传感器等则是物联网时代人工智能了解人的内心世界的重要核心载体,是基于人和关系研究的关键性技术,这也是物联网时代的本质需求。它将打通行业数据与跨行业数据、线上数据与线下数据、生理数据与非生理数据、物理数据与社会化数据间的边界。[③]

作为下一代物联网基础技术的传感器技术,已经开始被应用到新闻传播领域,物联网时代的传感器新闻的崛起,使得"万物互联、万物皆媒"成为显性表征。基于传感器进行信息采集必然成为新闻传播行业新的新闻生产模式,依靠传感技术获取信息数据并进行深度挖掘与分析也将成为传

---

① 杨溟:《我懂得你的感受——生物传感技术在传媒领域的应用》,《青年记者》2016年第6期。
② 根据网络资料和百度百科资料整理。
③ 杨溟:《传媒业生态在万物互联时代的特征预测》,《中国传媒科技》2016年第8期。

媒专业能力的核心。

清华大学新闻与传播学院教授彭兰也提到，未来传感器的种类和应用领域将进一步丰富，传感器将成为连接器，把各种对象产生的数据输送给媒体，从而不断拓展新闻生产的思路与空间。[1]

二 生物传感技术在传媒应用中的优势及重要性

有了生物传感这种追踪式的"无缝"了解，技术才能捕捉人类需求，以便做出合理、有效的决策。生物传感技术应用在智能媒体上，优势非常显著，具体体现在以下几点。

1. 生物传感技术将是基于人和关系研究的关键性技术。自互联网、移动互联网以来，其时代思维都是"以用户为中心"，时代的变革致使新型媒体变革的关键也是以用户为中心，重视双向互动的用户体验。麦克卢汉早在《理解媒介：论人的延伸》一书中便提出，衣服、车辆、广播、电影电视、电子媒介分别是人的皮肤、腿脚、耳朵、眼睛、中枢神经的延伸，其他一切媒体都是人部分器官和感官的延伸。新华网融媒体未来研究院院长杨溟则认为，"生物传感器作为媒介工具可以成为人情绪情感的延伸，它会像理智的研究者一样敏锐地体察并反馈人类的方方面面，利用信息获得真是感受，增进理性，延伸人类存在的维度"。

今日头条对用户的个性化推荐是基于用户线上数据的实时收集和分析，并在用户线上使用行为发生改变后短短几秒钟更新用户模型、自动匹配用户信息。生物传感技术则是基于用户线下非结构化数据的实时收集、分析与实时反馈的人际交互系统的关键性技术，它更加强调人的心理与情绪变化，能够更加准确客观的分析并满足用户的真实诉求。

新华网融媒体未来研究院院长杨溟非常看重传感技术尤其是生物传感技术对于人工智能发展的意义，以及其给未来智能媒体形态变化带来的机遇，"生物传感器技术可以使物有'生命'，使人更了解自己，使连接无缝"，他对未来传媒业发展的理解就是未来将迎来一个生态媒体时代，也就是基于专业的媒介素养和生物传感技术相结合形成的能量的交换和支持

---

[1] 彭兰：《"传感器"与"新闻"的相遇会带来什么》，《新闻论坛》2017年第5期。

系统。生态媒体时代会形成真正以人为中心，以关系经营为核心，以跨界、跨平台连接与协作为特征的新型组织关系。

北京师范大学新闻传播学院执行院长喻国明教授在2020年6月的"网络与新媒体讲习班"线上直播讲座中，做了题为"技术革命主导下的未来传播与学科重构"的观点分享，提出了未来传播的四个关键词：数据霸权、关系赋权、算法即媒介、以人为本。他认为数据是未来传播中的重要驱动力，在此基础上，谁能影响关系的构造和规模、关系的激活和整合，谁就能在互联网世界拥有更多的影响力和价值，同时，未来最基础的媒介将是基于算法的媒介，应当更加强调以人为本。

2. 未来智能媒体的本质，是从小数据到大数据再到全数据，从计算机超级计算到处理能力再到人工智能。① 生物传感器可以拓展媒体的感知能力，开辟新闻信息采集和数据采集的新维度，相较于人的感知能力，生物传感器在感知的广度、深度以及准确度等方面都有着明显的优势，可以帮助媒体获取以前无法或不易取得有关人的数据、分析数据背后蕴含的新闻价值，帮助媒体从新的维度和深层的角度揭示与描绘新闻事实与社会现象。

3. 生物传感技术所收集到的信息更加客观。生物传感器收集到的是人对于某个事件或者场景的生理反馈。这种反馈往往是非主观和无意识状态下的，不受舆论压力、从众心理等其他因素的干扰。而传统的调查问卷、现场访谈、投票打分等方式收集的用户信息可能不够客观和准确，往往带有人的主观意识，有违新闻的真实性、客观性和准确性。

4. 生物传感器可以增强媒体与用户的交互性。媒体借助生物传感器收集新闻信息与数据的效率更高，连续性更强。不同于传统问卷的事后性，生物传感器收集数据信息是在实时场景下进行的连续性的数据采集，并且可以和用户进行实时交互甚至可以根据采集的用户的实时数据进行实时的个性化场景优化，实现真正的人机交互，这在互动游戏、互动影视等领域已开始广泛应用。正是由于这种实时的、连续的、高效的信息采集模式，媒体可以实时捕捉用户更加细化的、个性化的需求并做出即时反馈，新闻行业也开始创新拓展传媒应用，开发出人机交互性强的新闻产品。

---

① 杨溟：《我懂得你的感受——生物传感技术在传媒领域的应用》，《青年记者》2016年第6期。

5. 生物传感器为记者提供预测性报道新依据，帮助记者洞察未来走向。正是由于生物传感器可以帮助记者采集具有深度和广度的准确数据，并帮助记者发现其背后的本质规律，才更有利于记者准确的预测事件的未来走向。正如新华网融媒体未来研究院院长杨溟所言，未来智能媒体的主要功能必然包括对已知事实的解释走向对未来未知的预测，所以预测、预警、预告是未来媒体的竞争力。

生物传感技术在新闻业的创新性应用，可以弥补记者新闻信息采集和数据采集的短板，帮助记者收集人工难以收集的大量线下数据和深度挖掘数据背后蕴含的新闻价值，辅助记者完成新闻深度分析与报道，并为记者提供预测性报道的新依据，一定程度上强化了新闻报道的权威性。这种实时的、连续的、高效的信息采集模式，还可以帮助媒体实时捕捉用户个性化的需求并做出即时反馈，实现智媒时代真正的人机交互。

三 生物传感技术在智能媒体的应用案例

传感器新闻2012年才发轫，已有的文献研究、应用实践以及案例都比较缺乏，而生物传感技术在新闻传播的应用就更加小众，新华网融媒体未来研究院早在2013就开始意识到生物传感技术将对传媒业产生颠覆性的影响，甚至有重新定义新闻模式的能力，并开始开展生物传感技术的相关科研研究及应用实践，目前已经取得了一定的科研及实践应用成果。

新华网融媒体未来研究院在研究传感技术本身的同时，立足于传媒主业，将传感技术应用在满足不同行业应用需求的定制化产品上，开辟了多场景、多行业下媒体进行科技赋能的新空间。目前，已在生物传感智能机器人、情绪流新闻、车媒体智能交互、实时感知与用户体验、共享视觉、影视评测、报道及广告效果评估等方面取得成果。

（一）传播效果评测

世界闻名的舞台剧《战马》在2015年引入中国之际，我们与中国国家话剧院及英国皇家话剧院合作为该剧进行了用户体验和传播效果测评。共邀请150名观众（男女各半，其中包括30名儿童）在观剧期间戴上我们自主研发的生理传感器，利用第一代"生物传感智能机器人Star"，结合问卷调查等主观报告方式，得到观众的整体观看体验。其中，根据不同人的属性标签、性别和年龄等问卷数据，进行群组统计分析。而传感器数据的分析，则根据导演组提出的具体场景和需求进行深度数据挖掘，传感器数据分析的结果颗粒度精确到毫秒，比问卷方式的调查结果更加有时间上的连续性，信息内容更加丰富，结果也更加多元化。比如我们对全剧中226处马偶戏的观众关注度情况进行分析（见图1），而主观报告的方式不可能记住每一处马偶戏时观众的反应。传感器数据还发现，之前为吸引儿童观众所做的"观剧可先参观后台"的策略也是不利于提升观众兴趣度的，因为数据显示，先看后台再观剧的孩子关注度明显低于没有看过后台的孩子，为此，市场策划团队将营销策略调整为"先观剧后参观后台"，从而保证观众能够有更好的观剧体验，从一定程度上提升了传播效果。

结合这些数据，我们还开发了机器写作工具。已有的机器写作工具大多数用于体育竞技、股市、财经、气象等领域的报道，因为这些领域有结构化的数据，把机器写作用于人文艺术类的报道，此前还没有过，因为缺少数据，而我们的技术则提供了人的数据，可以为报道提供一种客观依据。

（二）影视评测

目前对于电影的测评基本都是通过在线评价或者打分来获取，评价结果往往会因为一些主观因素造成偏差。我们尝试利用生理传感和情感计算技术对影视作品进行细颗粒度的评测，给影视广告行业带来创新性的反馈机制，也有助于作品在公映之前进行修改编辑或者制订更为精准的营销方案。

2016年新华网融媒体未来研究院对影片《港囧》和《夏洛特烦恼》进行了一次测评。这两部影片都是2015年国庆档上映的喜剧作品，其最终票房也基本相当，但是网络上的在线评价和口碑有些差异。通过测评发现，两部电影的观众的反应水平几乎交织在一起，而且在前面2/3的剧情内，观众对《夏洛特烦恼》的整体反应要高于《港囧》，但到了剧情的后1/3，由于《夏洛特烦恼》的剧情发生了坍塌变化，对观众的吸引力下降，而《港囧》的剧情在后面持续发力，更加吸引观众。因此观众的整体反应

图1 《战马》舞台剧可视化评测报告截图

和专注度也持续上升，这与网络上的评价是一致的（见表1）。但是生理传感的测评颗粒度更精细，并且数据结果实时呈现。这种通过小样本实验即可获取有效的数据分析结果的方式，可以及时、高效地进行影视传播效果的评测。目前已成功评测包括《我不是药神》在内的30多部影片。

表1　　　　　　　两部电影在不同网站上的评分与票房信息

电影	豆瓣评分	猫眼评分	票房（亿元）
《港囧》	5.6	8.4	16.14
《夏洛特烦恼》	7.6	9.3	14.41

资料来源：豆瓣、猫眼。

（三）广告效果评测

目前对视频广告传播效果基本都是靠电话调查、问卷法或者根据销售利润的变化来评估的，需要较大样本或者有很大的迟滞性，而且也只能知道最终效果怎样，无法得到受众对每一帧画面的反应和反馈等细节。

新华网融媒体未来研究院利用生理传感和情感计算技术连续记录受众在观看广告期间生理心理反应，结合神经营销学和传播效果的知识，根据观众对不同风格但销售同类商品的广告片的主观体验和客观反应，研究不同类型风格和不同拍摄手法的广告的传播效果。这里介绍一项新华网已经公开发表的研究。新华网融媒体未来研究院选择了三段不同风格和拍摄手法的食品广告：A广告为大场景航拍加蓝莓（Blueberry）特写，配上煽动性广告词；B为带有完整故事情节，但是画面比较昏暗阴森的火腿（Ham）广告；C则是带有故事情节，风格靓丽清新且时长较短的啤酒炸鸡（Beer-Chicken）广告。针对广告内容及预期受众，选择了年轻女性作为被试，除了采集观看期间的生理、心理数据，还做了观后调查问卷和访谈，以便丰富主观体验和数据维度。

通过数据分析可以看到受众在观看广告期间的关注度在持续下降，尤其是大概90秒之后，下降更快（见图2）；整体上来讲，观众对C广告整体的注意力唤起程度高于其他两个广告。另外，根据生理反应曲线，当有打动观众的场景或者广告语（比如花青素对儿童大脑发育有极大的好处）出现时，将会有较大的专注度投入，如图2箭头所示。

由以上结果可以看出，通过生理传感和情感计算技术来研究广告的传播效果，能够得出更加精细化的过程数据，能够明确知道某一帧画面的观

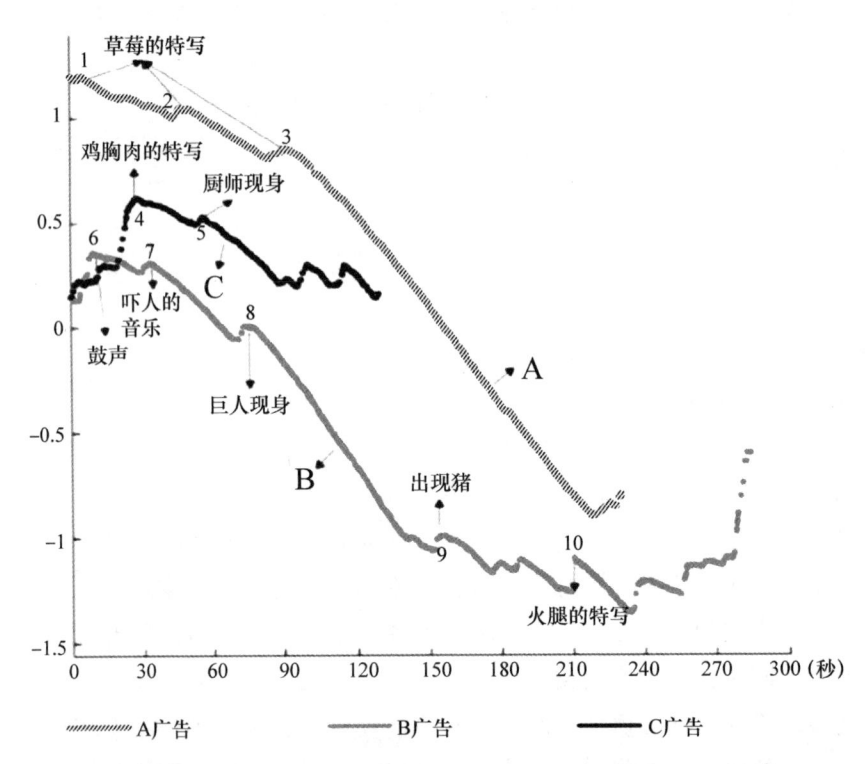

图 2　观看三段广告视频期间观众的专注度变化曲线（箭头指示故事情节）
资料来源：实验数据。

众体验和感受，有助于将广告最需要传达的信息与观众最关注的时刻进行匹配，以达到更好传播效果。此外，传播效果依其发生的逻辑顺序或表现阶段可以分为认知、心理态度和行为等三个层面，而人的行为表现与思想决策如同海洋里漂浮的冰山，能为我们所见的只是很小一部分，而更多的则是不可描述和报告的隐性部分，这恰恰是可以借助认知神经科学工具不断探索的地方。

（四）传感器新闻

长期以来，新闻信息特别是其中涉及个人主观感受的部分基本依靠采访的方式来采集。从麦克卢汉开始，媒介就被认为是人的身体的延伸。如果说此前传媒技术的发展是人的五官的延伸，那么，进入物联网和人工智

T.17 生物传感技术在智能媒体的应用发展报告

能的时代,这种延伸的广度和深度将进一步扩大。

研究院翻译并出版了托尔新闻中心的《传感器与新闻》。美国在20世纪70年代就有了传感器新闻,美国媒体记者主要是在解释性、调查性报道中使用传感设备收集数据。无论是利用已有的公共传感系统的"超速警察""枪声监测"报道,还是公众参与的"众筹"式信息收集的"蝉群跟踪"报道,传感器的使用都强化了报道的精确性和权威性。依据这些精确的传感数据得出的洞见性的调查结论,无疑增加了报道的说服力和影响力。但是他们主要还是用物理传感器来做新闻报道,新华网融媒体未来研究院的Star生物传感智能机器人则以自主开发的生理传感器,生产出国内首条生理传感新闻(SGC)。

2018年3月5日全国两会期间,新华网邀请了30位社会各界人士在新华网影视传感评测实验室同步观看总理政府工作报告现场直播。通过观众佩戴的智能传感器采集的数据,Star描绘出观众在听总理作报告时候的"情绪曲线",并精准分析出观众最感兴趣的8句话。此外,Star还根据数据分析结果总结出备受百姓关注的关键词:改革开放、创新、民生、三公经费、高铁,等等。传感器接收的这些数据,可用于解析观众的关注程度和个体化差异,并以性别、年龄、专业性等作为不同维度去分析。在传媒行业,这些分析结果能帮助媒体人了解到以往难以挖掘的人的体验与感受,辅助其完成新闻深度分析与报道。这次应用是情感交互技术在时政新闻领域的首次应用。

2019年10月1日,在中华人民共和国成立70周年阅兵报道中也应用了这一技术。新华网前方报道记者团每人均佩戴了情绪智能传感器,在整个采访活动中实时进行数据记录和分析。与此同时,在新华媒体创意工场中有20多位观众也同样佩戴了传感器并同步观看国庆阅兵式的直播。在三个多小时的阅兵式中,前方记者和20多名看直播的观众的生理数值被记录下来,并通过算法分析出他们每一个心情激荡的准确时间。这些数据应用于新闻报道中,使内容更加丰富、报道更加立体。

现在,新华网融媒体未来研究院的产品和技术解决方案已经相对成熟,除建成了全球第一个"生理传感电影评测实验室",还在吉林大学新闻传播学院、河北传媒学院等高校建设了各具特色的传播效果评测实验室,在南京建立了长三角首个心智分析与广告效果评测实验室,在新华媒体创意工场的智能审片室能够提供视频生产评测的全流程服务。目前，研发团队正在开发"蓝星球"智能评测系统，这是一套为短视频内容生产者提供服务的软件，可以给短视频打分并提供改编参考。

（五）智能车媒体

在万物皆媒、万物互联的时代，物联网思维对传统行业的产业格局变革与业务模式创新至关重要。随着汽车智能化、网联化的发展，与此相关的汽车制造、信息技术、交通服务等领域都将迎来新的发展高峰期。车辆已经从原来的单一交通工具演变为一个集成多种娱乐、生活、服务于一体的出行服务媒介。这种跨界融合变革，为传统传媒行业与汽车行业带来了空前的机遇。对媒体行业而言，传统的研究对象聚焦在内容的研发和创新（例如表达方式、书写方式等），而在互联网、物联网思维的影响下，研究主体逐步转向了传播对象。媒体前所未有地关注受众的差异与媒介使用者的群体划分，并通过精准的分类和推送优化传播效果。在这样的行业背景下，基于人工智能技术的个性化服务将是未来的行业趋势，蕴含巨大可能性。

为探索"车媒体"生态，新华网与中国一汽集团共同成立了"新华网——汽车媒体智能生态联合实验室"。新华网融媒体未来研究院的情绪新闻团队与一汽的网联服务团队、智能座舱团队合作，双方从人的需求出发，在车媒体生态空间中利用生物传感与人工智能技术，联合开发"车媒体情绪新闻"产品。产品主要包括软硬件两个部分：基于生物传感与 AI 技术的疲劳驾驶检测和预警系统"智能指环"、基于人的情绪状态推送新闻内容的车机 App "情绪流新闻"。为打造一款软硬结合的内容推荐分发系统，研发过程十分复杂，涉及硬件核心电路设计、情绪芯片算法研发、核心情绪算法研发、软硬件结合系统设计和开发，开发能够检测用户危险驾驶行为、生理情绪变化的智能硬件、推荐算法、车载 App、云端管理系统，同时要跨部门引入音频新闻内容。

（六）传媒教育

目前已经有一些高校把生物传感技术应用在传媒教育教材的改进更新研究中，以提高传媒教辅材料的有效性。

T.17　生物传感技术在智能媒体的应用发展报告

河北传媒学院于2019年通过生物传感技术对教辅材料的改进研究进行了效果评估。通过生物传感实验数据分析发现，学校拟定的教辅电影《华盛顿邮报》在新闻理论课程中的应用具有可行性，并根据实验结果进行了教材改造。

未来适应传媒新生态的颠覆性变革以及传媒人才的市场需求，传媒教育改革的紧迫性势在必行。河北传媒学院作为传媒人才培养与输出的专业教育学校，对自身教学的教辅材料进行了更新和改革，其中教辅电影《华盛顿邮报》拟应用在新闻理论课程中，对此学校通过对76个学生进行的5场生物传感实验进行教学效果评估。通过对学生观影时的生理数据进行分析，发现在影片开始后一段时间内学生的关注度总体呈下降趋势，之后学生的关注度总体呈现上升趋势，但并非时刻保持显著状态。结合问卷和访谈结果，学生表示影片前段过于冗长，因此校方根据测量结果，对学生关注度较为显著的片段进行挑选，同时兼顾连贯性与完整性，对该电影进行二次剪辑制作，最终形成了一个约50分钟的新教辅材料，以求达到更好的传播效果。[①]

同时，通过生物传感实验数据和学生问卷访谈主观结果进行比对，学校也探究了学生对于《华盛顿邮报》中传达的新闻价值观是否认同，以此来检测该材料是否达到了辅助教学的目的。根据研究结果，在关于新闻价值观的认知与行为两个维度下，学生积极的回答占比90%以上，消极回答在10%以下。同时，结合访谈结果，多数学生表示能够通过此片体会到新闻人对新闻真实、新闻自由的坚守。因此，校方认为学生对影片所传达的新闻价值观都较为认同，该影片能够起到辅助教学的目的。

技术驱动传媒变革，当媒体具备自主研发实力，拥有自己的核心技术，才不会被动的亦步亦趋，而是成为变革的引领者。媒体的转型将超脱边界，我们正在参与这个万物皆媒的时代，除了以上和泛媒体领域相关的应用案例，新华网融媒体未来研究院还在教育、医疗健康等多领域布局。物联网时代进程中，新的链条及规则不断被建立，我们相信拥有技术话语权的媒体，将是其中的重要一环。

---

① 丁雪健、苟永强：《探析生物传感实验对传媒行业未来发展的意义——以中文版话剧〈战马〉生物传感志愿者测试为例》，《传播力研究》2018年第6期。

Report on the Development of Biosensors Technology Application on the Intelligent Media

Ju Jing, Cao Sufang

Abstract: The era of intelligent IOT based on sensor technology is bringing reforms to the news industry. At this stage, the application practice and cases of sensors in the news industry are still relatively scarce, and the application of biosensor technology in the news industry is even less. In 2013, FMCI began to realize that the biosensor technology will have a drastic impact on the news industry, and began to carry out relevant research and application practice of biosensor technology. At present, it has achieved certain scientific and practical achievements in the field of intelligent vehicle media, sensoring journalism, advertising effect evaluation, film and television evaluation, evaluation of communication effect and other related media fields.

Key words: Biosensor, Intelligent media, Sensoring journalism, Evaluation of communication effect, Human-computer interaction

参考文献

刘俸汝：《基于皮肤电情感识别的情感调节策略研究》，硕士学位论文，西南大学，2013年。

周钰婷：《皮肤电信号的情感特征提取及分类识别研究》，硕士学位论文，西南大学，2012年。

杨溟：《我懂得你的感受——生物传感技术在传媒领域的应用》，《青年记者》2016年第6期。

皓默烨、杨捷：《打造新型主流媒体的关键："以生产为中心"转变到

"以用户为中心"》,《太原师范学院学报》(社会科学版)2018年第3期。

华金香:《从生理传感新闻的诞生看实时传播效果研究》,《传媒》2018年第14期。

贾蓓、刘雅琪、王汝茜:《生物传感技术在改进教辅材料方面的研究结果——以教辅电影〈华盛顿邮报〉在新闻理论课程中的应用为例》,《卷宗》2020年第1期。

彭兰:《万物皆媒——新一轮技术驱动的泛媒化趋势》,《编辑之友》2016年第3期。

许向东:《大数据时代新闻生产新模式:传感器新闻的理念、实践与思考》,《国际新闻界》2015年第10期。

彭兰:《"传感器"与"新闻"的相遇会带来什么》,《新闻论坛》2017年第5期。

杨吉:《"传感器新闻"会带来什么》,《传媒评论》2019年第5期。

米华:《物联网时代西方传感器新闻生产的理念及实践》,《中国编辑》2019第12期。

沈浩、袁璐:《人工智能:重塑媒体融合新生态》,《现代传播》(中国传媒大学学报)2018年第7期。

严三九:《融合生态、价值共创与深度赋能——未来媒体发展的核心逻辑》,《新闻与传播研究》2019年第6期。

丁雪健、苟永强:《探析生物传感实验对传媒行业未来发展的意义——以中文版话剧〈战马〉生物传感志愿者测试为例》,《传播力研究》2018年第6期。

李文健:《美中传感器新闻的实践与挑战》,《青年记者》2016年第17期。

张建中:《传感器在气候报道中的应用》,《青年记者》2016年第25期。

史安斌、崔婧哲:《传感器新闻:新闻生产的"新常态"》,《青年记者》2015年第19期。

P. Das, A. Khasnobish and D. N. Tibarewala, "Emotion Recognition Employing ECG and GSR Signals as Markers of ANS", Paper delivered to 2016 Conference on Advances in Signal Processing (CASP), June, 2016.

T.18 中国新闻生产智能化应用现状及前景报告

李　欣　许泳佳[*]

摘　要： 21世纪的第三个十年即将拉开帷幕，目前我国新闻生产的智能化应用主要包括以下几个层面：大数据技术拓展新闻价值，细刻用户画像；算法推荐重构新闻把关模式，内容分发不断与平台相互配适；智能写作改变了新闻内容创作体系，变革新闻叙事；智能设备丰富了新闻来源，延伸了新闻的时空界限；沉浸技术使新闻生产呈现视频化、临场化、互动化的发展趋势。同时，大数据催生数字隐私新问题；算法推荐固化群体阶层边界；智能写作与智能洗稿弱化记者成名想象；对媒介技术的强调使得工具理性掩盖媒体价值理性，模糊了报道焦点。未来，新闻生产将在现有的基础上，进一步朝着更加智能化的方向发展。

关键词： 新闻生产　智能化应用　新闻业　人工智能

在这21世纪第三个十年即将拉开帷幕的时刻，作为社会进程中的"观众"，我们站在媒介技术演进的舞台前，互联网、智能手机、人工智能（Artificial Intelligence，AI）如同"三位主角"，演绎重塑新闻生产与传播生态的戏码。

2019年6月，中国工信部正式向三大移动通信公司发放5G牌照，标志着我国5G正式开始商用。5G的普及化、全球化，无疑加快了媒介技术演进的脚步，对新闻业而言，随之而来的将是新闻生产方式与消费方式的

---

[*] 李欣，浙江传媒学院教授，研究兴趣：媒介社会学；许泳佳，浙江传媒学院新闻与传播专业研究生，研究方向为媒介与社会。

进一步变革。

一 边界消弭与生态变革：智能化的传媒业

随着人工智能技术在新闻传播领域的全面渗透，AI 与其他技术的结合以及 AI 赋能，正在重塑整个新闻业和信息传播生态。[①] 这种重塑不仅表现在宏观层面的把关模式、人才流动、组织架构与跨界融合层面，更蔓延至更加微观具体的新闻生产层面。具体来讲，"记者发现线索—前往现场采访或远程联系—撰稿成文或编辑播出"[②] 这一线性的新闻生产模式已被各类智能化应用重构。

（一）AI：智能化的技术基础

智能化，强调在人机交互过程中，机器逐步具备类似于人类的学习和理解事物、处理问题并做出判断及对策的能力。[③] 智能化的技术基础是人工智能。新闻生产的智能化主要是指人工智能技术在新闻业的运用。2016 年机器人 AlphaGo 打败李世石引发热议。回顾历史，人工智能的概念早在 1956 年达特茅斯（Dartmouth）学会上就已经被提出，经过了近 65 年的发展，AI 以全新的面貌出现在人类面前。

用温斯顿的话来说，人工智能的任务就是去做过去只有人才能做的智能工作。人工智能就是一种被赋予人类智慧的"机器脑"，芯片、传感器、大数据、云计算是其基础支撑，计算机视觉、语音及自然语言处理、机器学习是其通用技术，AI 目前在机器人、安防、教育、金融、新闻媒体等多个行业应用广泛（如表1）。而新闻业的智能化应用主要体现在大数据技术、算法推荐、机器人写作、传感器新闻、虚拟视觉技术等方面。

[①] 苏涛、彭兰：《热点与趋势：技术逻辑导向下的媒介生态变革——2019 年新媒体研究述评》，《国际新闻界》2020 年第 1 期。
[②] 刘义昆、赵振宇：《新媒体时代的新闻生产：理念变革、产品创新与流程再造》，《南京社会科学》2015 年第 2 期。
[③] 吕尚彬、刘奕夫：《传媒智能化与智能传媒》，《当代传播》2016 年第 4 期。

表1　　　　　　　　　2019年中国人工智能产业图谱

	AI技术与运用	相关实用案例/产品/技术公司
技术支撑	芯片	华为、Cambricon
	传感器	大立科技
	大数据	Testin云测·数据、京东众智、百度数据
	云计算	阿里云、腾讯云、网易云、百度智能云
通用技术	计算机视觉	深海科技、商汤、云从科技、阅面科技
	语音及自然语言处理	出门问问、科大讯飞、云知声、普强信息
	机器学习	阿里巴巴、百度、华为、腾讯、京东
应用场景	机器人	小i机器人、图灵机器人
	安防	海康威视
	教育	学堂在线、知鸟、松鼠Ai
	金融	蚂蚁金服、京东数科、云从科技
	广告传媒	AI合成主持人、媒体大脑
	医疗	百度医疗大脑、阿里健康
	智慧城市	平安智慧城市、CISCO

资料来源：《艾媒报告丨2019年中国人工智能年度专题研究报告》，2020年1月15日，艾媒网，https://www.iimedia.cn/c400/68098.html。

（二）智能化浪潮下的新闻业

人工智能技术不仅形塑了整个新闻业的业态面貌，也在微观上重塑了新闻产业的业务链。[①] 站在微观层面，AI赋能后的新闻业，将AI融入新闻前馈/反馈、新闻采集、新闻生产制作、新闻分发等多个流程，带来了新闻生产的再造；站在宏观层面，智能化应用推动了媒体内部组织框架的重组，打破了媒体间的资源壁垒，加快了人才的流动与跨界合作。本文将立足新闻生产这一微观层面，从大数据技术、算法推荐、机器人写作、智能设备、虚拟视觉技术等五类智能化应用出发，阐述目前新闻生产智能化应用的现状、局限与未来。

---

① 喻国明、兰美娜、李玮：《智能化：未来传播模式创新的核心逻辑——兼论"人工智能+媒体"的基本运作范式》，《新闻与写作》2017年第3期。

二 新闻生产智能化应用现状

（一）数据技术：拓宽新闻价值，细刻用户画像

大数据是基于相当大的量级（这个量级在不断发生变化）的数据进行数据收集、分析、挖掘与应用的技术，其特点可以概括为"4V"：多样性（Variety）、体量（Volume）、速度（Velocity）和价值（Value），即多样化的数据来源、巨大的数据量、快速的处理，IBM 网站也将价值（Value）界定为真实性（Veracity）。[1] 大数据技术在新闻生产中的应用主要包括新闻反馈监测与数据新闻两个方面。

1. 用户前馈助力精准化生产

如果将有效到达受众作为判断新闻价值与传播效果的标准之一，那么大数据技术的出现将进一步拓展新闻的价值并对传播效果进行实时化、精准化的监测。传统门户网站时期，用户的需求往往滞后于媒体内容的发布，即使部分媒体会通过阶段性的用户调查了解他们的偏好与需求，但往往耗时耗力；现在，媒体通过大数据技术在新闻制作前便可对用户进行新闻需求、认知态度以及行为特征的分析，使得传统意义上的用户反馈变成了用户前馈。这些数据包括点击率、停留时长、关键词等，在明确目标用户画像后进行精准化的内容制作，可以使新闻价值与传播效果最大化。

例如，2019 年两会期间，新华网利用自身网站平台的网络热点挖掘技术及情绪感知模型，进行两会热点调查，用户可根据新华网总结的"大国外交""减税降费""收入水平"等 18 个热点词进行选择，点击后细化分类页面（如图1）。根据不同用户的投票程度，新华网制作出了"两会你最关心的事：2019 两会热点调查"。

2. 数据新闻变革新闻叙事

数据新闻（data journalism），又称"数据驱动新闻"（data-driven journalism），是指基于数据的抓取、挖掘、统计、分析和可视化呈现的新型新闻报道方式。[2] 大数据不仅改变了新闻业，从某种程度上来讲，在这个大

---

[1] 彭兰：《网络传播概论》，中国人民大学出版社 2017 年版，第 29 页。
[2] 方洁、颜冬：《全球视野下的"数据新闻"：理念与实践》，《国际新闻界》2013 年第 6 期。

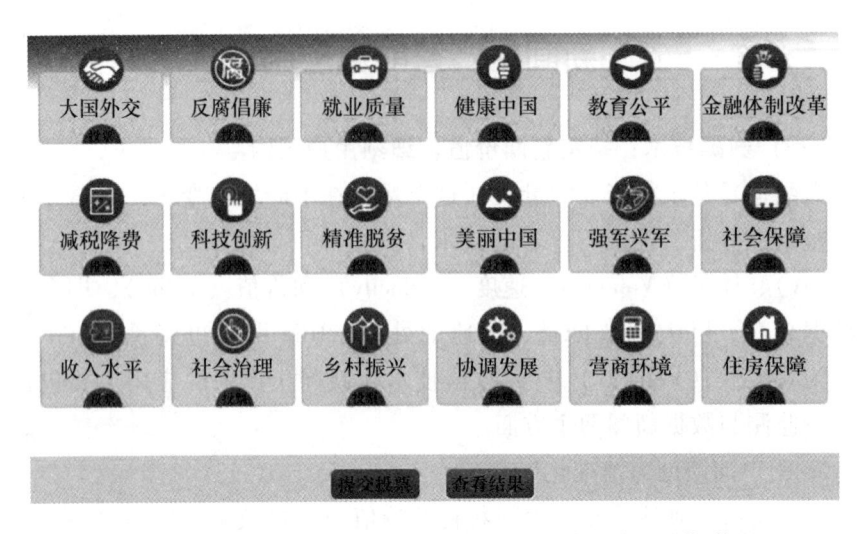

图 1　新华网"两会你最关心的事：2019 两会热点调查"截图

数据笼罩下的社会里，各行业的界限都在慢慢消失，记者除了过去现实社会中的人际资源外，还拥有了数据资源。目前，新闻生产中数据新闻的运用主要包括两个层面：利用数据挖掘新闻故事和利用数据丰富新闻故事，前者强调通过数据找到新闻点，后者强调通过数据丰富新闻内容与新闻叙事形式。

澎湃新闻官网开设"美数课"栏目，以"数字是骨骼，设计是灵魂。与新闻相关，又与新闻无关"为宗旨，专门发布数据新闻。如在《图解 | 五一出行数据出炉，你的家乡是热门目的地吗？》数据新闻报道中，澎湃新闻通过数据可视化的方式呈现 2020 年"五一旅游数据"，利用地理图表、环形图表、凹凸图，使读者清晰了解五一出行数据，并与同期历史数据进行对比。

（二）算法推荐：重构新闻把关，扩大传播效果

智能算法推荐，又可称为个性化推荐，是基于用户洞察的个性化信息的智能匹配，即通过人工智能分析和过滤机制，根据个性化需求聚合相关的信息和应用，并以此对信息进行深度智能分析，以实现用户个性化、动

态的需求。① 算法的应用使得新闻的把关模式由"人"向"人+算法"过渡，消解了以传者为中心的新闻生产机制。目前，比较主流的推荐算法包含协同过滤（collaborative filtering）推荐和基于内容（content-based）的推荐。② 算法推荐在新闻生产中主要应用于内容分发环节，作为监测用户的中介，算法通过对用户数据的分析描摹用户画像，有针对性地推送内容。③

2016年，今日头条、Facebook、YouTube等多家媒体因算法内容推送机制相继整改，关于算法推荐的讨论至今仍未停止。以国内今日头条为例，2018年今日头条携旗下西瓜视频、火山小视频等多款App进行内容整改，围绕自身推动机制，主要包括：全面清查站内内容；暂停新注册用户上传视频，全面排查现有账户，封禁上传违法违规有害内容的账号；重新梳理管理制度、审核流程；进一步扩充审核人员队伍，对每日上传视频数进行总量控制；建设正能量的视频内容池，引入社会第三方监督等。④ 时经两年，算法推荐与媒体平台的配适之路仍要走下去。

（三）机器写作：革新内容创作，推进人机协作

智能机器人，作为继报刊、广播、电视、电脑、手机这五大媒介后的"第六媒介"，⑤ 在新闻内容制作层面最典型的运用便是机器人新闻写作。机器人新闻写作是人工智能与传媒业联姻的产物，⑥ 其本质上是一套软件或算法语言（algorithm），它自动采集数据，撰写成人类可读的内容。⑦ 相较于传统记者，机器人具有工作效率更高、处理信息能力更强、工作时间

---

① 喻国明、侯伟鹏、程雪梅：《个性化新闻推送对新闻业务链的重塑》，《新闻记者》2017年第3期。
② 喻国明、耿晓梦：《智能算法推荐：工具理性与价值适切——从技术逻辑的人文反思到价值适切的优化之道》，《全球传媒学刊》2018年第4期。
③ 张超：《作为中介的算法：新闻生产中的算法偏见与应对》，《中国出版》2018年第1期。
④ 《今日头条整改：下架万条问题视频，审核库增1700条敏感词》，2018年4月6日，新浪财经网，https://finance.sina.cn/2018-04-06/detail-ifyuwqez5838968.d.html。
⑤ 林升梁、叶立：《人机·交往·重塑：作为"第六媒介"的智能机器人》，《新闻与传播研究》2019年第10期。
⑥ 喻国明、刘瑞一、武丛伟：《新闻人的价值位移与人机协同的未来趋势——试论机器新闻写作对于新闻生产模式的再造效应》，《新闻知识》2017年第2期。
⑦ 邓建国：《机器人新闻：原理、风险和影响》，《新闻记者》2016年第9期。

跨度长等优势，从2011年的Narrative Science到2014年美联社的Wordsmith，再到2015年腾讯财经研发的Dreamwriter，机器人写作在新闻生产中的运用愈加广泛（如表2）。

表2　　　　　　　　　机器人写作进程的几个重要事件

时间	研发/运用单位	机器人新闻写作应用案例
2011年	洛杉矶时报	Quakebot用于报道地震情况
2014年	美联社	Wordsmith生产财经新闻
2015年	腾讯新闻	自动化新闻写作机器Dreamwriter
	新华社	"快笔小新"用于生产财经、体育新闻
2016年	今日头条	xiaomingbot里约奥运会新闻报道
2017年	MittMedia	体育机器人用于报道体育新闻
2019年	中国科学报社、北京大学	"小柯"帮助科研人员快速了解英文期刊
	智搜信息技术有限公司	Giiso快速、实时完成热点话题挖掘
	封面新闻	"小封"进行诗歌创作

资料来源：根据媒体报道整理。

机器人写作主要可以分为以下五个步骤：利用智能技术获得数据；提取所在媒体感兴趣的部分，根据记者偏好的模板写稿；为每篇稿件生成图表，总结数据；预览每一篇报道，以便记者能够核实和批准；将每个报道故事发布到适当的位置及主题页面。[①] 以国内"封面新闻"推出的机器人"小封"为例，从2016年应用至今，其已在"封面新闻"客户端封面号《小封观天下》发稿量近1万篇，主要涉及体育、财经、灾难、科技等十多个领域。同时，"小封"还通过自主学习，在知识图谱、自认语言处理等技术的帮助下，现已经可以进行现代诗和古体诗的写作。2019年3月5日，"小封"正式在封面新闻上开设《小封写诗》专栏，发表诗作数百首。[②]

[①] 《BBC实验室揭秘：如何制作半自动化新闻？生产流程全公开》，2019年4月30日，全媒派微信公众号，https://mp.weixin.qq.com/s/QVEK24UlTPEdAkdw_Fp5Zw。
[②] 《封面新闻小封机器人获评2019年度中国融媒体创新产品》，2019年12月13日，和讯网，https://news.hexun.com/2019-12-13/199659512.html。

（四）智能设备：丰富新闻来源，延伸时空界限

智能设备的普及，使传感器新闻（Sensor Journalism）成为新闻生产的新常态。传感器新闻，指新闻媒体工作者通过传感器收集并利用海量信息、数据来"讲故事"的新闻生产模式。由于传感器具有感知环境的细微变化、采集海量数据的强大能力，其在包括新闻业在内的各个领域被广泛运用，成为当前新闻报道中的一种常用工具，传感器新闻目前主要被运用于环境新闻、调查性新闻、公民参与式新闻、无人机新闻等领域。[1]

例如，澎湃新闻于2020年3月31日发布的可视化报道《动画丨西昌火灾致19人遇难，中国森林火灾是个啥情况？》中，以西昌森林火灾为出发点，结合中国气象局监测数据、GPS全球定位系统、应急管理部火灾防治管理司网站数据等制作了1949—2019年中国森林火灾情况与原因新闻视频。

又如2019年9月新华社联合中国卫星资源应用中心推出的《60万米高空看中国》专题视频报道，每个视频的开头，都利用卫星云图等技术，将34个省级行政区以60万米高空俯瞰的视角切入，呈现出独特的"卫星报道"，带来视觉盛宴。

在众多智能设备中，无人机以其跨空间性、可远程操控等特点备受媒体青睐，无人机新闻是指利用无线电遥控程序和设备操纵自带摄影摄像装置的不载人飞机采集的新闻。[2] 无人机为报道带来"上帝视角"，还可深入人类无法到达的新闻现场，如灾难现场、自然绝境，保证新闻工作者的安全。获得第29届中国新闻奖的《海拔四千米之上》互动新闻产品中，澎湃新闻为展现三江源地区的宏大壮阔、奇景密布，在一些记者无法到达的自然绝境中大量采用无人机拍摄，带读者俯瞰三江源地区，记录了三江源国家公园体制视点，突出了人与自然和谐共生的发展理念。

（五）视觉技术：再现新闻场景，助力现实还原

新闻呈现视觉技术的演变，源于对视觉的强调和对现实的渴望。从蒙

---

[1] 史安斌、崔婧哲：《传感器新闻：新闻生产的"新常态"》，《青年记者》2015年第19期。
[2] 龙鸿祥：《无人机新闻，美国新闻传播新景观》，《编辑之友》2015年第8期。

太奇到可视化，再到虚拟现实，全球新闻生产的视觉化理念与实践正毋庸置疑地重构着人类借由新闻实现对自身、对外部社会，以及对自身与外部社会之间关系加以认知的方式。这一逻辑的变迁受到计算机和互联网领域前沿技术的驱动，并不断对传统新闻的基本观念、价值标准和专业主义进行着破坏和重构。① 目前，这些智能化视觉技术在新闻生产上的应用主要体现为视频化、临场化与互动化。

1. 视频化："短视频+新闻"，维护情感联系

中国互联网络信息中心（CNNIC）发布的第 45 次《中国互联网络发展状况统计报告》相关调查数据显示，② 截至 2020 年 3 月，我国网民规模达 9.04 亿，短视频用户规模为 7.73 亿，占网民整体的 85.6%（如图 2）。短视频以其碎片化、社交化、场景化等特点，吸引了大量用户群体，尤其是青年群体。目前国内外短视频平台主要分为社交型（如 Facebook、微博）、工具型（如美拍、Instagram）、媒体型（如《新京报》"我们视频"、

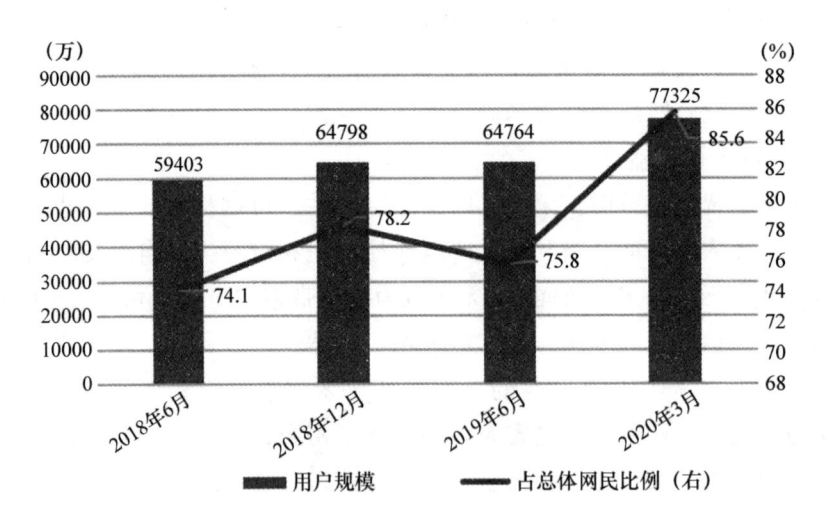

图 2　我国短视频用户规模及使用率

资料来源：《第 45 次〈中国互联网络发展状况统计报告〉》，2020 年 4 月 28 日，中国互联网络信息中心网站，http://www.cnnic.cn/hlwfzyj/hlwxzbg/hlwtjbg/202004/t20200428_70974.htm。

---

① 常江：《蒙太奇、可视化与虚拟现实：新闻生产的视觉逻辑变迁》，《新闻大学》2017 年第 1 期。
② 《第 45 次〈中国互联网络发展状况统计报告〉》，2020 年 4 月 28 日，中国互联网络信息中心网站，http://www.cnnic.cn/hlwfzyj/hlwxzbg/hlwtjbg/202004/t20200428_70974.htm。

BritBox）与娱乐型（如快手、抖音）。

　　媒体"短视频+新闻"的模式往往是"造船出海"与"借船出海"相结合，既打造自身的短视频品牌，又借助短视频平台资源优势。"造船出海"上，如《新京报》与腾讯合作推出"我们视频"，承担了短视频新闻与重大事件直播报道的任务；2019年9月，《人民日报》在快手技术支持下推出"人民日报+"，包含视频、直播、人民问政三个功能，为用户提供海量视频资讯，创新问政方式；《浙江日报》推出短视频平台"天目新闻"，面向长三角乃至全国拍客，融入民生服务。① "借船出海"上，如2019年《人民日报》入驻抖音、快手，目前抖音粉丝数8500万，获赞40亿个，快手粉丝数3800万；同年央视新闻正式入驻哔哩哔哩网站，目前粉丝数达360万。

　　2019年7月央视推出《主播说联播》栏目，熟悉的新闻联播主持人、竖屏短视频再加上"接地气"的内容，以对话的方式与用户的交流，加强用户连接，提升情感与黏性，成为官方《新闻联播》的副产品。截至目前，微博#主播说联播#话题阅读量突破51.2亿。

　　Vlog即视频博客（Video Blog），作为短视频的一种形式，具有记录性、人格化的特点，制作者多以第一视角记录，再经过专业的剪辑、配乐和适当字幕，制作成具有个人特色的视频日记。② 2019年年底央视新闻推出的《康辉Vlog》在哔哩哔哩网站上架，央视主持人康辉作为第一叙述者，记录大国外交最前线，带观众亲临外交现场，感受国际合作的热情。

　　2. 临场化："AI主播+沉浸报道"，具化新闻现场

　　AI主播，指利用人工智能技术与虚拟影像技术合成的真人主播影像，它可以通过视觉和声音的自我学习克隆新闻主持人的口语表达、脸部表情、手势、形体运动及场景互动等。2019年两会期间，新华社联合搜狗公司发布了全球首个AI合成女主播"新小萌"与全球首个站立式AI合成主播"新小浩"。据搜狐官方称，上线三个月内，AI合成主播发稿3400余条，累计时长达10000分钟，参与了包括第五届世界互联网大会、首届进博会、2019年"春运"等重要报道，生产了大量融媒体新闻产品。同年5

---

① 郭全中：《技术与政策驱动下处于变动中的传媒业》，《中国广播》2020年第3期。
② 张昕：《Vlog的特点与发展趋势——从视觉说服视角》，《青年记者》2018年第17期。

313

月,人民日报联合科大讯飞,推出 AI 合成主播"果果",利用语音合成、人脸识别、人脸建模、图像合成、机器翻译等多项人工智能技术,生产多语种新闻报道在"人民智播报"微信公众号上,每日 7 点,"果果"都会准时为观众播报国内外热点事件。

在经历了前直播阶段(1999—2004 年)、直播社区阶段(2005—2010 年)、直播专业化阶段(2011—2014 年)后,2015 年,"全民直播"时代正式开启,移动化设备使得移动直播覆盖率大幅提升、门槛降低、变现渠道更加多样。[①] 目前,新闻直播表现为多技术融合的态势,一般与虚拟现实技术(Virtual Reality,VR)、增强现实技术(Augmented Reality Technique,AR)、360°全景等沉浸式技术结合使用,以"VR/AR/全景+直播"的形式呈现。

例如,央视新闻在"庆祝新中国成立 70 周年"专题报道中,发布了《"筑"福》系列报道,利用 VR 全景、VR 航拍技术,以短视频方式,展现我国壮阔山河。2020 年 4 月 8 日,《新京报》"我们视频"携手 Insta360、腾讯新闻,在疫情后武汉开城当日,对武汉进行了"360°全景+VR"直播报道。

3. 互动化:"H5+新闻游戏",提升用户参与

用户主体性的上升,迫使媒体转变新闻生产理念,转向"以用户为中心"的用户思维,以 H5、新闻游戏为代表的新闻互动产品是用户思维最直观的表现。H5 新闻产品是建立在 HTML5 技术上的一种新闻呈现形式,集文字、图片、音视频、小游戏、动画于一体,并伴有互动形式。2019 年两会期间,《人民日报》客户端推送了 H5《点击!你将随机和一位陌生人视频通话》,用模拟视频通话的方式,结合两会议题,提倡社会互动交流,拉近人民距离;除此之外,《人民日报》客户端还将政府工作报告以 H5 账单的形式展现出来,生动且清晰地呈现 2019 年政府 KPI(Key Performance Indicators,关键绩效指标)。目前,以《人民日报》为代表的媒体已经实现了 H5 产品常态化制作与发布,在国家重大事件节点均会推出 H5 产品,2020 年来,《人民日报》客户端已相继推出《我承诺》《一起冲刺》《寻

[①] 《中国互联网线上直播 15 年:从秀场到造星工业化,鼎沸依旧》,2019 年 3 月 16 日,全媒派微信公众号,https://mp.weixin.qq.com/s/HUIWkjqTqjqpdZR6Beakgw。

找英雄》《我的星辰大海》等多款 H5 新闻产品。

新闻游戏主要是指新闻信息的游戏化，通过用户的互动参与和控制促成信息的传播与理解，[①] 新闻游戏将文本转化为游戏，降低信息接收门槛，增强内容传播力。目前，国内并未形成完整的新闻游戏生产体系，受到技术条件的限制，媒体一般会与游戏公司合作进行新闻游戏的研发，或将新闻内容植入游戏。2019 年 9 月，新华社联合腾讯游戏 QQ 飞车推出"飞跃神州"主题赛道，分为"大美中国""辉煌历程""创新未来"三站，回顾历史、立足现在、放眼未来，展现了中华人民共和国成立 70 年来的社会变迁，将新闻故事与游戏场景契合。

三 新闻生产智能化应用的问题与瓶颈

（一）催生数字隐私问题

媒体作为大数据时代的信息提供者与内容聚合者，掌握了大量用户的数据，同时也催生出了数字隐私新问题。2018 年，Facebook 上超 5000 万条用户信息在用户不知情的情况下，被政治数据公司"剑桥分析"获取并利用，该事件不仅让 Facebook 市值蒸发 500 亿美元，也加剧了公众对于数据隐私的担忧。维克托·舍恩伯格曾在《删除：大数据的取舍之道》一书中提到，今天世界上 90%以上的信息都以数字形式储存，因此能够毫不费力地进行储存、加工、操作和发送。

数据量之庞大、应用之普遍将给公民隐私带来严峻威胁，过去以知情同意为核心的传统个人信息保护架构日益捉襟见肘，既无法为公民隐私提供实质性保障，又成为制约数据价值开发的重要掣肘，[②] 这种威胁不仅局限于个人隐私的泄露，还在于基于大数据对人们状态和行为的预测，目前用户数据的采集、储存、管理与使用等均缺乏规范与第三方监管，仅依靠企业的自律终究难以抵挡资本的力量。当数据信息的收集与整合变为数据监控（Dataveillance），个人对于自我信息的掌控权让渡于平台，在这个"数字圆形监狱"中，数据应用与个人隐私保护的天平更待平衡。

[①] 曾祥敏、方雪悦：《新闻游戏：概念、意义、功能和交互叙事规律研究》，《现代传播》（中国传媒大学学报）2018 年第 1 期。

[②] 范为：《大数据时代个人信息保护的路径重构》，《环球法律评论》2016 年第 5 期。

（二）固化群体阶层边界

算法的出现改变了信息内容的生产方式，传统视域下把关理论的基本范式面临结构性转型，即把关主体从人工到人工智能，关系从训示到迎合，机制从编辑到算法，内容从整体到碎片。与此同时，也带来一系列的结构性问题，其中最为典型的便是基于用户画像的算法把关所产生的信息茧房、"回音室"效应。[1] 信息茧房由美国学者凯斯·桑斯坦提出，指人们的信息领域会习惯性地被自己的兴趣所引导，从而将自己的生活桎梏于像蚕茧一般的"茧房"中。"回音室"效应与信息茧房类似，但更多站在群体而非个人角度，指在一个相对封闭的环境里，一些意见相近的内容、信息不断重复，并以夸张或其他扭曲形式重复，令处于相对封闭环境中的大多数人认为这些扭曲的故事就是事实的全部。

对于媒体而言，算法的应用使得新闻的生产与推送更多依据用户画像与群体特征，同时，政治内嵌与资本介入、社会结构性偏见的循环、量化计算对有机世界的遮蔽，必将导致算法的内生性偏见。[2] 久而久之，个体在算法的引导下接受单一的内容，产生偏激的认知与态度，做出极化的行为；社会公众将被算法分割为一个个互补交流、相互分裂的群体；群体的极化导致社会交流链断裂，阶层的流动性降低甚至枯竭。

（三）弱化记者成名想象

人工智能的介入解构了新闻专业主义，新闻生产智能化应用的过程，也是新闻记者主体性削弱的过程，调查性记者缺失、传统记者转行自媒体，是技术压迫与职业压力带来的职业信仰弱化。近年来，我国"洗稿"案件频发，2019年1月，财新网与自媒体"呦呦鹿鸣"就文章《干柴烈火》洗稿问题引发激烈讨论。诚然，对于没有同专业媒体那样拥有采编团队的自媒体来说，内容整合成为最佳的"流量收割机"，但这种边界何在，相关法律法规并未做出明确的界定。财新网记者发出的感慨既值得同情，又值得反思："自媒体随随便便就可以复制粘贴记者辛苦跑来的深度报

---

[1] 罗昕、肖恬：《范式转型：算法时代把关理论的结构性考察》，《新闻界》2019年第3期。
[2] 郭小平、秦艺轩：《解构智能传播的数据神话：算法偏见的成因与风险治理路径》，《现代传播》（中国传媒大学学报）2019年第9期。

道。"这背后无疑是新闻记者职业理想的崩塌。

自媒体洗稿只是一个开端,在智能传播技术和市场利益的双重驱动下,智能洗稿开始盛行。所谓智能洗稿就是使用"一键生成""辅助写作"等智能软件对他人原创作品进行篡改、删减,进而生成伪原创作品。智能洗稿的主体一般为自媒体或网络文学作者:自媒体作者将目标文章的内容复制到洗稿软件中,经过同义词替换、叙述方式变换等过程后,自动生成新的自媒体文章;网络文学作者在"辅助写作"软件中输入关键词,利用其基于其他作品所形成的强大数据库自动生成有关人物性格、基本情节、矛盾冲突等语段,辅助自己完成网络文学创作。[1]

(四) 掩盖媒体价值理性

阿多诺曾在文化工业论中批判工具理性对价值理性的凌驾、使用价值对交换价值的臣服。当技术文明发展到一定的高度,就会滋生对技术盲目追捧的现象,在当前的媒体新闻生产中,已经出现了技术主导内容的痕迹。以数据新闻为例,其制作初衷是利用数据可视化呈现新闻内容,辅助新闻叙事,从而达到"简化"新闻的目的,但当前部分媒体在进行数据新闻报道时,追求数据的复杂化,将大量专业数据通过复杂的可视化技术呈现出来,反而影响了读者对新闻内容的正常阅读,这种"复杂化"新闻叙事的方式违背了数据新闻初衷。

再以一媒体在灾难性事件中的报道为例,为迎合用户互动化、场景化的需求,制作了"VR + 360°"全景观看地震现场新闻产品。将灾难现场以这样的方式呈现在读者面前,不仅造成了读者的技术反感,也将受灾者的个人隐私抛诸脑后,带来了一系列传媒伦理道德问题。

四 新闻生产智能化应用的反思与未来

智能化应用,在为新闻生产带来便利的同时,也带来了新闻业的困境:大数据催生数字隐私新问题;算法推荐固化群体阶层边界;智能写作与智能洗稿弱化记者成名想象;对媒介技术的强调使得工具理性掩盖媒

---

[1] 周勇:《智能洗稿法律规制研究》,《当代传播》2019 年第 4 期。

价值理性，模糊了报道焦点。

但智能化应用永远都是进行时，新闻与技术总是在相互融合的有机运动中完善与发展。未来新闻生产的智能化应用将朝着什么样的方向发展，本文进行以下构想。

(一)"以彼之道，还治彼身"：算法的反制之法

"解铃还须系铃人"，算法造成的信息茧房还需由算法自身来突破。以国外媒体 YouTube 为例，在经历了三年的算法整改之后，2019年，YouTube 宣布不再推荐可能会伤害或误导用户的内容，YouTube 目前的算法指标主要包括：是否观看、观看时长、登录时长、内容评分、观看速度（view velocity）等，同时还搭建了候选网络（The candidate generation）与排序网络（The ranking network），分别用于记录用户的活动历史以及活动场景，以完成更精准的推送。① 值得借鉴的还有 NZZ（Neue Zürcher Zeitung）开发的"the Companion"应用，"the Companion"的算法会在众多推送之中加入一个超出用户预期的内容，被称为"惊喜"（Surprising news）。

未来的新闻业在进行内容生产时，将会融入更多惊喜式算法推送，媒体也可利用算法寻找用户偏好的临界点，尝试定量推送相近领域甚至相反领域的信息，利用大数据与算法监测用户对此类内容的态度与行为，并及时调整推送策略，以期帮助用户突破信息茧房。

(二)"以我为主，为我所用"：人机的融合趋势

新闻生产智能化应用的未来形态，一定是"人机融合"而非"以机代人"。强化新闻工业化属性、忽略了新闻公共属性的"唯技术论"新闻生产观点将被摒弃。② 未来的新闻生产将呈现"专业生产+用户生产+机器人生产"的格局，③ 机器辅助、人机协同、人机合一这三种生产模式将会

---

① 《YouTube 订阅打法 2.0：算法与平台合力，迷思与忧思并存》，2020年1月14日，全媒派微信公众号，https://mp.weixin.qq.com/s/gk7tMS7itMulCsJHrkMj2w。
② 何瑛、胡翼青：《从"编辑部生产"到"中央厨房"：当代新闻生产的再思考》，《新闻记者》2017年第8期。
③ 梁智勇、郑俊婷：《人工智能技术对新闻生产的影响与再造》，《中国记者》2016年第11期。

并行存在。① 新闻报道中基本事实信息、数据的采集将由机器完成，而对于新闻价值的判断、新闻的分析、解释、预测、叙事、伦理、润色等工作将交给传统记者编辑。② 如表3所示，新华智云于2019年推出了25款机器人，助力新闻生产。

表3　　2019年新华智云推出25款机器人辅助新闻生产

具体流程	辅助机器人
新闻采集	突发识别机器人、人脸追踪机器人、安全核查机器人、文字识别机器人、数据标引机器人、内容搬运机器人、多渠道发布机器人、热点机器人
新闻处理	智能会话机器人、字幕生成机器人、智能配音机器人、视频包装机器人、视频防抖机器人、虚拟主播机器人、数据新闻机器人、直播剪辑机器人、数据金融机器人、影视综快剪机器人、体育报道机器人、会议报道机器人、极速渲染机器人、用户画像机器人、虚拟广告机器人、一键转视频机器人、视频转GIF机器人

资料来源：《新华智云推出25款媒体机器人 解决媒体人痛点》，2019年8月28日，人民网，http://media.people.com.cn/n1/2019/0828/c40606-31321184.html。

未来，新闻编辑室应逐步建立起人机互信的关系，主要包括：推进有责任感的算法研发，从源头上保证机器可以对实务、事件做出正确的价值判断；应用包括标准化主题、任务及结构和地点的新闻分类规则；培养新闻编辑室的计算机思维，雇佣计算机领域专家协助解决技术问题等。③

（三）"以人为媒，兼容并包"：技术的叠加效应

受到图像转向、听觉崛起的影响，媒体在进行内容生产时，将更进一步探索交互性强、具有沉浸感的融合性音视频产品。技术有边界，但人对于技术的运用无限，未来的新闻业，是技术与技术、技术与人互相融合的新闻业，技术的叠加效应将在人的参与下实现最大化。"短视频+虚拟现

---

① 苏涛、彭兰：《热点与趋势：技术逻辑导向下的媒介生态变革——2019年新媒体研究述评》，《国际新闻界》2020年第1期。
② 邓建国：《机器人新闻：原理、风险和影响》，《新闻记者》2016年第9期。
③ 余婷、黄先超：《从"人机协同"到"人机互信"关系的构建——智媒时代美国新闻编辑室发展趋势探析》，《青年记者》2019年第27期。

实""全息新闻"和"游戏化新闻互动产品"将成为三大趋势。

过去，VR、AR技术在新闻生产流程中的应用受到设备条件的限制，随着VR、AR技术的完善与普及，它将会流向短视频领域，借助短视频易获取、短叙事、场景化、社交化的特点，"短视频+虚拟环境"的新闻产品将涉及公众生活的方方面面，建构更多现实场景。

全息图像（Holograms）是指看起来像是三维空间的投影图像，目前流行于娱乐演出领域，如演唱会、马戏团等。未来，全息技术将突破行业边界，与新闻拥抱。在一些突发性事件、历史性事件面前，利用全息投影技术，可将一些已经消失或无法还原的新闻内容呈现给用户，规避传统新闻生产滞后的弱点，但也须注意伦理道德问题。

2019年国内兴起众多互动视频产品（如图3所示），影视与游戏的融合已初现形态，但目前新闻游戏产品仅做到了浅层的互动——滑动、长按等互动形式在效果层面作用较小。未来新闻会与视频、游戏进一步融合，新闻媒体将进一步打造类似于互动电影的新闻互动产品，在游戏化的叙事中讲述新闻故事，增强用户体验。2019年7月，《洛杉矶时报》联合《纽约时报》推出的名为"海洋游戏"（The Ocean Game）的交互式新闻游戏值得借鉴。在"海洋游戏"中，加利福尼亚州的一个沿海小镇正面临因全球变暖海平面上升即将被淹没的局面，用户有八次机会拯救小镇，在有限

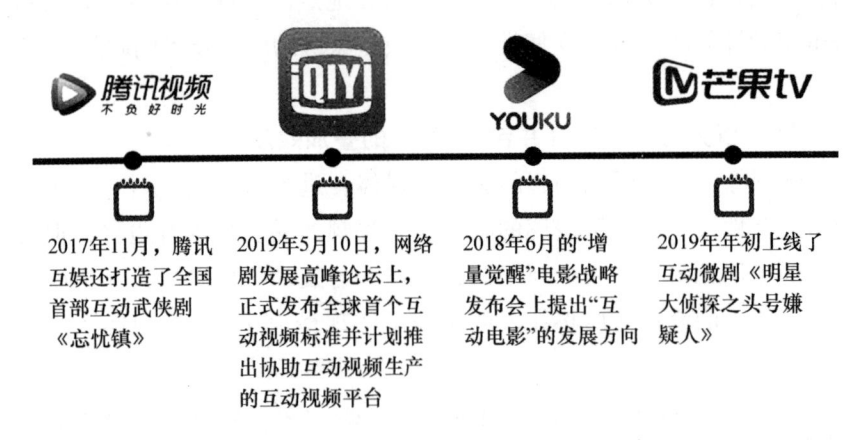

图3 2018—2019年国内兴起的互动视频产品

资料来源：根据各视频平台内容整理。

的预算内，他们将选择一系列解决方案，比如建造岩壁、迁徙内陆等，①将"全球变暖"这一议题融入新闻游戏，既丰富用户的感知与体验，又不失人文关怀与深度思考。

五 总结与讨论

在这种以技术逻辑为主导、以变化速度为特征的时代背景中，一方面，已有的传播生态和秩序被颠覆，传统的新闻理念和架构也因此受到极大冲击，面临着新闻生产模式、新闻伦理的重建；另一方面，新技术所引发的变革，也为传媒业带来无尽的想象和可能的发展空间。②

目前，新闻生产的智能化应用主要包括以下几个层面：大数据技术使得新闻前馈成为可能，用户画像的精准化实现了新闻价值与传播效果最大化；算法推荐重构新闻把关模式，内容分发不断与平台相互配适；智能写作改变了新闻内容创作体系，变革新闻叙事；智能设备丰富了新闻来源，延伸了新闻的时空界限；以 VR、360°全景为代表的视觉技术使新闻生产呈现视频化、临场化、互动化的发展趋势。

新闻生产的智能化应用也带来了一系列问题：大数据催生数字隐私新问题；算法推荐固化群体阶层边界；智能写作与智能洗稿弱化记者成名的想象；对媒介技术的强调使工具理性掩盖媒体价值理性，模糊了报道焦点。

未来，新闻生产将在现有的基础上，进一步朝着更加智能化、人性化的方向发展：算法推荐将突破原有格局，用于突破信息茧房与新闻事实核查，促进社会阶层流动；传统记者编辑将会与机器人进一步融合，达成"分工合作协议"；多种沉浸式技术将进一步普及，最大化技术的叠加效应。

---

① 《"气候紧急状态"成2019年度词汇，海外新闻业如何报道气候变化?》，2019年12月11日，全媒派微信公众号，https：//mp.weixin.qq.com/s/PjUmTVLFqBYWlzGNgDiMsg。
② 苏涛、彭兰：《热点与趋势：技术逻辑导向下的媒介生态变革——2019年新媒体研究述评》，《国际新闻界》2020年第1期。

The Report on Current Situation and Prospect of Intelligent Application of News Production in China

Li Xin, Xu Yongjia

Abstract: The third decade of the 21st century is about to start. At present, the intelligent application of news production in China mainly includes the following aspects: big data technology expands news value, carves user portrait; algorithm recommendation reconstructs news check mode, content distribution constantly adapts to the platform; intelligent writing changes news content creation system, changes news narrative; intelligent equipment is rich the technology of immersion makes the news production present the trend of video, on-the-spot and interactive. At the same time: big data spawns new problems of digital privacy; algorithm recommendation solidifies the boundary of group stratum; intelligent writing and intelligent manuscript washing weaken journalists' imagination of becoming famous; the emphasis on media technology makes instrumental rationality cover up the value rationality of media and blur the focus of reporting. In the future, news production will further develop towards a more intelligent direction on the basis of the existing.

Key words: News production, Intelligent application, Journalism, Artificial Intelligence

参考文献

苏涛、彭兰:《热点与趋势:技术逻辑导向下的媒介生态变革——2019年新媒体研究述评》,《国际新闻界》2020年第1期。

刘义昆、赵振宇:《新媒体时代的新闻生产:理念变革、产品创新与流程再造》,《南京社会科学》2015年第2期。

吕尚彬、刘奕夫:《传媒智能化与智能传媒》,《当代传播》2016年第4期。

喻国明、兰美娜、李玮:《智能化:未来传播模式创新的核心逻辑——兼论"人工智能+媒体"的基本运作范式》,《新闻与写作》2017年第3期。

彭兰:《网络传播概论》,中国人民大学出版社2017年版。

方洁、颜冬:《全球视野下的"数据新闻":理念与实践》,《国际新闻界》2013年第6期。

喻国明、侯伟鹏、程雪梅:《个性化新闻推送对新闻业务链的重塑》,《新闻记者》2017年第3期。

喻国明、耿晓梦:《智能算法推荐:工具理性与价值适切——从技术逻辑的人文反思到价值适切的优化之道》,《全球传媒学刊》2018年第12期。

张超:《作为中介的算法:新闻生产中的算法偏见与应对》,《中国出版》2018年第1期。

《今日头条整改:下架万条问题视频,审核库增1700条敏感词》,2018年4月6日,新浪财经网,https://finance.sina.cn/2018-04-06/detail-if-yuwqez5838968.d.html。

林升梁、叶立:《人机·交往·重塑:作为"第六媒介"的智能机器人》,《新闻与传播研究》2019年第10期。

喻国明、刘瑞一、武丛伟:《新闻人的价值位移与人机协同的未来趋势——试论机器新闻写作对于新闻生产模式的再造效应》,《新闻知识》2017年第2期。

邓建国:《机器人新闻:原理、风险和影响》,《新闻记者》2016年第9期。

《BBC实验室揭秘:如何制作半自动化新闻?生产流程全公开》,2019年4月30日,全媒派微信公众号,https://mp.weixin.qq.com/s/QVEK24UlTPEdAkdw_Fp5Zw。

《封面新闻小封机器人获评2019年度中国融媒体创新产品》,2019年12月13日,和讯网,https://news.hexun.com/2019-12-13/199659512.html。

史安斌、崔婧哲：《传感器新闻：新闻生产的"新常态"》，《青年记者》2015 年第 19 期。

龙鸿祥：《无人机新闻，美国新闻传播新景观》，《编辑之友》2015 年第 8 期。

常江：《蒙太奇、可视化与虚拟现实：新闻生产的视觉逻辑变迁》，《新闻大学》2017 年第 1 期。

《第 45 次〈中国互联网络发展状况统计报告〉》，2020 年 4 月 28 日，中国互联网络信息中心网站，http：//www.cnnic.net.cn/hlwfzyj/hlwxzbg/hlwtjbg/202004/t20200428_ 70974.htm。

郭全中：《技术与政策驱动下处于变动中的传媒业》，《中国广播》2020 年第 3 期。

张昕：《Vlog 的特点与发展趋势——从视觉说服视角》，《青年记者》2018 年第 17 期。

《中国互联网线上直播 15 年：从秀场到造星工业化，鼎沸依旧》，2019 年 3 月 16 日，全媒派微信公众号，https：//mp.weixin.qq.com/s/HUI-WkjqTqjqpdZR6Beakgw。

曾祥敏、方雪悦：《新闻游戏：概念、意义、功能和交互叙事规律研究》，《现代传播》（中国传媒大学学报）2018 年第 1 期。

范为：《大数据时代个人信息保护的路径重构》，《环球法律评论》2016 年第 5 期。

罗昕、肖恬：《范式转型：算法时代把关理论的结构性考察》，《新闻界》2019 年第 3 期。

郭小平、秦艺轩：《解构智能传播的数据神话：算法偏见的成因与风险治理路径》，《现代传播》（中国传媒大学学报）2019 年第 9 期。

周勇：《智能洗稿法律规制研究》，《当代传播》2019 年第 4 期。

何瑛、胡翼青：《从"编辑部生产"到"中央厨房"：当代新闻生产的再思考》，《新闻记者》2017 年第 8 期。

梁智勇、郑俊婷：《人工智能技术对新闻生产的影响与再造》，《中国记者》2016 年第 11 期。

余婷、黄先超：《从"人机协同"到"人机互信"关系的构建——智媒时代美国新闻编辑室发展趋势探析》,《青年记者》2019年第27期。

《"气候紧急状态"成2019年度词汇,海外新闻业如何报道气候变化?》,2019年12月11日,全媒派微信公众号,https://mp.weixin.qq.com/s/PjUmTVLFqBYWlzGNgDiMsg。

T.19　中国 AR+内容产业发展报告

曹月娟[*]

摘　要：2019—2020 年，在 AR+硬件技术发展基础上，中央及省市级政府和相关部门出台一系列政策以期推进 AR+内容的应用及发展。2020 年 AR+内容应用进一步向安保领域延伸，并展现其价值。随着政策推进和 AR 设备逐步完善，AR+内容在未来将更具广泛性、实用性及专业性。

关键词：AR+内容产业　政策扶持　内容延伸　技术推广

AR 增强现实技术（Augmented Reality），也称混合现实技术（Mixted Reality），是介于现实与虚拟之间的一种应用技术。《虚拟/增强现实内容制作白皮书（2020）》中将 AR 明确地定义为：增强现实（Augmented Reality，AR），也有对应 VR 虚拟现实一词的翻译称为实拟虚境或扩张现实，是指透过摄影机影像的位置及角度精算并加上图像分析技术，让屏幕上的虚拟世界能够与现实世界场景进行结合与交互的技术。[①] 这几年，随着移动设备和相关技术的逐渐成熟，AR 技术应用开始走近中国普通民众。可以说，增强现实技术在中国虽然起步晚，但发展很快。

AR+产业的发展分为硬件技术和内容软件两个部分，我国 AR+硬件产业前几年已经在主要以深圳为代表的南方地区发展起来，而 AR+内容产业近几年也开始逐步推进，5G 技术的应用将继续推进 AR+内容产业进

---

[*] 曹月娟，博士，浙江传媒学院新闻与传播学院教师，研究方向为传媒经济。
[①] 虚拟现实内容制作中心：《虚拟/增强现实内容制作白皮书（2020）》，2020 年 4 月 9 日发布。

入发展新高潮。

一 AR+内容产业的发展现状

AR+内容产业现阶段的发展主要聚焦于政策扶持、内容延伸、技术推广三个方面。

（一）政策扶持

2019年以来，中央各部委及地方政府陆续出台了一系列政策，直接或间接支持AR产业发展与设备应用，为国内AR市场稳步发展提供了坚定的政策扶持。

国家发展改革委等多部门于2019年1月联合印发了《进一步优化供给推动消费平稳增长 促进形成强大国内市场的实施方案（2019年）》（简称《方案》）。《方案》提出，要加大对中央和地方电视台4K超高清电视频道开播支持力度，丰富超高清视频内容供给。有条件的地方可对超高清电视、机顶盒、虚拟现实/增强现实设备等产品推广应用予以补贴，扩大超高清视频终端消费。

2019年3月，《超高清视频产业发展行动计划（2019—2022年）》印发。工业和信息化部、国家广播电视总局、中央广播电视总台印发的《超高清视频产业发展行动计划（2019—2022年）》指出要推动超高清电视、机顶盒、虚拟现实/增强现实设备等产品普及，发展大屏拼接显示、电影投影机等商用显示终端，加快超高清视频监控、工业相机、医疗影像设备等行业专用系统设备的产业化。

2019年3月，《工业和信息化部办公厅关于〈组织开展2019年新型信息消费示范项目申报工作〉的通知》（简称《通知》）。《通知》中明确提到，鼓励利用虚拟现实、增强现实等技术，构建大型数字内容制作渲染平台，加快文化资源数字化转换及开发利用，支持原创网络作品创作，拓展数字影音、动漫游戏、网络文学等数字文化内容，支持融合型数字内容业务和知识分享平台发展。鼓励升级智能化、高端化、融合化信息产品，重点支持可穿戴设备、虚拟现实等前沿信息产品，鼓励消费类电子产品智能化升级和应用。支持5G、超高清、消费级无人机、虚拟现实等产品创新和产业化升级。

2019年3月,教育部办公厅发布关于印发《2019年教育信息化和网络安全工作要点》的通知。其中提到要培养提升教师和学生的信息素养,推动大数据、虚拟现实、人工智能等新技术在教育教学中的深入应用。

2019年4月,《产业结构调整指导目录(2019年本,征求意见稿)》推出。国家发展改革委在《产业结构调整指导目录(2011年版)》的基础上,于2019年4月为修订《产业结构调整指导目录(2019年本,征求意见稿)》公开对外征求意见。以供给侧结构性改革为主线,把经济发展着力点放在实体经济,顺应新一轮世界科技革命和产业变革,大力破除无效供给。增强现实(AR)的研发与应用纳入2019年"鼓励类"产业。

2019年6月,教育部发布《关于职业院校专业人才培养方案制订与实施工作的指导意见》(简称《指导意见》)。《指导意见》中提出要推进信息技术与教学有机融合,从而全面提升人工智能、虚拟现实等现代信息技术在教育教学中的广泛应用。

2019年11月,《职业院校全面开展职业培训 促进就业创业行动计划》(简称《行动计划》)制定,这是教育部等十四部门为贯彻落实国家职业教育改革措施而制定的。《行动计划》指出,职业院校应推进培训资源建设和模式改革,要积极开发微课、慕课、VR(虚拟现实技术)等数字化培训资源,完善专业教学资源库,进一步扩大优质资源覆盖面。

2019年3月,山东省人民政府办公厅发布《山东省2019年国民经济和社会发展计划》(简称《发展计划》)。《发展计划》中要求,充分发挥"三核"引领作用,支持济南市及动能转换先行区、青岛市和烟台市,在量子通信、健康医疗、数字经济、现代海洋、智能家电、轨道交通以及核电装备、虚拟现实等领域布局一批带动性强的标志性大项目。

2019年3月,江苏省广播电视局发布《2019年全省广播电视工作要点》(简称《要点》)。《要点》中提出,要积极探索5G传输、大数据、云计算、物联网、人工智能、虚拟现实、增强现实等前沿技术在广电领域的应用。

2019年4月,广西壮族自治区人民政府办公厅发布《"壮美广西·智慧广电"工程实施方案》(简称《工程方案》)。《工程方案》中将建设"壮美广西·智慧广电"内容生产体系,积极利用人工智能(AI)、虚拟现实（VR）、混合增强等新技术作为主要任务。

2019年5月，吉林省人民政府办公厅发布《关于促进服务贸易创新发展的实施意见》（简称《实施意见》）。《实施意见》中倡导加强与日韩等国在虚拟现实（VR）、增强现实（AR）等技术领域的合作，带动文创产业创新融合发展。

2019年8月，河北省人民政府办公厅印发《河北省人民政府办公厅关于加快5G发展的意见》（简称《发展意见》）。《发展意见》中提出要发展壮大5G优势企业。实施省千家领军型企业计划，编制5G全产业链图，采取内育外引等方法，在芯片与器件开发生产、VR/AR、人工智能、无人驾驶、智能制造、物联网、大数据与云计算、融合应用等领域培育一批5G优势企业。

2019年3月，南昌市工业和信息化局办公室印发《关于加快VR/AR产业发展的若干政策（修订版）》（简称《政策》）。《政策》中提到，大力引进知名VR/AR企业，对新引进实际到位投资额达500万元（含）以上的VR/AR企业，按其到位投资额的6%给予不超过500万的一次性奖励。《政策》中对于企业产值给予奖励、贷款利息予以补助等都有所涉及。

2020年5月，多项省市级层面的AR行业相关政策相继出台。

2020年5月18日，《昆明市VR/AR产业园认定管理办法（试行）》出台。政策明确昆明市级VR/AR产业园认定标准、条件和监督管理措施，并提出推动全市VR/AR产业园建设。政策规定申报认定"市级VR/AR产业园"要有完整的园区建设和发展规划，并符合昆明城市总体规划和VR/AR产业发展规划。有明确的行业特色和定位，符合昆明VR/AR产业政策确定的重点发展领域。政策推进AR+内容的专业化及落地性。

2020年5月18日，江苏省人民政府办公厅颁布《关于进一步做好当前稳外贸工作的若干措施的通知》，支持企业"云洽展""云洽谈"，利用线上展会、在线直播、5G、VR/AR、大数据等信息技术手段创新洽谈形式，大力推动传统展会项目数字化转型。

2020年5月20日，广东省出台《广东省人民政府关于培育发展战略性支柱产业集群和战略性新兴产业集群的意见》，明确要大力推进AR等新技术的深度应用。

2020年5月26日，《广州市文化广电旅游局关于组织申报广州市文化旅游新业态项目扶持经费的通知》（简称《扶持通知》）出台。《扶持通知》明确扶持奖励范围和标准，包括应用大数据、5G、VR/AR、AI、4K/8K、云计算、区块链等技术在文化旅游产业领域融合创新、取得较大技术突破和文化创新的项目。

2020年5月29日，湖北省人民政府办公厅出台《提振消费促进经济稳定增长若干措施》，鼓励企业运用物联网、大数据、AR/VR（增强现实/虚拟现实）等科技手段，开启"云逛街""云旅游""云观展""云阅读"等新模式。

2020年5月29日，《关于印发河南省加快5G产业发展三年行动计划（2020—2022年）的通知》（简称《5G发展通知》）出台。《5G发展通知》明确将积极引进5G射频模组、国产5G终端、VR/AR（虚拟现实/增强现实）设备、可穿戴设备领域的龙头企业或重点项目，用"5G＋VR/AR＋4K/8K"超高清显示技术，打造新型文化旅游、超高清视频、动漫游戏、互动影院等应用场景。

2020年6月3日，《成都市人民政府办公厅关于印发成都市以新消费为引领提振内需行动方案（2020—2022年）的通知》中提出拓展"云体验"服务消费新空间。鼓励景区、公园、博物馆、美术馆、文创园区等应用短视频、直播、VR/AR（虚拟现实技术/增强现实技术）等技术，打造沉浸式全景在线产品。

（二）内容延伸

近年来，AR以其虚实融合、实时交互、准确定位的特点，吸引了越来越多巨头的目光，不论是底层技术、硬件形态还是应用落地都有了长足的发展。AR头显眼镜在军工、营销、教育、企业培训等领域广泛应用，逐渐成为生产力工具的重要一部分，帮助企业降本增效。AR＋内容在中国也逐渐推广应用于娱乐、教育、医疗保健、营销以及旅游领域的相关服务中。2019年，易现AR技术已在国内品牌、教育、游戏和媒体等多个方向进行了大量AR创意实践落地，接下来将推动AR产业在各个价值场景中商业落地。

随着AR技术的不断成熟及在中国市场的快速发展，AR＋内容应用场景不断丰富，各行各业逐渐认识到AR技术在商用领域的价值。制造业、公用事业、建筑工业、教育等行业正在开始拓展 AR + 内容的应用比例，并努力实现将 AR + 内容应用在工业维修、装配安全、实验室等应用场景中。

由于现阶段，我国 AR + 内容多以移动设备为终端连接普通用户，且 5G 将会给 AR 带来革命性变化，为推动 AR 技术产业链布局，中国联通 5G 创新中心计划与 30 多家企业联合推进 AR 业务平台合作，AR + 内容发展将会依托 AR 技术布局全面延伸至我们生产生活的更多领域。

2020 年新冠肺炎疫情期间，测温是疫情防控工作的重要一环，为了能在各机场、火车站、地铁站等高密度人员流动场所，提高测温效率和人员通过效率，耐德佳推出了 AR 红外测温辅助显示系统。安保疏导人员通过佩戴 watchAR 头戴式显示设备，可实时看到监测对象的红外测温画面，进而能够对出现的异常情况做出准确、及时的反应。头戴式 AR 显示设备解放了疏导人员的双手，提升了人员密集场所的疏导效率，助力遏制疫情在公共场所中的传播。

随着 AR 技术发展，各行各业的应用推进，不久的将来，AR + 内容将延伸至国民生活的各个相关领域，我们的生活将以"真实 + 虚拟"的形式呈现。

（三）技术推广

AR 设备产品是 AR 技术全面推广、AR + 内容辐射延伸的一个重要基础，AR 设备的轻便携带对技术应用、效果感受都有决定性作用。AR 产品会越做越轻薄，随着 5G 时代到来，将更好实现人与人、人与物的连接，让面对面的沉浸式体验成为现实。耐德佳联合创始人兼 CEO 段佳喜认为，AR 会成为未来平行世界的显示器，5G 技术将为其提供重要的研究通道。2019 年 10 月耐德佳发布 Watch AR 小灵镜，主要用于投屏观影。该设备采用分体式设计，进行 HDMI 线与无线适配器进行连接，实现无线及有线投屏功能，支持 PC、安卓或苹果手机、Pad 等设备。小灵镜光学部分采用自由曲面方案，内置 OLED 屏幕，单眼分辨率为 1024 * 768，视场角为 36°，虚拟界面的观看距离为 3 米，可实现 80 寸虚拟大屏效果。watchAR 设备机身仅 60.5 克，接近正常穿戴重量。① Greenlight Insights 发布了报告《China VR/AR Head-Mounted Display Forecast，2019—2023》，报告显示，中国 VR 和 AR 设备在预测期内将出现强劲的增长，AR 设备销量的增速要快于 VR 设备。② 随着 AR+内容应用场景的不断普及，AR 设备产品轻量化实现，民众对"现实+虚拟"互动体验的诉求，AR 设备将普及到家家户户，甚至实现人手一副 AR 眼镜，随时随处可获取最全面的信息和全方位的场景体验。未来全息时代，AR 设备有可能替代手机设备，为民众提供更加立体、全面的信息内容。

二 问题与不足

（一）硬件设备存在局限

AR 技术推广及 AR+内容场景应用要以 AR 设备便携式应用为前提，但是，由于 AR 设备是 AR 技术的载体，是多学科技术集成设备，其精密度、准确度、复杂度都提高了 AR 设备研发、制造的难度。另外，虽然 AR 是多感官的现实增强技术，但现阶段的 AR 技术发展多呈现于视觉现实增强，所以，AR 设备现在仍多以头部佩戴设备为主，但是，头部佩戴设备因人而异的个性化应用、数据高速处理而产生的热能发散、长时间使用的电源供给问题、单学科技术发展成熟度等技术局限都限制了我国 AR 终端设备的大规模普及应用。

（二）内容生态尚未形成

现阶段，虽然我国 AR 技术在不断发展过程中，但是，AR+内容发展还属于初级阶段，开发应用场景有限，导致 AR 应用在 C 端的普及推广还无法实现。在一些规模化和精细化工业生产环节，需要更多专业技术领域人员共同参与研发、细化案例，以及制作相应内容，才能实现 AR 在工业

---

① 太平洋未来科技联合欢乐谷文化旅游发展有限公司、中兴网信旅游研究院、深圳大学国家级传媒实验教学示范中心和陀螺研究院：《增强现实（AR）C 端应用白皮书》，2019 年 12 月 20 日发布。

② Greenlight Insights，"China VR/AR Head-Mounted Display Forecast，2019–2023"，2019 年 4 月 1 日发布。

领域的实际应用。

AR内容的实现过程包括实物检测、信息处理、信息反馈、信息投射四个环节,每个领域的学科技术发展相对来说已较为成熟,但是AR+内容实现多环节连接就要求AR+N内容发展需要多学科、多领域有机融合、共同支撑,才能实现AR+内容开发的科学性、专业性、合理性、应用性。

如果要实现AR的普及,必须实现多学科技术合作,设备技术符合人体生物学,降低设备存在感,提高场景互动性,另外,要使内容生态更加完善,覆盖面涉及社会生活各个层面,受众接触无处不在,产业链形成闭环。

三 AR+内容的发展趋势

《2020年流行趋势:B端AR/VR》行业报告中指出,2020年将是国内5G应用真正铺开的一年,运营商、设备商都在大力开拓新的应用形态,移动、联通、电信、华为在内的运营商、设备商都加大了在AR方向的布局,在运营商、设备商的推动下,AR内容生态将会加速构建,AR发展也会因此受益。

在工业领域,2020年AR将会深入更多行业中,但这类应用定制性强,设备与内容无法复制,只能限定在特定的应用场景,因此成本仍然很难降下来。

在零售领域,由于中国独特的电商形态,电子商务交易主要还是集中于淘宝、京东、苏宁等几家大型平台,企业对建立自己的电子商务平台或者在已有电子商务平台上构建AR体验兴趣会受到技术成熟度、用户接受度以及成本的考验。[1] 京东AR/VR总监谭李曾表示,虽然AR营销的效果特别好,但是,目前有许多困局需要去突破,这些问题主要为成本问题、市场教育问题、大众门槛问题。成本方面,费用高、制作周期长、内容复用性差。市场教育方面,目前C端市场对AR的认知还处于较为初级的阶段,还需要经过教育才能让更多人接受。此外,AR的门槛也较高,市场上的AR眼镜价格也较昂贵,且支持手机的AR覆盖度非常有限,在使用

---

[1] Unity:《2020年商用AR/VR热门趋势报告》,2020年2月27日发布。

场景上也较为受限。目前，支持 AR 的安卓设备还不足 20%。但结合线上电子平台与线下实体店的新型销售模式则可能会有较大的发展空间，而且也符合政策引导方向，可享受到政策红利，是 AR 在新零售行业的着力点。

目前 AR 设备，主要是 AR 眼镜已经应用于 B 端的多个领域，如军事、工业、安防等领域，《2020 年商用 AR/VR 热门趋势报告》显示，2020 年，AR 将摆脱试用阶段，进入大规模应用阶段，并整合进 IoT 数据和企业商业系统衍生出便于非技术人员使用的工具和体验。① 但从目前的市场情况来看，AR 眼镜在 C 端还处于起步阶段，用户认知度是 AR 在 C 端落地面对的一个很大的实际问题。硬件小型化、软件生态应用场景全面研发，是 AR 发展将要实现的目标。随着 AR 硬件技术和软件生态的发展和成熟，AR 将运用于生产、生活和科研，逐渐发展成从内容展示到内容互动，从娱乐应用到实际生产生活，从单人体验到多人互动的实用型基础设备。

中国 AR 市场的潜力巨大，中国庞大的移动消费群体，是众多 AR 公司不容错过的目标市场，会吸引 AR 公司的争相进入。未来，以客户实际需求为中心，为客户提供便捷的沉浸式体验将会是 AR 内容开发公司软件研发的目标。AR 技术将被广泛应用，并为人类带来巨大福利，随着 AR 设备的普及，AR 内容生态的完善，AR 设备会像手机一样，融入大众生活。

Report on China AR + Content Industry Development

Cao Yuejuan

Abstract：From 2019 to 2020, based on the development of AR + hardware technology, China's national, provincial and municipal governments and relevant departments have issued a series of policies to promote the application and

---

① Unity：《2020 年商用 AR/VR 热门趋势报告》，2020 年 2 月 27 日发布。

development of AR + content. In 2020, AR + content application will be further extended to the field of security and show its value. With the promotion of policies and the gradual improvement of AR equipment, AR + content will become more extensive, practical and professional in the future.

Key words: AR + content industry, Policy support, Content extension, Technology promotion

参考文献

虚拟现实内容制作中心:《虚拟/增强现实内容制作白皮书(2020)》, 2020年4月29日。

Greenlight Insights, "China VR/AR Head-Mounted Display Forecast, 2019 - 2023", 2019年4月1日。

Unity:《2020年商用VR/AR热门趋势报告》,2020年2月27日。

太平洋未来科技联合欢乐谷文化旅游发展有限公司等:《增强现实(AR) C端应用白皮书》,2019年12月20日。

何海生、戴毅:《AR看见未来》,中国商业出版社2020年版。

T.20 生物传感技术在智能媒体中的应用发展报告

王 喆[*]

摘 要：生物传感器作为人机互动、具身传播底层的物质设施，将逐步完成人与人、物与物、人与物的各类连接，在理论和实践上都有着巨大的意义。生物传感器可以在体外或体内捕捉人体日常的体征变化，当上亿个传感器铺设在城市内，便可监测城市环境的实时状况。技术辅助人体延伸，组成了整个城市的神经网络。媒体在智能化的过程中积极地开发生物传感器的近身性、实时监测、高精度的特性，将传感器融入传播效果研究和新闻生产实践之中。在智能技术的开发应用的同时，媒体、政府和企业都应注重公共利益与个人隐私权的保护。

关键词：生物传感器 具身传播 物联网 可穿戴设备 科技伦理

一 生物传感技术的发展概述

媒体智能化发展的物质基础是传感器（sensor）、云端计算（cloud computing）、3D打印（3D printing）等不同软件和硬件技术，其核心价值是智能化的生产方式，从中可以看出硬物质和软智慧的结合。就生物传感技术而言，2019年，全球生物传感技术市场总产值已达200亿美元，预计到2026年将超过320亿美元，复合增长率为7.8%。[①] 生物传感技术市场

---

[*] 王喆，传播学博士，浙江传媒学院文化创意与管理学院讲师，研究兴趣为技术哲学和网络文化。

[①] Acumen Research and Consulting, "Biosensors Market-Global Industry Analysis, Market Size, Opportunities and Forecast, 2019 - 2026", 2019, https://www.acumenresearchandconsulting.com/biosensors-market.

T.20　生物传感技术在智能媒体中的应用发展报告

的蓬勃发展昭示着它已经逐步从实验室走向人们的日常生活，从单一的技术发明逐渐转化为可应用于其他领域的产品。

（一）生物传感技术：人的延伸

传感器可以嵌入在环境、物品和人体之中，电脑中的摄像头和麦克风、智能手机的全球定位系统（GPS）和陀螺仪、健康活动追踪器（fitness tracker）的加速度计等传感器都早已遍布在人们的日常生活之中。随着智能需求和技术的发展，传感器不仅尺寸越来越小，精准度持续提高，整体的布设成本也有所下降，更重要的是，这些传感器变得越来越智能。新的传感器技术与应用不断地被开发，例如，目前人脸识别技术通过深度测量、扫描建模、运动捕捉等功能，满足体感游戏、拍照或短视频中美体塑形、背景虚化、大光圈等娱乐需求，而新的飞行时间技术若用于3D成像，则在现实世界虚拟化方面具有巨大潜力。

一般而言，生物传感技术具有感测、观察和反馈三种功能，具有自我测试、自我诊断、信号处理、多点传感等特性。感测功能指的是传感装置对本身或周围环境的状态进行检测。比如测量体内血压等压力信息、体表的心电等信号信息、体外的红外信号甚至磁场信息等。观察功能是指将生物体感受到的持续、有规律的信息，转换为人们可以理解的信息，再传输到网络。部分传感技术甚至连超声波或红外线等人类难以感觉到的现象也可以感测和转换。反馈功能指的是，将信息或执行指示展示给人们，为人们的决策提供依据。反馈的方法有很多，比如视觉化、通知和控制，即系统将判断结果显示出来，或直接改变环境或装置的状态。生物传感技术因其便携性和测定快速而十分适合随时随地应用。随着人们生活质量的提升，利用生物传感技术以进行健康管理、安全保障等相关需求越来越旺盛。[1]

生物传感技术的发展得益于生命科学、物理学、化学、材料科学和信息技术等多个学科交叉融合，并逐渐被运用于媒体环境之中。当传感器网络搜集的信息和人们的知觉相结合，将改变人们观看、聆听、思考和生活的方式。遍布在环境中的传感器将会成为人类神经系统的延伸，而可穿戴

---

[1]　张先恩：《生物传感发展50年及展望》，《中国科学院院刊》2017年第12期。

装置则会变成感觉义肢。

（二）具身传播的转向

随着媒体智能化技术的发展，生物传感技术、虚拟现实和人工智能等技术热潮引发了传播学中关于具身传播的探讨，让以前被边缘化的身体问题凸显出来。可以说，技术的发展大大拓宽了人们对于传播的定义和想象力，传播概念的开放也促成了"传播研究永远面向未来"。[①]

传播研究中，最早明确谈身体问题的是麦克卢汉，他将身体勾勒为媒介的源点，每一种媒介技术都是对人体器官的延伸或截除[②]。在探讨生物传感器时，我们可以借用具身传播的相关理论，来进一步梳理人和技术的关系。比如，Gallagher 提出了 4E 心智的概念，[③] 4 个 E 即具身的（embodied）、嵌入的（embedded）、能动的（enacted）和延展的（extended），旨在否定"我"并不能简单等同于"我的大脑"，这成为认知科学的一个新起点。具体而言，"具身"是说心智过程部分是由更外在、更广博的身体结构和过程组成。"嵌入"是强调心智过程是在一定的环境中起作用，外在于主体的大脑；如果没有正确环境的心智架座（scaffolding），心智过程不能恰当运转。"能动"则是说心智过程并非一个神经过程，而是一个需要和世界进行互动的有机体。"延展"指出心智过程并非绝对局限于头脑之中，其实会以各种方式拓展出去，进入有机环境之中。比如，移动终端的传感操作、语音指令以及 Google Glass 的加入，使得人与技术的互动变得越来越重要，身体资源被重新开发和激活了，身体和技术一起参与到各种活动中，形成了非常明显的具身认知过程。

当技术进一步变成身体的一部分时，就预示着赛博人（cyborg）的出现。这种无机物机器和生物体的结合体，会重新创造出三种在场的基本状态：携带自己的肉身、离开自己的肉身、进入其他的身体，从而"将人与

[①] 刘海龙：《中国语境下"传播"概念的演变及意义》，载唐绪军编《新闻学与传播学名词规范化研究》，科学出版社 2019 年版。

[②] ［加］马歇尔·麦克卢汉：《麦克卢汉如是说：理解我》，［加］斯蒂芬妮·麦克卢汉、［加］戴维·斯坦斯编，何道宽译，中国人民大学出版社 2006 年版，第 34 页。

[③] Shaun Gallagher, *How the Body Shapes the Mind*, New York, NY: Oxford University Press, 2005.

技术的双重逻辑、实体空间与虚拟世界的双重行动交织互嵌在一起"。① 即便是人类最古老的阅读行为中也存在具身认知，赛博人的出现意味着阅读主体已经演化为"有机融合界面"，② 阅读行为变成物质与符号互动关系的融合。在这一身体界面和界面身体中，生物智能、机器智能、语言符号相互作用，互为补充，实现了机器认知和肉身认知的结合。生物传感器作为人机互动、具身传播底层的物质设施，将逐步完成人与人、物与物、人与物的各类连接，在理论上和实践上都有着巨大的意义。

二 五感并蓄：生物传感器的技术突破

生物传感器可以在体外或体内捕捉人体日常的体征变化，越来越无创、无缝地接入人体。这种对体征变化的监测将在安全领域和健康领域发挥重要的作用。比如，如果将生物传感器安装在长途车司机的坐垫下，便可及时观测到司机的驾驶情况，通过心率变化、体表脉搏等资料来判断司机是否处于疲劳驾驶状态，并通过传感系统发出警报，避免事故发生。而最新的采用光学无线集成电路的微型神经传感器，能够非侵入性地记录身体中的神经信号，并通过 LED 闪烁一个编码的信号来传输结果。③ 新一代生物传感器将变得能耗更低，同时敏感度更高，可追踪更复杂的现象。

（一）更新传播效果的实证研究

生物传感器也正逐步进入媒体领域，可以应用于传播效果的实证研究之中。由丹麦技术团队构建的 iMotions 多模态整合分析系统，可以通过生物传感器捕捉人们观看电视节目时的身体反应，将眼动、面部表情分析、EEG、GSR、ECG、EMG 以及第三方感官的数据进行同步分析。2015 年年底，新华网在首届"智能+"传媒超脑论坛上推出了生物传感智能机器人

---

① 孙玮：《交流者的身体：传播与在场——意识主体、身体—主体、智能主体的演变》，《国际新闻界》2018 年第 12 期。
② 崔波：《阅读的具身认知转向与阅读研究的未来》，《编辑之友》2020 年第 4 期。
③ Alejandro J. Cortese et al., "Microscopic Sensors Using Optical Wireless Integrated Circuits", *Proceedings of the National Academy of Sciences*, 2020.

系统 Star。该系统以生物传感器采集用户生理体验信息数据，通过多种算法完成分析和报道，是一款基于生物传感技术的新闻人工智能机器人。[1]人体生物性数据的捕捉极大地推动了传播效果实证研究的进展，收集到了更加客观、高效和连续的人体生物性数据，弥补了主观性的问卷调查或按键式的收视率调查的不足，"推动传播效果研究转向个体的瞬时效果甚至是实时效果研究"。[2] 更进一步，生物传感器将为即时场景中的信息生产与推送提供依据，真正实现个性化定制的媒体传播：可以将 AR 互动、传感器即时感测、微距离定位等各种应用加载于媒体屏幕上，开展广告营销整合互动宣传，以实体互动装置进行更具深度的受众轮廓分析、智能动态调查分析及即时行为感测分析等。

（二）身体感官的有机整合

由于视觉、听觉两类数据相对容易获得而且数据量大，生物传感器在识别和反馈视觉、听觉方面发展得较为成熟。在此前的信息化时代，摄像头和麦克风的普及使得大量图片数据、语音数据得以积累。目前，计算机已能通过视觉技术"看"图片、文字、视频等，这一技术发展为图像识别、人脸识别等，适用于自动驾驶、安防、人脸支付等领域。从该技术的专利申请情况来看，截至到 2018 年 12 月 31 日，全球共申请 14.3 万项专利，中国、美国、韩国是全球申请数量排行前三的国家。在听觉方面，语音语义技术让计算机学会了"听、读"文字、段落、文章等。在日常生活中，人们经常使用的翻译软件、车载操作系统、智能音箱、语音助手等工具中，都采用了文字识别、语音情感分析、人机对话、声音定位等语音语义技术。从该技术的专利申请情况来看，截至到 2019 年 12 月 20 日，全球共申请 4.3 万项专利。中美两国依然是这个领域的主要申请国，合计占比超过 75%。从国内企业情况来看，百度是唯一一家在语音语义技术领域申请量和授权量均列全球前十的企业。[3] 在丹麦，"慢新闻"的代表机构

---

[1] 杨溟：《我懂得你的感受——生物传感技术在传媒领域的应用》，《青年记者》2016 年第 6 期。
[2] 华金香：《从生理传感新闻的诞生看实时传播效果研究》，《传媒》2018 年第 14 期。
[3] 任泽平、连一席、谢嘉琪：《人工智能：新基建，迎接智能新时代》，2020 年 4 月 30 日，新华网，http://www.xinhuanet.com/money/2020-04/30/c_1125926729.htm。

Zetland 为他们的新闻报道都提供了语音版本，其中75%的报道会被受众选择以收听的方式来接收。用语音助手进行播报，与聊天机器人展开对话，这些基于语音传感器的人机交互技术发展前景极为广阔。

但是，生物传感器的相关技术在感官领域发展得并不均衡，尤其在味觉、嗅觉、触觉等方面仍面临很多挑战，处于等待"腾飞"的状态。生物嗅觉和味觉系统具有敏锐的气味和味质感知能力，被认为是自然界最高效的感测系统之一。[①] 基于生物敏感材料的仿生嗅觉和味觉传感技术的发展，将使得电子鼻和电子舌化学传感技术成为可能。2013年，新加坡国立大学的研究员 Nimesha Ranasinghe 制成了一种"数字棒棒糖"，可以仿真不同的味道。他还设计了一款嵌入电极的勺子，可以放大食物的咸、酸和苦的味道。"虚拟食物"实验使用电子器件模仿真实食材的味道和感觉，给虚拟现实系统增加一种新的感觉输入。也可以在现实世界中增强用餐体验，特别适用于那些在饮食上受到限制的人，或者因健康问题影响到饮食能力的人。[②] 在触觉方面，据美国卡内基梅隆大学官网报道，该校研究人员已于2020年开发出一款新装置（见图1），这个装置在人的手指上连接了许多细线，以模拟障碍物和重物的触感，让在虚拟现实系统中的人们能够产生触摸物体的感觉。[③] 这是因为虚拟现实头戴式装置上安装了一个追踪手部和手指运动的 Leap Motion 传感器，当感知到人们的手正在靠近虚拟墙壁或其他障碍物时，棘轮会牵动连线，按照适合那些虚拟物体的顺序拉扯。当用户将手收回时，电控锁便会松开，以此模拟出障碍物和重物的触感。从上述的应用案例中可见，生物传感技术的持续发展将以技术的方式促进人类"身体感"的有机整合。

[①] 王平、庄柳静、秦臻、张斌、高克强：《仿生嗅觉和味觉传感技术的研究进展》，《中国科学院院刊》2017年第12期。

[②] Victoria Turk, "Face Electrodes Let You Taste and Chew in Virtual Reality", Nov. 4, 2016, NewScientist, https://www.newscientist.com/article/2111371-face-electrodes-let-you-taste-and-chew-in-virtual-reality/.

[③] Byron Spice, "New Device Simulates Feel of Walls, Solid Objects in Virtual Reality", Apr. 28, 2020, Carnegie Mellon University, School of Computer Science, https://www.cs.cmu.edu/news/new-device-simulates-feel-walls-solid-objects-virtual-reality.

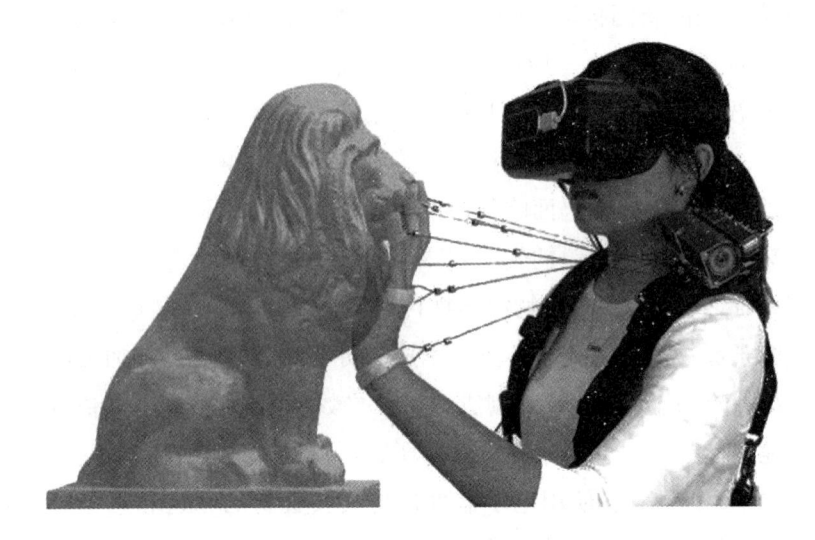

图 1　新型触觉反馈装置

资料来源：Cathy Fang et al.，"Wireality：Enabling Complex Tangible Geometries in Virtual Reality with Worn Multi-String Haptics"，Proceedings of the 2020 CHI Conference on Human Factors in Computing Systems，2020.

三　移动互联：可穿戴设备的物联网

可穿戴设备是指可以穿戴在人身上的便携式设备，具有解放双手和跟踪测量的优势，给人们的生活和感知带来了很大的转变。可穿戴设备与人体深入结合，并可随人体进行万物的移动互联，实现了无处不在、无时不有的连接网络。而脑机接口将把这种连接发展到极致。2019 年 7 月，埃隆·马斯克旗下的 Neuralink 公司发布了一款外科机器人，它可以在头骨上打洞，并将 3072 个微电极植入大脑皮层。这种脑机接口在人类大脑与外部机器之间建立连接，或能让瘫痪病人用意念打字或者控制机器。人与物、物与物的无缝连接，一步步从科幻走向现实，也开始从实验室走向生活，赛博人的趋势越来越明显。

（一）跨场景、跨媒介的可穿戴设备

目前，可穿戴设备的产品形态主要有智能眼镜、智能手环、智能手

表、智能服饰和智能戒指等，已具备微型化、多样化、低功耗、自处理等特点，能在运动测量、健康管理、移动支付、社交互动、影音娱乐等诸多领域发挥作用。这些可穿戴设备中的传感器主要集中在三大类，一是运动传感器，包括加速度计、陀螺仪、磁力计、压力传感器等；二是生物传感器，包括血糖传感器、血压传感器、心电传感器；三是环境传感器，包括温湿度传感器、气体传感器、PH 传感器等。[1] GPS、可穿戴设备等现有传感器将持续更新换代，各种新型传感器将广泛应用于各类生活场景，这就突破了部分场景与场景、媒介与媒介之间的壁垒和界限，人的传播行为可能会在跨场景、跨媒介的交叠之中发生。比如一系列实验性的车载媒体技术正在开发之中，可以打破驾驶员只能收听车载广播的传统传播形态，将行驶中的车辆空间发展为一个移动传播的新场景。

国际数据公司（IDC）的研究显示，2019 年全球可穿戴设备出货量达到 3.365 亿台（见表1）。[2] 这一增长受益于智能手表、智能手环、持续血糖监测系统（CGM）、助听器、耳机等产品形态和 AR、VR 和 MR（介导现实）等新兴技术的助力。目前未装置生物传感器的设备也正在努力智能化。2019 年，苹果向美国专利局提交了一份专利申请，显示苹果有意在未来的 AirPods 中加入能监测佩戴者血液变化的生物传感器，"内置有光电脉

表1　可穿戴设备出货量、市场份额和年增长率　　　　（单位：百万台,%）

产品	2019年出货量	2019年市场份额	2018年出货量	2018年市场份额	年增长率
耳机类	170.5	50.7	48.6	27.3	250.5
腕带类	69.4	20.6	50.5	28.4	37.4
手表类	92.4	27.5	75.3	42.3	22.7
其他	4.2	1.2	3.5	2.0	19.5
合计	336.5	100	178.0	100	89.0

资料来源：国际数据公司 IDC 2020 年 3 月全球可穿戴设备季度报告。

---

[1] 冯三明、田文杰：《传感器技术在可穿戴智能设备中的应用分析》，《电子技术与软件工程》2015 年第 17 期。
[2] "Wearable Devices Market Share", Sep. 29, 2020, IDC, https://www.idc.com/promo/wearablevendor.

搏图（PPG）传感器，它通过测量光从皮肤上的反射来测量具体的生物参数。反射率的变化可以用来代表血液通过用户血管的丰富程度"。[①] 这就像科幻电影《华氏451》中，主角的妻子耳朵上一直挂着一副智能耳机，它可以进行心率检测，并通过内置高精度运动传感器，准确记录并分析使用者的运动及行为状态。

（二）通过数字认识自己的量化自我

在实现人与物、物与物的移动互联后，生物传感器比人们自己更懂自己。数字时代的自我是量化自我（quantified self），"通过数字认识自己"。人们通过自我追踪技术积极地了解自己的健康状况、睡眠质量、微量元素摄入情况等各方面的数据。[②] NeuroSky 发明的脑电波芯片，可设计为意念猫耳朵，便能用于电视相亲节目中。当女嘉宾看到中意的对象时，大脑的兴奋信号会转化为猫耳朵可识别的数字信号，猫耳朵就会高高立起，表达爱慕之情。而传感器捕捉的数据也能让政府机构或组织来对社会健康安全进行综合判断，比如在新冠肺炎疫情期间，综合个人地理位置信息、医疗信息等的"健康码"在各个城市普及，成为于公于私的健康电子凭证。在学校里，"运动世界校园" App 会通过 GPS 实时记录学生的跑步轨迹与里程，学生被迫自我追踪，教师则以数据化的方式"凝视"学生在特定空间中的身体运动情况。[③]

四 采编数据：传感器传播的"新常态"

大数据挖掘、智能语音助手及传感器网络等技术的发展，将智能媒体的数据采编推向多面识别和多维感知。

[①] 《不只是耳机？专利显示新款苹果 AirPods 将集成生物传感器》，2019 年 10 月 4 日，IT 之家，https：//www.ithome.com/0/448/537.htm。

[②] Deborah Lupton, *The Quantified Self: A Sociology of Self-Tracking*, Malden, MA：Polity Press, 2016.

[③] 许同文：《"媒介特性"与"数据实践"：基于位置媒体的"校园跑"》，《国际新闻界》2019 年第 11 期。

（一）传感器辅助公共传播

为提升社会公共传播和公共服务，美国专家在2013年提出了"全球万亿传感器"（Trillion Sensors Universe）的口号，计划在社会基础设施和公共服务中每年使用1万亿个传感器，预计在2030年后将100万亿传感器嵌入各种场所。日本也启动了多项传感器大规模应用计划，提出"2020年之前，利用传感器对日本20%的重要基础设施及老化基础设施进行检测和维修"。Neighborlytics、Citibeats和Zencity等公司为了推动智慧城市的公共服务，给出一套将城市人性维度进行数据可视化的方法。这套方法结合了来自社交媒体和其他用户生成的内容中的公共数据，以及来自诸如位置数据和传感器网络的其他数据，并依托人工智慧等技术进行大数据分析，以实时更新城市中的各类状态，为制定政策和开展项目提供了描述性和预测性的分析。

（二）传感器新闻的兴起

媒体也能从这些日常检测的信息中直接提取有用的数据进行报道。随着媒体行业对数据信息的依赖日益增长，记者们正在积极地使用这一测量各类数据的装置。传感器与新闻的碰撞带来了一个新的概念：传感器新闻（sensorjournalism），它指的是基于传感器进行信息采集、以数据处理技术为支撑的新的新闻生产模式。[①] 目前可参与新闻数据采编的传感器可分为记录环境指数的传感器和记录人类生理信号的生物传感器，但目前后者的应用相对较少。这个概念于2012年在美国出现，为了将这一概念更好地运用于传播实践中，哥伦比亚大学托尔数字新闻中心（Tow Center For Digital Journalism）召集了一批新闻传播专家和业者研发人员，成立"传感器新闻"工作组，深入探索传感器新闻的实践。

与新闻传播领域中传统的数据采集方式相比，传感器具有感知环境细微变化的能力，能拓展记者们的感知能力，开辟信息采集的新维度。比如，2015年央视推出的"数说命运共同体""据说春运"等专题中，GPS系统的传感系统和位置数据就为报道货船航运轨道和春运期间人口的大规

---

① 彭兰：《"传感器"与"新闻"的相遇会带来什么？》，《新闻论坛》2017年第5期。

模运动提供了兼具广度和深度的数据。2017年，北京大学出版社引进了美国哥伦比亚大学新闻学院教授弗格斯·皮特编著的《传感器与新闻》一书，书中仔细研究了七个使用传感器的新闻项目，记者们对传感器日常监测的数据信息进行过滤重组、深入挖掘，其中包括《华盛顿邮报》"枪声监测"系统追踪华盛顿特区枪击案、纽约公共广播电台"蝉群追踪器"（Cicada Tracker）报道全球气候变化等新闻项目。

凭借采集海量数据的强大能力，传感器还可以为预测性报道提供依据，探测未来动向。仅凭学者或专家的智慧来预测未来，总是会有预测失灵的情况，而基于传感器的物联网，将为媒体报道提供关于自然界与社会的洞察。目前，传感器新闻的实践尚处于起步阶段，在内容、品质和生产方式上还有极大潜力可挖。同时，个人化终端的传感器虽然能监测时间节点、地理空间、身体健康、用户情绪、行为习惯等庞大又丰富的个人化数据，但由于隐私保护问题，目前尚未被媒体规模化使用。新闻传播业者应积极地将以传感器为基础的物联网技术纳入新闻生产中，开发出更多的大数据和信息，推出新闻服务模式和新闻应用，使"传感器新闻"成为新闻传播领域的新常态。

五　总结：5G时代的虚拟现实

2019年6月6日，工信部向中国电信、中国移动、中国联通、中国广电发放5G商用牌照，意味着中国正式进入5G商用元年。在未来5G高速度、高联结、低延迟的传输环境下，传感器将摆脱流量限制，更好地起到"神经网络"的作用，而可穿戴设备将迅速普及，成为重要的入口与应用终端。我们可以通过一些大众电影中的叙事来想象万物互联的未来传播图景，比如科幻电影《少数派报告》中的人，可以通过佩戴体感手套实现细微的手势控制，包括重叠窗口、下拉菜单等，以此控制用户界面，实现多种操作。在科幻电影《她》中，贴心的人工智能系统能理解人的细腻的情绪感受，认同并服务人的需求。有些技术甚至已经从电影想象中走入人们的日常生活之中，而未来传播的发展也许将远远超过早期构想。

本报告通过对生物传感器和具身传播进行讨论，展示了技术逻辑主导下，传感器如何转换为人的延伸和意识的延伸，智能机器如何逐步分担了传播主体的角色。正是因为生物传感技术的发展，人的器官才能够得以延伸，真正实现人在虚拟现实中的身体感知。待到生物传感技术能更有机地将人类的"身体感"进行整合，虚拟和现实的界线将进一步消解，人们可以用技术的方式"设身处地"地访问虚拟现实，获得更佳的互动体验。政府、企业、非营利机构都开始积极拥抱生物传感技术，更多的智能媒体产品将进入公众视野并成为生活标配。

在万物互联的5G时代，传播过程所联结的要素和资源将变得越来越多，所涉及的领域以及相应的规律机制也将越来越繁杂。这意味着在走向未来的同时，学界和业界也应该持续探索如何发展便捷高效的智能服务，推进社会治理智能化，在传感器、人工智能、大数据分析等智能技术的开发应用与个人隐私权的保护方面，努力做到良好的平衡。

首先，辅助传感器神经网络的铺设，提升公共传播效能，推动媒体智能化的发展。传感器各个节点连接起来就是一个神经系统，可以收集连续的数据资料，而云计算则是扮演大脑的角色。"城市大脑"可以归集城市分散数据、感知城市生命体征、优化城市资源配置、强化城市风险管控等，发挥指挥中心的作用。在常规的公共事务新闻报道中（如气象灾害报道和预警、城市交通状况播报等），部分新闻生产工作可由传感器和云计算等数字技术平台作为替代。这一播报系统应由技术专家、治理专家和富有经验的新闻工作者等共同制定，更加科学、高效、精准地发现问题和呈现问题。

其次，应采用系统集成思维来推动数据之间的横向流通，让重大公共安全事件之中跨企业、跨部门的数据需求得到有效回应。目前，数据成熟的传感器网络数据通常掌握在政府、企业、大学等权威机构的手中。一方面，这些权威机构之间的传感器数据极少互通互惠，另一方面，大多数媒体机构要想从第三方机构获取大体量、高精度的传感数据，也存在着各种限制。特别是在突发公共事件之中，如何有序、合理地集成数据的能力还有待提升。在此次新冠肺炎疫情防控中，基于生物传感器的人工智能发挥了巨大作用，更重要的是，生物传感器数据逐层开放并有机地集成起来发挥作用，一方面满足机场、高铁等公共地区的体温监测，另一方面满足对疑似病例和携带病毒人员的身份排查记录，增强疫情排查力度和效率。

再次，应提倡人文和社会科学介入技术领域，促进"科技向善"。"智能就像一种肌肉,需要受到训练和培养。"① 媒体作为交流沟通的平台,可以积极地引领智能时代的信息价值观,促进公民参与讨论技术科学伦理的良性循环,保护人文和社会科学的批判性锋芒。如果说基于生物传感器的智能媒体可以监测人们在讨论什么以及如何感受,那么这些数据应该成为识别趋势、改善维护、评估政策成功与否的一笔巨大财富。毕竟,智能媒体是为与之一起生活的人们而存在的,从人文社科的角度去重新思考人类在媒介技术中的地位是向建设更好未来迈出的一大步。

最后,创造能够保障隐私权和数据保护权的传播环境,让数据采集和分析的"黑箱"透明化。生物传感器的普及让保护隐私和数据的安全性问题迫在眉睫。小到个体,大到政府、企业和民间机构,都需要一起思考如何制定统一的生物传感器使用标准,比如传感器安置的位置是否会侵犯隐私,由技术手段收集的包罗万象的各类信息如何进行管理和保护,数据流通时应该如何制定使用准则,如何划清公共资源与个人隐私之间的界限……在法治层面上,有关部门应推动有关个人隐私保护的立法进程,提高隐私泄露和侵犯的违法成本。在自治层面上,生产主体和参与各方也要秉持他律和自律相结合的原则,加强培养遵守通用数据保护条例的社会共识。

Report on the Development of Biosensors Technology Application on the Intelligent Media

Wang Zhe

Abstract:As an infrastructure for human-machine interaction and embodied communication, biosensors are constantly connecting human to human, devices to devices, and human to devices. Significant efforts have been made since the last

---

① 吴璟薇、许若文:《基因编辑与后人类时代的科学伦理——专访哲学家罗西·布拉伊多蒂》,《国际新闻界》2019 年第 4 期。

few years for advancing and theorizing biosensors technology and its applications. Biosensors have helped collect data and measure one's body; billions biosensors together will monitor and optimize different aspects of the local environment. Biosensors extend human body, forming a neural network for the smart city. Towards the future of intelligent digital media industry, sensor-enabled efficiency, embodiment, real-time surveillance and precise measure are serving media effects researches and newsroom practices. But gaining and keeping attention without compromising on public interests and personal privacy remains the key challenge for the news industry, governments and other organizations.

Key words: Biosensors, Embodied communication, IoT, Wearable digital devices, Technology ethic

参考文献

崔波:《阅读的具身认知转向与阅读研究的未来》,《编辑之友》2020年第4期。

冯三明、田文杰:《传感器技术在可穿戴智能设备中的应用分析》,《电子技术与软件工程》2015年第17期。

华金香:《从生理传感新闻的诞生看实时传播效果研究》,《传媒》2018年第14期。

刘海龙:《中国语境下"传播"概念的演变及意义》,载唐绪军编《新闻学与传播学名词规范化研究》,科学出版社2019年版。

彭兰:《"传感器"与"新闻"的相遇会带来什么?》,《新闻论坛》2017年第5期。

任泽平、连一席、谢嘉琪:《人工智能:新基建,迎接智能新时代》,2020年4月30日,新华网,http://www.xinhuanet.com/money/2020-04/30/c_1125926729.htm。

孙玮:《交流者的身体:传播与在场——意识主体、身体—主体、智能主体的演变》,《国际新闻界》2018年第12期。

王平、庄柳静、秦臻、张斌、高克强:《仿生嗅觉和味觉传感技术的研究进展》,《中国科学院院刊》2017年第12期。

吴璟薇、许若文：《基因编辑与后人类时代的科学伦理——专访哲学家罗西·布拉伊多蒂》，《国际新闻界》2019年第4期。

许同文：《"媒介特性"与"数据实践"：基于位置媒体的"校园跑"》，《国际新闻界》2019年第11期。

杨溟：《我懂得你的感受——生物传感技术在传媒领域的应用》，《青年记者》2016年第6期。

张先恩：《生物传感发展50年及展望》，《中国科学院院刊》2017年第12期。

［加］马歇尔·麦克卢汉：《麦克卢汉如是说：理解我》，［加］斯蒂芬妮·麦克卢汉、［加］戴维·斯坦斯编，何道宽译，中国人民大学出版社2006年版。

Acumen Research and Consulting, "Biosensors Market-Global Industry Analysis, Market Size, Opportunities and Forecast, 2019–2026", 2019, https://www.acumenresearchandconsulting.com/biosensors-market.

Alejandro J. Cortese et al., "Microscopic Sensors Using Optical Wireless Integrated Circuits", *Proceedings of the National Academy of Sciences*, 2020.

Byron Spice, "New Device Simulates Feel of Walls, Solid Objects in Virtual Reality", Apr. 28, 2020, Carnegie Mellon University, School of Computer Science, https://www.cs.cmu.edu/news/new-device-simulates-feel-walls-solid-objects-virtual-reality.

Deborah Lupton, *The Quantified Self: A Sociology of Self-Tracking*, Malden, MA: Polity Press, 2016.

《不只是耳机？专利显示新款苹果AirPods将集成生物传感器》，2019年10月4日，IT之家，https://www.ithome.com/0/448/537.htm。

Shaun Gallagher, *How the Body Shapes the Mind*, New York, NY: Oxford University Press, 2005.

Victoria Turk, "Face Electrodes Let You Taste and Chew in Virtual Reality", Nov. 4, 2016, NewScientist, https://www.newscientist.com/article/2111371-face-electrodes-let-you-taste-and-chew-in-virtual-reality/.

"Wearable Devices Market Share", Sep. 29, 2020, IDC, https://www.idc.com/promo/wearablevendor.

国 际 篇
Report on Intellectual Communication Abroad

T.21 美国智能媒体产业发展报告

张薇薇[*]

摘　要： 近年，美国多次发布助推人工智能行业发展的报告，其中智能媒体产业发展聚焦在以下六个方面：顶层设计——明确人工智能在各领域至关重要的作用，产业趋势——稳固美国在人工智能领域的领先、领导地位，法律规制——制定法律法规、行业标准保障隐私和机密，伦理准则——强调人工智能领域跨学科研究和伦理规范，受众认知——提升公众对人工智能技术的信任度和信心，人才培养——推行系统全面的培训机制，培养未来人才。

关键词： 智能媒体　产业趋势　伦理　人才培养

正如中国工程院院士邬贺铨对知名自然语言处理和搜索专家、"文津图书奖"得主、硅谷风险投资人吴军博士2020年7月新作《智能时代——5G、IoT构建超级智能新机遇》一书的评价："这是一个计算无所不在、软件定义一切、数据驱动发展的新时代。相比以蒸汽机的发明为标志、以机械化为特征的第一次工业革命，以电的发明为标志、以电气化为特征的第二次工业革命，现在以大数据应用为标志之一、以智能化为特征的新一轮产业革命到来了，它对人类文明和社会进步及经济发展的影响不

---

[*] 张薇薇，中国人民大学新闻学博士、国际关系学院博士后，中国人民大学与澳大利亚昆士兰大学新闻学联合培养博士，比利时根特大学传播学博士后，中国社会科学院大学新闻传播学院讲师，主要研究国际传播、公共外交、新闻理论等。

亚于前两次工业革命。"① 由此，全世界开始了新一轮技术革命——智能革命。②

人工智能是研究、开发用于模拟、延伸和扩展人的智能的理论、方法、技术及应用系统的一门新的技术科学。人工智能概念已经涵盖了计算机科学、统计学、脑神经学、社会科学等诸多领域，是一门交叉学科。③作为跨学科的分支，人工智能聚焦增强机器学习和深度学习等诸多途径，从而使几乎每个行业、每种技术都发生了显著变化。

随着"云计算""大数据""机器学习""人工智能""算法新闻""自然语言处理""数据清理"等领域的不断发展和推进，智能媒体应运而生。人工智能（artificial intelligence，AI）和区块链技术的快速发展促进传媒业态的更新，媒体融合、全媒体、融媒体、智能媒体、社交媒体、移动化、机器人新闻写作等向前推进。

2020年7月，中国国家标准化管理委员会、中央网信办、国家发展改革委、科技部、工业和信息化部共同制定了《国家新一代人工智能标准体系建设指南》。该指南旨在推动人工智能技术在开源、开放的产业生态不断自我优化，充分发挥基础共性、伦理、安全隐私等方面标准的引领作用，指导人工智能国家标准、行业标准、团体标准等的制修订和协调配套，形成标准引领人工智能产业全面规范化发展的新格局。世界各国都着重强调人工智能领域的高科技人才的培养对于行业发展的重要作用。近几年，各国纷纷出台助推人工智能行业前进的各项举措，力争人工智能领域的高地。人工智能产业的竞争，说到底是人才和知识储备的竞争。本文第一部分将概述2019—2020年美国智能媒体发展的情况。

一 2019—2020年美国智能媒体发展总体概况

2019年，美国白宫科技政策办公室、美国国家科学技术委员会的人工智能特别委员会、人工智能专责委员会、机器学习与人工智能小组委员

---

① 吴军：《智能时代——5G、IoT构建超级智能新机遇》，中信出版集团2020年版，封底。
② 吴军：《智能时代——5G、IoT构建超级智能新机遇》，中信出版集团2020年版，第37页。
③ 腾讯研究院等：《人工智能》，中国人民大学出版社2017年版，第23页。

会、人工智能研发跨部门工作组等多家机构对人工智能的投资、研发、共享、创新、领导力建设等展开跨领域协作。

2019年2月11日，美国国家科技政策办公室发布了由美国总统签署的一份《美国人工智能倡议》（American AI Initiative），也即《维护美国在人工智能时代的领导地位》（Executive Order on Maintaining American Leadership in Artificial Intelligence）的行政命令。该份倡议聚焦于以下五个重点领域：加大人工智能投入、开放人工智能资源、设定人工智能治理标准、培养人工智能劳动力、国际参与和保护美国人工智能优势。[1]2019年6月，《国家人工智能研发战略规划：2019年更新版》发布。

2019年12月17日，新美国安全中心发布报告《美国人工智能世纪：行动蓝图》，指出先进计算、量子科学、人工智能、合成生物学、5G、增材制造等技术的快速进步正在改变技术运行机制，其中人工智能将产生最广泛的影响。报告建议制定符合美国家利益和价值观的标准，并为确保美国在未来"人工智能世纪"的领先地位提供建议，以预测和应对安全挑战。[2]

结合以上三份报告美国在2019年和2020年上半年更加重视人工智能的深度化和多维化的发展，具体概括为以下六个方面。

1. 顶层设计——明确了人工智能在各领域至关重要的作用

这三份报告中都明确了人工智能在经济社会发展、保障美国国家安全、提升美国公民生活质量的重要作用。

2. 产业趋势——稳固美国在人工智能领域的领先领导地位

为了维护美国在人工智能领域的领导地位，联邦政府、业界和学术界、盟友、非联邦政府机构的协同与合作，推动与人工智能相关的新兴产业的发展。

3. 法律规制——制定法律法规、行业标准保障隐私和机密

4. 伦理准则——强调人工智能领域跨学科研究和伦理规范

人工智能领域的研究既需要数学、数理逻辑、计算机科学、统计学、

---

[1] 《美国AI倡议：维护美国人工智能领导地位》，2019年2月20日，搜狐网，https://www.sohu.com/a/295861742_100065989。

[2] 《美智库发布报告:〈美国在人工智能时代的行动蓝图〉》，2019年12月25日，网易新闻，https://dy.163.com/article/F18DVH830515E1BM.html。

神经学，同时也需要哲学、法学、社会学、心理学、认知科学等。美国的《国家人工智能研究和发展战略计划》将"研究并解决人工智能的法律、伦理、社会经济等影响"列为主要的战略方向之一。同时，联合国发布的《机器人伦理初步报告草案》中也认为，机器人不仅需要尊重人类社会的伦理规范，而且需要将特定伦理准则嵌入机器人系统中等。①

5. 受众认知——提升公众对人工智能技术的信任度和信心

桑达尔·皮柴（Sundar Pichai）自 2015 年开始担任 Google 首席执行官，在领导 Google 四年后于 2019 年 12 月被任命为 Alphabet 首席执行官。桑达尔·皮柴指出，"人工智能有可能改善数十亿人的生活，而最大的风险可能是无法做到。通过确保以有利于所有人的方式负责任地进行开发，我们可以激发子孙后代像我一样坚信技术的力量"。

6. 人才培养——推行系统全面的培训机制，培养未来人才

在 2016 年 10 月—12 月，美国白宫发布了三份人工智能发展报告：《为人工智能的未来做好准备》《国家人工智能研究和发展战略计划》《人工智能、自动化和经济》。这三份报告都聚焦了人工智能研究团队的建设和人才培养策略。无论是政府、研发领域、商业和学术机构、高科技公司、大学、产业机构等结合现有的人工智能人才队伍发展和建设情况制定和有效预测未来的人力需求和供给情况，建设高素质的人工智能人才队伍。高校的人工智能课程中增加道德、保障、隐私和安全等主题内容。②

二　美国智能媒体领域焦点透视

进入信息化时代之后，数据作为智能革命的核心动力，其发挥的作用越来越显著。正如吴军博士在《智能时代——5G、IoT 构建超级智能新机遇》一书中所说，"如果把资本和机械动能作为大航海时代以来全球近代化的推动力，那么数据将成为下一次技术革命和社会变革的核心动力"。③

智能媒体的不断发展不仅仅是技术上的革新和推进，更是对媒介生

---

① 腾讯研究院等：《人工智能》，中国人民大学出版社 2017 年版，第 3 页。
② 腾讯研究院等：《人工智能》，中国人民大学出版社 2017 年版，第 216—217 页。
③ 吴军：《智能时代——5G、IoT 构建超级智能新机遇》，中信出版集团 2020 年版，第 35 页。

态、媒介从业人员提出了新的挑战。

从2014年美联社使用机器人写稿并翻译国际新闻开始，全球新闻出版业就开始关注人工智能，对新技术的期待与未知推动了一批趋势性研究报告的发布。算法、人工智能技术在生活各个领域的应用都在不断推进。

过渡到一个以数字化为特征的世界，人工智能的力量不断扩展和延伸，直到媒体行业都无法摆脱困境。随着数字媒体逐渐成为包括电视，印刷和广播在内的所有子行业的主要关注点，媒体行业也经历了高度的转型。①

（一）人工智能是技术更是一种全新的思维方式

人工智能是数字时代的变革性技术，对于公司而言，尤其是对于媒体行业中拥有越来越多的数字内容产品和广告机会的公司而言，人工智能不仅是一种越来越重要的商业思维，而是给全人类带来一种全新的思维方式。

（二）人工智能技术在媒体中的应用更加广泛

人工智能在平面媒体、电影、广播，电视和广告等媒体中的应用很广泛：业务流程和客户关系的自动化、社交网络监视和收听、信息验证、成功的预测分析、视频创建和后期制作、语音和对话助手、自动起草、个性化、推荐、内容分发的优化、情感跟踪和可访问性。

人工智能在媒体行业中的效用，在价值链中人工智能的角色以及将认知技术纳入该行业的挑战。媒体上的人工智能应用已经在八个主要领域发生：受众内容推荐或发现、受众参与、增强的受众体验、消息优化、内容管理、内容创建、受众见解和运营自动化。平衡有效性和效率以及人类和人工智能的判断存在重大挑战。

根据CB Insights统计，自2020年3月以来，受新冠疫情的影响，社交游戏更受推崇。游戏社交平台Discord完成1亿美元的G轮融资，估值达到35亿美元。

---

① Mallika Rangaiah, "Role of Artificial Intelligence (AI) in Media Industry", Feb. 5, 2020, Analytics Steps, https：//www.analyticssteps.com/blogs/role-artificial-intelligence-ai-media-industry.

（三）人工智能技术应用于新闻调查

乔纳森·斯特雷在 2019 年第 7 卷—第 8 期《数字新闻学》期刊上发表《使人工智能为新闻调查工作》一文中，认为许多人设想使用人工智能方法来查找大量数据中隐藏的公共利益模式，从而大大降低调查新闻的成本。但截至目前，只有少数调查报道以相对有限的方式采用了人工智能方法。本文调查了使用人工智能技术在调查性报道中取得的成就，以及为何难以应用更先进的方法和人工智能技术在短期内解决什么样的调查新闻的问题。

新闻问题通常是特定故事所特有的，这意味着数据不容易获得，复杂模型的成本无法在多个项目中摊销。与故事相关的许多数据不是公开可用的，而是由政府和私人实体掌握，通常需要收集、协商或购买。新闻推理需要非常高的准确性，或进行大量的人工核查，以避免发生诽谤的风险。某些"具有新闻价值"的事实因素具有深厚的社会政治意义，难以进行计算编码。研究型新闻领域人工智能的近期最大潜力在于数据准备任务，例如从各种文档中提取数据以及概率性跨数据库记录链接。

（四）人工智能对广告行业的影响

2019 年 9 月，Disruptor Daily 发布了 16 位行业专家围绕人工智能在广告中的未来发展展开的探讨，专家们的见解为广告中人工智能技术未来发展勾勒出未来的图景。本文将对其中的部分具有代表性的观点进行概述。行业专家从语音识别、智能扬声技术、开发和测试广告文案、产品创新、云数字广告、创意验证、市场营销、广告管理、说服、用户体验、人际传播、组织传播、人机交互、无障碍广告等方面展开论述。

马里兰大学罗伯特·史密斯商学院市场学系主任 PK Kannan 说，"人工智能是有效的广告活动的关键，这可以导致购置成本的降低和客户生命周期价值的增加。越来越多的内容将根据人工智能算法实时设计并自动执行活动"。[①]

[①] SamMire, "What's the Future of AI in Advertising? 16 Experts Share Their Insights", Sep. 29, 2019, DisruptorDaily, https://www.disruptordaily.com/future-of-ai-advertising/.

Flexera 软件公司市场营销副总裁 Laura Luckman Kelber 说,"人工智能将允许广告商通过更精确的目标消息向消费者提供更多定制和个性化广告。人工智能不仅会节省时间、资源和金钱,还将深刻影响受众的行为。这种行为将对组织的底线产生积极影响。语音识别和智能扬声器技术的改进将推动 UX 与市场营销的融合"。①

美国 Kubient(KBNT)是一家基于云的数字广告平台,该公司成立于 2017 年 5 月,旨在解决全球数字广告行业面临的一些最重大问题。Kubient 首席执行官 Peter Bordes 表示,"虽然我们没有水晶球,但令人类今天执行的许多线性任务最终可能会被人工智能系统取代,这不足为奇。随着人工智能的不断发展,诸如广告系列管理,创意验证等任务可能很快就会改变"。②

ViralGains 是一家总部位于美国波士顿的视频互动广告平台,其董事长兼首席执行官 Tod Loofbourrow 表示,"我们才刚刚开始。广告是说服的科学和艺术,说服力全在于理解、预测和改善人类行为科学。人工智能将使人们更接近一个广告更令人愉悦、有用、相关和娱乐的时代"。③

MorphL.io 首席执行官 Ciprian Borodescu 强调,"个性化和自动化是值得关注的两个趋势。他们的影响将继续渗透到其他营销领域。个性化是一个重点,因为无用的广告会浪费我们的时间,并在浏览社交媒体,流式传输视频或研究将来在网络上的购买时会产生令人失望的用户体验。借助人工智能,用户只会看到最相关的广告以及与他们相关的内容。将人工智能自动化应用于广告管理是最大的用例之一。人工智能支持的平台将增强预算和投标管理,甚至书面副本"。④

Outlier 是一家美国人工智能分析初创公司,其创始人兼首席执行官 Sean Byrnes 说道,"人工智能将继续使越来越多的广告生态系统实现自动

---

① SamMire,"What's the Future of AI in Advertising? 16 Experts Share Their Insights", Sep. 29, 2019, DisruptorDaily, https://www.disruptordaily.com/future-of-ai-advertising/.
② SamMire,"What's the Future of AI in Advertising? 16 Experts Share Their Insights", Sep. 29, 2019, DisruptorDaily, https://www.disruptordaily.com/future-of-ai-advertising/.
③ SamMire,"What's the Future of AI in Advertising? 16 Experts Share Their Insights", Sep. 29, 2019, DisruptorDaily, https://www.disruptordaily.com/future-of-ai-advertising/.
④ SamMire,"What's the Future of AI in Advertising? 16 Experts Share Their Insights", Sep. 29, 2019, DisruptorDaily, https://www.disruptordaily.com/future-of-ai-advertising/.

化。自动执行基本广告创作的新工具可能会开始取代广告代理,而更复杂的广告格式将转向程序化购买。始终需要广告人才和营销专家,但是他们的角色将从战术编排和购买空间转移到发起和优化利用短期市场变化的战略性短期战役"。①

(五) 社交媒体中的人工智能

在各类社交媒体平台上,人工智能和机器学习都在规范所创建的内容和购买的广告如何摆在用户面前,这通常对营销人员而言并不完全透明。人工智能是当今社交网络运作的基本组成部分。但是,人工智能通常在流行平台的幕后运作,完全由拥有该平台的公司决定。

人工智能在美国社交媒体中的运用是多元的。例如,脸书网(Facebook)使用先进的机器学习来完成从提供您满意的内容到在照片中识别您的脸部到通过广告定位用户的所有工作;照片墙(Instagram)使用人工智能识别视觉效果;领英(LinkedIn)使用人工智能提供工作建议,建议您可能想要联系的人,并为您提供 Feed 中的特定帖子,色拉布(Snapchat)是一款"阅后即焚"照片分享应用,其利用人工智能技术的计算机视觉功能来实时跟踪随脸移动的功能和叠加滤镜。

三 美国智能媒体未来展望与政策建议

人工智能技术已经在各个行业取得了成功,但是其发展的高峰尚未到来。2016 年,人工智能的全球市场价值 40 亿美元。《2019 年全球行业分析与预测》报告指出,到 2025 年人工智能市场预计将达到 1690 亿美元,到 2035 年将增长约 100 倍,达到 15.7 万亿美元。国际数据公司(The International Data Corporation,IDC)估计,零售、银行、医疗保健、制造业将占所有与人工智能相关的资金的一半。②

腾讯公司首席执行官马化腾说道,"人工智能本身就是一场跨国跨学

---

① SamMire, "What's the Future of AI in Advertising? 16 Experts Share Their Insights", Sep. 29, 2019, DisruptorDaily, https://www.disruptordaily.com/future-of-ai-advertising/.
② JennTan, "Our Future with AI Technology", Dec. 14, 2019, THE ASEAN POST, https://theaseanpost.com/article/our-future-ai-technology.

科的探索，正在将人类的认知推向更快更高更强，也势必带给我们一场前所未见的科技和产业革命"。[1]

（一）未来展望

人工智能已成为大数据、机器人技术和物联网等新兴技术的主要驱动力，正在影响几乎每个行业和每个人的未来。在可预见的未来，人工智能仍是技术创新者。如果说未来的媒体智能化深度、多维、全方位的发展是大势所趋，2020新冠肺炎疫情的全球大流行则是加速了这种趋势化发展的进程。

1. 人工智能与人机传播

塞斯·刘易斯（Seth C. Lewis）等在2019年第7卷—第4期《数字新闻学》发表的《自动化，新闻和人机沟通：重新思考新闻中人机的角色和关系》一文中，认为新闻学研究尤其是针对自动化新闻学的研究，需要从人机传播（HMC）中不断学习和探索。人机传播是一种新兴的概念框架和基于经验的研究领域，响应于越来越多的人而形成。通过人工智能的发展而实现的技术（例如聊天机器人，社交机器人和其他通信代理）旨在用作消息源，而不是消息通道。

尽管在大多数传播研究中，基本但通常是毋庸置疑的理论假设是人是传播者，而机器是调解者，但在人机传播中，这一假设受到了质疑，即当机器进入以前的人类角色时会发生什么。不仅仅是语义上的动作，这种理论上的重新定位提出了新的问题，即由谁或什么构成传播者，如何通过人与机器之间的交流建立社会关系，以及由此产生的对自我、社会和传播的影响。

在自动新闻业的特殊情况下（在这种情况下，软件承担着新闻写作的角色，长期以来一直被认为是新闻业的核心，甚至是人为因素），人机传播的引入为理论发展提供了一个生成起点，从而增进了对将到来的人工智能技术时代的人类、机器和新闻的理解。

2. 智能媒体中智能软件的使用率不断提升

微软用人工智能软件代替了记者。微软将对其旗下微软新闻和

---

[1] 《2020世界人工智能大会！》，2020年7月10日，搜狐网，https：//www.sohu.com/a/406937254_100289179。

MSN.com 产品工作的数十名记者和编辑进行裁员，取而代之的是可以自动选择新闻报道和撰写标题的人工智能软件。

"微软一直在使用人工智能来扫描内容，然后对其进行处理和过滤，甚至建议照片供人类编辑使用"，The Verge 报道说。首次报道裁员的《商业内幕》（Business Insider）说，美国约有 50 名新闻工作者将受到影响。[①]

3. 智能媒体任用有人工智能实务经验的人才

一点资讯海外版（News Break）是由几位中国投资和网易公司共同创建的一家移动互联网和人工智能时代的内容分发平台。根据《华南早报》的报道，该公司已任命哈里深（Harry Shum）为董事长。直到 2020 年上半年哈里深退休前，曾一直担任微软人工智能（Microsoft AI）的负责人。

据公司微博消息，目前最受欢迎的现代企业视频通信公司 Zoom 已聘请 Velchamy Sankarlingam 为负责产品和工程部门的总裁。Sankarlinga 曾担任 VMWare[②] 云服务开发和运营高级副总裁。

根据 Sumit Gupta 领英主页，IBM 公司已将其提升为人工智能战略部副总裁兼数据与人工智能首席技术官。此前，Sumit Gupta 曾担任 Big Blue 产品、人工智能、机器学习、高效能运算（High Performance Computing, HPC）和认知系统的副总裁。[③]

4. 影视行业智能化发展逆水行舟

新冠肺炎疫情大流行对影视业特别是电影业产生了巨大的冲击。艾尔米塔影业董事长杜粮所说，院线全面停滞，影视产业链条上的各个环节都受影响。疫情平稳后即便部分地区的影院恢复营业，出于保持社交距离、控制影院座位开放的比例等规定的原因，电影票房跌至谷底。

疫情常态化后，国内对影视产业的集中与分化、影视市场的走向、消除行业的泡沫、影视业线上线下作品形态变化、观影群体的分化、排片和

---

① Jeremy Kahn, "Wharton's A. I. Expert Predicts the Future of Artificial Intelligence in Business", Jun. 2, 2020, FORTUNE, https://fortune.com/2020/06/02/whartons-a-i-expert-predicts-the-future-of-artificial-intelligence-in-business/.

② VMware 是一家全球台式电脑及资料中心虚拟化解决方案的领导厂商。

③ Jeremy Kahn, "Wharton's A. I. Expert Predicts the Future of Artificial Intelligence in Business", Jun. 2, 2020, FORTUNE, https://fortune.com/2020/06/02/whartons-a-i-expert-predicts-the-future-of-artificial-intelligence-in-business/.

上映时间等在业界探讨较多。

此种状况在世界各国都具有一定的共通性。在美国，新冠肺炎疫情大流行阻止了电影摄制等工作，对此美国宾夕法尼亚大学沃顿商学院（University of Pennsylvania's Wharton School of Business）教授卡蒂克·霍萨纳加尔（Kartik Hosanagar）表示，制片厂可转向人工智能来完成内容生产，建议更多的公司考虑使用人工智能来实现此种战略性飞跃。[①]

受新冠肺炎疫情的影响，流媒体平台奈飞（Netflix）或亚马逊（Amazon）等以及迪士尼（Disney）等娱乐公司因社交距离限制演员和电影摄制组无法近距离工作，扰乱了他们的内容创作流程，诸多演出的制作不得不暂停。霍萨纳加尔教授表示，制片厂可以转向高端人工智能技术，类似于用于深度伪造（deepfake）技术，以在没有演员或电影摄制组的情况下创建逼真视觉内容。了解公司是否拥有正确的技术实力，客户的需求以及这与整体品牌和市场地位的匹配度的基础上才能更好地运用人工智能技术做支撑。他说："那些能够做到这一点的人可能会在稀缺时期获得更多的电影和电视节目资源。但是并不是每个工作室都能以相同的方式改变制作思路。"[②]

霍萨纳加尔教授同样认为，这种流行病大流行可以消除产业泡沫为初创企业提供机会。

（二）政策建议

1. 人工智能技术伦理和用户隐私保护

大数据和人工智能提供便捷、高效、迅即、智能、精准、畅通的服务愈发成熟而稳健，推动了用户数量的不断增长。然而，用户隐私保护的问题也越发凸显，备受业界、学界专家学者的关注。一方面计算机学家从机器学习、算法公平等技术层面上不断提升和完善用户隐私保护；另一方面法律工作者、法学专家从法律、法学的视角进行研讨、论证和研究。

---

① Jeremy Kahn, "Wharton's A. I. Expert Predicts the Future of Artificial Intelligence in Business", Jun. 2, 2020, FORTUNE, https://fortune.com/2020/06/02/whartons-a-i-expert-predicts-the-future-of-artificial-intelligence-in-business/.

② Jeremy Kahn, "Wharton's A. I. Expert Predicts the Future of Artificial Intelligence in Business", Jun. 2, 2020, FORTUNE, https://fortune.com/2020/06/02/whartons-a-i-expert-predicts-the-future-of-artificial-intelligence-in-business/.

苹果首席执行官蒂姆·库克（Tim Cook）说过："通过收集庞大的个人资料来推进人工智能是懒惰，而不是效率。要使人工智能真正成为智能，它必须尊重人类价值，包括隐私。如果我们弄错了，则危险是巨大的。"另外，"如果负责任地实施，人工智能可以使社会受益。但是，与大多数新兴技术一样，存在商业和国家使用对人权有不利影响的实际风险。"①

2020年8月，微软智能研究院官网上一篇《如何在机器学习的框架里实现隐私保护》的深度文章再度将用户隐私保护的问题引入大众的视野。本文作者张辉帅以机器学习的视角从机密计算（Confidential computing）、模型的隐私（Model privacy）、联邦学习（Federated learning）三个层面探讨了如何在机器学习的框架里实现隐私保护，既能取得较好的隐私保护效果同时又可以确保相应的效益。

这三个层面的研究科学性强，研究思路、逻辑和方法前沿，多维度剖析隐私保护。例如，机密计算是探讨机器学习过程中的计算机密性；模型的隐私则是减少机器学习模型对数据的泄露；联邦学习也即分布式机器学习的隐私，是探讨如何利用前两者对数据隔离分布式存储，进而有效地对机器学习进行隐私保护。②

2020年7月，世界人工智能大会云端峰会上悉尼科技大学副校长、澳大利亚人工智能协会理事长张成奇教授指出，人工智能领域的用户隐私保护既涉及技术上的跟进和保障，也需要法律的支持。③ 用户隐私保护的实现需要交叉学科的协同，如数学、数理逻辑、计算机科学、统计学，同时也需要哲学、法学、社会学、心理学、认知科学等。此外，张成奇教授认同运用联邦学习的方式来保护用户隐私。

2. 智能媒体的法律、伦理问题

人工智能和涉及行为分析的不透明推荐算法可能不是媒体的明显选

---

① Mike Thomas, "The Future of Artificial Intelligence", Jun. 8, 2019, builtin, https：//built-in.com/artificial-intelligence/artificial-intelligence-future.

② 张辉帅：《如何在机器学习的框架里实现隐私保护?》，2020年8月6日，微软亚洲研究院网站，https：//www.msra.cn/zh-cn/news/features/privacy-protection-in-machine-learning。

③ 《顶尖科学家描绘未来人工智能技术发展路线图 多学科交叉融合 培养更"适配"人才》，2020年7月9日，上海市浦东新区融媒体中心网站，app.pudongtv.cn/APPzhuantilanmu/jingbo-deredu441111/2020-07-09/145013.html。

择。实际上，使用人工智能意味着必须建立明确的规则，并为受众提供透明的文档。推动人工智能发展的大数据基于海量数据收集（包括个人数据）。数据所有权和与第三方的独立性对于开发独立的生态系统至关重要；这对于长期业务生存至关重要，特别是对于媒体业务而言。

3. 接受应急挑战、聚焦长效发展

2020年7月，总部位于美国加利福尼亚州圣迭戈市的高通公司（Qualcomm）总裁安蒙（Cristiano Amon）在世界人工智能大会云端峰会上主旨发言的核心围绕AI和5G智能云连接实现互联展开。AI和5G将会变革许多行业和细分领域。[①] 2020年新冠肺炎疫情在各国的出现给生产、生活、工作和学习带来了突袭式的挑战和压力。AI和5G作为高端技术一方面接受应急挑战，同时也要关注其长效性、可持续发展。疫情当下人工智能更加凸显了其在教育、健康医疗、工作效率和生产力、零售业、制造业的创新和变革。

IBM公司近期在AI领域重大的攻关项目——人工智能辩论系统，具有前沿性和前瞻性。未来随着人们会更多地生活在社交媒体的泡沫中，此系统将会帮助人类做出明智的决定。[②]

Development of Artificial Intelligence Media Industry in the United States

Zhang Weiwei

Abstract：Abstract：In recent years, the United States has issued several reports to boost the development of the artificial intelligence (AI) industry. A-

---

[①] 《5G+AI开启智能互联未来》，2020年7月9日，快科技，http://news.mydrivers.com/1/699/699658.htm。

[②] 《2020世界人工智能大会!》，2020年7月10日，搜狐网，https://www.sohu.com/a/406937254_100289179。

mong them, the development of the intelligent media industry focuses on the following six aspects: top-level design—clarifying the crucial role of AI in various fields; industrial trends—stabilizing the leading position of the United States in the field of AI; legal regulations—formulating laws and regulations, industry standards, and ensuring privacy and confidential data; ethical code—emphasizing interdisciplinary research and ethical norms in the field of AI; audience cognition-enhancing public trust and confidence in AI technology; personnel training-implementing a systematic and comprehensive training mechanism to cultivate future talents.

Key words: Artificial intelligence media, Iindustry developing trend, Ethics, Talents cultivation

参考文献

《2020世界人工智能大会!》，2020年7月10日，搜狐网，https：//www. sohu. com/a/406937254_ 100289179。

JennTan，"Our Future with AI Technology"，Dec. 14，2019，THE ASEAN POST，https：//theaseanpost. com/article/our-future-ai-technology.

Jeremy Kahn，"Wharton's A. I. Expert Predicts the Future of Artificial Intelligence in Business"，Jun. 2，2020，FORTUNE，https：//fortune. com/2020/06/02/whartons-a-i-expert-predicts-the-future-of-artificial-intelligence-in-business/.

Mallika Rangaiah，"Role of Artificial Intelligence（AI）in Media Industry"，Feb. 5，2020，Analytics Steps，https：//www. analyticssteps. com/blogs/role-artificial-intelligence-ai-media-industry.

Mike Thomas，"The Future of Artificial Intelligence"，Jun. 8，2019，builtin，https：//builtin. com/artificial-intelligence/artificial-intelligence-future.

SamMire，"What's the Future of AI in Advertising? 16 Experts Share Their Insights"，Sep. 29，2019，DisruptorDaily，https：//www. disruptordaily. com/future-of-ai-advertising/.

《5G＋AI开启智能互联未来》，2020年7月9日，快科技，http：//news.

mydrivers. com/1/699/699658. htm。

《顶尖科学家描绘未来人工智能技术发展路线图 多学科交叉融合 培养更"适配"人才》，2020年7月9日，上海市浦东新区融媒体中心网站，app. pudongtv. cn/APPzhuantilanmu/jingboderedu441111/2020-07-09/145013. html。

《美国AI倡议：维护美国人工智能领导地位》，2019年2月20日，搜狐网，https：//www. sohu. com/a/295861742_100065989。

《5G+AI开启智能互联未来》，2020年7月9日，快科技，http：//news. mydrivers. com/1/699/699658. htm。

《美智库发布报告：〈美国在人工智能时代的行动蓝图〉》，2019年12月25日，网易新闻，https：//dy. 163. com/article/F18DVH830515E1BM. html。

腾讯研究院等：《人工智能》，中国人民大学出版社2017年版。

吴军：《智能时代——5G、IoT构建超级智能新机遇》，中信出版集团2020年版。

张辉帅：《如何在机器学习的框架里实现隐私保护？》，2020年8月6日，微软亚洲研究院网站，https：//www. msra. cn/zh-cn/news/features/privacy-protection-in-machine-learning。

T.22　欧盟智能媒体产业发展报告

陈　拓*

摘　要： 经历了半个多世纪的发展，人工智能技术应用对社会各行各业的强力渗透引发社会反思。为确保欧盟在人工智能技术的全球话语权，欧盟委员会于2020年2月发布《人工智能白皮书——通往卓越与信任的欧洲路径》，从欧盟顶层构架入手对人工智能技术应用实施发展监管。本报告将围绕欧盟智能媒体产业的发展现状，关注人工智能技术对欧洲媒体产业进行渗透后催生的新业态，并探讨新业态下人工智能技术应用对媒体组织、公民个人权益以及社会公共利益带来的挑战和潜在威胁。通过对欧盟视野的解读与分析，本报告期待为我国智能媒体的发展与监管提供参考依据。

关键词： 欧盟　人工智能　智能媒体产业　言论自由　伦理与法规

对于当今世界而言，人工智能早已不是科幻名词。正如"人工智能时代媒体变革与发展"研究报告所描述的，人工智能技术如今正扮演着如水、电、煤一般维持社会正常运转的基础资源角色，重塑着社会生活实践与社会形态。[①]，自1956年诞生以来，人工智能技术经历了若干次兴衰更迭。而近年来，人工智能技术在"复杂的统计和概率方法"、"海量数据接入"、"廉价且强大计算能力"和"信息技术友好环境转变"这四个方面

---

* 陈拓，社会学博士，浙江传媒学院新闻与传播学院讲师，主攻科学传播与互联网行为学。
① 《2019年度"人工智能时代媒体变革与发展"研究报告》，2019年2月20日，新华网，http://www.xinhuanet.com/politics/2020-02/20/c_1125601646.htm。

实现了自我强化后，再次以势不可挡的姿态重回大众视野，并迅速占领社会生活方方面面。[1]，而此次卷土重来之势让欧美国家明确意识到人工智能技术在为行业发展注入强劲动力的同时，也对行业伦理、行业规则、公民基本权利乃至社会公共利益形成挑战。

作为推动早期人工智能技术研发的三巨头之一，欧盟凭借其先进的制度优势和高度统一化标准，对其成员国人工智能技术的使用进行严格管理。2020年2月19日，致力于维护欧盟技术领导地位的欧盟委员会发布《人工智能白皮书——通往卓越与信任的欧洲路径》，从欧盟顶层构架入手对人工智能技术应用实施发展监管，如此大手笔在世界范围内仍属首创。为确保欧盟在人工智能技术的全球话语权，加强技术研发创新和推动行业应用已成为白皮书推动人工智能发展的重要手段。然而，隐藏在产业创新背后的种种风险和争议同样值得关注。本报告将围绕欧盟智能媒体产业的发展现状，关注人工智能技术对欧洲媒体产业进行渗透后催生的新业态，并探讨新业态下人工智能技术应用对媒体组织、公民个人权益以及社会公共利益带来的挑战和潜在威胁。通过对欧盟视野的解读与分析，本报告期待为我国智能媒体的发展与监管提供参考依据。

一 人工智能技术在新闻行业的使用与伦理议题

（一）人工智能技术在新闻行业的使用

伴随着人工智能技术迅速渗透进新闻传媒行业，越来越多的媒体新闻编辑室在新闻生产传播过程中开始使用人工智能技术[2]。在欧盟国家，人工智能驱动技术的使用门槛极低。媒体组织，不论其性质是公共服务还是私人商业，不论是通讯社、纸媒、网媒还是广播电视媒体，均可将人工智能驱动技术引入新闻生产流程中。与人工智能技术使用经验同步增长的是学界、业界甚至不同国家媒体围绕人工智能技术在传媒行业的使用方式及相关新闻伦理议题而展开的激烈争论。但是，人工智能技术在新闻行业以

---

[1] C. Cath et al., "Artificial Intelligence and the 'Good Society': the US, EU and UK Approach", *Science Engineering Ethics*, No. 24, 2018, pp. 505–528.

[2] "Digital News Report 2018", Reuters Institution, https://reutersinstitute.politics.ox.ac.uk/sites/default/files/digital-news-report-2018.pdf.

及其他平行领域全面推行开的发展态势不可阻挡,在数据化媒体环境和数据化社会环境中生存的新闻业向数据化新闻业转型的态势同样不可阻挡,数据化行业转型已然成为西方资本主义社会转型过程的一部分。

然而,关于人工智能驱动技术(AI-driven technology)在新闻业中作用的研究仍然有限。从广义上讲,人工智能驱动技术能够为新闻媒体和从业者提供不同层面、不同维度的服务,包括内容制作、分销渠道与逻辑以及受众分析。具体来说,人工智能驱动技术在新闻行业的应用可以概括为三个主要领域。

1. 内容生产和研究支持:协助新闻记者撰写数据新闻报道的智能工具

算法对数据新闻制作的技术支持是这部分应用的常见案例。一般来说,数据驱动的新闻实践,特别是计算机辅助报道、数据新闻或计算新闻,[1] 在许多情况下都与人工智能算法的使用有关。其中,计算机辅助报道借助互联网和计算机算法功能,一方面为新闻报道搜索收集精确信息,从而使报道更准确深入,另一方面,在算法支持下运行事实核查工具与文本转录工具能够从很大程度上减少新闻从业者的日常工作量,提升工作效率[2];数据新闻的形成依赖于计算机算法对新闻领域大数据进行定量运算,深挖表面上的数据无法直接提供的深层次信息,并通过清晰直观的数据图表提升专业新闻信息的传播效果。

2. 内容制作:新闻的全自动创建(通常被称为软件生成新闻、自动化新闻或机器人新闻)

机器人新闻是近年来兴起的媒体现象。尽管处于早期阶段,但机器人新闻内容制作在某些特定领域的报道实践中,呈现出比记者报道更加严谨、客观和全面的特点,比如体育赛事报道、天气预报、股票交易活动和企业业绩报道。机器人新闻写作对于这些依赖翔实数据、

---

[1] M. Coddington, "Clarifying Journalism's Quantitative Turn: A Typology for Evaluating Data Journalism, Computational Journalism, and Computer-assisted Reporting", *Digital Journalism*, Vol. 3, No. 3, 2015, pp. 331–348.

[2] Tom George, "Newsrooms must learn how to use AI: 'Trust in journalism is at stake'", Dec. 12, 2018, Journalism.co.uk, https://www.journalism.co.uk/news/lessons-learned-in-the-last-four-years-of-using-artificial-intelligence-at-the-associated-press/s2/a731760/; Nic Newman, "Journalism, Media and Technology Trends and Predictions 2018", Oxford: Reuters Institute for the Study of Journalism.

注重报道速度和报道量的新闻主题尤为重要。在人工智能技术支持下的机器人新闻写作能够广泛搜集新闻源，并通过导入分析海量新闻报道数据识别语言表达模式，学习语言表达技巧，最终形成自然且严谨的新闻写作模式。

遵循可预测的数据模式，并通过算法学习这些模式的变化趋势，人工智能可以帮助记者以从未想过的速度排列、排序和生成内容。它可以使数据系统化，以找到一个调查报道中缺失的环节。它可以识别趋势，并在数百万个数据点中发现异常值，这可能是一个伟大的独家新闻的开端。总的来说，机器人新闻写作一方面提高了新闻生产的速度和数量，另一方面，与人工智能为记者提供的帮助工具类似，机器人新闻写作为新闻从业人员减少日常工作量，"让他们（记者）能够专注于更复杂的任务，同时能够降低新闻组织机构的人力成本支出"。[1] 在欧盟范围内，机器人新闻已经在不少新闻实践中被使用，并获得了不错的反响。例如，瑞典媒体公司 MittMedia 推出的"房主机器人"（Houseowners Bot）会根据当地的房地产数据自动创建有关房地产市场的文章。据该公司称，机器人仅在 4 个月内就创作了 1 万篇文章，超过 300 名用户通过机器人创建的第一篇文章订阅该媒体。[2]

3. 内容分发：自动选择的数据驱动推荐系统

人工智能技术通过改变媒体组织分发内容的方式，彻底颠覆了传统媒体与受众之间单向传播被动接受的传受关系。现在，除了向每位受众提供相同的新闻报道之外，越来越多的媒体组织借助人工智能算法，根据受众阅读历史推算用户偏好，并推送为受众量身定制的报道内容。借助算法推送的方式，新闻媒体能够充分利用新闻报道"隐藏的丰富性和内容的多样性"，[3] 力求满足受众私人化媒体内容消费需求，以适应互联网时代产品运营模式与思路。

---

[1] T. Montal and Z. Reich, "I, Robot. You, Journalist. Who is the Author?" *Digital Journalism*, Vol. 5, No. 7, 2017, p. 829.

[2] R. Govik, "The Homeowners Bot", Feb. 12, 2018, Medium, https://medium.com/mittmedia/the-homeowners-bot-36d2264e2d34.

[3] B. Bodó, "Means, Not an End (of the World) -The Customization of News Personalization by European News Media", Mar. 20, 2018, SSRN, https://papers.ssrn.com/abstract=3141810.

以上三个方面的人工智能应用并非相互独立。在互联网环境中，新闻媒介组织对人工智能技术的应用拥有充分的支配权，而技术对媒体实践提供各类功能在实践中形成多维联动，推动新闻行业数字化转型。

（二）人工智能技术在新闻行业引发伦理反思

人工智能驱动技术和数字技术的引入对新闻行业工作程序和内容输出形成了深刻的影响，这同时也对媒体组织人力资源配置提出了新的要求：部分新闻领域采编工作可被完全取代，新闻从业人员须具备人工智能驱动技术软件的操作能力，并形成"数据意识"，能够准确评估人工智能数据质量，并明确在新闻伦理的考量下，数据产出应如何使用。这些变化同时也对新闻专业教育和新闻记者培训提出了新的要求。

1. 伦理反思：人工智能的偏见与误导

在人工智能技术为新闻行业带来效率和产量方面的强力推动时，大量的伦理道德问题也随之而来。英国卫报的读者编辑保罗·查德威克（Paul Chadwick）曾就新闻业与人工智能之间的关系撰文，为该报的道德准则提出了一项新条款。他警告说："能够'思考'的软件越来越有用，但它不一定从道德上收集或处理信息"，"当使用人工智能来增强新闻报道时，请考虑它是否与新闻道德兼容。"记者必须意识到，算法可能产生误导。因为算法是由人类编程的，人类所带有的主观偏见和固化逻辑模式可能会导致错误的结论。这意味着新闻记者永远需要凭借多年的行业经验和核查技巧来检查人工智能技术辅助新闻产出的结果：交叉核查新闻来源，比较信息，怀疑人工智能的发现。

2. 伦理反思：信息采集的透明度缺失

在这个人工智能驱动的新时代，透明度是新闻业的另一个必要条件。人工智能进入新闻生产链条的最大障碍是透明度。"作为基本新闻价值之一的透明度在实践中经常与人工智能相冲突，因为后者的工作流程完全存在于计算机后台，并不为外行人所知"，哥伦比亚新闻评论的数字编辑娜西卡·伦纳（Nausica Renner）说。因此，媒体使用人工智能技术进行新闻生产和分发可能对内容可信度和媒体公信力带来风险。媒体要想保持可信度，就必须让受众知道自己在收集什么样的数据，尤其是个人数据。尽管功能强大的人工智能算法推送可以让媒体精确地迎合观众的口味，新闻从业人员也应该努力让用户知道哪些信息是媒体不会收集的。毕竟，公众利益仍然是媒体的事业，也是媒体生存的关键。出于同样的原因，如果调查记者想要区别于那些秘密收集数据用作商业或政治武器的操纵者和煽动者，那么他们应该尽最大努力向受众解释在新闻生产过程中，人工智能技术是如何被用来寻找故事的模式或处理证据的。

3. 伦理反思：人工智能如何问责？

虽然人工智能技术的引入确实前所未有地推动了新闻业的发展，但这也给行业培训和问责带来了新的挑战。如果人工智能系统所写的信息被证明是虚假的，谁将承担最终责任？我们必须始终确定人工智能系统的负责人，这样他们才能负起责任。如果出了问题，组织很容易责怪算法，但这些系统都是社会性技术，由技术组件和人类组件组成。技术究竟如何使用，决定权应始终掌握在从业人员手中。西班牙圣帕布罗切乌大学传播学院教授伊迪娅·安娜·萨拉扎尔·加西亚（Idia Anna Salazar Garcia）说道："在媒体实践中，责任通常由主编承担。而这台机器仅仅扮演着工人的角色，协助记者做决定。"[1] 这就是为什么教育和培训媒体管理人员和编辑如此重要。

总之，如果缺乏清晰的新闻伦理道德原则指导，这些技术将无法以最优形态服务社会，更无法造福社会，甚至可能反噬新闻行业道德准则。如果没有明确的目标、透明的流程和公众利益作为人工智能技术运用的指南针，新闻业将失去公信力，这是华丽的数据图和强大的机器人功能无法弥补的。

二 人工智能驱动的媒体工具与言论自由

在西方民主制度体系中，新闻行业扮演着重要角色。欧洲人权法院反复强调新闻媒体作为信息提供者，建立公开辩论的论坛、充当公共监督机构的民主推动作用，而媒体捍卫言论自由权力的作用还得到了《欧洲人权

---

[1] M. T. Ronderos, "How Innovative Newsrooms Are Using Artificial Intelligence", Jan. 22, 2019, Global Investigating Journalism Network, https://gijn.org/2019/01/22/artificial-intelligence-demands-genuine-journalism/.

公约》第 10 条[①]的法律保护。科技塑造了媒体行使民主权益的方式。[②] 在路透社公布的《2018 年数字新闻报道》（Digital News Report 2018）中，近 3/4 的受访编辑、首席执行官和数字领袖表示，他们正在或即将对人工智能驱动工具做深入尝试。[③] 随着时间的推移，技术革新为媒体发挥民主作用、为受众接受信息带来了新的机遇，人工智能驱动的媒体工具（下文简称智能媒体工具）应用就是一个典型例子。智能媒体工具凭借其巨大潜能，将彻底颠覆新闻的生产和传播方式，改变媒体和用户之间的关系，或者更广泛地说，扩大媒体生态系统。这里我们对人工智能驱动工具的理解不仅停留技术本身意义层面，更将其视为一种社会经济结构，也就是说，人工智能驱动工具作为一种技术嵌入到具有自身目标、价值观和自由度的社会组织（比如媒体机构）中，并调解和影响着其与所处的人类/经济/社会环境的互动。到目前为止，人工智能驱动的工具至少可以在三个层面上影响媒体生态系统：每日内容生产和传播、个人媒体用户、更广泛的媒体生态和社会。

《欧洲人权公约》第 10 条保护言论自由权，[④] 要求欧盟各成员国为言论自由创造普遍有利的环境。在面对智能媒体工具使用时，国家、社会、媒体为守护言论自由，必须承担一系列责任与义务，以确保对《欧洲人权公约》第 10 条的保护仍然有效。以下的内容将集中讨论成员国在处理个人关系领域的义务，例如保护新闻用户不受私营媒体公司侵犯人权。

（一）媒体机构的义务

《欧洲人权公约》第 10 条规定，成员国不得采取不合理的行为干涉新闻记者和编辑的言论自由权。同时，欧洲人权委员会规定，《欧洲人权公

---

① "Declaration of the Committee of Ministers on Protecting the role of the Media in Democracy in the Context of Media Concentration", Jan. 31, 2007, https：//www. coe. int/en/web/media-freedom/committee-of-ministers.

② J. Balkin, "Free Speech in the Algorithmic Society: Big Data, Private Governance, and New School Speech Regulation", *University of California, Davis Law Review*, No. 51, 2018, pp. 1151–1210.

③ Nic Newman, "Journalism, Media and Technology Trends and Predictions 2018", Oxford：Reuters Institute for the Study of Journalism.

④ "Declaration of the Committee of Ministers on the Freedom of Expression and Information", Apr. 29, 1982, https：//www. coe. int/en/web/media-freedom/committee-of-ministers.

约》第 10 条"不仅保护所表达的思想和信息的实质内容，而且也保护其传达的形式"。欧洲人权委员会还发现，《欧洲人权公约》第 10 条适用于传播手段，"因为对传播手段施加的任何限制必然会干扰接受权利"。因此，国家或超国家法院或监管机构都不得干涉新闻行业有关报道技巧的使用。因此，记者、新闻媒体、社交网站和搜索引擎可以自由使用人工智能驱动的工具制作和分发内容。

1. 言论自由与机器人新闻

如上文所述，智能媒体工具可用于生成新闻内容（即机器人新闻应用）。而围绕着计算机新闻的内容生产，一个争议性问题产生了：完全自主的人工智能驱动工具在多大程度上保护了言论自由权。[①] 这个问题的重要性源于政府对内容的审查，因为政府能够运用审查机制权限轻易地把控机器人新闻生成的内容，并将对其不利的内容进行删改，[②] 而这样的行为并未直接侵犯新闻从业人员的言论自由。我们认为，使用智能媒体工具是受到媒体人工智能技术自由和公众接收此类信息自由的间接保护的，但机器人记者本身是否与人类一样拥有言论自由权利和义务仍是一个尚未解决的问题。这个问题之所以悬而未决，是因为如果人工智能拥有了言论自由的权利义务，那么技术便具有法律人格，可以是权利持有人或义务承担者。这样一来人工智能可能拥有与人类一样的权利的论点将不再是天方夜谭。欧盟委员会指出，媒体编辑业务控制可以自动化，但是使用自动化工具可能会产生特定风险并引发特定责任归属争议。目前欧盟正在就自动化系统的法律人格和责任进行讨论，但答案尚未确定。

2. 营造良好的公开辩论环境

《欧洲人权公约》第 10 条除了禁止成员国非法干涉言论自由权利外，还规定了成员国的积极义务。在有关世界新闻自由奖得主卡迪亚·伊斯马

[①] T. M. Massaro, H. Norton and M. E. Kaminski, "SIRI-OUSLY 2.0：What Artificial Intelligence Reveals about the First Amendment", *Minnesota Law Review*, Vol. 101, No. 6, 2016, pp. 2481 – 2526; R. K. Collins and D. M. Skover, *Robotica：Speech Rights and Artificial Intelligence*, Cambridge：Cambridge University Press, 2018.

[②] R. Chesney and D. Citron, "Deepfakes：A Looming Crisis for National Security, Democracy and Privacy?", Feb. 21, 2018, Lawfare, https：//www.lawfareblog.com/deep-fakes-looming-crisis-national-security-democracy-and-privacy; B. Borel, "Clicks, Lies and Videotape", *Scientific American*, Vol. 319, No. 4, 2018, pp. 38 – 43.

伊洛娃（Khadija Ismayilova）的案例中，欧洲人权委员会规定，成员国有义务"为所有有关人员参与公开辩论（public debate）创造有利的环境"。创造一个有利的环境意味着国家有义务保护一名记者，使其免受那些认为受到其新闻作品侮辱的人的攻击，国家有义务更积极有效地调查因记者的新闻工作而侵犯其私生活的行为。欧盟委员会已着手在其各项建议和出版物中进一步阐述这种有利环境的性质。它包括向媒体提供财政和非财政支持，并保护他们免受（数字）威胁。

人工智能驱动工具的引入对创建和维护多样化的媒体环境提出了挑战。对于小型媒体机构来说，无法获取与大型媒体机构同等水平的人工智能驱动工具和数据，可能不利于一些媒体机构创建理想的环境，在最坏的情况下甚至会影响它们的生存。而大型媒体机构，包括社交媒体平台和搜索引擎，可以获得更好的工具和更多（培训）数据，这使得他们能够更容易地找到和接触到受众，并为用户提供相关建议，最终可能损害那些严格按照媒体法规和自律机制运作的小型媒体机构。

新闻媒体拥有言论自由权，但也扮演着为公开辩论创造有利环境的社会角色，这要求新闻媒体提供一个可供民众和政治家表达意见想法的平台。原则上，新闻机构可以自由使用人工智能驱动的工具来履行这一社会职能。然而，当媒体组织和互联网中介机构使用人工智能驱动的工具来调节用户生成的内容或其他媒体组织上传的内容时，可能会对社会舆论环境造成威胁。[1] 当在线中介使用人工智能驱动的工具来限制诸如仇恨言论、恐怖主义内容和儿童性虐待材料等非法内容时，这些工具可能会删除合法内容，因为这些工具（还）无法检测出区分合法内容和非法内容的上下文细微差别。[2] 此外，当在线中介机构部署人工智能驱动的工具来删除合法但违反平台条款和条件的内容时，相关人员的言论自由权利往往受到限制。

此外，网络中介机构（例如搜索引擎）使用人工智能技术对新闻作品的自动排名和选择时，将排名较低的内容从公众视野中剔除，这对公众辩

---

[1] K. Klonick, "The New Governors: The People, Rules, and Processes Governing Online Speech", *Harvard Law Review*, Vol. 131, No. 6, 2017, pp. 1598 – 1670.

[2] D. Kaye, "Report of the Special Rapporteur on the Promotion and Protection of the Right to Freedom of Opinion and Expression", Aug. 29, 2018, United Nations, https://undocs.org/A/73/348.

论不利,尤其是对小规模媒体来说,包括那些依赖社交媒体平台传播内容的小众媒体和社区媒体[1]。欧盟委员会认识到,网络中介机构在对内容进行调整或排名时,实际上行使了与媒体类似的控制权,因此,欧盟委员会强调网络中介机构应履行于其编辑角色相匹配的职责和责任。

3. 职责分配

尽管《欧洲人权公约》第 10 条鉴于新闻在民主社会中的重要作用,对媒体自由提供了特别高的保护,但行使这一自由也伴随着义务和责任。个人的职责范围取决于用于通信的技术和技术使用情况。欧洲人权委员会对记者以及其他公共辩论的参与者,包括新闻节目和网络新闻门户的所有者或出版商,提出了职责规定。

对记者和其他媒体从业者来说,责任和义务意味着《欧洲人权公约》第 10 条保护他们就公共利益问题生产和发布新闻产品的权利,"只要他们真诚地、在准确的事实基础上行事,并根据新闻道德提供可靠和准确的信息"。制作或出版违反新闻道德的内容的记者和媒体从业者可能因此无法受言论自由的保护。

使用人工智能驱动的工具来提供个性化的新闻可能伴随着特定的职责和责任。为了确定新闻媒体的职责和责任,媒体的潜在社会影响是一个需要考虑的重要因素。根据欧洲人权委员会早先的立法内容,欧盟委员会规定了适用于不同媒体、规定不同阶段行为规范的法律原则。欧洲人权委员会在《代尔菲法案》中进一步发展了这一做法,认为鉴于传统出版商和网站运营商之间的根本区别,印刷和视听媒体的法律责任可能不同于网络媒体的职责。因为在某些条件下,网络媒体使用人工智能算法推送向受众提供的定向信息,远比传统媒体提供的信息更直接、更具说服力,那么相应地,网络媒体就必须承担更重的责任和义务。

新闻的自动化技术使用和在新闻生产环节引入人工智能驱动的工具,向新闻编辑工作提出了职责范围要求。当新闻行业将以前由人类记者和编辑执行的任务委托给人工智能机器时,[2] 大多数媒体并不能通过自律和新

---

[1] Nic Newman, "Journalism, Media, and Technology Trends and Predictions 2018", Oxford: Reuters Institute for the Study of Journalism.

[2] B. Bodó, "Means, Not an End (of the World) -The Customization of News Personalization by European News Media", Mar. 20, 2018, SSRN, https://papers.ssrn.com/abstract=3141810.

闻惯例来规范使用人工智能驱动工具的方式。如果媒体机构自身的自律规范没有涵盖人工智能驱动工具的使用方法，如何将媒体机构作为其职责和责任的一部分进行问责？此外，谁负责确保机器人新闻遵守新闻职责和责任？①

如果现有的新闻准则没有提到使用人工智能驱动工具，那么媒体有责任为使用此类工具制定新闻道德规范。②此外，根据《欧洲人权公约》第10条，媒体从业人员有责任限制人工智能驱动偏见和媒体多样性风险的专业规则。如果记者开始使用智能媒体工具时，没有充分了解他们使用的工具，也没有充分意识到使用人工智能驱动的工具可能导致的问题（包括不完整数据、有偏见的数据和错误模型等问题），那么很有可能出现新闻失职。③

（二）国家对公民的义务

本节从个人新闻用户的角度考虑欧盟各成员国应尽的义务。对于个人新闻用户而言，《欧洲人权公约》第10条保护其接收信息的权利④和持有意见的权利。欧洲人权委员会一再申明，公众有权接受媒体提供的信息和思想。因此，《欧洲人权公约》第10条"不仅保障新闻界向公众提供信息的自由，而且保障公众有权获得适当的信息"。法院承认，互联网"在增强公众获取新闻和促进一般信息传播方面发挥着重要作用"。法院指出，对互联网使用的限制非常重要，因为"互联网现在已成为个人行使言论和信息自由权利的主要手段之一"。

从信息接收权的角度来看，人工智能驱动工具的引入可能会影响用户接收新闻的质量和类型。新闻学者注意到，社交网站和搜索引擎在人工智

---

① D. Broy et al., "Journalism and Media Privilege", Strasbourg: European Audiovisual Observatory, 2017, https://rm.coe.int/journalism-and-media-privilege-pdf/1680787341.

② N. Helberger, "Diversity by Design", *Journal of Information Policy*, No.1, 2011, pp. 441-469.

③ Mark Hansen et al. "Artificial Intelligence: Practice and Implications for Journalism", Sep. 14, 2017, Columbia University Libraries, https://academiccommons.columbia.edu/doi/10.7916/D8X92PRD.

④ S. Eskens, N. Helberger and J. Moeller, "Challenged by News Personalisation: Five Perspectives on the Right to Receive Information", *Journal of Media Law*, Vol. 9, No. 2, 2017, pp. 259-284.

能驱动工具的推动下,形成了一个有损于高质量新闻的新闻系统。[1] 当媒体通过优化人工智能驱动的工具,为了实现短期目标(如提高点击率和提升用户在平台上花费的时间)时,具有强烈视觉吸引力或猎奇性新闻类型将成为报道重点,而那些真正构成媒体公共监督职能核心的新闻类型,如深入报道(揭露政客和企业不当行为的报道,或者是那些触及少数群体并给予少数群体发言权的故事)可能会离开新闻用户关注视野。欧洲人权委员会认为,成员国有义务确保公民能够获得平衡和多样化的新闻。按理来说,成员国还有义务保障新闻用户通过人工智能推荐系统获得的高质量新闻。

由于成员国对公民有着应尽的积极义务,成员国必须确保新闻机构(包括社交媒体和搜索引擎)不限制新闻用户通过使用人工智能驱动的工具获得信息或持有意见的权利。欧盟委员会的建议强调,成员国应向个人通报与他们有关的算法决策,保证公民个人对这些决策过程拥有有意义的控制权,并确保国家能够对算法开发者侵犯人权的行为进行有效补救(包括道歉、纠正和损坏)。

接收信息的权利与隐私权和数据保护权有着内在的联系。新闻用户如果知道新闻媒体使用人工智能驱动的工具,并且知晓他们涉及个人数据收集,便会担心这种个人数据处理的后果。作为回应,新闻用户会对是否咨询在线新闻和推荐内容产生顾虑。同样,国家对互联网使用的监控,包括对用户在网上搜索和消费的信息的监控,可能会让新闻用户在行使表达和信息权利时有所顾虑。言论自由和隐私权之间的这种联系被称为"知识隐私"。[2] 国家获取新闻编辑部门和网络媒体机构收集的个人阅读模式数据,以创建或改进人工智能驱动工具的可能性,也对民主构成更普遍、潜在的威胁。

就判例而言,《欧洲人权公约》第10条的一个相当不成熟的因素是持有意见的权利。持有意见的权利是绝对的,这意味着成员国不得干涉。成

---

[1] EmilyJ. Bell et al., "The Platform Press: How Silicon Valley Reengineered Journalism", May 26, 2017, Columbia University Libraries, https://academiccommons.columbia.edu/doi/10.7916/D8R216ZZ.

[2] N. Richards, *Intellectual Privacy: Rethinking Civil Liberties in the Digital Age*, New York: Oxford University Press, 2015.

员国同时还应保护新闻用户不受其他私人行为者侵犯其持有意见的权利。但是，当新闻媒体向用户呈现某些内容时，其目的是为了影响新闻用户的意见形成过程。试图影响他人的意见本身并不一定有问题，党派性的媒体和专栏文章试图合法地影响新闻用户的意见和观点，以最终影响支持率。但是，通过专栏文章或个人化新闻影响观点的区别在于，专栏文章没有利用用户的知识构成来引发与某些主题相关的恐惧或敏感，进而影响用户。而在党派媒体通过人工智能技术对新闻用户进行个性化新闻推送的情况下，新闻用户很难知道是否有人试图非法影响他们的意见，并常常在无意识情况下被操纵了意见。因此，尊重持有意见的权利，政府应该要求媒体透明地使用人工智能驱动的工具来说服和影响意见。

（三）社会视野中的义务

新闻行业引入人工智能驱动的工具给新闻的生产、传播、销售和消费方式带来了结构性的变化。新闻媒体领域出现了新的媒体播放渠道，如网络平台和 App 应用程序开发，并受到新的市场动态的推动。此外，新闻用户还可以通过新颖的方式发现和阅读新闻。他们可以通过网络搜索到各类新闻，并随时通过手机阅读新闻，新闻阅读方式在时间空间都有灵活性的颠覆。

从社会层面来考虑，这些使用人工智能驱动工具制作或传播新闻的新媒体播放渠道是否应该受到监管？与这个问题息息相关的是，成员国应该在多大程度上对新媒体播放渠道负有义务。

为了避免媒体监管和编辑责任，App 应用程序开发商和某些网络平台辩称他们是技术公司而不是媒体公司。这一立场的后果是，App 应用程序开发商和网络平台使用人工智能对新闻报道进行排名推送时，不受媒体言论自由的保护（尽管他们确实有经营业务的自由，而且他们的用户有权通过这些平台接收信息）。但是反过来说，如果法律和政策制定者希望将媒体的职责和责任强加给这些机构，那么他们应该能够援引媒体的言论自由权。

另一个问题是如何保持传统媒体与新媒体、小规模媒体（包括本地和社区媒体）与大规模媒体的整体竞争力。这也涉及媒体多元化的问题，这取决于市场上代表不同利益和观点的各种新闻媒体。欧洲人权委员会规定：国家是"多元主义的最终保证人"。在这方面，成员国可根据《欧洲人权公约》第 10 条承担积极义务，确保公众通过媒体获得"公正和准确的信息"和"一系列意见和评论"。保证多元化的一个重要途径是确保自由和独立的媒体,包括公共服务媒体,能够继续履行它们在新媒体格局中的作用。

为了确保真正的多元化,成员国仅提供公共服务媒体或某几家特定媒体是不够的。成员国应允许各种媒体组织有效地进入市场,而不仅仅是理论上的市场开放。有效的市场准入包括新闻媒体在思想市场上竞争的能力、使用创新技术的能力和发展可持续的商业模式的能力。此外,为确保多元化,成员国应在必要时创造有利条件,使受众能够接触到各种媒体来源和内容(接触的多样性)。成员国不能强制新闻用户接触不同的内容,但是,成员国有义务消除影响曝光多样性的障碍,例如在设计推荐算法时强调多样性的重要性。欧盟委员会在其关于媒体多元化的建议中明确指出,编辑过程的自动化影响媒体内容的可见性、可查找性、可访问性和推广。因此,欧盟委员会建议,成员国应鼓励社会媒体、媒体行为者、民间社会、学术界和其他相关利益攸关方采取主动行动,促进用户有效接触"尽可能广泛多样的在线媒体内容"。

三 总结

本报告从欧盟国家媒体行业人工智能技术应用的争议性问题出发,探讨了欧盟国家媒体人工智能技术对媒体、公民和社会在言论自由权方面的关键影响,并从《欧洲人权公约》第10条和欧洲委员会的规范和法规的角度看待技术发展与伦理之间的冲撞与磨合。欧洲委员会在制定标准、界定规范和就欧洲人权框架应如何为媒体、媒体市场、监管机构和决策者以及公民的活动提供指导方面有着悠久的传统。通过对若干风险和伦理问题的思考和讨论,我们认为,欧盟成员国和媒体机构有义务在利用人工智能先进技术条件的同时,从以下四个方面减少使用人工智能驱动工具可能产生的消极后果。

首先,自动化新闻流程亟须明确其编辑责任制度和监督机制。无论是人工智能驱动的推荐系统还是机器人新闻,都需要对自动化过程的责任和编辑监督进行明确规定。

其次,强化数字环境下公共服务媒体的角色与使命。在欧洲委员会的体制框架内，公共服务媒体履行着特殊的使命：通过提供多样化、高质量和包容性的媒体服务，帮助媒体、公民和社会从言论自由权利中获利。在人工智能技术大量应用于媒体行业，并引发若干争议的今天，这一使命比以往任何时刻都更加重要。此外，在数字环境中，公共使命还包括：制定欧盟范围内高度统一的人工智能工具使用标准，并努力为用户创造能够保障隐私和提供言论自由安全感的新闻环境。

再次，促进欧洲内外媒体市场的多样性。在媒体内容的制作和分发过程中引入人工智能驱动的工具，给现有媒体市场带来了重大结构转变和权力转换。获得技术、技能和培训数据成为一项新的重要竞争资产，有利于增强社交网络和搜索引擎等新的媒体市场竞争者的影响力，但也给小众媒体、技术较不发达国家的媒体和地方媒体带来了竞争压力。欧盟委员会应发挥其制度优势，通过向势弱竞争者开放获取传新技术和数据驱动工具渠道、提供相应技术培训和成熟管理模式，提升其市场竞争力从而提升传媒市场的多样性。

最后，欧盟委员会应考虑不同欧盟国家人工智能技术发展水平，结合各国不同文化、经济、法律和技术条件，探讨人工智能技术的市场转化问题，并为该领域欠发达成员国提供话语权。

Report on the Intelligence Media of EU

Chen Tuo

Abstract：The wide range application of artificial intelligence (AI) that permeated nearly every single aspect of social life has promoted profound reflection after undergoing a long-term development for over half century. To the end of ensuring EU's global voice in AI technology, the European Commission released the "Artificial Intelligence White Paper—A European Path to Excellence and Trust" in February 2020, starting from the top level of the EU to implement development supervision on the application of AI technology. This report will begin with outlining the brand-new industrial trend catalyzed by the application of AI technology in EU's intelligent digital media industry, and then take an analysis on the follow-up challenges, threats and risks it brought to media organizations, citizens and the society as a whole. Through the interpretation of an EU vision, this report looks forward to providing a reference basis for the development and supervision of intelligent digital media in China.

Key words: European Union, Artificial intelligence, Intelligent digital media industry, Freedom of expression, Ethic and regulations

参考文献

《2019年度"人工智能时代媒体变革与发展"研究报告》, 2019年2月20日, 新华网, http://www.xinhuanet.com/politics/2020-02/20/c_1125601646.htm。

B. Bodó, "Means, Not an End (of the World) -The Customization of News Personalization by European News Media", Mar. 20, 2018, SSRN, https://papers.ssrn.com/abstract=3141810.

C. Cath et al., "Artificial Intelligence and the 'Good Society': the US, EU and UK Approach", *Science Engineering Ethics*, No. 24, 2018.

D. Broy et al., "Journalism and Media Privilege", Strasbourg: European Audiovisual Observatory, 2017, https://rm.coe.int/journalism-and-media-privilege-pdf/1680787381.

"Declaration of the Committee of Ministers on Protecting the role of the Media in Democracy in the Context of Media Concentration", Jan. 31, 2007, https://www.coe.int/en/web/media-freedom/committee-of-ministers.

"Declaration of the Committee of Ministers on the Freedom of Expression and Information", Apr. 29, 1982, https://www.coe.int/en/web/media-freedom/committee-of-ministers.

"Digital News Report 2018", Reuters Institution, https://reutersinstitute.

politics. ox. ac. uk/sites/default/files/digital-news-report-2018. pdf.

D. Kaye,"Report of the Special Rapporteur on the Promotion and Protection of the Right to Freedom of Opinion and Expression", Aug. 29, 2018, United Nations, https: //undocs. org/A/73/348.

EmilyJ. Bell et al. ,"The Platform Press: How Silicon Valley Reengineered Journalism", May 26, 2017, Columbia University Libraries, https: //academiccommons. columbia. edu/doi/10. 7916/D8R216ZZ.

J. Balkin,"Free Speech in the Algorithmic Society: Big Data, Private Governance, and New School Speech Regulation", *University of California, Davis Law Review*, No. 51, 2018.

K. Klonick,"The New Governors: The People, Rules, and Processes Governing Online Speech", *Harvard Law Review*, Vol. 131, No. 6, 2017.

Mark Hansen et al. "Artificial Intelligence: Practice and Implications for Journalism", Sep. 14, 2017, Columbia University Libraries, https: //academiccommons. columbia. edu/doi/10. 7916/D8X92PRD.

M. Coddington,"Clarifying Journalism's Quantitative Turn: A Typology for Evaluating Data Journalism, Computational Journalism, and Computer-assisted Reporting", *Digital Journalism*, Vol. 3, No. 3, 2015.

M. T. Ronderos,"How Innovative Newsrooms Are Using Artificial Intelligence", Jan. 22, 2019, Global Investigating Journalism Network, https: //gijn. org/2019/01/22/artificial-intelligence-demands-genuine-journalism/.

N. Helberger,"Diversity by Design", *Journal of Information Policy*, No. 1, 2011.

Nic Newman,"Journalism, Media and Technology Trends and Predictions 2018", Oxford: Reuters Institute for the Study of Journalism.

N. Richards, *Intellectual Privacy: Rethinking Civil Liberties in the Digital Age*, New York: Oxford University Press, 2015.

R. Chesney and D. Citron,"Deepfakes: A Looming Crisis for National Security, Democracy and Privacy?", Feb. 21, 2018, Lawfare, https: //www. lawfareblog. com/deep-fakes-looming-crisis-national-security-democracy-and-privacy.

B. Borel, "Clicks, Lies and Videotape", *Scientific American*, Vol. 319, No. 4, 2018.

R. Govik, "The Homeowners Bot", Feb. 12, 2018, Medium, https://medium.com/mittmedia/the-homeowners-bot-36d2264e2d34.

S. Eskens, N. Helberger and J. Moeller, "Challenged by News Personalisation: Five Perspectives on the Right to Receive Information", *Journal of Media Law*, Vol. 9, No. 2, 2017.

T. M. Massaro, H. Norton and M. E. Kaminski, "SIRI-OUSLY 2.0: What Artificial Intelligence Reveals about the First Amendment", *Minnesota Law Review*, Vol. 101, No. 6, 2016.

R. K. Collins and D. M. Skover, *Robotica: Speech Rights and Artificial Intelligence*, Cambridge: Cambridge University Press, 2018.

T. Montal and Z. Reich, "I, Robot. You, Journalist. Who is the Author?" *Digital Journalism*, Vol. 5, No. 7, 2017.

Tom George, "Newsrooms must learn how to use AI: 'Trust in journalism is at stake'", Dec. 12, 2018, Journalism.co.uk, https://www.journalism.co.uk/news/lessons-learned-in-the-last-four-years-of-using-artificial-intelligence-at-the-associated-press/s2/a731760/.

Nic Newman, "Journalism, Media and Technology Trends and Predictions 2018", Oxford: Reuters Institute for the Study of Journalism.

T.23 英国智能媒体产业发展报告

巩述林[*]

摘　要： 数字化和智能化是英国媒体发展的未来方向，互联网移动媒体和数字化智能媒介的优势地位在英国不断凸显，人工智能和机器学习是英国智能媒体产业发展的驱动力。英国智能媒体配套应用软件开发是其行业发展重点。此外，智能手机作为智能媒介工具使用率不断上升，智能媒介商业发展模式也在不断加大对用户数据整合和用户储备的关注。然而英国智能媒体产业发展目前也面临一系列困局，包括政府数字化战略动力缺失、脱欧和媒体转型问题等。

关键词： 英国　智能媒体产业　数字化战略　脱欧

一　英国智能媒体产业现状

作为以媒体产业著称的老牌传媒国家，英国媒体产业在人工智能和数字技术的推动下正不断向智能时代迈进。就智能媒体产业格局而言，互联网移动媒体和数字智能媒介的地位不断凸显。正如《英国数字化战略》（2017）报告中所指出，英国未来媒介产业将"深化迄今为止取得的成功，以发展服务于每个人的世界领先的数字经济"，[①] 突出媒体行业智能化、电子化态势，由此可见，随着数字革命的到来，智能媒体已成为英国媒介产业发展的重中之重。

---

* 巩述林，英中传媒与文化研究学会创始人，英国卡迪夫大学博士，浙江传媒学院新闻与传播学院讲师，主要研究方向：新闻文化传播与全球化等。
① 裴永刚：《英国传媒产业发展现状、问题及趋势分析》，《编辑之友》2018 年第 5 期。

T.23 英国智能媒体产业发展报告

从智能媒体产业与政府关系层面来看,政府一直是智能媒体发展的重要推动力,不仅在政策上多有倾斜,英国政府在智媒体的推广和应用上也起到了身先士卒的作用。英国政府《数字化战略》报告从多个方面为英国建立世界级的智能化媒体产业指明了发展方向,包括:建立连接性,为英国打造世界一流的数字基础架构,使英国成为建立和发展数字化业务的最佳地区;发展数字技能和包容性,使每个人都能获得所需的数字技能;推动数字媒介产业,使英国成为启动和发展数字业务的最佳场所;拓宽智能化经济,使英国企业顺利发展为数字化企业;建立安全网络空间,使英国成为世界上最为安全的线上生活和工作的地区;运营智能行政,保持英国政府数字行政化的世界领先地位;释放英国智能化数字化数据的力量并提高民众信心。[1] 此外,英国在行政电子服务领域的开发和应用一直处于领先水平。负责管理传媒产业的英国数字、媒体、文化和体育部(The Department for Digital Culture Media & Sport)旗下的"建立电子化英国"项目(Building Digital UK)正在为全英国未来数字基础设施进行评估,并制定英国5G网络应用性开发目标[2]。这些从管理和行政层面体现了英国对数字化和智能化的持续关注。

从智能媒体技术机构社会发展态势来看,英国虽然拥有一批相当成熟的智能媒体品牌和技术公司,但智能媒体仍是一个朝阳产业。在英国每年都有若干智能媒体公司成立。截至2019年下旬,英国已有18家拥有超过10万英镑的股权投资的AI初创公司,包括:Dragonfly、Goodvision、Brisk、Della AI、Digital Insight、Greendeck、Move.ai、Odin Vision、Scribeless、Wingman AI Agents、Blyng、Gogenis、Blutick、Fetch. AI、Hatch-AI、Rent Chief、Revin以及Hero Laboratories。人工智能检测与分析、大数据挖掘和风险预测、移动数据统计、虚拟现实、自然语言处理(NLP)、机器深度学习等新技术是英国智能媒体公司关注的重点。[3]

就智能媒体产业团队内部架构而言,智能媒体团队通常是一个跨学科

---

[1] 裴永刚:《英国传媒产业发展现状、问题及趋势分析》,《编辑之友》2018年第5期。
[2] "Building Digital UK", Nov. 19, 2020, GOV. UK, https://www.gov.uk/guidance/building-digital-uk.
[3] J. Rewal, "Top 18 Early-Stage AI Startups in the UK", Nov. 7, 2019, Beauhurst, https://about.beauhurst.com/blog/top-18-emerging-ai-startups/.

运营团队，主要包括以下角色：数据架构师，作用是通过数据设计为组织使用数据设定愿景，以满足业务需求；数据科学家，用以分析数据价值、识别复杂的业务问题、验证 AI 实验等；数据工程师，负责将数据产品和服务交付到系统和业务流程中；伦理师，作用在于对 AI 模型的输入提供伦理判断和评估。①

就智能媒体技术开发内容而言，英国目前重点开发并投入商用的智能媒介技术方向主要包括：利用 AI 技术产品吸引用户注意力；使用深度学习人工智能来检测、归类和分析视频数据；利用视觉信息处理技术开发配套 AI 软件；媒介用户研究，对用户消费数据和接触信息进行智能化分析，帮助广告商了解媒介用户的心理和行为，识别和解释媒介用户的情感；网络传播安全和电子信息取证；利用 AI 技术和机器学习技术进行风险分析，生成具有商业意义的个性化用户资料，预测媒介行业发展趋势；开发人工智能游戏机器人等。②

从智能媒体产业消费态势层面来看，在互联网技术对民众生活高度渗透的社会环境下，数字流量用量不断增长，数字化、智能化媒介内容逐渐成为推动媒介消费的重要驱动力。其中在线智能点播平台广受欢迎，极大地推动了英国社会媒介消费流量数据使用量。英国为媒介用户提供了约 600 项合法视频点播服务，Apple iOS 应用程序动态播放内容超十亿分钟。③ 超过半数英国人使用了 Netflix、NowTV、Amazon Prime 等个性化订阅流视频平台提供的服务。④ 此外，英国较受欢迎的智能媒体消费方向还包括自

---

① "Planning and Preparing for Artificial Intelligence Implementation" Jun. 10, 2019, Government Digital Service and Office for Artificial Intelligence, https://www.gov.uk/guidance/planning-and-preparing-for-artificial-intelligence-implementation.

② J. Rewal, "Top 18 Early-Stage AI Startups in the UK", Nov. 7, 2019, Beauhurst, https://about.beauhurst.com/blog/top-18-emerging-ai-startups/.

③ J. Johnson, "Leading TV Channels in the United Kingdom (UK) as of Q3 2019 by Quarterly Reach", Dec. 6, 2019, Statista Research Department, https://www.statista.com/statistics/269807/leading-tv-channels-in-the-uk-by-reach/.

④ J. Johnson, "Number of Netflix, Amazon Prime, NowTV, Disney + Titles in the UK 2020, by type", Jun. 17, 2020, Statista Research Department, https://www.statista.com/statistics/1107483/netflix-amazon-prime-now-tv-disney-number-of-titles-uk/.

拍软件、智能家居系统、家用机器人和无人机、智能化可穿戴设备等。[1]

从智能媒体应用领域来看，首先，英国智能媒体产业与传统媒介机构关系密切。媒介的数字化和智能化程度成为传统媒体行业转型的关键。英国约有460个电视频道、600家广播电视，隶属约300家媒体机构。截至到2019年第三季度，BBC 1、Channel 4 和 BBC 2 拥有较高份额观众量[2]。英国传统媒介机构的智能媒体化走向主要表现为媒介机构网络化、智能化新闻生产和智能电视的普及。除BBC News online 外，最受英国用户认可的线上媒介品牌还包括 Guardian online, Mail online 和 Sky News online。[3] 最受英国用户欢迎的智能视频媒体品牌主要包括 Netflix、Amazon 和 Hulu。与此同时，AI 技术目前已初步应用到新闻的采访与写作、编辑修改、受众互动、传播效果分析、内容营销推广等环节，新闻生产逐渐智能化、网络化。其他相关技术应用还包括实时显示电视直播字幕、现场将电视节目翻译成任何语言等。[4] 此外，Statista 数据显示，2019 年英国智能电视的家庭普及率超过40%，根据合理预测，英国社会智能电视普及率在不久的将来或超过50%。[5]

其次，社交媒体是英国智能媒体应用的重要场所，目前英国社交媒体用户已达5000多万。[6] Facebook、Twitter、Instagram、Whats App 和 Snapchat 是占领英国市场份额领先的社交媒体品牌。Youtube 和 Vimeo 是热门英

---

[1] "AI Today, AI Tomorrow", 2020, The Arm 2020 Global AI Survey, https：//armkeil.blob.core.windows.net/developer/Files/pdf/report/ai-today-ai-tomorrow.pdf.

[2] J. Johnson, "Leading TV Channels in the United Kingdom (UK) as of Q3 2019 by Quarterly Reach", Dec. 6, 2019, Statista Research Department, https：//www.statista.com/statistics/269807/leading-tv-channels-in-the-uk-by-reach/.

[3] J. Johnson, "Leading Online News Brands Accessed in the United Kingdom (UK) as of February 2019", Jun. 5, 2020, Statista Research Department, https：//www.statista.com/statistics/262514/leading-online-news-brands-accessed-in-the-uk/.

[4] "Making Your Content Accessible Anytime, Anywhere", 2020, AI Media, https：//www.aimedia.tv/.

[5] H. Tankovska, "Household Penetration of Smart TV Sets in the United Kingdom (UK) 2014-2019", Aug. 27, 2020, https：//www.statista.com/statistics/654074/smart-tv-penetration-in-uk-households/.

[6] J. Johnson, "Social Media Usage in the United Kingdom (UK) - Statistics & Facts", Oct. 27, 2020, Statista Research Department, https：//www.statista.com/topics/3236/social-media-usage-in-the-uk/.

国在线视频分享平台的代表。利用人工智能、高级分析和其他数字技术解读社交媒体用户，改善社交媒体平台管理和运营，实现信息和内容的精准传播等是智能媒体技术应用的主要表现。

再次，智能化广告是英国智能媒体产业的重要组成部分，2019年英国数字广告支出约达1400万英镑，投放渠道包括搜索引擎、智能点播视频、社交媒体、网络广播等。[①] Sky是2019年英国最受影响力的广告商之一，其广告播放量约为215亿。[②] 超过半数的英国社交媒体用户表示曾接触到定制的个性化广告推送，2018年平均每人每天约接触40余则广告。RoboticsBiz（2020）指出，智能广告是智能媒介技术应用的重要领域，智能媒体技术通过高速处理海量数据的方式，可以优化品牌广告，同时提供实时反馈，解读市场，优化预算，从而精准定位用户，有效帮助广告商和产品开发商降低成本。智能广告还可以提供用户行为分析，帮助增强识别用户的兴趣、关注点和自定义设置偏好的能力，提升广告投放效果。[③] 目前市场上常见的智能媒介广告工具包括：Smartly、Revealbot、Zalster、ReFUEL4、Aitarget和Trapica等。

最后，英国智能媒体产业与其他社会传播组织如教育机构、策展公司等关系密切。在教育和知识传播领域，通过创建智库和编写智能报道，AI技术不断为政府、企业、社会组织和普通民众提供海量信息。同时VR视觉模拟、AI人机对话、深度学习技术在近年也多次应用到英国博物馆和传播展览行业中。

二 英国智能媒体产业发展特征和趋势

（一）人工智能和机器学习推动智能媒体产业发展

英国被公认为较早开发和应用人工智能技术的国家之一。近年来人工

---

① J. Johnson, "Advertising in the United Kingdom - Statistics & Facts", Aug. 4, 2020, Statista Research Department, https://www.statista.com/topics/1747/advertising-in-the-united-kingdom/.

② J. Johnson, "Leading TV Channels in the United Kingdom (UK) as of Q3 2019 by Quarterly Reach", Dec. 6, 2019, Statista Research Department, https://www.statista.com/statistics/269807/leading-tv-channels-in-the-uk-by-reach/.

③ "AI in Advertising - Benefits and Best AI Advertising Tools", Mar. 24, 2020, RoboticsBiz, https://roboticsbiz.com/ai-in-advertising-benefits-and-best-ai-advertising-tools-in-the-market/.

智能（AI）和机器学习（ML）正在英国社会许多行业中引发颠覆和创新。麦肯锡全球研究所（MGI）近期研究发现，尽管人工智能仍处于不断技术开发和完善阶段，存在应用漏洞，但应用数据显示人工智能技术对生产力和经济增长产生不可忽视的积极影响，且能够为社会提供更广泛的福利化发展模式。麦肯锡全球研究所通过对数字技术发展态势的模拟认为人工智能技术将进一步发展，约到2030年，人工智能技术的应用将为全球总产出增量约16%。而人工智能将成为英国GDP发展的重要驱动力，而到2030年人工智能技术或将为英国增加22%的经济收益。[1]

人工智能正受到英国传媒业和其他社会领域的持续关注。[2] 应用投入是英国传媒业发展人工智能技术的重点。人工智能和机器学习技术如何改变媒体生产的未来也是英国媒体产业关注的热点问题。英国广播公司目前正开展一项关于"传媒制作中的人工智能"（AI in Media Production）项目用以探索人工智能技术在节目制作中的应用。该项目以英国广播公司（BBC）近年来开展的工作为基础，试图通过各种工具如SOMA和Lightweight Live来提高现场直播的规模，以使节目制作传播效果更佳。目前该项目已在爱丁堡边缘艺术节上初获成功，通过安装高清摄像机并将其作为人类驱动系统的输入方法，使操作员可以从高分辨率产品中生成虚拟摄像机视图，从而对视频进行剪辑以生产高质量的输出内容。英国广播公司智能媒体开发项目的未来发展方向还包括：优化编辑工具；优化AI和ML算法以提高信息的输出率；优化搜寻方案，为编导选取最佳拍摄地点；在节目设计中混合不同AI技术，用来对比AI生产内容与人工编辑内容；建立并有效利用BBC元数据档案库等。[3] 此外，应用了多种场景识别、视觉和多维分析技术的"BBC 4.1"也是人工智能技术在英国媒体行业中的成功应用[4]。

---

[1] "Artificial Intelligence in the United Kingdom: Prospects and Challenges", June 2019, McKinsey Global Institute, https://www.mckinsey.com/~/media/McKinsey/Featured%20Insights/Artificial%20Intelligence/Artificial%20intelligence%20in%20the%20United%20Kingdom%20Prospects%20and%20challenges/Artificial-intelligence-in-the-United-Kingdom-VF2.ashx.

[2] 裴永刚：《英国传媒产业发展现状、问题及趋势分析》，《编辑之友》2018年第5期。

[3] "AI in Media Production Exploring How Artificial Intelligence Technologies could Affect the Future of Media Production", 2020, BBC, https://www.bbc.co.uk/rd/projects/ai-production.

[4] "AI TV on BBC 4.1", 2020, BBC, https://www.bbc.co.uk/programmes/p06jt9ng.

（二）智能媒体配套应用程序和软件开发成为重点

在英国媒体行业深度引入人工智能，多面开发智能传播业务的同时，市场正在形成日趋丰富的智能媒体行业配套应用，人工智能应用程序也成为传媒行业发展的重要支撑。人工智能应用程序和软件作为一种现代生活方式和解决传统传播问题的手段，成为英国传媒业和相关产业竞相开发的最新领域之一。例如，英国远程字幕制作公司 Bee Communications 近期以战略合作伙伴关系加入了 AI-Media 团队，表示将为媒介行业和教育机构等提供配套智能化应用软件。英国人工智能服务供应商 Sky Potential 也在进行 AI 软件和程序开发，并根据市场需求提供 AI 应用程序定制服务和创新解决方案。

从行业配套程序和软件开发范围来看，主要开发方向包括：机器学习软件、数字虚拟代理软件、快速图像处理软件、机器人流程自动化软件、语音识别、自然语言处理（NLP）软件等。[①]

（三）智能手机成为智能媒介应用的重要平台

智能手机作为智能化媒介最重要的平台性工具之一，其地位在不断上升。媒体监管机构 Ofcom 发布的《2019 传播市场报告》（Communications Market Report 2019）显示，英国的互联网普及率和智能手机拥有量相较过去一年均保持不变。家用互联网保持 87% 的普及率，成年人中有 79% 拥有智能手机。相较 2018 年，用户流量使用持续上升，固定宽带和移动数据连接上使用的数据量增长了约 1/4，每个固定宽带平均每月使用 240GB，每个手机移动连接平均每月使用 2.9GB 的数据。[②]

此外，2019 年英国人平均每天在智能手机上上网花费约 2 小时 34 分钟。平均每人每天在社交媒体网站上花费 39 分钟，每 5 分钟在线时间中有 1 分钟使用在社交媒体上。英国超过 70% 的成年人拥有社交媒体帐户，有 35% 的在

[①] "Automated Business Intelligence Solutions", 2020, Sky Potential Technologies, https://www.skypotential.co.uk/artificial-intelligence-services/.

[②] "Communications Market Report 2019", Jul. 4, 2020, Ofcom, https://www.ofcom.org.uk/__data/assets/pdf_file/0028/155278/communications-market-report-2019.pdf.

线时间花费在 Google 和 Facebook 旗下网站（含 YouTube 和 Instagram）上。①

智能手机使用具有一定的代际差异和性别差异②，呈现年轻化趋势。英国国家统计局报告显示，16—24 岁的英国年轻人中 100% 可以使用智能手机访问互联网，25—34 岁人群中使用智能手机访问互联网的人数占 97%，而 65 岁以上的人群中这一数据只有 40%。③ 根据 Ofcom 的报告，2019 年英国 5—7 岁的儿童中有 37% 拥有自己的平板电脑，8 到 11 岁的儿童中有 37% 拥有智能手机。在 12—15 岁之间的智能手机拥有者数量超过 80%，拥有社交媒体账户者超过 70%，这也被 Ofcom 称为"数字独立年纪"（the age of digital independence）。此外，英国 5—15 岁的儿童中，有 48% 的女孩和 71% 的男孩表示玩过网络游戏。男孩玩网络游戏的时间是女孩的两倍，每周花约 14.5 个小时。④

受到新冠肺炎疫情影响，隔离期间的英国民众开始在家工作娱乐和线上交流，互联网使用流量激增，视频会议和视频通话手机应用程序被广泛使用，其中最受英国用户欢迎的包括 Google Hangouts、Zoom、Skype、WhatsApp、Webex、Messenger、Facetime、Houseparty 等。⑤ 这些都为英国智能媒介产业发展铺设了未来的平台性语境。

（四）用户储备成为智能媒体商业模式运转重心

目前智能媒介产业对英国经济发展至关重要。依托互联网架构的商家与消费者的快速联动性，电子化转型已成为英国商业模式转型的重要驱动力⑥。智能媒介商业模式推广正向关注用户和建立用户储备库方向不断倾斜。

---

① M. Boyle, "Mobile Internet Statistics: the Latest Statistics on How We Use the Internet on Our Phones", Nov. 10, 2020, Finder, https://www.finder.com/uk/mobile-internet-statistics.
② 裴永刚:《英国传媒产业发展现状、问题及趋势分析》,《编辑之友》2018 年第 5 期。
③ M. Boyle, "Mobile Internet Statistics: the Latest Statistics on How We Use the Internet on Our Phones", Nov. 10, 2020, Finder, https://www.finder.com/uk/mobile-internet-statistics.
④ Z. Kleinman, "Half of UK 10-Year-Olds Own a Smartphone", Feb. 4, 2020, BBC News, https://www.bbc.com/news/technology-51358192.
⑤ M. Boyle, "Mobile Internet Statistics: the Latest Statistics on How We Use the Internet on Our Phones", Nov. 10, 2020, Finder, https://www.finder.com/uk/mobile-internet-statistics.
⑥ F. Li, "The Digital Transformation of Business Models in the Creative Industries: A Holistic Framework and Emerging Trends", *Technovation*, Vol. 12, No. 4, 2017.

社交媒体作为互动性最强、最快速获取信息的通信方式之一，一直是智能媒体行业扩充市场的重点。公司成立专家 Turnerlittle 通过对英国国家统计局（ONS）关于英国企业社交媒体使用情况的数据进行分析，发现约60%的企业使用社交媒体进行产品宣传。[①] Turnerlittle 调查同时发现，有77%的 Twitter 用户表示，社交媒体时代品牌与用户互动性不断增加，用户对品牌的积极感也会随之增强。有39%的用户将接收广告视为使用社交媒体的重要原因，[②]而社交媒体也是消费者了解智能媒介技术和应用的重要平台。

随着英国社交媒体用户数量呈现上涨趋势，智能媒介产业商业推广模式也在不断向用户靠拢，通过商业转型精准化用户需求、搭建多重用户关系、刺激情感性需求等。[③]同时，通过用户注册和登录等行为的数据分析，以确保用户精准分析和信息有效投放，[④]用户数据成为可变现资本。

在依靠智能技术精细化用户群体数据的同时，互联网访问安全、电子商务和数字经济、数据隐私、网络安全和治理、用户隐私、个人账户信息和数据安全以及跨国合作问题也成为英国智能媒体产业发展和政府关注的重点问题。英国电子英国数字、媒体、文化和体育部（The Department for Digital Culture Media & Sport）于2018年下半年发布了《消费类物联网设备安全行为准则》，以保障用户在数字网络中的安全性。外务联邦发展局（Foreign Commonwealth and Development Office）（原国际发展部"Department of International Development"）报告指出，该部门将与处理国际数字问题的其他政府部门紧密配合，参与到跨国跨地区的信息安全保障措施的推广和完善中。此外，英国政府还表示将致力于提供跨国智能媒体技术援助，关注智能媒介政策的公平性和多样性，在智能媒介技术的支持下，让过去被边缘化的地区和人群拥有相同的智能化和数字化的发展机会，平等

---

① C. Hebblethwaite, "Only 60% of UK Businesses Using Social Media", Jan. 4, 2018, Marketing Tech, https：//marketingtechnews.net/news/2018/jan/04/only-60-uk-businesses-using-social-media/.

② C. Hebblethwaite, "Only 60% of UK Businesses Using Social Media", Jan. 4, 2018, Marketing Tech, https：//marketingtechnews.net/news/2018/jan/04/only-60-uk-businesses-using-social-media/.

③ F. Li, "The Digital Transformation of Business Models in the Creative Industries：A Holistic Framework and Emerging Trends", *Technovation*, Vol. 12, No. 4, 2017.

④ 裴永刚：《英国传媒产业发展现状、问题及趋势分析》，《编辑之友》2018年第5期。

的发言权和更多的选择权①。

三 英国智能媒体产业发展面临的问题

(一) 政府数字化战略动力缺失

虽然英国政府面对推进社会和传媒产业智能化方面取得了一定进展,但面对社会数字改革时却缺乏有效的行政举措。以英国政府数字化战略为例,该战略曾经是英国智能媒体产业发展的重要环节。然而英国下议院科学技术委员会(The House of Commons Science and Technology Committee) 2019 年下半年报告显示,英国智能媒体发展数字化战略目前正面临动力不足的危机。该报告认为,于 2011 年创建的英国政府数字服务(Government Digital Services)已经"迷失了方向",其作用也变得日益不明确。报告同时指出,英国行政电子服务规模从 2016 至 2018 年间从世界第一跌至第四。②

Hunt 认为,英国数字化媒介产业发展缺乏政治领导力的问题源于英国前内阁大臣弗朗西斯·毛德(Francis Maude)卸任并辞去政府数字服务领域(GDS)的相应职位。③ 英国数字企业家玛莎·莱恩·福克斯(Martha Lane Fox)表示:"在这个国家,缺乏深厚的数字领导力和规划(的情况)正深深地令人困扰"。英国科学技术委员会主席诺曼·兰姆(Norman Lamb)也指出:"数字化政府可以带来巨大的潜力:改变公民与国家之间的关系,节省金钱,并使公共服务更加有效和敏捷。但是很明显,政府目前提供的数字服务已失去动力,并没有尽最大可能改变公民与国家之间的

---

① "Leaving No One Behind in a Digital World", Nov. 30, 2018, Department for International Development, https://www.gov.uk/dfid-research-outputs/leaving-no-one-behind-in-a-digital-world; "Barriers to the Adoption of Artificial Intelligence in Health Care in India", Mar. 27, 2020, Department for International Development, https://www.gov.uk/dfid-research-outputs/barriers-to-the-adoption-of-artificial-intelligence-in-healthcare-in-india.
② M. Hunt, "UK's Digital Strategy has Lost Momentum, Say MPs", Jul. 19, 2019, Global Government Forum, https://www.globalgovernmentforum.com/uks-digital-strategy-has-lost-momentum-say-mps/.
③ M. Hunt, "UK's Digital Strategy has Lost Momentum, Say MPs", Jul. 19, 2019, Global Government Forum, https://www.globalgovernmentforum.com/uks-digital-strategy-has-lost-momentum-say-mps/.

关系"。① 此外，兰姆指出，英国数字化社会发展动力不足的原因还包括智能媒体技能短缺和遗留系统所带来的网络攻击风险的增加，因此英国社会必须意识到加大对智能技术的投资的重要性和必要性才能有效地"拯救（英国的）未来"。②

（二）脱欧对英国智能媒体产业发展的不利影响

尽管目前尚不确定脱欧是否会对英国未来政治走向和国际合作产生显著的消极影响。但脱欧将在一定程度上改变了英国智能产业发展的内外部环境，或将在发展平台、运行体系、人才流动等方面影响英国智能媒体行业。在过去几年间，欧盟现金流和项目资助、多项融资和免税政策、英镑的贬值带来的内容出口的增长等都为英国创造了国际性智能媒体产业发展机会。③ 但其脱欧作为英国社会与欧盟的分裂点将不可避免地影响到欧盟组织和欧盟其他国家和地区对英国智能媒体产业发展的投资。如英国创意欧洲局（Creative Europe Desk UK）数据显示，2014—2016 年，英国参与了 44% 的创意欧洲资助项目，并获得了预算的 11%。④ 完全脱欧后，这一有利外部环境将发生一定变化，英国在欧盟媒介产业投资项目中的所占比或将明显降低。

此外，英国还拥有一批技术娴熟的智能媒体创意团队和技术人员、优秀的制片人和导演、日趋完善的传播平台和有实力的传媒公司等。脱欧可能还意味着作为智能媒体产业基础的传媒公司和平台以及智能媒体从业人员可能会重新被分配给其他欧盟成员国，因此从大趋势来看，脱欧对英国小型智能媒体公司发展、智能媒体团队组建、人才的引进和去向都将产生一定影响。⑤

---

① M. Hunt, "UK's Digital Strategy has Lost Momentum, Say MPs", Jul. 19, 2019, Global Government Forum, https://www.globalgovernmentforum.com/uks-digital-strategy-has-lost-momentum-say-mps/.
② M. Hunt, "UK's Digital Strategy has Lost Momentum, Say MPs", Jul. 19, 2019, Global Government Forum, https://www.globalgovernmentforum.com/uks-digital-strategy-has-lost-momentum-say-mps/.
③ "The Future of UK Media and Entertainment after Brexit", 2018, TaylorWessing, https://www.taylorwessing.com/download/article-media-entertainment-after-brexit.html.
④ "The Future of UK Media and Entertainment after Brexit", 2018, TaylorWessing, https://www.taylorwessing.com/download/article-media-entertainment-after-brexit.html.
⑤ "The Future of UK Media and Entertainment after Brexit", 2018, TaylorWessing, https://www.taylorwessing.com/download/article-media-entertainment-after-brexit.html.

(三) 媒体行业正经历转型期

目前，智能媒体技术发展所依托的英国媒体行业正在处在一个历史性的转变期，这也将给英国智能媒体未来发展带来一定的不确定性。首先，数字化媒介产品消费量日趋上升，传统媒介内容逐渐没落。娱乐零售商协会（Entertainment Retailers Association）数据显示，英国人在数字媒体（音乐、视频和游戏）上的消费支出在2019年远远超过了对传统媒体（书籍、杂志和报纸）支出，音乐流媒体和游戏内容消费分别达到10亿英镑和37.7亿英镑的销售额。[1]

其次，High Fliers《2020年毕业生市场》报告显示，媒体行业从业门槛逐渐提高，媒体方向的毕业生空缺从2007—2019年减少了一半以上。就英国社会而言，传统新闻业规模在不断缩小，利用在线新闻盈利的难度越来越高，媒介行业内部发展机会明显减少。而由于媒体产业对智能媒介技术依赖加深，对智能媒体操作能力包括视频制作能力、数据挖掘和计算能力、智能软件应用能力等的要求进一步提高了英国媒体行业的技术性门槛。[2]

英国脱欧行为也给媒体产业转型带来许多压力。除资金问题和人员流动外，从智能媒介生产内容的流通来看，英国脱欧后，英国智能媒介内容消费者可能会受到欧盟访问权限影响而无法访问某些智能媒体服务，同时欧盟消费者对英国智能媒介产品内容和服务的需求可能会相应减少。[3] 这些问题对英国智能媒介产业发展可能造成的影响有待进一步观察。

四　总结

本报告通过对英国智能媒体产业发展现状的介绍、特征和趋势的梳

---

[1] D. Higginbotham, "Overview of the UK Media Sector", Prospects: Media and Internet, June, 2020, https://www.prospects.ac.uk/jobs-and-work-experience/job-sectors/media-and-internet/overview-of-the-uk-media-sector.

[2] D. Higginbotham, "Overview of the UK Media Sector", Prospects: Media and Internet, June, 2020, https://www.prospects.ac.uk/jobs-and-work-experience/job-sectors/media-and-internet/overview-of-the-uk-media-sector.

[3] "The Future of UK Media and Entertainment after Brexit", 2018, TaylorWessing, https://www.taylorwessing.com/download/article-media-entertainment-after-brexit.html.

理、产业发展面临困难的反思，认为英国智能媒体取得了一定的初期成绩，但在智能媒体技术开发和社会应用以及跨国合作方面仍存在一些亟待解决的问题。随着智能化数字技术的发展和突破，英国乃至全球智能媒体产业尚有极大的上升和创新空间。

在英国，智能媒体产业的内容制造领域和配套软件开发依然处于初步探索阶段，通过对其发展的回顾，我们可以看到英国智能媒体产业在行业外部和组织内部变化变革的巨大潜力，而通过产业技术发展拉动英国国民GDP发展以及推动传统媒体行业变革的战略规划都具有极强的现实可行性。未来英国智能媒体产业的发展需要靠政府、企业、学界、业界等多方位多层次多角度的共同努力。一方面加大对智能媒体技术的经济投资和人才投入，保持英国智能媒体行业世界先进水平；另一方面可以将 AI 及其他优势技术推广到英国行政管理和其他社会运行体系中。

从英国与世界智能传媒产业发展关系来看，脱欧给英国智能媒体产业发展带来了一定的变数。一方面脱欧后的英国需要重新思考未来的智能媒介产业的跨国合作方向和合作方式；另一方面，也要从国际合作中汲取他国优秀经验，优化智能媒体技术在社会各领域的应用广度与深度。

UK Intelligent Media Industry Development Report 2019

Gong Shulin

Abstract：Digitization and intelligence are the future development directions of the media industry in the UK, and the dominant positions of smartphone media and digital intelligent media continue to be highlighted in the UK. Artificial intelligence and digital learning are the driving forces for the development of the UK intelligent media industry. The development of supporting application software is the focus of industry development in the UK. The utilization rate of smartphones as the intelligent media tool is increasing, and smart media business development models are also increasing attention to data integration and user reserves. However, the development of the British smart media industry is currently facing a series of difficulties, including the lack of motivation for the government's digital strategies, Brexit, and other media transformation issues.

Key words：UK, Intelligent media industry, Digital strategy, Brexit

参考文献

裴永刚：《英国传媒产业发展现状、问题及趋势分析》，《编辑之友》2018年第5期。

"AI in Advertising – Benefits and Best AI Advertising Tools", Mar. 24, 2020, RoboticsBiz, https：//roboticsbiz. com/ai-in-advertising-benefits-and-best-ai-advertising-tools-in-the-market/.

"AI in Media Production Exploring How Artificial Intelligence Technologies could Affect the Future of Media Production", 2020, BBC, https：//www. bbc. co. uk/rd/projects/ai-production.

"AI Today, AI Tomorrow", 2020, The Arm 2020 Global AI Survey, https：//armkeil. blob. core. windows. net/developer/Files/pdf/report/ai-today-ai-tomorrow. pdf.

"AI TV on BBC 4.1", 2020, BBC, https：//www. bbc. co. uk/programmes/p06jt9ng.

"Artificial Intelligence in the United Kingdom：Prospects and Challenges", June 2019, McKinsey Global Institute, https：//www. mckinsey. com/~/media/McKinsey/Featured%20Insights/Artificial%20Intelligence/Artificial%20intelligence%20in%20the%20United%20Kingdom%20Prospects%20and%20challenges/Artificial-intelligence-in-the-United-Kingdom-VF2. ashx.

"Automated Business Intelligence Solutions", 2020, Sky Potential Technologies, https：//www. skypotential. co. uk/artificial-intelligence-services/.

"Building Digital UK", Nov. 19, 2020, GOV. UK, https：//www. gov. uk/guidance/building-digital-uk.

C. Hebblethwaite, "Only 60% of UK Businesses Using Social Media", Jan. 4, 2018, Marketing Tech, https://marketingtechnews.net/news/2018/jan/04/only-60-uk-businesses-using-social-media/.

"Communications Market Report 2019", Jul. 4, 2020, Ofcom, https://www.ofcom.org.uk/__data/assets/pdf_file/0028/155278/communications-market-report-2019.pdf.

D. Higginbotham, "Overview of the UK Media Sector", Prospects: Media and Internet, June, 2020, https://www.prospects.ac.uk/jobs-and-work-experience/job-sectors/media-and-internet/overview-of-the-uk-media-sector.

F. Li, "The Digital Transformation of Business Models in the Creative Industries: A Holistic Framework and Emerging Trends", *Technovation*, Vol. 12, No. 4, 2017.

H. Tankovska, "Household Penetration of Smart TV Sets in the United Kingdom (UK) 2014-2019", Aug. 27, 2020, https://www.statista.com/statistics/654074/smart-tv-penetration-in-uk-households/.

J. Johnson, "Advertising in the United Kingdom - Statistics & Facts", Aug. 4, 2020, Statista Research Department, https://www.statista.com/topics/1747/advertising-in-the-united-kingdom/.

J. Johnson, "Leading Online News Brands Accessed in the United Kingdom (UK) as of February 2019", Jun. 5, 2020, Statista Research Department, https://www.statista.com/statistics/262514/leading-online-news-brands-accessed-in-the-uk/.

J. Johnson, "Leading TV Channels in the United Kingdom (UK) as of Q3 2019 by Quarterly Reach", Dec. 6, 2019, Statista Research Department, https://www.statista.com/statistics/269807/leading-tv-channels-in-the-uk-by-reach/.

J. Johnson, "Number of Netflix, Amazon Prime, NowTV, Disney + Titles in the UK 2020, by type", Jun. 17, 2020, Statista Research Department, https://www.statista.com/statistics/1107383/netflix-amazon-prime-now-tv-disney-number-of-titles-uk/.

J. Johnson, "Social Media Usage in the United Kingdom (UK) - Statistics &

Facts", Oct. 27, 2020, Statista Research Department, https://www.statista.com/topics/3236/social-media-usage-in-the-uk/.

J. Rewal, "Top 18 Early-Stage AI Startups in the UK", Nov. 7, 2019, Beauhurst, https://about.beauhurst.com/blog/top-18-emerging-ai-startups/.

"Leaving No One Behind in a Digital World", Nov. 30, 2018, Department for International Development, https://www.gov.uk/dfid-research-outputs/leaving-no-one-behind-in-a-digital-world.

"Barriers to the Adoption of Artificial Intelligence in Health Care in India", Mar. 27, 2020, Department for International Development, https://www.gov.uk/dfid-research-outputs/barriers-to-the-adoption-of-artificial-intelligence-in-healthcare-in-india.

"Making Your Content Accessible Anytime, Anywhere", 2020, AI Media, https://www.ai-media.tv/.

M. Boyle, "Mobile Internet Statistics: the Latest Statistics on How We Use the Internet on Our Phones", Nov. 10, 2020, Finder, https://www.finder.com/uk/mobile-internet-statistics.

M. Hunt, "UK's Digital Strategy has Lost Momentum, Say MPs", Jul. 19, 2019, Global Government Forum, https://www.globalgovernmentforum.com/uks-digital-strategy-has-lost-momentum-say-mps/.

"Planning and Preparing for Artificial Intelligence Implementation" Jun. 10, 2019, Government Digital Service and Office for Artificial Intelligence, https://www.gov.uk/guidance/planning-and-preparing-for-artificial-intelligence-implementation.

"The Future of UK Media and Entertainment after Brexit", 2018, TaylorWessing, https://www.taylorwessing.com/download/article-media-entertainment-after-brexit.html.

Z. Kleinman, "Half of UK 10-Year-Olds Own a Smartphone", Feb. 4, 2020, BBC News, https://www.bbc.com/news/technology-51358192.

T.24 加拿大智能媒体产业发展报告

郭 璇[*]

摘 要: 加拿大"中等国家"的国际政治角色和毗邻美国这一世界第一大国的地缘政治地位,影响其在智媒产业发展上也遵循着领导者与跟从者相交织的特点,温和、稳健以及技术突破路径是其主要的产业发展策略。在国家战略层面,加拿大是全球首个将人工智能纳入国家战略的国家,以高精尖技术研发作为国家核心竞争力。在产业规划层面,通过技术联盟、协同合作,依托城市的差异化优势打造超级人工智能中心。在智能媒体的实务拓展方面,加拿大报业集团 Postmedia、国家公共广播公司 CBC 以及《环球邮报》《渥太华公民报》等传统媒体纷纷通过智能技术寻求内容生产、推广方式乃至集团协同合作方式上的突破,以提高新闻品质,提升平台的服务个性化专业化水平。值得一提的是,因为华人在加拿大占有较高的移民比重,中国智能媒体的"反渗透"现象成为趋势。

关键词: 智能媒体 国家战略 高精尖技术研发 反渗透

西方发达经济体凭借经济和技术等硬实力的基础,在智能媒体产业变革方面率先发力,Google、Facebook、Amazon、Apple 等互联网巨头借由技术实力和平台优势进入传媒领域;华盛顿邮报、纽约时报、美联社、彭博社、BBC 等知名媒体也纷纷依靠人工智能革新新闻生产的流程和方法,

---

[*] 郭璇,浙江传媒学院新闻与传播学院副教授;硕士生导师,上海外国语大学国际政治博士,澳大利亚蒙纳什大学传播学硕士,澳大利亚科廷大学访问学者,研究方向为国际新闻与传播、文化创意产业等。

YouTube、Buzzfeed 和 Flipboard 等智能推荐型视频媒体依靠算法等技术重塑传受者在智媒产业链中的角色与作用。目前，以大数据挖掘与分析、区块链、物联网与传感器、机器人写作、编辑与播报等为代表的人工智能技术已然表明，智能媒体技术已全面赋能信息采集、内容生产、内容分发、媒资管理、内容风控、效果监测、舆情分析、媒体经营、版权保护等主要信息生产和传播流程，不断升级媒介内容和用户体验，不断推动商业模式的多元化发展，不断突破人类对技术与生活的想象，也在不断挑战政府、平台、组织、个人的网络空间治理和媒介素养的能力。

加拿大作为"中等国家"的国际政治角色和毗邻美国这一世界第一大国的地缘政治地位，其智媒产业的发展也遵循着领导者与跟从者相交织的特点，温和、稳健以及技术联盟路径是其主要的产业发展策略。例如，加拿大最流行的社交网站：Facebook、Twitter、YouTube、Pinterest、Instagram、Skype、Snapchat、Tumblr 等，其总部均在美国。加拿大的传统主流新闻媒体 CBC、CTV、National Post 等基本沿用官网、客户端、移动终端和 Facebook、Twitter 等社交媒体的官方账号打造媒介矩阵的方法。加拿大的主流媒体例如《环球邮报》等依托苹果公司 Apple Store 推出相应的 App 以适应移动端用户，影视剧和网络游戏 70% 以上引自美国或其他英联邦国家，本国出品的影视剧基本也是借助 Netflix 等网络视频平台上播出和推广。

不过，这并不是说加拿大完全放弃了本国对智能媒体的创新实践和经营治理。数据统计显示，加拿大的移动平台覆盖率呈逐年上升趋势，移动互联网用户已经超过了只使用桌面设备的互联网用户，占所有互联网用户的 80% 以上。加拿大人每天在数字媒体上花费的平均时间也在逐年上升，到 2019 年已接近 300 分钟/天，而在电视、广播和纸媒等传统媒体上花费的时间整体下降。截至 2018 年，88.1% 的加拿大用户拥有智能手机，73% 的加拿大网民热衷于观看视频，平均每月比美国用户多花费 5.1 小时。[1] 2016—2020 年间，加拿大数字媒体广告支出逐渐保持稳定，到 2020 年预计能达到 64.1 亿加元。同时段下，加拿大智能手机的广告支出也会

---

[1] 《加拿大人网瘾最重，最常使用台式机上网》，2015 年 4 月 8 日，雨果网，https://www.cifnews.com/article/14035。

呈现上升趋势，预计到 2020 年达到 45.1 亿加元。（如图 1、图 2 所示）

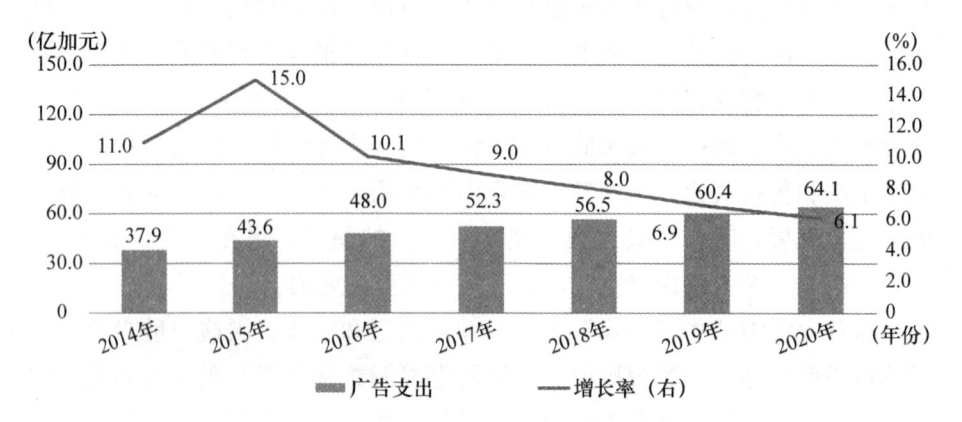

图 1　加拿大数字媒体广告支出及增长率

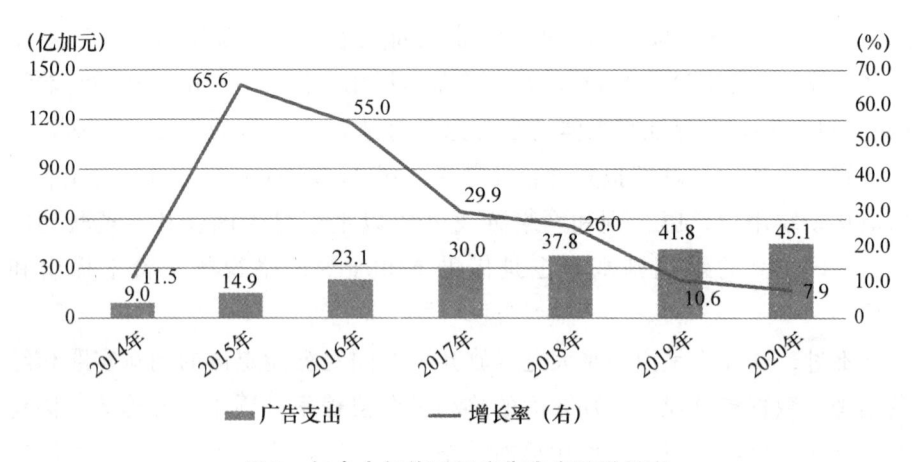

图 2　加拿大智能手机广告支出及增长率

因此，在受众诉求和市场潜力的感召下，加拿大智能媒体产业在国家战略、人才培养、媒体平台的自我创新尝试方面还是有所作为的。

一　国家战略层面：以高精尖技术研发为核心竞争力

加拿大是全球首个发布全国性人工智能战略的国家。2017 年，由加拿大总理特鲁多公布推出《泛加拿大人工智能战略》（Pan-Canadian Artificial

Intelligence Strategy）五年计划，政府计划拨款 1.25 亿加元支持 AI 研究及人才培养。具体包括对人工智能专业人才的培养，政府扶持成立科研团队，加大向 AI 经济、媒介伦理、数字隐私、治理政策和法律含义等研究方向的倾斜力度，支持专注于 AI 的国家研究团体等措施。由于国家战略的出台，近几年加拿大已在全国范围内吸引了约 10 亿加元的投资和大量的人才。

加拿大的智能媒体研发以技术上的突破作为核心竞争力，通过政府和产学研各环节的主要机构协同合作的方式展开。加拿大先进技术研究院（CIFAR）在战略中起带头作用，与政府及三个新兴 AI 机构：埃德蒙顿的 Alberta Machine Intelligence Institute（AMII）、多伦多的 Vector Institute 及蒙特利尔的 MILA 展开密切合作。[1] 与其他国家的不同之处在于，加拿大人工智能国家战略的重点主要是提升加拿大在人工智能技术研发和培训层面的国际领导者形象。毕竟，加拿大在人工智能研究的学术领域是世界一流的。例如，机器学习的几个主要研究团队都在加拿大，早在 2006 年，加拿大 Geoffrey Hinton 教授、Yoshua Bengio 教授、Richard Sutton 教授等领衔的科研团队就已经关注了当时还无人问津的深度强化学习、神经计算与自适应感知研究等领域，发展至今，机器学习已开始了商业化的应用。他们的学生毕业后研发的阿尔法狗真正引爆了世界的 AI 热潮。2017 年，联邦财政公布的政府年度预算表明，着重拨款多伦多、蒙特利尔、埃德蒙顿等地区的人工智能产业，在国家发展政策层面将人工智能提至第一位。事实证明，在这一次人工智能浪潮中，加拿大的确提供了宝贵的人才资源和丰富、顶尖的研究成果。例如，加拿大人工智能公司 Maluuba 发布了一款基于机器学习的自然语言理解程序 EpiReader，能理解并处理未经组织的自然语言，即机器理解文本，并在常用的 CNN 和 CBT 数据集测试中取得了目前为止的最佳成绩。EpiReader 在这两个数据集的阅读理解中正确率分别达到 74% 和 67.4%，这是目前见到的最好成绩，具有里程碑式的意义。因为即便是人类，其理解平均准确率也达不到 100%，而是在 80% 左右。这个阅读准确率数据超越行业领导者 IBM Waston、Facebook 和谷歌的

---

[1] 51IT 智库：《一文尽览全球主要国家 AI 战略（附链接）》，2018 年 7 月 9 日，搜狐网，https：//www.sohu.com/a/240037068_100106365。

DeepMind。①

二 产业规划层面：打造超级人工智能中心

加拿大的总人口数只有中国重庆市的规模，但却有 60 多个国家级 AI 实验室，650 多家 AI 初创企业和 40 多个加速器和孵化器。人工智能专家达 277 人，如果按人口密度计算为世界第一，按总数计算为世界第三，仅次于美国和英国。以多伦多、蒙特利尔、埃德蒙顿等加拿大的主要城市为重点，都相继建立了科技产业园和机器智能研究所，致力于人工智能创业平台的培育孵化、相关人才的培养和吸引。② 配合加拿大政府的人工智能国家战略，以及良好的政治、文化、地理环境和移民政策，吸引了临近的美国大型科技公司把研发中心搬到加拿大，纷纷向北注入资金。自 2017 年开始，谷歌、微软、苹果、三星、Facebook、英特尔等公司纷纷在多伦多、蒙特利尔等地建立 AI 实验室，通过和当地顶级大学的智库团队合作，开展人工智能研究。优步（Uber）将其技术研发团队（ATG）开到了多伦多，谷歌的母公司 Alphabet 也向多伦多政府申请在市区开发一个名为"From the Internet up"的高新技术区。

除了吸引外资，2017 年 3 月 30 日，多伦多成立了向量学院（Vector Institute）这一独立的研究机构，在没有任何商业化目标的前提下得到了来自联邦政府、省政府和公司上亿加元的投资。这种以政府、学界、业界、个人企业家通力合作的方式正在越来越多的人工智能研究机构中展开，在多伦多、滑铁卢、蒙特利尔和埃德蒙顿等城市建立超级人工智能中心（AI Superclusters）。

而整个城市的规划，也将围绕人工智能中心展开。以教育、资金、孵化和产业综合构建起人工智能生态圈，便利的交通、彼此毗邻的研发中心、宽敞的创业空间，市政厅、金融中心和购物中心近在咫尺，吸引并留住来自世界的人工智能顶尖人才。同时，通过人工智能论坛等官方、民间

---

① 《进阶图灵测试暴露人工智能短板：机器理解人类还有多远？》，2018 年 3 月 26 日，腾讯云，https://cloud.tencent.com/developer/article/1073691。

② 李九喻：《独家 | 背靠 Hinton、Bengio 和 Sutton，加拿大如何打造超级人工智能中心？》，2018 年 5 月 8 日，腾讯云，https://cloud.tencent.com/developer/article/1118257。

的交流平台，向艺术、设计、跨业界从业人员等推广人工智能，加快技术的商业化落地。

三 借力智能技术，加快传统媒体的转型升级

尽管调查数据显示，报纸（包括在线版）、广播、电视等传统媒体在加拿大仍被视为最值得信赖的新闻源，电视仍然是触及率最高的媒体，但随着千禧一代的成长和数字原住民的不断扩大，互联网使用时长和用户黏度都在逐年上升。因此，加拿大报业集团 Postmedia、国家公共广播公司 CBC 以及《环球邮报》《渥太华公民报》等传统媒体纷纷通过智能技术寻求内容生产、推广方式乃至集团协同合作方式上的突破。

（一）加拿大国家公共广播电视公司（CBC）

至 2019 年年底，加拿大广播公司基本完成了为期五年的新型媒体集团全面提升计划，这一计划也使得这个加拿大最古老的电台和电视广播网络提前两年完成了到 2020 年达到 1800 万用户的目标。该计划要求在资金投入方面，明显向数字化平台和移动平台的内容生产倾斜，新闻节目实施"移动屏"优先战略，电视新闻节目也要强调"新、短、平、快"的特点，以满足移动终端用户的"短视频收视习惯"。除了内容的调整外，更主要的是通过技术完成视觉传播时代对图片质量（如清晰度等）和传输速度权重的最优化调试。因此，CBC 网站采用响应式网站设计（Responsive Web design）的理念，保证网页设计可以根据不同设备环境（系统平台、屏幕尺寸、屏幕定向等）和用户个性化诉求自动响应及调整。也就是说，无论用户正在使用笔记本还是手机、平板电脑，页面都能够自动切换分辨率、图片尺寸及相关脚本功能等，去自动响应用户的设备环境。同时，通过动态 API（Application Programming Interface，"应用程序编程接口"）技术，提升图像在不同消费终端的快速提取。进一步地，Image & Video Manager 技术通过自动图像压缩使图像所占内存容量减少了 80%—90%，从而使动态 Web 页面从 6MB—8MB 减少到不足 1MB，这使得承载大量图像的页面加载时间比竞争对手更短，更符合移动终端的高速度和个性化收视需求，从而吸引和留住受众的注意力。

CBC 整个集团平台的功能，也从内容制作的自给自足型向依托于市场的资源支持型转变。充分利用资深媒体集团在新媒体平台上的优势，同时借助外部独立制作公司在受众定位和技术革新方面的灵活性和创新性，形成内外结合的传播模式。类似的，加拿大报业巨头 Postmedia 也通过"编辑室一体化"战略完成数字化平台的搭建，实现了不同时区、部门和编辑室之间协同合作的目标，保证数字化产品的开发能惠及所有项目和部门，以及在所有的媒介通道——互联网、客户端、移动终端等——进行展示。特别是在调查性新闻方面，通过这种重塑的方式，保证了地区性的重要事件也可以得到集团其他部门或商业技术团队的支持，从而提升内容品质。而对于旗下的小媒体，也可以借助大媒体经验和技术获得发展的空间。

加拿大广播电台也与时俱进的设立了数字研发实验室（Digital R&D Lab），研发聊天机器人和 360°VR 应用程序。

（二）《环球邮报》（*The Globe and Mail*）

《环球邮报》是加拿大最具影响力的报纸和主流媒体，也是加拿大唯一的全国性报刊。对于数字媒体带来的巨大冲击，其应对反应还是比较及时的。《环球邮报》是第一批开通播客等新形态传播方式丰富读者阅读体验的媒体，是最早使用 Apple Watch 应用的机构之一，也是第一家使用亚马逊 Polly 服务的新闻机构。Polly 是一种文字自动转音频语言的服务，新技术使得新闻机构的文本输出速度大大加快，订阅者可以收听选定的英语、法语和中文文章，并选择他们最喜欢的声音，技术所带来的便利一定程度上挽留住本就是传统新闻媒体的主力军——中老年用户。同时，《环球邮报》也积极运用机器人编辑和写作等技术来解放"新闻劳工"的生产力。

《环球邮报》通过引进美国《华盛顿邮报》自行开发设计的"Arc Publishing"系统，打造数字化智能平台。"Arc Publishing"系统从 2014 年设计之初主要针对管理付费、内容分发等功能，并积累了大量的用户数据。计算机的智能化发展使得到 2019 年，这一系统已然形成了一个可以自行收集分析受众阅读习惯、内容、趋势等的智能数据库。[1] 特别是当广

---

[1] 姜海：《人工智能浪潮下美国出版业转型的创新与启示》，《科技与出版》2019 年第 12 期。

告投资不断下降，订阅用户数也因为更丰富的信息来源而不断流失时，《环球邮报》意识到自己必须致力于培养与现有订阅用户的关系，确保服务的高附加值。因此，《环球邮报》利用精确的算法和内容分发技术，打造记者—读者社区，记者为用户提供更为专业的独家的新闻服务，读者和读者之间也可以因为共同的兴趣爱好加强交流，并且将线上线下社区相结合，扩展传统新闻媒体的社交和服务属性。当然，这种方式比较适合于全国性的大型媒体平台，对于《魁北克报纸》（*Quebec Newspaper*）这类地区性实力较弱的媒体，在智能媒体发展的冲击下，则直接取消了付费墙（paywall），通过聊天机器人技术精确定位读者的阅读兴趣和阅读习惯，为读者提供新闻订制服务。

四 人工智能提升新闻服务的个性化专业化水平

根据加拿大官方统计，至2019年3月，最新科技在各行业的使用情况报告数据显示，人工智能技术（AI）、综合物联网技术（IoT）、区块链技术（Blockchain technologies）这三项技术使用指数在信息和文化产业中的使用率都是最高的，分别达到16.8%、21.3%和4.3%。高新技术在信息和文化产业领域的使用率整体达到59.8%。[1] 例如，汤森路透集团（Thomson Reuters Corporation）是由加拿大汤姆森公司（The Thomson Corporation）与英国路透集团（Reuters）于2008年4月17日合并组建而成的，是全球最大的专业信息服务提供商。集团将专业知识与创新科技相结合，为金融、法律、税务与财会、科学技术、知识产权、医疗保健和媒体等领域的专业人员和决策者提供重要的信息。汤森路透推出个性化服务Eikon Digest，依靠人工智能对全球金融市场的新闻进行全媒体筛选，然后根据用户数据库进行匹配，从而实现个性化信息的服务功能。[2] 在投资领域，集团使用人工智能技术分析主流媒体新闻稿件、社交网站评论回帖等信息源，特别是可以分析400多个加密货币相关的数据源，帮助投资者能

---

[1] "Use of Advanced or Emerging Technologies by Industry and Enterprise Size", November, 2020, Statistics Canada, https://www150.statcan.gc.ca/t1/tbl1/en/tv.action?pid=2710036701.

[2] 迟笑笑：《汤森路透推出个性化新闻服务 Eikon Digest》，2018年7月12日，汇讯网，https://www.fxshell.com/article/30969。

够基于加密货币市场的人气指数精准地抓住投资机会,在特定条件下进行加密货币交易。① 加拿大 Intellogo 公司通过 Alertsy 新闻监控机器人通过扫描数百个新闻来源,利用算法精准推送相关新闻。Intellogo 公司的 Web 小部件则可以帮助用户更好地探索与发现内容资源。② 加拿大多伦多故事互动平台 Wattpad 设计了可以匹配创作者和读者供需的机器写作,自主识别故事情节的最佳发展走向,根据创作者或读者提供的主题进行创意写作。

在社交平台上,尽管 10 年前社交媒体开始流行之时,世界各国的新闻人都发现了这个寻找新闻源的绝佳富矿,但由于使用人数的激增,以及加拿大科技公司使用自然语言处理技术,可以实时完成 Twitter 上每天上亿条内容的读取扫描,寻找与预定关键字相关的推文。筛选出来的推文经过验证,会被编进各类新闻当中,成为可供记者利用的素材。

在关于技术善恶属性的讨论中,技术的双刃剑特性毋庸置疑。智能技术的发展,使得信息的真实性会以一种更加模糊的方式出现。2017 年,一个匿名用户在网络上利用深度学习算法将斯嘉丽·约翰逊、盖尔·加朵等名人的脸替换成色情内容中的演员,从而造成名人做出此类行为的假象,也将深度伪造(deepfake)一词带入公众视野。"深度伪造"是一种人工合成逼真图像的技术。该项技术的发明者,人工智能领域专家伊恩·古德费勒(Ian GoodFellow)的本意是通过对抗网络区分虚假图像和真实图像,即让分别作用于生成器和鉴别器的两个神经网络相互对抗,从而更好地区分不同的图像视频信息。然而,今天的"后真相"时代,人们被自我的情绪和既有观点所左右,只愿意接受自己愿意相信的事,并利用人工智能技术进行深度伪造,强化错误认知。在碎片化语境下,假新闻或不完整的消息制作起来更便捷,传播速度更广,甄别难度也更大。因此,加拿大科技公司也致力于利用人工智能等技术反击技术的"灰色地带"。

加拿大温哥华市的新技术传媒公司 Tip Red,主要业务在于运用人工智能和区块链技术,针对内容投放媒体进行筛选甄别,过滤虚假和无效新闻,实现对真实新闻和调查类报道的有效扩散。Tip Red 主要通过排名算

---

① 阳韵:《路透社使用 AI 提供加密货币数据馈送服务》,2018 年 3 月 13 日,汇讯网,https://www.fxshell.com/article/29077。

② 吴燕、韩玉浩:《加拿大出版业数字化转型经验及启示》,《现代出版》2019 年第 1 期。

法方式来评判信息的质量或注意力,用区块链标记信息的来源和流动过程,使得所有的在线移动都有据可循,并可被随时查验,以监督每一环节的内容放置者对分布式分类帐上的内容的准确性负责。

五 基于场景的智能媒体发展以及其他相关应用

加拿大 Metroland Media 公司就是通过精准的场景化电商服务实现盈利。公司开发了一个用户可以在上面免费投放广告的社交应用 Tradyo,以社交性应用为基础,能让用户在上面投放各种类型的广告,并且基于地理位置浏览商品,应用内的私聊功能可以进一步帮助有兴趣的双方咨询、洽谈并完成交易。① 加拿大优秀的纪录片拍摄团队 Felix & Paul 采用 VR 技术拍摄了《太阳马戏团》《侏罗纪世界》《克林顿出访东非》等 VR 纪录片,丰富受众的观看体验。加拿大增强现实技术公司 ModiFace 与 SoundHound 合作,共同推出面孔"魔镜"等特效技术,通过模拟面孔皱纹、头发变化、脸部骨骼变化等方式为受众视觉化呈现年轻和衰老的样子。渥太华的 AI 公司 Advanced Symbolics Inc.（ASI）试着运用人工智能监控社交媒体等各平台上的用户信息,加上定位系统的辅助,帮助公共卫生当局或精神卫生部门及时发现并援助因为精神问题而产生自杀倾向的民众,运用人工智能帮助自杀者或有精神问题的民众能够被发现、被治疗。当然,这类运用的背后,隐私权等媒介伦理问题也成为民众关注的焦点。

六 加拿大华人用户促进中国智能媒体"反渗透"

近期,麦肯锡在一份报告中指出,美国和中国正在主导世界人工智能产业,G2 格局在科技版图上也在形成,而其他国家正在落后。硅谷是世界 70% 以上顶级科技公司的总部所在地,拥有顶级创业公司中心(有 12700—15600 家活跃的创业公司,200 万名技术工作者),纽约、波士顿也凭借各自金融、媒体产业优势以及人才优势成为重要人工智能中心。中

---

① "Metroland Media Relaunches Tradyo App After 2014 Acquisition", Mar. 18, 2015, Digital, https://www.borndigital.com/2015/03/18/tradyo-2015-03-18.

国的北京、深圳分别凭借其丰富人才资源和硬件实力优势成为另一支重要引领力量。而加拿大因其总体人口、市场需求、地理位置等方面的特点，其智能媒体产业的全面铺开更多呈现出稳中波动的态势。但是其中，华人市场为中国智能媒体产业在加拿大的推广打开了新路径。

据加拿大统计局 2018 年的人口统计分析结果显示，加拿大现有华人 176 万余人，其中温哥华的华人比例已经达到 21%，华人占加拿大总人口数的 5.1%，这个数据是美国华人占比的 5 倍。[①] 因此，中国的外卖餐饮类软件美团、网上支付类软件支付宝、社交媒体类软件微信、社交视频类软件抖音等应用软件在加拿大都有相对应的国际版，下载率、日活数逐年增高，并且也在影响着本土加拿大人。加拿大互联网用户在内容消费方面位列第一的是收看视频，因此，以抖音短视频海外版（TikTok）为例，全球（除中国外）下载量已逾 10 亿次，2019 年的下载量达 6.63 亿次，略低于 Facebook 的 7.71 亿次下载量，高于 Instagram 的 4.44 亿次下载量。因为抖音而一炮而红的网红在加拿大的人气超过了因为广播电视等传播渠道而走红的明星。例如，2020 年跨年期间，一名当地 17 岁的抖音网红的出现，导致多伦多地标 Eaton Centre 上千人聚集，甚至发生人群踩踏事故。加拿大人对抖音中的各种面部特效软件也是非常钟爱。中国智能媒体技术在生活、娱乐方面表现抢眼，使得中国成为除美国之外对加拿大智媒产业影响最大的国家。

Report on the Intellectual Media Industry in Canada

Guo Xuan

Abstract: Development strategy of the intellectual media industry in Canada is intersection of leaders and followers, moderate, steady and technological break-

---

[①] "Population and Demography Statistics", November, 2020, Statistics Canada, https://www.statcan.gc.ca/eng/subjects-start/population_and_demography.

through are its main industrial characteristics. Because its international political role is a "medium-sized country" and its proximity to the United States, the world's largest country. At the national strategic level, Canada is the first country in the world to incorporate artificial intelligence into its national strategy, with HIGH-TECH Research& Development as its core competitiveness. At the level of industrial planning, through technology alliance and cooperation, depending on the city's differential advantage to build a super artificial intelligence cluster center. At the level of practical development of intelligent media, Postmedia, CBC, Globe and Mail, Ottawa Citizen and other traditional media are using Intelligent technology to seek breakthroughs on content producing, promoting and cooperating, in order to improve the quality of news, enhance the platform of personalized professional level of service. It is worth mentioning that due to the high proportion of Chinese immigrants in Canada, the "reverse osmosis" of Intelligent media from China has become a trend.

Key words: Intelligent media, National strategy, HIGH-TECH R & D, Reverse osmosis

参考文献

51IT智库:《一文尽览全球主要国家AI战略（附链接）》，2018年7月9日，搜狐网，https://www.sohu.com/a/240037068_100106365。

"Metroland Media Relaunches Tradyo App After 2014 Acquisition", Mar. 18, 2015, Digital, https://www.borndigital.com/2015/03/18/tradyo-2015-03-18.

"Population and Demography Statistics", November, 2020, Statistics Canada, https://www.statcan.gc.ca/eng/subjects-start/population_and_demography.

"Use of Advanced or Emerging Technologies by Industry and Enterprise Size", November, 2020, Statistics Canada, https://www150.statcan.gc.ca/t1/tbl1/en/tv.action?pid=2710036701.

迟笑笑:《汤森路透推出个性化新闻服务Eikon Digest》，2018年7月12

日，汇讯网，https：//www.fxshell.com/article/30969。

《加拿大人网瘾最重，最常使用台式机上网》，2015年4月8日，雨果网，https：//www.cifnews.com/article/14035。

姜海：《人工智能浪潮下美国出版业转型的创新与启示》，《科技与出版》2019年第12期。

《进阶图灵测试暴露人工智能短板：机器理解人类还有多远？》，2018年3月26日，腾讯云，https：//cloud.tencent.com/developer/article/1073761。

李九喻：《独家 | 背靠Hinton、Bengio和Sutton，加拿大如何打造超级人工智能中心？》，2018年5月8日，腾讯云，https：//cloud.tencent.com/developer/article/1118257。

吴燕、韩玉浩：《加拿大出版业数字化转型经验及启示》，《现代出版》2019年第1期。

阳韵：《路透社使用AI提供加密货币数据馈送服务》，2018年3月13日，汇讯网，https：//www.fxshell.com/article/29077。

T.25 日本智能媒体产业发展报告

陈佳沁[*]

摘 要： 本报告主要关注日本智能媒体产业的基本情况，重点从社会基础、应用现状和发展前沿三方面入手进行分析。在社会基础层面，报告分析了日本智能媒体发展的政策趋势，以及相关技术所需的基础设施建设情况，为其后考察现状和趋势提供了基础。在应用现状方面，则梳理了日本智能媒体发展的基本情况，包括媒介技术智能化、内容生产智能化、辅助内容服务智能化三个方面，结合数据对当前的具体应用情况进行分析。在发展前沿方面，重点关注了前沿技术的部分实验开展情况，以期能够窥视日本智能产业未来的发展方向。

关键词： 4K/8K 5G 物联网 AR/VR 技术融合

2016年1月本政府颁布《日本科学技术基本计划（第五期）》，提出打造日本"5.0版社会"，通过最大限度地应用信息化技术，促进网络空间与物理空间（现实世界）相融合，构建一个多元、富裕、充满活力的"超智能社会"。[①] 2019年日本政府进一步明确以发展新型数字经济为支撑，着力发展人工智能、物联网、大数据、机器人等前沿技术，使数据进一步成为社会发展的驱动力推动日本现实问题的解决和社会的全面转型。在此大背景下，日本政府计划进一步完善数字产业的相关政策、制定相关

---

[*] 陈佳沁，讲师，供职于浙江传媒学院新闻与传播学院，中国传媒大学与日本早稻田大学联合培养博士，主要研究方向为日本大众媒体、网络与新媒体等。
[①] 邢玉冠、傅娟：《日本Society 5.0构想及对我国未来社会发展的启示》，《中国经贸导刊》2019年第16期。

法律，推进基础设施整备，同时尽可能引导全产业链的数字化转型，为未来智能化社会描绘了基本框架。在此背景下，本报告将从日本智能产业发展基础，智能媒体的应用现状、智能媒体的前沿发展三个方面，对日本智能媒体的最新发展情况进行梳理。

一　日本智能媒体发展基础

2019年6月，日本总务省信息技术战略本部推出"数字时代的IT政策大纲"，提出打造在数字时代的国际竞争中领先于世界的社会环境，并通过全面数字化解决日本社会问题的基础纲领。同月，日本议会通过"世界最尖端数字国家创造宣言·推动官民数字化基本计划"，将施政重点定位在快速推动日本社会的数字化进程上。以此为基础，日本政府确定以夯实近期发展将以推进5G基础设施建设、推动社会大数据技术应用、发展物联网和发展AI网络为这一阶段的工作核心，这一系列计划为日本智能媒体的未来发展提供了政策与基础保障。

（一）推进5G基础设施建设

2019年日本政府全面铺开5G相关基础设施的审批与建设工作，根据日本社会发展面临的实质性问题及其转型需求，日本5G网络将从全国性通信网络和地区独立网络两个层面铺开修建。

第一层面，通过通信管理部门协调修建全国性的5G网络。这一工作目前已经展开，日本总务省的数据显示，在2019年4月10日，日本总务省已批准全国性5G网络信号的频段，同时允许日本四大运营商（NTT DOCOMO、KDDI、Softbank和日本乐天）开始实验性运营，预计至2021年中期，日本全境均可全面接入5G网络。[①] 通过5G基础设置的建设，推进物联网、8K视频、VR视频产业的发展，全面升级日本信息传播能力。

第二层面，由于日本社会面临人口高度集聚的问题，为支持日本中小城市及农村地区的恢复和发展，日本政府鼓励部分中小城市架设局部5G

---

① 山口勝：《総務省，5G電波を通信事業者4社に初割り当て》，《放送研究と調査》2019年第6期。

网络（Local 5G）。由于不同地区对于局部5G网络架设的意愿和需求有所区别，这一层面的基础设施架设工作尚未展开。根据计划，2020年第一季度将针对日本中小城市的5G频段的划分进行论证，进一步根据不同地区和当地运营主体的具体需要展开审批工作。

（二）全面整合大数据

日本最新公开的《信息通讯技术白皮书（2019）》数据显示，日本当前在信息通信技术领域的投资超过80%是为了维持现行经济运营体制，而其社会转型发展的目标则在于进一步活用大数据，使其成为创造价值的源泉，推动实现各类企业的创新及整体经济模式的转型。[①] 因此，近年来日本政府着力于整合各类数据并推动数据的有效使用，在2015年及2017年日本分别推出集合全国中小城市各类数据的"RESAS数据库（Regional Economy Society Analyzing System）"及全国性数据库"统计Dashboard"。

RESAS数据库主要以激活日本地域社会为目标，对中小城市的产业构造、人口流动、地方财政、旅游等各类数据进行长期收集，并以图表的方式提供给使用者，数据库面向全社会开放。统计Dashboard数据库由日本总务省运营，汇总全国各类型的统计数据，包括日本各级间的人口流动、地方及全国的财政收入等，并提供相应的数据分析及可视化图表，这一数据库同样面向社会公开。以上述两类数据库为基础，日本政府实现对国内各层级数据的全面汇总，为此后进一步推进数字社会转型提供研判基础。

（三）地方实验性物联网技术的应用

在新型信息技术基础设施的建设上，日本政府在布局5G网络的同时也展开了物联网的布局。2017年日本总务省推出《物联网、大数据时代新型信息通信政策指导》，以此为基准，日本在2018年审核通过48个地区实验性物联网技术应用基地。这部分实验基地主要以地方公共团体、高校、农林水产机构、医疗及社会福利机构等生活服务和教育类机构为主

[①] 《令和元年版情報通信白書：特集　進化するデジタル経済とその先にあるSociety 5.0》，2020年10月5日，日本总务省网站，https：//www.soumu.go.jp/johotsusintokei/whitepaper/index.html。

体,根据不同机构所在地区的实际情况以及机构特色,建立起功能性物联网。

截至2019年已有14个主体已经开始了实验性物联网的运营,这14个局部物联网可分为4种类型:第一,面向弱势群体(老年人、残疾人)等构建的生活辅助型物联网,共8例;第二,福祉地方农业的物联网,共3例;第三,针对灾害的防灾物联网,共2例;第四,针对中小城市经济能力提升的物联网,共1例。以上述实验性物联网的使用为基础,日本政府计划在全国范围内进一步推动类似小规模物联网的建设,打造"身边的IoT"[①]网络,以期通过物联网进一步提升民众的生活水平,进而带动相关产业和经济的增长。

(四)计划布局人工智能网络

日本政府于2016年举行"人工智能网络社会推进会议",展开对人工智能网络化(AINetwork)布局的计划。2018年7月,日本通信管理部门颁布《AI使用原则案》,明确通过构建人工智能网络提高社会系统运作效率的目标,2019年进一步推出《AI使用指南》,重点针对AI行业发展及其经济效益进行了探讨。截至2020年年初,日本政府已基本确立将促进人工智能网络化建设作为建立数字社会的基础设施之一,目前相关领域讨论的重点进一步集中在人工智能网络对于日本中小型城市的促进作用、人工智能网络建设中的法律与伦理问题以及人工智能网络全球化的可能性等三方面。不过整体上看,本计划在近两年仍将处于前期讨论阶段,具体设施的建设计划仍将视相关讨论结果而定。

二 日本智能媒体发展现状

(一)新型媒体技术的应用

日本智能媒体的发展首先表现在媒体技术的提升方面,其中的核心工作是推进各类视频平台应用4K/8K技术,推动电视行业、视频行业全面进

[①] 《身边的IoTproject计划》,2020年10月5日,日本总务省网站,http://www.soumu.go.jp/midika-iot/。

入超高清时代。日本政府于2015年7月确定了4K/8K推进的十年计划，主要计划通过IPTV、卫星电视、有线光纤电视三种模式推广4K/8K视频技术在日本的普及。其中，最早开始提供4K服务的是有线光纤电视行业，自2015年开始传输4K电视节目内容，2016年开始提供实验性8K节目内容，截至2018年日本全国共有82家有线光纤电视企业参与4K/8K传输服务，预计到2025年这一数字将达到140家。

另外，自2016年起日本开始了基于卫星技术的4K/8K电视实验传输，并于2019年全面开始4K卫星服务，部分频段可传输8K内容。目前日本主要电视台均开始提供卫星4K电视服务，截止到2019年年末，卫星4K电视已可观看18个频道的90多个节目，2020年还预计还将增加1个频道。[①]

伴随4K/8K视频服务的拓展，相关设备领域的销量也有明显的增长。数据统计显示，2019年1月日本正式开始使用新4K/8K卫星广播电视前，4K/8K卫星电视接收装置在日本销量持续走高，共销售了45万台接收设备。而4K电视机的销量也有明显增长，仅2019年2月一个月中日本共销售了17.9万台4K电视机，占当月电视机销售量的51.2%。[②] 根据日本总务省4K/8K技术的推进计划，到2020年东京奥运会召开前，日本全境将大幅度推广4K/8K电视使用，并且奥运会的直播内容也将全程提供4K/8K服务。

与此同时，由于4K/8K视频传输技术目前仍然存在服务价格偏高等问题，传统数字电视领域仍以2K电视传输为主，但也开始尝试更新至4K标准。2019年2月至3月，东京和名古屋两地的电视台尝试通过数字电视网络进行4K/8K内容实验传输，以本次实验为基础，进一步明确了日本将全方位展开4K/8K视频内容服务的目标。

（二）内容生产的智能化

1. AI技术应用于内容生产

（1）AI技术进入报纸采编流程

[①] 《新たな可能性を開く放送・サービス》，2019年10月25日，《NHK年鑑2019》，https://www.nhk.or.jp/bunken/book/regular/nenkan/nenkan_2019.html。

[②] 《令和元年版情報通信白書：特集　進化するデジタル経済とその先にあるSociety 5.0》，2020年10月5日，日本总务省网站，https://www.soumu.go.jp/johotsusintokei/whitepaper/index.html。

2017年7月，日本《朝日新闻》推出AI自动校对系统并获得专利特许，《朝日新闻》的研究人员在对朝日新闻社内新闻编辑系统留存的记者原稿及审核平台的稿件修改记录进行对比分析后，设计出可自动学习复杂修改模式的深层机器学习模型，此系统的引入可以减轻人工校对的负担，随着系统的精度不断提升，也可一定程度上避免人工校对可能存在的失误。[①] 目前，这一系统被《朝日新闻》广泛用于报道的编辑流程中。

而针对如金融、体育等专业性领域，人工智能也从后台编辑进一步进入前台的新闻生产流程。2017年1月经济类专业报纸《日本经济新闻》推出决算摘要服务，由AI基于上市公司决算公开资料，生成带有相关数值以及销售额及收益变化的短消息报道，每则报道的生产时间仅需2—3分钟。2018年8月，《朝日新闻》在"第100届高中棒球选手权大会（夏季甲子园）"再度推出AI记者OOTORI对整个决赛赛况进行实时报道，共计发布报道15篇。其中，报道内容不仅是公布比赛结果，还对比赛过程中的决定性瞬间、备受关注的选手、好球瞬间等比赛关键环节均有所涉及。OOTORI通过人工智能自动学习《朝日新闻》体育版、地方版过去刊载的有关高中棒球比赛的全部报道内容，以习得此类比赛报道的写作风格，进一步在甲子园比赛现场由体育记者实时更新比赛分数等数据，AI由此解读出比赛中值得注意的关键点进而组合成报道。[②] 考虑到专业性领域报道模式化程度较高，因此通过人工智能能够快速完成数据的检索与分析、核心内容的提炼，进而形成短消息报道，一定程度上可以调整记者资源配置，推动传统纸质媒体的数字化转型。

（2）AI播音员

在2018年平昌冬奥会期间，NHK使用AI技术在部分比赛中实现了机器人实况解说和自动解说播报。其技术流程与《朝日新闻》AI对于棒球比赛的实时报道类似，都需要现场实时输入比赛数据，进而由AI完成稿件的撰写。与报纸不同的是，实况解说需要将稿件数据转变为声音文件与现场比赛画面一同输出。因此在"机器人实况"系统中，AI生成的实况

[①] 高昊、薛建峰：《人工智能在日本传媒业的应用及功能探析》，《编辑之友》2019年第10期。
[②] 《朝日新闻デジタル．AIが高校野球の戦評記事を即時作成朝日新闻社が開発》，2020年10月5日，日本朝日新闻官网，https://www.asahi.com/articles/ASL890GLKL88ULZU011.html。

内容经由 DNN 声音合成装置转换为语音后,与比赛现场的画面及声音一起播出,部分比赛实况通过网络实现直播;"自动解说播报"系统中,在切换解说员实况画面时,电视画面需要显示一些实况无法捕捉到的诸如比赛得分等信息,由 AI 选择合适的时间点进行语音解说。[①]

2018 年 4 月 4 日,NHK 进一步推出 AI 播音员 YOMIKO,其在 NHK 综合频道夜间新闻栏目《News Check11》,每周三在专设子栏目"YOMIKO 的新闻"中播报长约五分钟的新闻。从技术层面而言,YOMIKO 是在平昌冬奥会"机器人实况"技术的基础上改进而成:一是考虑到实况和新闻播报的差异性,更新 AI 学习的数据;二是录制女性播音员的语音供 YOMIKO 学习使用,提升模拟人声的效果;三是提供大量音素、音调等语音基础数据以及地名、固有名词等字典数据,以提升语音播报的自然程度和精度。[②] 整体来看,YOMIKO 能够完成对热点事件的介绍,也会针对事件发表自己的看法,但仍主要依靠人工稿件完成报道,因而 AI 目前在广播电视领域的应用更多地停留在播音员这一职业。

2. 社交网络大数据应用

利用社交网络的大数据,使用计算机辅助学习自然语言处理,通过对社交平台的文字数据进行处理来辅助媒体内容生产是目前日本媒体对于大数据应用的典型代表。NHK 在 2019 年 12 月、2020 年 2 月、2020 年 3 月分别推出了两档节目,其中有 4 期使用了来自社交网络的数据分析,丰富了节目内容与表现。

其中,最具代表性的是 2020 年 3 月 24 日推出的特别节目《大家的毕业典礼》,因受到新冠肺炎疫情的影响,日本大量学校叫停了线下的毕业典礼,NHK 以此为契机应时推出一档特别节目。节目播出的同时,所有毕业生可以通过在推特平台发布推文参加在线"毕业典礼",NHK 节目组通过后台计算机快速抓取推文内容并进行分词,将投稿中的毕业者姓名(昵称)、评论等抽出,并投放至线下典礼演出的背景上,实现实时内容的互动。[③] 通过社交网络数据的使用,规避了传统内容生产环节大量的前期工

[①] 高昊、薛建峰:《人工智能在日本传媒业的应用及功能探析》,《编辑之友》2019 年第 10 期。
[②] 高昊、薛建峰:《人工智能在日本传媒业的应用及功能探析》,《编辑之友》2019 年第 10 期。
[③]《技研の技術が番組で活躍しました:~ソーシャルメディアを活用するための言語処理技術~》,2020 年 10 月 5 日,日本放送协会 NHK 官网,https://www.nhk.or.jp/strl/publica/giken_dayori/181/2.html。

作,不但丰富了节目的内容,同时对于观看者而言也极大地提升了参与感。

(三) 辅助技术的智能化

根据日本总务省在 2018 年 2 月提出的计划,日本全国电视台将于 2027 年年底在全国电视台推进自动直播字幕技术的广泛使用,要求电视台 80% 以上的电视节目能够在直播内容中提供自动字幕,这一技术目前已经在网络平台、移动手机端直播平台进行了多次实验。

目前自动生成直播字幕的技术是由 NHK 广播技术研究所与日本信息通信研究机构(NICT)共同开发的声音识别技术"字幕 Catch"系统,其目的主要在于服务日本的老龄化社会以及聋人群体。从目前多次实验情况来看,当前通过计算机学习识别声音已经达到能够判别句意的水平,但在转换为字幕的过程中,容易出现汉字使用错误的情况。针对这一问题,目前主要通过人力进行修正,导致字幕与画面间最长有近 5 秒的时间差。[①]为进一步提升字幕处理能力,本系统还在不断进行完善,预计将在近两年进一步展开相关实验。

三 日本智能媒体发展前沿

(一) 基于 5G 通信技术 8K 视频技术的拓展应用

基于 5G 基础设施的建立及 8K 视频技术的进一步普及,日本计划推动在医疗、防灾、基础设施建设与维护、公共活动等相关领域进一步活用相关技术。目前,日本夏普公司已于 2019 年推出用于急救的 8K 影像设备,可在救护途中对患者进行高精细度的摄影,并实时获得医院反馈,提高救护能力,这一设备已经装置在日本部分医院的救援设备中展开实验。

另外,日本首都高科技公司、朝日航洋公司、Astro 设计公司推出应用于基础设施建设与维护的 8K 摄像机,这一机器能够装备在工程车辆上对各类隧道墙面进行摄影,最小可拍摄到 0.15 毫米以内的裂缝,工程车在

---

① 越智慎司:《生放送の字幕を自動生成しスマホに配信,民放 24 局で実験》,《放送研究と調査》2019 年第 1 期。

拍摄图像的过程中，可通过 5G 网络自动上传至人工智能应用并完成图像的初步解析，这将大幅度提高日常基础设施建设与维护工作的效率。

（二）拓展空间应用技术

基于 3D 影像、AR/VR 影像等技术制作能力的进一步提升，利用上述技术结合 5G 网络、物联网技术，日本电视台进一步提出了打造"电视与智能手机·物联网的联合——跳出电视机限制的内容服务"的目标。目前主要研发方向之一在于使用 AR 和 VR 技术，通过随身智能设备如智能眼镜等实现现实空间的远距离人物投影及虚拟空间生成，在电视台与节目制作企业计划中进一步将上述技术应用于电视节目、互联网影音内容的生产中。

上述两方面技术目前在日本已取得一定的实验结果，一是基于 AR 技术将远距离人物投放入现实空间的尝试。2019 年日本 NHK 尝试制作了结合 AR 技术和 3D 影像技术的实验性电视节目《大家一起活动身体（みんなで筋肉体操）》，使用者通过佩戴 AR 眼镜观看节目即可看到节目嘉宾以等身大小的 3D 影像的方式投影到了眼前，使用者可以从任何角度观看节目嘉宾的表现，并与嘉宾一起做体操。[1]

二是基于 VR 技术的升级，实现虚拟空间浸入体验。目前的 VR 技术虽然在一定程度上已经能够形成浸入式虚拟空间，但参与者通过眼睛看到的只是投射的画面，而无法看到自己的身体，更无法实现虚拟空间中的多人互动。基于此，NHK 研发部门设计了携带微型摄像机的穿戴式 VR 设备，通过摄像机拍摄的自身与周边人物将会通过技术处理投射进入虚拟空间中，实现虚拟空间的完全"浸入"，[2] 以此来实现多人共同观看、参与，进而在此层面上推动影音内容生产技术的进步和影像内容表现形式、观看模式的进一步丰富。

（三）物联网智能终端的开发

在打造"电视与智能手机·物联网的联合——跳出电视机限制的内容

---

[1] 谷卓生：《AR·VR，3Dテレビなど，未来の映像体験にフォーカス~NHK「技研公開 2019」~》，《放送研究と調査》2019 年第 7 期。

[2] 吉野数馬：《AR/VRを活用した空間共有サービス：出演者や遠方の家族・友人と一緒に番組視聴》，《技研だより》2020 年第 3 期。

服务"的目标下，进一步开发物联网智能终端，实现生活空间中的信息传递也是日本智能媒体发展的一个重要方向。目前，日本物联网智能终端的开发主要基于以下三方面的设想展开：其一，根据物品的特有属性，结合所需传递信息的基本特性，生产视觉、听觉之外诉诸于触觉等多种表现形式的信息，提供高度临场感的试听体验。其二，实现信息的持续推送，即实现网络中所有联网物品持续传递最新信息的可能，利用各类物品特有的信息表现形式，保证用户在离开智能手机、电视机等信息接收终端的情况下，也可通过其他物品终端获得简单的信息提示。其三，推动不同的物联网络中的信息交互，通过设计部分穿戴式智能终端，储存原有网络中的重要信息，并能够与其他网络终端设备进行交互。[1]

根据以上三方面的基础设想，目前日本尝试以智能手机（手表）作为随身控制终端，以智能家居 AI 机器人作为局域物联网控制终端，以各类生活物品作为使用终端和信息终端进行物联网的建设。通过智能家居机器人对于用户实时信息的获取与对家庭内部各类物联网终端的控制，保证用户持续获得相关信息，同时也能够实现对于不同终端信息呈现方式的控制，同时基于随身终端与机器人的实时同步，局部网络内的信息可进一步实现与外界信息的交互（如图1）。日本研究者计划提升机器人的交互能

图1 基于物联网多终端的信息传输链

---

[1] 小川展夢、遠藤大礎：《コンテンツオリエンテッドIoT》，《NHK 技研 R&D》2019 年第 11 期。

力，通过大量基础性学习来识别各类终端所呈现的信息内容，进而能够完成与使用者的沟通，提升其作为智能终端的能力。例如，NHK 计划设计机器人看电视的能力，可以满足独居者、老人等边看电视边聊天的需求，进一步提升用户的使用感。

四 结语

整体来看，日本智能媒体的发展是伴随着日本社会的数字化转型而不断推进的，近年来不论是在技术的提升与应用上，还是内容的创新生产上均取得了一定的成果。基于对日本智能社会建设规划、近两年智能媒体应用情况与前沿发展趋势的梳理，可以看出虽然日本在智能媒体的技术水平上整体并没有显著优势，但其产业发展却具有一定独特性，其中也有值得我国借鉴的地方。

首先，日本智能媒体产业的发展整体立足于日本社会转型的需求，特别是在基础设施的建设与制度设计方面呈现出尽可能偏向中小城市，推动地域社会发展的特点。这一点与日本人口过度集中于几大核心都市的现实问题直接相关，因此日本政府此举正是尝试通过数字化转型推进中小城市的"三产"结构优化，进而推进社会的均衡。与此同时，从基础设施整备以及已有的智能媒体技术的应用中可以发现，大量设计是针对老年人、残疾人等弱势群体进行的，这与日本社会结构进入老龄化直接相关。考虑到目前中国同样面临大城市人口集聚和老龄化加剧的问题，同样可以引导智能产业发展贴近社会现实，促进解决社会问题。

其次，从日本智能媒体产业的前沿趋势来看，其技术发展并不仅限于媒体领域，而是进一步拓展了其他应用领域，这将推动智能媒体突破原有框架，真正成为社会性媒体。特别是在 4K/8K 超高清视频技术以及物联网技术上，大量全新的技术设计被用于城市服务、医疗、防灾救灾等领域，这一技术框架的突破不但契合了数字化社会转型的需求，也为智能媒体本身的发展带来了更多的可能性。这一点提醒我们，在国内智能媒体技术高度发展的同时，也需要打破传统技术壁垒和行业壁垒，推动智能媒体在整体社会中的多系统、多行业应用，进而推动智能媒体更有效地服务社会转型与发展的需求。

最后，日本智能媒体产业的发展呈现出极高的技术融合色彩，且技术融合对智能媒体的内容生产也具有极高的促进能力。在视频领域，4K/8K的影像技术与5G技术的结合、AR/VR技术与3D技术的结合均为智能媒体内容生产提供了新的可能，使内容生产者可以进一步突破传统生产流程和表现方式的桎梏，拓展媒体的内容表现形式，提高用户的满意程度。在社会化智能媒体领域可以看到5G技术、物联网技术与AI技术的高度结合，将智能媒体的形态拓展到了整个生活空间，也将进一步促进内容生产者针对全新的媒介形态来生产内容。这也提醒我们在技术驱动下，除了探索智能媒体的发展趋势，也应当适时利用技术发展趋势推动媒体内容生产的发展。

Report on the Development of Intelligent Media Industry in Japan

Chen jiaqin

Abstract: This report mainly focuses on the development of intelligent media industry in Japan, and try to analyzes it from three aspects: social foundation, application status and development trend. First of all, the report combs the basic policies of intelligent media industry in Japan, as well as the infrastructure construction. This part providing a basic frame for the subsequent discussion of the current situation and trends. Secondly, the application status of intelligent media in Japan is reviewed in three aspects, intelligent media technology, intelligent content production and intelligent auxiliary content service. Thirdly, in the aspect of development frontier, this report chooses some experiments on cutting-edge technologies, in order to speculate the future developments of Japan's intelligent industry.

Key words: 4K/8K, 5G, IoT, AR/VR, Technological convergence

参考文献

《朝日新聞デジタル．AIが高校野球の戦評記事を即時作成朝日新聞社が開発》，2020年10月5日，日本朝日新闻官网，https：//www.asahi.com/articles/ASL890GLKL88ULZU011.html。

高昊、薛建峰：《人工智能在日本传媒业的应用及功能探析》，《编辑之友》2019年第10期。

谷卓生：《AR・VR，3Dテレビなど，未来の映像体験にフォーカス～NHK「技研公開2019」～》，《放送研究と調査》2019年第7期。

吉野数馬：《AR/VRを活用した空間共有サービス：出演者や遠方の家族・友人と一緒に番組視聴》，《技研だより》2020年第3期。

《技研の技術が番組で活躍しました：～ソーシャルメディアを活用するための言語処理技術～》，2020年10月5日，日本放送協会NHK官网，https：//www.nhk.or.jp/strl/publica/giken_dayori/181/2.html。

《令和元年版情報通信白書：特集　進化するデジタル経済とその先にあるSociety 5.0》，2020年10月5日，日本总务省网站，https：//www.soumu.go.jp/johotsusintokei/whitepaper/index.html。

山口勝：《総務省，5G電波を通信事業者4社に初割り当て》，《放送研究と調査》2019年第6期。

《身边的IoTproject计划》，2020年10月5日，日本总务省网站，http：//www.soumu.go.jp/midika-iot/。

小川展夢、遠藤大礎：《コンテンツオリエンテッドIoT》，《NHK技研R&D》2019年第11期。

《新たな可能性を開く放送・サービス》，2019年10月25日，《NHK年鑑2019》，https：//www.nhk.or.jp/bunken/book/regular/nenkan/nenkan_2019.html。

邢玉冠、傅娟：《日本Society 5.0构想及对我国未来社会发展的启示》，《中国经贸导刊》2019年第16期。

越智慎司：《生放送の字幕を自動生成しスマホに配信，民放24局で実験》，《放送研究と調査》2019年第1期。

T.26 韩国智能媒体产业发展报告

周恩泽　卜彦芳[*]

摘　要：人工智能（AI）是近年来受到社会各界广泛关注的前沿技术，更有望成为引领产业变革的又一个里程碑。尤其对于传媒产业来说，在数字信息技术仍在重构媒介生态的同时，智能化建设又将成为新的历史性机遇。在"人工智能+"的全球发展浪潮中，韩国作为兼具文化产业和高新技术双重优势的发达经济体，其通讯社、报业、广播电视、新媒体等在智能算法、智能内容生产、智能应用等方面取得积极进展。未来，随着5G的深入应用和韩国AI强国战略的发布，韩国智能媒体产业将迎来新的发展机遇。

关键词：韩国　智能媒体　人工智能

人工智能的概念从20世纪50年代被首次提出至今，一直是前沿技术研究的热点话题之一，也被普遍认为是继信息通信技术（ICT）之后最有可能引领第四次工业革命的核心要素。随着时间的推移，渐成气候的人工智能因广泛、开放的技术特质不断与垂直领域深度融合，催生各类新的"智能+"商业应用，释放出巨大的经济活力。具体到传媒产业，机器写稿、个性推荐、语音识别等创新形态带来生产端、渠道端、需求端的深刻变革，不断推动媒体向智能化发展。在以"文化立国"战略为统领的韩

---

[*] 周恩泽，中国传媒大学经济与管理学院硕士研究生，主要研究方向为传媒经济、传媒产业；卜彦芳，中国传媒大学教授、博士生导师、传媒经济研究所所长，主要研究方向为传媒经济、媒介经营与管理、媒体融合、影视产业发展。

国，促进高新技术助力传媒产业的升级更是成为顺应时代发展的必然趋势。

一 韩国智能媒体产业发展的宏观环境

（一）"人工智能+"的全球发展浪潮

2016年，谷歌旗下公司DeepMind研发的围棋机器人AlphaGo打败世界冠军李世石，一时间引起行业内外对人工智能的讨论热潮。在随后几年里，美、英、日以及欧盟的许多国家纷纷加快战略布局，从技术研发、人才培养、财政支持等方面统筹规划人工智能产业的发展。作为世界第一大经济体，美国政府在2016年就发布了相关的战略部署，从技术研发到实际应用全面发展以确立自己在市场中的主导地位。比较而言，更多优势并不突出的国家通过协同合作或者重点开发的方式大力发展人工智能产业。2018年，欧洲25个国家共同签署《人工智能合作宣言》，将在经济、社会、法律和伦理规范方面加强交流合作，提升区域竞争力。德国和日本依托现有的优势产业，积极推进人工智能在机器人、无人驾驶汽车等细分领域的应用。2017年，我国颁布的《新一代人工智能发展规划》也同样将其提高到国家战略的历史高度，成为新时代打造科技强国的技术基石。

在全球各大经济体之间展开"技术竞赛"的同时，众多科技巨头也乘着政策的东风迅速转变战略布局，加快落地人工智能应用场景，挖掘其背后的商业价值。微软、谷歌、亚马逊、Facebook和IBM先后建立人工智能实验室，并且联合创办非营利机构PartnershiponAI，共同开拓广阔的市场前景。截至目前，该合作组织已经吸纳从公司、民间代表到学术研究机构的百余位成员，形成了产学研一体化的国际性团体。英国广播公司、加拿大广播公司、韩国三星、国内的百度也都跻身其中，参与前沿技术的标准制定和开发。在政策引导和组织创新的双重作用下，全球人工智能产值稳步增长，估测到2022年总体数额将达到1630.2亿美元，是2018年实际值的2.9倍，年均增长率31.4%（见图1）；其中具体应用层的产业规模将扩大到854.6亿美元，占比52.4%，预计会成为未来最具发展潜力的商业蓝海。

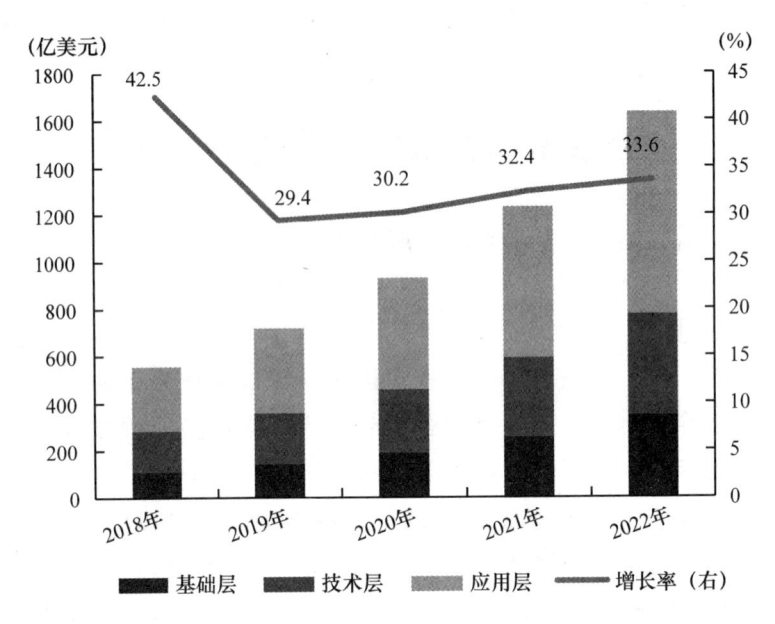

图 1　全球人工智能产业总规模及其增长率

资料来源：中国电子学会、中国数字经济百人会、旷视：《2019 新一代人工智能产业白皮书——主要应用场景研判》。

（二）从 IT 强国到 AI 强国的宏观政策转变

1997 年亚洲金融危机的爆发，给韩国经济带来较为沉重的打击。对此，时任总统金大中在推出文化立国战略之外同时提出 IT 强国的扶持政策，创新发展世界高水平的科技和信息通信技术。经过二十多年的发展，韩国已经形成硬件生产为主、软件和信息服务为辅的 IT 产业格局，其中不乏像三星、LG 这类极具国际竞争力的龙头企业。随着技术的更新迭代，人工智能逐渐进入韩国政策制定者的视野，成为当前着手打造的另一个经济切入口。立足于机器人、半导体等硬件设备的优势产业，各部门积极制定相关政策引导人工智能的发展。韩国政府于 2013 年专门组建了未来创造科学部作为市场管理主体（2017 年更名为科学技术信息通信部），以技术带动经济社会的中长期发展为主要目标。同年 5 月，该部门启动了总预算 9000 万美元的 Exobrain 计划，拟用十年时间开发出超越人脑的人工智能机器，并达到大规模投入使用的成熟阶段。2014 年，韩国发布第二个五年规划，加快智能机器人技术与制造业、服务业的融合。2015 至 2016 年，未来创造科学部先后发布智能信息产业发展战略和 AI Star Lab 软件研发项目，从基础建设、人才培养到学术研究各个方面弥补产业链中的薄弱环节。2018 年，韩国第四次工业革命委员会发布面向 I-Korea4.0 的人工智能研发战略，计划到 2022 年投资总额将达到 2.2 万亿韩元（约 130 亿人民币），完成向世界人工智能强国的迈进。

2019 年 12 月，韩国政府正式提出"人工智能国家战略"，通过布局优势领域、培育初创企业、普及教育课程等措施构建引领世界的人工智能生态系统，实现从"IT 强国"向"AI 强国"的转变。根据官方估算，如果相关工作能够有条不紊地完成，韩国人工智能产业在未来十年将创造 455 万亿韩元（约 2.66 万亿人民币）的巨大收益。[①] 随后，韩国科技信息通信部在 2020 年 1 月发布本年度工作计划，提出了三大战略，其中后两项分别为"以数据、网络、人工智能为基础，跻身世界人工智能前列""建设引领未来发展的数字媒体强国"。[②] 从中可以看出，战略转型后的韩国将持续在人工智能和数字媒体上共同发力，这对智能媒体产业来说不失为一种创新发展的政策机遇。

（三）创新驱动下的成熟市场环境

创新是韩国经济在金融危机后迅速复苏的重要动力，也为智能媒体产业的发展提供了技术土壤。从 2013 年彭博社开始公布创新指数至今，韩国连续六年排名第一，被评为全球最具创新的经济体，仅在 2020 年因略低于德国 0.05 分而屈居第二。[③] 具体就人工智能的研发成果来说，中国信通院的全球统计报告显示，在人工智能专利申请数量中，韩国占到 8.9%，仅次于中国、美国和日本。根据日经亚洲评论公布的相关榜单，

[①]《韩国公布"人工智能国家战略"》，2019 年 12 月 19 日，人民网，http://world.people.com.cn/n1/2019/1219/c1002-31512656.html。

[②]《韩国科技信息通信部发布 2020 年度工作计划》，2020 年 2 月 14 日，韩国科学技术合作中心微信公众号，https://mp.weixin.qq.com/s/yn088AqUIKTUVaPRD7nN_A。

[③]《〈彭博创新指数报告〉：德国创新指数排名全球第一》，2020 年 9 月 14 日，中国国际科技交流中心官网，http://www.ciste.org.cn/index.php?m=content&c=index&a=show&catid=74&id=1415。

韩国三星以1200项的专利申请总量位居世界第五,虽然与前三甲的美国知名科技公司IBM、微软和谷歌相比有一定的差距,但仍然属于行业前列(见图2)。

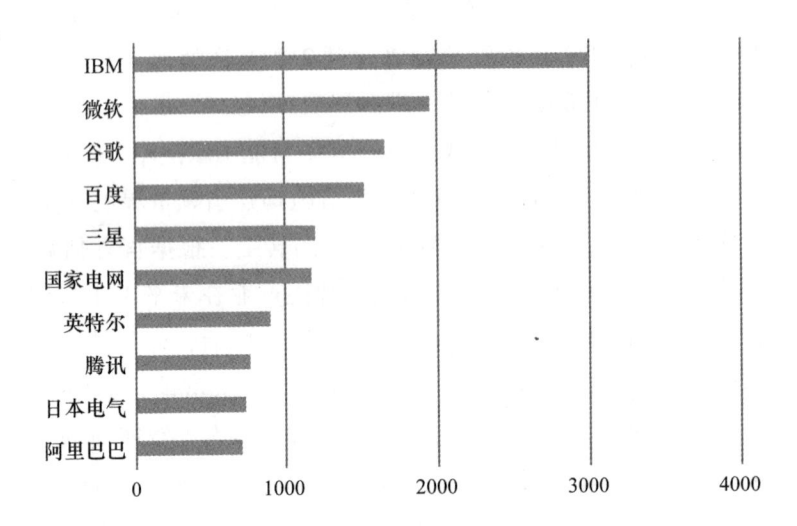

图2 人工智能专利公开申请数量前十名企业(2016—2018年)
资料来源:《日经亚洲评论》发布的"日经人工智能专利50强"。

得益于前期较为完备的基础设施建设,韩国在网络连接、数据传输速度和移动通信升级方面均走在世界前列,带来信息技术产品对全国5000多万人口的迅速扩散。美国皮尤研究中心在疫情期间的调研样本显示,韩国的互联网和智能手机使用率分别达到98%、97%,在发达经济体中名次最高。[①] 随着终端设备的高度渗透,韩国媒介消费结构逐渐形成以报刊杂志、广播电视为代表的传统媒体和数字新闻网站、社交媒体、即时通信等移动应用融合发展的多元格局(见图3)。国家政策的大力扶持、技术研发的丰硕成果、趋于饱和的用户基数推动市场逐步走向成熟,对韩国智媒产业的发展起到重要支撑。

---

① "8 Charts on Internet Use Around the World as Countries Grapple with COVID-19", Apr. 2, 2020, Pewresearch, https://www.pewresearch.org/fact-tank/2020/04/02/8-charts-on-internet-use-around-the-world-as-countries-grapple-with-covid-19/.

T.26 韩国智能媒体产业发展报告

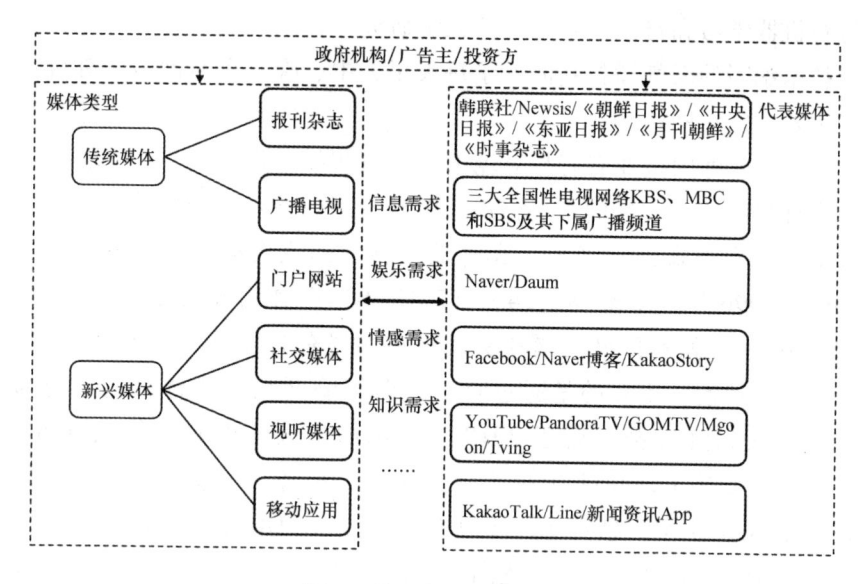

图 3　韩国媒体市场格局

资料来源：根据网络公开资料整理。

二　韩国智能媒体产业发展现状

（一）通讯社和报业媒体：智能算法助力高效生产

创建于 1980 年的韩国联合通讯社（简称"韩联社"）是目前韩国最大的新闻生产机构，每天通过采集来自世界各地的三千多条新鲜资讯分发到各大媒体平台。公司最大股东是隶属于政府部门的新闻通信振兴会，因此也是一家得到重点政策扶持的公立型新闻媒体。早在 1988 年，韩联社就成功实现从信息接收、编辑撰写到最终传送全部使用电子系统的新闻生产流程，可见其与新兴技术的融合实践一直走在行业前列。2017 年智能技术仍处在初步应用的阶段，韩联社首次引进 Facebook 推出的聊天机器人平台，从媒体智能分发端率先入局。用户通过韩联社在 Facebook 的官方账号发起对话，后台的智能算法能够自动检索出关键词，从而推送相应的新闻内容。在随后的几年里，韩联社继续协调推进聊天程序优化，同时寻求与国内企业的深度合作，将智能应用向前延伸至内容生产端。2018 年 5 月，韩联社与网络游戏公司 NC Soft 签署共同开发人工智能技术的合作协议。

433

经过对机器学习和自然语言处理的大量研究，韩联社终于推出完全由人工智能技术编写的天气播报新闻，于每天早、中、晚三个时间段登陆韩联社官网和各大门户网站。①

在过去，韩国报业有着相对庞大的受众规模，形成至少 150 种全国性和地方性报纸繁荣发展的市场格局。但随着国内技术环境的成熟，互联网和移动端的网络媒体已经成为民众获取新闻的主要渠道，报纸订阅率从 69.3%（1996 年）下滑至 20.4%（2013 年）。② 作为韩国发行量最高的三大主流报社，《朝鲜日报》、《中央日报》和《东亚日报》在智能化转型的探索上略显缓慢，更多的是通过转变经营策略开拓新媒体市场。与韩联社相同，《朝鲜日报》曾于 2018 年在国内最大的即时通信软件 KakaoTalk 和社交媒体 Facebook 上推出聊天机器人服务，提供新闻、股市、天气以及语言学习等信息资源。《中央日报》最初由三星创始人李秉喆建立，后于 1999 年独立出来，逐渐发展成为涉足报刊出版、电视娱乐和新媒体产业的综合性传媒集团。面对新形势下的媒介环境，《中央日报》继续选择深耕优质内容、精准锁定受众的经营策略，尚未将智能技术投入作为发展重点。公司旗下的《中央 SUNDAY》《日刊体育》品牌不再从大众需求出发，而是针对特定的精英阶层和体育爱好者群体，提供更专业、更有深度的优质内容。相比之下，规模适中的行业性、地方性报纸在智能技术的应用上显得更加灵活。在与人工智能联系紧密的金融领域，Financial News 编辑部在 2016 年就率先利用 AI 记者对每日的股票变动数据进行简单的采编撰稿，花费时间不足一秒，日常运营费用接近于零。随后，《每日经济》《电子新闻》《大邱日报》等越来越多的特色报纸将机器写稿用于社会热点的新闻报道，从内容生产端推动媒体向低成本、高效率的智能生态转变。

（二）广播电视媒体：智能视听升级内容服务

作为韩国广电系统的三大主流媒体，KBS、SBS 和 MBC 也积极探索新

---

① 《韩联社携手游戏开发商利用 AI 技术发布新闻稿》，2020 年 4 月 28 日，韩联社，https://m-cn.yna.co.kr/view/ACK20200428004300881。

② 《美通社：韩国媒体传播概况》，2016 年 7 月 7 日，199IT 中文互联网数据资讯网，http://www.199it.com/archives/492621.html。

兴技术在内容制作和视听服务的应用升级。其中，KBS 是韩国规模最大、历史最悠久的公立广播电视台，旗下拥有 2 个卫星频道、3 个数字平台、4 个地面频道、4 个 DMB 频道、7 个广播频道以及 9 家涉及文化展览、舞美设计、广告营销等不同业务的子公司。为了掌握未来广播电视的核心技术，KBS 自 2012 年以来就开始投入对图像处理、超高清视频和本地广播硬件设施的研发，并在 2016 年开始筹备未来广播中心，预计到 2020 年建成配备超高清数字新闻演播室和多功能公共大厅的 9 层办公大楼。AR 系统摄像、基于 AI 的元数据制作剪辑技术、UHD 交互式服务在实际应用中发挥着越来越重要的作用，特别是在平昌冬奥会、韩朝首脑会议这类国家级重大事件报道或者促进文化输出的 K-POP 娱乐节目。2020 年 4 月，针对国会选举这一政治活动，KBS 在国民议会大楼前搭建了名为"K-Cube"的大型广播设施，利用增强现实无人机技术为选民提供信息服务，促成了韩国选举广播史上的一次出色报道。[1] 为了升级公共传播服务水平，KBS 在全国范围内提供高清质量的 DMB 广播，购买用于灾难报道的广播设备并开发增强型紧急字幕传输系统，以应对地震、台风等自然灾害的发生，承担主流媒体的社会责任。除此之外，KBS 还成功研发出"智能手语"广播，用来保障特殊群体的权利。在媒体智能化管理环节，KBS 基于大数据技术推出新的受众分析系统 Social Meter，通过抓取互联网内容消费数据进行关键词提取、趋势判断等分析，为相关管理决策者提供参考。[2] 关于未来发展，从 KBS 的中长期规划中也可以看出，下一代计算机视觉技术如混合现实（Mixed Reality）将成为其数字创新的重要发力点。

相比之下，SBS 和 MBC 是两家内容资源丰富、商业属性更为明显的广电媒体，纷纷通过建立 VR 演播室、线下全息剧院以及拍摄 VR 纪录片的方式探索智能技术在生产端的应用，寻找市场新机遇。

---

[1] "KBS' Election 2020 Results Coverage: Captivating Audiences with State-of-the Art Technology", Apr. 21, 2020, KBS, http://open.kbs.co.kr/eng/index.html?source=openkbs&sname=lastest&stype=magazine&contents_id=1004.

[2] "KBS Launches New Audience Analysis System", Sep. 8, 2017, KBS, http://open.kbs.co.kr/eng/index.html?source=openkbs&sname=lastest&stype=magazine&contents_id=958.

(三) 网络新媒体：智能应用扩张商业版图

与日渐式微的传统媒体不同，扎根互联网的新媒体平台本身就具有明显的技术优势，在市场竞争中占据越来越重要的地位。根据韩国科技信息通信部和盖洛普公司的相关调查，84.4%的韩国人将门户网站作为自己搜索信息的首要选择，对人工智能语音识别服务的利用率达到25.2%，[①]当前最热门的聊天工具、门户网站和社交媒体分别是 KakaoTalk（98.7%）、Naver（94.3%）和 Facebook（44.2%）。[②]类似于中国的百度，Naver 是韩国本地市场占有率最高、以搜索引擎和内容聚合为主要功能的门户网站，也是韩国最大的互联网公司，近年来一直致力于转型成为世界领先的创新技术平台。2017年，Naver 计划在未来五年内投入5000亿韩元用于人工智能领域，同时成功收购世界级 AI 研究所——施乐欧洲研究中心（XRCE），加速引领第四次工业革命的战略布局。[③]

在业务布局方面（见图4），Clova Interface Connect（CIC）是 Naver 推出的云端 AI 技术平台，包括主要面向硬件制造商和物联网公司开发的人工智能秘书。开发人员只需将 CIC 提供的 API、SDK、开发文件连接到终端设备，即可使用基于人脸和语音识别的各类应用，例如智能音箱 WAVA、AI 翻译 Papago、个性化推荐系统 AiRS。Clova 背后有掌握尖端技术的 AI Research 团队支持，将持续推进在深度学习、机器学习、计算机视觉、自然语言处理等领域的研究开发，完善 AI 生态系统。除此之外，Naver 还利用人工智能技术实现防止恶意评论的功能，助力平台高效监管。

截至2019年第二季度，移动社交应用 KakaoTalk 在韩国拥有4441.7万注册用户，[④]面临国内市场逼近天花板和国外同类产品竞争激烈的发展困局。近年来，其背后的公司 Kakao 不断加大对智能技术的投入，试图从

[①]《调查：七成韩国人每天在线看视频》，2020年2月29日，韩联社，https://cn.yna.co.kr/view/ACK20200226003100881。

[②]《调查：六成韩国人视门户网站为新闻媒体》，2019年12月27日，韩联社，https://cn.yna.co.kr/view/ACK20191227005400881?section=news。

[③]《Naver 成功收购施乐人工智能研究所》，2017年6月28日，韩国《中央日报》中文版网站，http://chinese.joins.com/news/articleView.html?idxno=83431。

[④]《5000万用户推动 Kakao 业绩上升》，2019年8月9日，韩国《中央日报》中文版网站，http://chinese.joins.com/news/articleView.html?idxno=95077。

T.26 韩国智能媒体产业发展报告

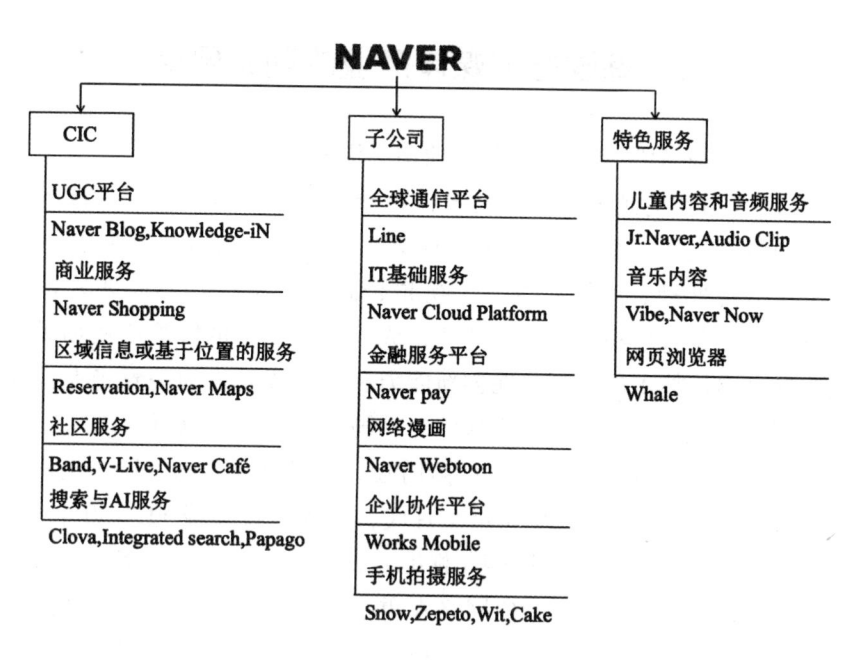

```
                        NAVER
          ┌───────────────┼───────────────┐
        CIC            子公司          特色服务

  UGC平台              全球通信平台         儿童内容和音频服务
  Naver Blog,Knowledge-iN   Line           Jr.Naver,Audio Clip
  商业服务              IT基础服务           音乐内容
  Naver Shopping       Naver Cloud Platform  Vibe,Naver Now
  区域信息或基于位置的服务   金融服务平台         网页浏览器
  Reservation,Naver Maps   Naver pay        Whale
  社区服务              网络漫画
  Band,V-Live,Naver Café   Naver Webtoon
  搜索与AI服务           企业协作平台
  Clova,Integrated search,Papago   Works Mobile
                       手机拍摄服务
                       Snow,Zepeto,Wit,Cake
```

图 4 Naver 的业务布局

资料来源：NAVER 官网。

中寻找创新机遇以实现业务扩张。最早于 2017 年，Kakao 耗资 200 亿韩元单独设立专门负责 AI 研究的子公司 Kakao Brain，随后又计划投入 5700 万美元用于区块链和人工智能的研发。2019 年 12 月，在技术相对成熟后，公司成立 AI 实验室，主要发展两大业务：AI 平台 Kakao i 和智能音箱 Kakao Mini C。Kakao i 与 Clova 类似，是涵盖语音、翻译、对话、推荐等业务的技术集成平台，为旗下众多应用提供重要的人工智能算法支持。目前，该平台已经实现车载语音服务、地图导航等具体应用场景落地。对于区块链技术的应用，子公司 Ground X 充分发挥创新优势，开发区块链平台 Klaytn、加密货币钱包 Klip 等产品用于金融服务。2018 年 3 月，在移动支付平台 Kakao Pay 上应用区块链技术移动认证服务的用户已经超过 100 万。①

---

① 《Kakao Pay：基于区块链的认证服务用户数超 100 万》，2018 年 3 月 12 日，搜狐网，https://www.sohu.com/a/225378961_100124396。

437

三 韩国智能媒体产业的前景展望

(一)"5G+AI"赋能,推动产业向纵深发展

随着5G时代的到来,智能技术将在低延时、高带宽、广连接的新一代传输网络下进一步颠覆传统的人机交互方式,开启万物互联的智能社会。自然语言处理、计算机视觉、视频超高清技术已经不断融入媒体生产、分发、经营管理和终端消费环节,成为最先落地的智能应用场景。高度关注信息通信技术的韩国,在创新能力和市场成熟方面一直走在世界前列,为媒体产业变革提供了有力保障。韩国SKT、KT、LG U+三大运营商于2019年4月在全球率先开展5G商用服务,经过一年的发展,用户数量已经突破600万人。截至2020年4月底,全国建设完成11.5万个5G基站,却只有87万个LTE基站(4G标准)的13.2%[①]。高度密集的人口分布有利于韩国短时间内实现5G网络在重点城区的覆盖,但由于现阶段采用的NSA模式(非独立组网)只是在原有4G基站上进行更新升级,与独立组网相比存在网络延迟、可靠性较差等不足之处,硬件设施和用户体验仍有待改进。就人工智能发展情况来说,韩国信息通信企划评价院的《ICT技术水平调查报告》显示,韩国相当于美国世界领先水平的81.6%,低于中国、日本和欧洲。[②] 技术的更新迭代是一项耗时耗力的系统工程,随着未来基础条件日趋成熟,韩国媒体的智能化转型将释放出更多活力,推动产业发展向纵深迈进。

(二)政企协同,实现AI强国目标

2019年10月,韩国总统文在寅出席韩国软件年会时,发表了题为《超越IT强国,成为AI强国》的演讲,表示"政府将积极利用和支持人工智能的发展",随后不久即颁布了国家发展战略。虽然相对于美国和中国来说,韩国官方部署国家战略的时间线稍显滞后,但在智能产业的研发

[①]《韩国5G通讯用户数量突破了600万人 但5G体验不佳》,2020年6月4日,新浪科技,https://tech.sina.com.cn/roll/2020-06-03/doc-iirczymk5035678.shtml。

[②]《韩人工智能水平相当于世界最领先美国的81.6%》,2019年12月23日,韩国《中央日报》中文版网站,http://chinese.joins.com/news/articleView.html?idxno=96640。

投入、政策扶持、跨部门协调等方面一直起着非常重要的作用。同时，国内高新技术领域的龙头企业充分发挥组织优势，通过整合并购、开放合作的商业途径整合产业链资源，从通信服务、硬件终端耦合智能媒体生态。三星曾以2.15亿美元收购AI企业Viv Labs，并在纽约、剑桥、多伦多等城市相继建立六家全球AI研究中心，旗下自主研发的人工智能秘书"Bixby"计划于今年投入其他公司生产的电子设备或家用电器中，打造技术开放型平台。LG集团出资4.25亿美元在美国硅谷成立科技风投公司，时刻洞察人工智能和数字创新领域的前沿动态，并借助资本力量大举投资。公司在2019年4月宣布投资美国内容生产商Amaze VR，总金额达到1900万美元。① 在媒体智能消费终端，LG不断升级搭载电视的人工智能程序处理器Alpha 9，优化高清画质转换、精准内容推荐等功能。② 韩国最大的移动通信运营商KT也加快技术创新步伐，预计在未来四年投资3000亿韩元落地人工智能，并积极培育数千余名专业人才扶持产业发展。2020年6月，在政府的倡议下，KT与LG及其控股的移动运营商LG U+联合成立开放式创新平台"AI One Team"，以科技联盟的形式寻求新的商业合作。③ 政府与科技巨头的上下联动，为智能媒体提供了良好的市场环境和共享机遇，成为未来发展不可或缺的动力引擎。

（三）以人为本，顺应智媒时代新趋势

高端技术人才是全球推进人工智能战略的重要一环，而韩国在这一方面尤显不足。如果将美国人工智能人才竞争力定为10分，则中日韩三国得分分别为8.1、6.0和5.2。④ 再加上同智慧医疗、无人驾驶等热门领域相比，智能媒体产业对人才的聚集和吸引程度更是处于市场劣势。对于人才培养，韩国政府也在发展战略中重点提出构建完善的教育体系，在高校

---

① 《LG集中投资VR、移动出行、机器人及生物初创企业》，2019年4月12日，韩国《中央日报》中文版网站，http://chinese.joins.com/news/articleView.html?idxno=93572。
② 《LG电子推出可完美贴合墙面的电视》，2020年1月7日，韩国《中央日报》中文版网站，http://chinese.joins.com/news/articleView.html?idxno=96768。
③ 《韩国科技公司拟建立联盟 增强人工智能技术》，2020年6月6日，TechWeb，http://www.techweb.com.cn/world/2020-06-03/2792706.shtml。
④ 《招聘人工智能人才的企业越来越多 一人难求》，2019年12月31日，韩国《中央日报》中文版网站，http://chinese.joins.com/news/articleView.html?idxno=96710。

增设人工智能专业,并将于2022年之前将基础知识纳入中小学课程,最后逐渐普及不同年龄层、不同职业的所有国民。另外,智能技术为产业发展带来转型机遇的同时,法律规范、数据隐私等涉及行业标准和媒介伦理的诸多潜在问题亟须解决。对于媒体来说,只有强调"以人为本"的核心原则,坚守正确的价值观念和职业操守,平衡商业利益与社会责任,才能促进行业生态良性循环,顺应技术变革下的时代发展新趋势。

Report on the Development of Intelligent Media Industry in South Korea

Zhou Enze, Bu Yanfang

Abstract: Artificial Intelligence (AI) is a cutting-edge technology widely concerned in recent years, and it is expected to be another milestone leading the industrial transformation. Especially for the media industry, while digital information technology is still reconstructing the media ecology, intelligent construction will become a new historical opportunity. In the global development tide of "artificial intelligence +", as a developed economy with double advantages of cultural industry and high-tech, South Korea has made positive progress in intelligent algorithm, intelligent content production and intelligent application in its news agency, newspaper industry, radio and television, new media, etc. In the future, with the in-depth application of 5G and the release of South Korea's AI strategy, South Korea's intelligent media industry will usher in new development opportunities.

Key words: South korea, Intelligent media, Artificial intelligence

参考文献

《5000 万用户推动 Kakao 业绩上升》，2019 年 8 月 9 日，韩国《中央日报》中文版网站，http：//chinese. joins. com/news/articleView. html？idxno = 95077。

"8 Charts on Internet Use Around the World as Countries Grapple with COVID – 19", Apr. 2, 2020, Pewresearch, https：//www. pewresearch. org/fact-tank/2020/04/02/8-charts-on-internet-use-around-the-world-as-countries-grapple-with-covid-19/.

《Kakao Pay：基于区块链的认证服务用户数超 100 万》，2018 年 3 月 12 日，搜狐网，https：//www. sohu. com/a/225378961_ 100124396。

"KBS' Election 2020 Results Coverage：Captivating Audiences with State-of-the Art Technology", Apr. 21, 2020, KBS, http：//open. kbs. co. kr/eng/index. html？source = openkbs&sname = lastest&stype = magazine&contents_ id = 1004.

"KBS Launches New Audience Analysis System", Sep. 8, 2017, KBS, http：//open. kbs. co. kr/eng/index. html？source = openkbs&sname = lastest&stype = magazine&contents_ id = 958.

《LG 电子推出可完美贴合墙面的电视》，2020 年 1 月 7 日，韩国《中央日报》中文版网站，http：//chinese. joins. com/news/articleView. html？idxno = 96768。

《LG 集中投资 VR、移动出行、机器人及生物初创企业》，2019 年 4 月 12 日，韩国《中央日报》中文版网站，http：//chinese. joins. com/news/articleView. html？idxno = 93572。

《Naver 成功收购施乐人工智能研究所》，2017 年 6 月 28 日，韩国《中央日报》中文版网站，http：//chinese. joins. com/news/articleView. html？idxno = 83431。

《调查：六成韩国人视门户网站为新闻媒体》，2019 年 12 月 27 日，韩联社，https：//cn. yna. co. kr/view/ACK20191227005400881？section = news。

《调查：七成韩国人每天在线看视频》，2020 年 2 月 29 日，韩联社，

https://cn.yna.co.kr/view/ACK20200226003100881。

《韩国 5G 通讯用户数量突破了 600 万人 但 5G 体验不佳》，2020 年 6 月 4 日，新浪科技，https://tech.sina.com.cn/roll/2020-06-03/doc-iirczymk5035678.shtml。

《韩国公布"人工智能国家战略"》，2019 年 12 月 19 日，人民网，http://world.people.com.cn/n1/2019/1219/c1002-31512656.html。

《韩国科技公司拟建立联盟 增强人工智能技术》，2020 年 6 月 6 日，TechWeb，http://www.techweb.com.cn/world/2020-06-03/2792706.shtml。

《韩国科技信息通信部发布 2020 年度工作计划》，2020 年 2 月 14 日，韩国科学技术合作中心微信公众号，https://mp.weixin.qq.com/s/yn088AqUIKTUVaPRD7nN_A。

《韩联社携手游戏开发商利用 AI 技术发布新闻稿》，2020 年 4 月 28 日，韩联社，https://m-cn.yna.co.kr/view/ACK20200428004300881。

《韩人工智能水平相当于世界最领先美国的 81.6%》，2019 年 12 月 23 日，韩国《中央日报》中文版网站，http://chinese.joins.com/news/articleView.html?idxno=96640。

《美通社：韩国媒体传播概况》，2016 年 7 月 7 日，199IT 中文互联网数据资讯网，http://www.199it.com/archives/492621.html。

《〈彭博创新指数报告〉：德国创新指数排名全球第一》，2020 年 9 月 14 日，中国国际科技交流中心官网，http://www.ciste.org.cn/index.php?m=content&c=index&a=show&catid=74&id=1415。

《招聘人工智能人才的企业越来越多 一人难求》，2019 年 12 月 31 日，韩国《中央日报》中文版网站，http://chinese.joins.com/news/articleView.html?idxno=96710。

T.27 西方智能媒体发展报告

何 欢[*]

摘 要：2019年西方媒体的智能化发展呈现出诸多特征。信息的碎片化催生"新闻回避"与"新闻过载"，用户呼唤慢新闻回归，媒体专注高质量内容生产。传媒的商业模式与盈利模式不断创新，以付费墙为代表的订阅经济稳步发展，营收的多元化不断拓展。人工智能一方面赋能新闻生产，智能语音和视频业务高歌猛进，改变新闻传播生态，另一方面算法偏见、新闻伦理等争议热度不减。西方媒体的并购浪潮在重塑媒体格局的同时，与政府、公益组织合力拯救"新闻荒漠"现象。恢复公众信任仍是媒体的重任，平台与媒体通过多种手段重建平台信任机制，净化媒体生态系统。

关键词：订阅经济 媒体生态 信任重建 内容生产

一 内容生产精耕细作 打造多元盈利模式

（一）精准捕捉用户需求的变化

碎片化时代，围绕流量和点击率的新闻产出量与消费量不成正比。面对媒体投掷出的众多数字内容，受众表现却不尽如人意，"新闻回避"（News Avoidance）趋势渐显，新闻关注度也显著下降。真正关心新闻的用户往往对高质量新闻感兴趣，人们呼唤可信的新闻来源与深度的内容渐成趋势。《伦敦时报》《世界报》等在内的多家媒体发现，对内容生产量的

---

[*] 何欢，上海大学新闻传播学院硕士研究生。

适当削减，反而带来了更多的用户流量、更长的阅读时间和更多的付费订户。在快阅读和轻阅读的数字信息海洋中，深度新闻、慢新闻又重回大众视野。一些西方媒体在快与慢中回归信息传播的初衷回归品质化生产，打破技术主义和市场主义对议程设置的垄断，重塑新闻的意义内核，强化新闻来源的真实性和内容的公信力，减轻新闻事实核查的难度，并以深度、温度和广度建构新闻框架，呼唤价值理性与工具理性的统一。

英国的 Tortoise Media、《泰晤士报》、美国的《纽约时报》、丹麦的数字报纸 Zetland 等都在积极推动慢新闻的生产与传播。具有 BBC "血缘"的 Tortoise Media 传媒公司是慢新闻生产的先行者。《泰晤士报》和《星期日泰晤士报》决定不再追踪突发新闻，而是专注于提供颇受读者青睐的深度分析。在受众体验方面，2018 年，《纽约时报》便面向用户发布了慢新闻产品 "Your Feed"，以用户兴趣展开定制性新闻页面的构成，减轻了搜索信息的焦虑，还为英语读者带来了"每天一篇新闻"的新体验。[①] 这些举措都大大提升了新闻报道的浏览量，同时订阅用户也大幅增涨。这恰恰证明传统媒体在媒体融合中守正创新的效果正在凸显，即守住内容的价值和理性优势，创新传播形态和聚合方式，并在此基础上构建一套支持原创性、权威性和可读性并兼具开放性与融合性的新闻生产标准。

（二）驱动"转向付费"，创新商业模式

越来越多的新闻机构希望通过订阅、会员资格或其他形式的读者贡献来支付账单，也就是所谓的"转向付费"（pivot to paid）。对于媒体来说，转向读者收入产生的丰富用户数据利于跟踪订阅用户的内容，获取对受众有意义的见解。此外，与订阅用户建立更为牢固的关系也有利于扩展更广泛的付费业务。可预测、可再生的订阅行为能够为媒体的业务提供多种发展可能。《纽约时报》便依靠其数字订阅业务在 2019 年增加了超过 100 万个纯数字订阅新净订阅，截至年底，其印刷和数字产品订阅总数达到

---

① 《从"错失的恐惧"到"错过的快乐"，泰晤士报、纽约时报正在放慢新闻的脚步 | 德外视窗》，2019 年 10 月 11 日，德外 5 号微信公众号，https://mp.weixin.qq.com/s/FESSZN9wFHrGs8AimzxrWQ。

5251000个，获得了超过8亿元的年度数字收入。① 在发展数字订阅业务过程中，该报赋予从事各种数字产品工作团队更多的自治权，并且积极投资其新闻业和数字产品领域，发展产品质量，扩展营销的广度和深度，收获了大批忠诚订阅者。

根据路透社的《2019年数字新闻报告》，在对9个国家数字媒体调研中发现，只有历史上新闻享有较高声誉和价值的内容的北欧国家在付费内容方面出现了大幅度增长（见图1）。但即使在支付水平较高的国家，绝大多数用户也只有一项在线订阅，这表明"赢家通吃"可能很重要，中小型新闻媒体面临更多的生存挑战。Viafoura的付费专区策略报告指出"出版商选择使用的付费专区的类型可以建立或破坏出版公司。一切都取决于了解受众及其需求"。目前付费墙主要有硬付费（Hard paywalls）、免费增值付费（Freemium paywalls）、计量付费墙（Metered paywalls）以及动态付费墙（Dynamic paywalls）四种类型。因此媒体在推出自身的付费墙订阅业务时，主要应该从用户访问内容的方式出发，兼顾定价、结构、技术等因素，建立灵活，个性化的付费专区。Le Monde便通过首页的重新设计使其数字订阅数量增加了20%。在此页面上，免费读者可以看到仅针对订阅者开放的文章。他们测试了免费内容与付费内容之间的平衡，发现目前的理想比例是免费占63%，落后于付费壁垒37%。

但是，读者收入并不是灵丹妙药。尽管现在有越来越多的人在为内容付费，但大多数人不会为在线新闻付费。② 大多数人更愿意把有限的预算花在Netflix和Spotify等流媒体平台上，而不是新闻，"订阅疲劳"成为一个现实问题。随着越来越多的出版商推出付费模式，付费墙的扩展可能会影响用户体验。有受访者表示"面对广告收入的减少，付费墙是一种可以理解的增加收入的方式，但我更喜欢《卫报》（Guardian）的模式，它不会限制那些有能力的人获得广告收入"。③

---

① Damian Radcliffe, "5 Digital Subscription Trends for Publishers, in Charts", Feb. 21, 2020, https://whatsnewinpublishing.com/5-digital-subscription-trends-for-publishers-in-charts/.

② "Digital News Report 2019", 2020, Reuters Institute, https://www.digitalnewsreport.org/survey/2019/.

③ "Digital News Report 2019", 2020, Reuters Institute, https://www.digitalnewsreport.org/survey/2019/.

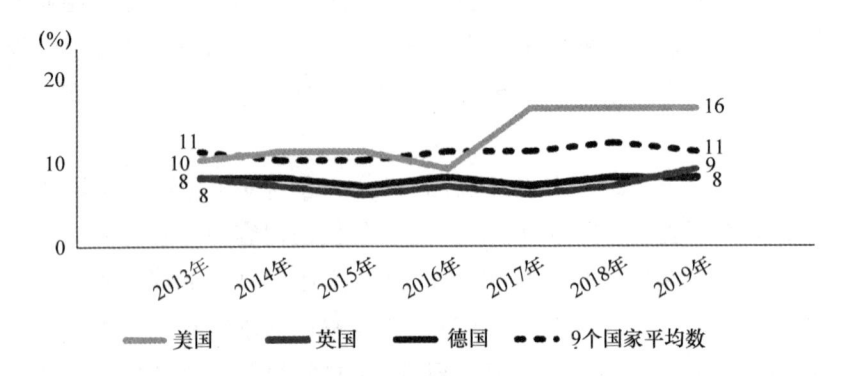

```
(%)
20
                                              16
11
10    11                                      11
 8                                          9
 8                                          8
 0
  2013年 2014年 2015年 2016年 2017年 2018年 2019年
       —— 美国   —— 英国   —— 德国   ---- 9个国家平均数
```

图1 入选样本国家去年为任何在线新闻支付比例（2013—2019年）

注：（1）问题：您是否在过去一年中支付了在线新闻内容的费用，或访问了在线新闻服务的付费服务？基数：2013—2019年样本总数在每个国家约为2000，芬兰2014—2015年约为1500。
（2）9个国家的平均数包括美国、英国、法国、西班牙、意大利、德国、丹麦、日本和芬兰（从2014年开始）。
资料来源：路透社《2019年数字新闻报告》。

传统媒体的数字化，平台媒体的多元化重构传媒业的商业模式。迪士尼、华纳兄弟等制作公司则通过"电影+"项目实现线上线下的双线拓展。作为美国最大的流媒体平台，Netflix 在2019年年底和位于曼哈顿的巴黎剧院签署了长期租赁合同，同时开发原创IP，Netflix 在巴黎剧院放映了自己制作的新电影[①]。苹果的流媒体 Apple TV+ 抢占终端用户的使用时间渐成气候，意欲通过购买电影和电视节目的版权增强自己原创内容，从而弥补自己的"短板"。Instagram 已经发展成一个超级平台生态，通过照片分享、视频UGC、购物、直播以及游戏等打造新的商业模式。2019年，Instagram 的游戏"Pokémon Go"融入VR滤镜技术，实现游戏内购物总共创收约30亿美元[②]。继 Facebook Live 打造直播带货的商业模式之后，亚马逊也推出了 Amazon Live 尝试直播带货，吸引了众多品牌商入驻。

[①]《全媒派 | 流媒体平台瞄准实体电影院，合作背后藏着多少野心？》，2020年6月19日，腾讯网，https://new.qq.com/omn/20200619/20200619A033YB00.html。
[②]《AR+滤镜+社交？instagram 的游戏野心要如何填满》，2020年6月15日，全媒派微信公众号，https://mp.weixin.qq.com/s/44YiNSpqTMLqWRLwh8lq1g。

（三）平台与媒体在博弈中前进

媒体与平台一直处于动态的博弈的关系之中。数字平台强大的新闻聚合分发力量与用户开发系统能为媒体提供渠道支撑，实现拉新促活，平台也得益于媒体的专业性内容生产提升平台的内容丰富度与公信力，进而实现优质流量变现。平台媒体已经成为用户获取新闻的重要渠道，面对新的信息环境，媒体需要根据平台的算法特征不断调整自身产品以获取平台流量份额，例如免费提供内容服务、扩大广告投入等方式，这些规则束缚了媒体的独立内容生产和发展。而当平台算法降低新闻推荐的优先级时便意味着无数依赖Facebook的媒体流量大幅减少。在平台规则对媒体制约的基础上，媒体更是要承担算法失误带来的假新闻推送风险。后台数据的精细化数据的不足也不利于媒体制定内容政策。社交媒体与新闻机构的界限日渐模糊，人们的阅读习惯逐渐向移动端和社交媒体迁移。根据Digiday的调查结果，2019年平台为媒体带来的收入日趋减少，重要平台的投资回报率不升反降。

为了实现双方利益的最大化，媒体与平台都在寻求新的合作方式。媒体层面，大型媒体的游说使得平台受到了来自政府与社会组织的不同类型的干预。欧盟强制执行的新的版权指令"链接税"就要求平台为聚合新闻服务中未出现许可的内容付费。为了提高自身投资回报率，媒体也尝试开展多平台合作模式，将业务转向小平台，避免将鸡蛋放在同一个篮子中。WeatherBug（一款天气预报应用程序）选择在YouTube、Snapchat、WhatsApp或Reddit等相对较小的平台上发布内容。有的媒体更是自建分发平台，激活自身强大的用户网络，更好地去了解和关注用户所需。

皮尤研究中心（Pew Research Center）进行的一项新调查显示，尽管在隐私、假新闻和社交媒体审查方面存在长期争议，受众对社交媒体网站在新闻传播中的作用持谨慎态度，但他们使用某些在线平台或应用程序的比例与2018年年初相比没有变化。平台层面通过加大对新闻业的支持力度挽救自身信誉。2019年，Google便在俄亥俄州成立了应对"新闻荒漠化"地方编辑室，如今通过社交媒体观看新闻已经成为大势所趋。为了增强媒体对平台的黏性，平台也推出多项业务打造媒体生态圈。2019年10月，Facebook在其主要移动应用程序中推出了一项名为Facebook News的新功能，称为"新闻的专用场所"。该移动应用程序利用具有编辑独立性的新闻记者团队根据 facebook.com/news 上公开发布的指南来手动为用户选择"今日故事"的文章内容。同时还推出能提高文章加载速度的 Instant Articles、直播和全景视频等功能，赢得了众多新老媒体的团体入驻运营。

二 智能改变新闻形态 视音频迎来黄金时代

（一）人工智能技术赋能发展 机遇与威胁并存

2019 年，作为技术变革的核心引擎，人工智能技术对新闻生产和传播格局的改变发挥着深刻作用。人工智能驱动技术在为新闻生产机制赋能，吸引更多信息消费者的目光。基于算法的分发程序，多样化的分发渠道都进一步扩大了新闻的覆盖程度，直达用户。对用户消费行为的跟踪记录有利于实现媒体内容的个性化生产与推送。2019 年年初，BBC 开发了一项名为 Salco（Semi-Automated Local Content，半自动生产本地内容）的实验项目，借助这一工具，读者每天看本地新闻时，还可实时了解本地医院的急诊情况。除了新闻流程再造的技术应用，人工智能还能利用算法技术瞄准潜在用户，优化付费墙业务，增强盈利能力。为了提升新闻生产率，斯堪的纳维亚的出版商 Schibsted 把一些托管任务委托给了 AI 驱动的算法，以便"腾出更多时间进行创造性的任务"。路透社同伦敦的 AI 公司 Synthesia 合作，利用 Deepfake 相似的神经网络技术打造了世界第一款自动化新闻视频播报产品原型。不久的将来，一位真人新闻主播可能够拥有无数个 AI 分身，来同时播报不同的新闻栏目。这样的人工智能技术应用解放了记者的劳动力，驱动记者回到他们的主业：创作故事，揭露事实，并传递新闻。

与人工智能相伴而生的智能伦理问题也在 2019 年受到了诸多关注。2019 年 9 月的"ZAO"的 AI 换脸视频引发了人们对人工技术不当使用，包括滥用用户数据等问题的争议。Google photo 的面部识别技术将黑人归类为"猩猩"，图像识别技术中的肤色错误识别等问题也表明了算法的偏见。人们开始反思如何更好地发挥人工智能与人类合作的效用，试图更好地处理人与 AI 的关系。一些媒体明确区分编辑和非编辑使用人工智能。《泰晤士报》使用"由人类撰写、由人类策划、由机器人分发"的口号来进行内容传播，实现人机协同作业，降低了算法缺陷引发问题的可能性。① 随着2020年美国大选周期的到来，人工智能驱动的假新闻问题也引发了人们的担忧，这种潜在于文本、音频和视频中的低质量和误导性内容伪装成专业新闻，可能会进一步降低对新闻业的信任。人工智能的应用以及对隐私和民主的影响有可能是2020年的一个决定性问题，也是下一个十年的一个决定性问题。

（二）视频增量明显 流媒体平台进入混战状态

5G时代的到来，低时延、大容量、高速率加速智能生态的发展，视频成为新闻传播的主要阵地。"可视化新闻"、"短视频"、"竖屏"、网络直播和网红经济等成为2019年媒体的热词。研究数据显示，2019年视频新闻的消费开始由Facebook和YouTube向Twitter、Instagram以及snapchat等新锐社交平台转移。平台媒体主要用户的"年轻一代"——Z世代用户比起千禧一代更青睐视频内容，因此放在头部社交平台的视频正在成为年轻用户的"新宠"。YouTube更是成为其媒体消费过程中的首选视频消费平台。就消费内容来看，比起新闻，Z世代更加关注游戏媒体和社交服务类内容，也有很多Z世代将其作为接受教育、学习知识的场域。另一个值得注意的视频趋势是Snapchat，其"Snap Originals"程序为用户提供竖屏拍摄的短剧集，这种内容格式的兴起标志着年轻观众对视频形态的期望发生了重大变化。TikTok也在2019年出现了显著的用户增长，15秒的视频时长与轻松幽默的内容构成吸引了众多Z世代的关注，成为年轻一代的"收割机"，据统计，60%的TikTok用户年龄在16到24岁之间。② 同时TikTok大力鼓励原创媒体内容的发布，助力用户内容生产。鉴于其当前的流行程度，TikTok可能会导致Z世代视频内容消费产生重大变化，并再次围绕较短的垂直拍摄和呈现方式做出革新。

各平台媒体也应时而变，主动改变内容叙事方式，广泛推出自己的

---

① Nic Newman, "Journalism, Media, and Technology Trends and Predictions 2020", 2020, Reuters Institute, https：//www.digitalnewsreport.org/publications/2020/journalism-media-and-technology-trends-and-predictions-2020/.

② FaisalKalim, "How Publishers are Growing their Audience on TikTok, the App with Over Half a Billion Users", Oct. 11, 2019, https：//whatsnewinpublishing.com/how-publishers-are-growing-their-audience-on-tiktok-the-app-with-over-half-a-billion-users/.

OTT流媒体服务,以保持与年轻观众的联系。皮尤研究中心的一项调查发现,47%的美国人喜欢"看"新闻,相比之下只有34%的人喜欢"阅读"新闻,还有19%的人喜欢"听"新闻。[①] 以聚合新闻起家的Buzzfeed过去以算法取胜,为用户提供当天最热门的新闻。Buzzfeed新闻正在从一个文字内容主导的平台向视频驱动的新闻平台转变,开始进军短视频平台TikTok。因为短视频变现困难,Facebook、Netflix以及HBO将重点转向长视频的新闻内容生产,Facebook Watch则为观众提供更长的、脚本化的时事节目。

在新闻媒体逐渐提供视频内容的基础上,部分媒体开始推出付费新闻视频产品。新闻聚合应用Flipboard便启动了"Flipboard TV"精选视频服务,该产品涵盖了来自100多家不同媒体和地方电视台的视频内容,吸引了包括《华尔街日报》、彭博社、滚石杂志在内的多家媒体入驻。用户在进行免费使用后,只需每月支付2.992美元即可继续访问平台内容。2019年全球流媒体的视频服务消费创下了历史新高,人数达6.13亿人。全球用户通过在线娱乐内容的购买趋势为流媒体平台破除自身增长困境提供了契机。苹果和迪士尼推出流媒体服务,苹果公司2019年上线Apple TV+,开启了互联网流媒体服务的新征程。迪士尼推出了流媒体服务Disney+。平台内容一上线就包含了大部分的漫威电影宇宙系列、星球大战系列等诸多经典IP。而目前流媒体领域的两个主要领导者Netflix和Amazon,其丰富的流媒体资源与运营经验,在占领原有市场份额中发挥了良好作用。2020年这四大流媒体平台在争夺用户与流量的激战将拉开序幕。

(三) 播客发展势头强劲 新闻使用率待提升

2012年iPhone播客应用程序的创建使播客收听逐渐成为主流。语音识别技术的发展使得播客将新鲜的声音和制作技术引入传统广播媒介之中。目前,播客正在包括AirPods、联网汽车和智能音箱在内的各种渠道中覆盖(如图2)。消费者能够实现多场景的音频内容收听,创作者也能获得更多的机会,进一步鼓励高质量的音频内容创作。传统以视觉信息为主的媒体

[①] 《研究称数字时代美国人仍爱电视新闻平面媒体式微》,2018年12月4日,中国新闻网,https://baijiahao.baidu.com/s?id=1618885054033316842&wfr=spider&for=pc。

将关注点放置到音频内容领域，以智能语音为切入点，将原有的文本内容转换为音频内容，越来越多的媒体还将为智能语音设备生产特别的定制内容。安德森·霍洛维茨（Andreessen Horowitz）在2019年投资于播客生态系统的新报告，每月有1/3的美国人每月收听播客，其中1/4的听众每周收看一次。实际上，现在听众每周在播客上花费超过6个小时，每周消耗大约7集。

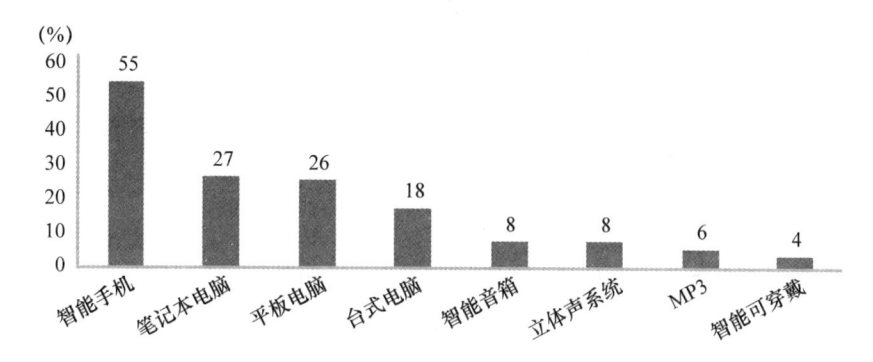

```
(%)
60 ┤ 55
50 ┤ ■
40 ┤ ■
30 ┤ ■   27  26
20 ┤ ■   ■   ■   18
10 ┤ ■   ■   ■   ■    8   8   6   4
 0 ┴ ─── ─── ─── ─── ─── ─── ─── ───
    智能  笔记本 平板  台式  智能  立体声  MP3  智能
    手机  电脑  电脑  电脑  音箱  系统         可穿戴
```

图2 受众收听播客的设备类别

注：问题：如果有的话，您使用下列哪一种设备来收听播客？全国代表性样本，2019年3月。基数：所有市场的总样本为921。

资料来源：英国 UK YouGov 文件。

播客广阔的受众市场，准入的低门槛，再加上高水平的创造力吸引了包括媒体公司、播客公司、业余创作者的积极参与。苹果作为播客领域和核心角色之一，在 Google 和 Spotify 等公司进入市场后，份额明显下降。长期以来，播客市场主要由广告驱动，但随着媒体订阅机制的普及化，越来越多的媒体积极试水播客付费模式。2019年10月，英国《金融时报》推出了首个只面向付费订阅者的播客节目《拉赫曼说事》（The Rachman Review），此外《金融时报》还拥有9个免费博客，多梯队的播客数字内容服务为其带来了翻倍的广告收入。[①] 但总体来看，播客的付费模式目前仅处于起步阶段。

---

① Jessica Davies, "The Financial Times is Rolling Out Subscriber-Only Podcasts", Oct. 28, 2019, https：//digiday.com/? p＝350704.

与消费传统广播新闻的年长听众相比,播客消费最引人注目的是其对年轻人的吸引力。智能手机的普及实现了播客的移动化收听,适应当下年轻人多任务处理的需要,且不需要复杂接口。播客的内容平均长度通常在20—40分钟之间,这与平均通勤时长相似。《卫报》的每日新闻播客《今日焦点》(Today News Podcast in Focus)在早高峰时段获得了大量收听,尤其是新闻内容。《华盛顿邮报》的《邮报》则选择在晚上的通勤时间发布。尽管新闻媒体根据用户事件调整播客发布时间。但事实上,大部分听众收听播客的主要原因是学习某知识或者选择感兴趣的话题,获得娱乐消遣以填补时间空白。随着Z世代成为主流受众,播客的娱乐与学习倾向则更加明显,使用播客作为新闻获取工具的比例正在下降。音频内容将成为用户参与的核心元素,因此媒体如果想获得更广泛的播客市场份额,一是需要创建自己的平台进行内容分发,二是需要在新闻音频表达方式上下功夫,寻找交互式、社交化的新型播客形式(如图3)。

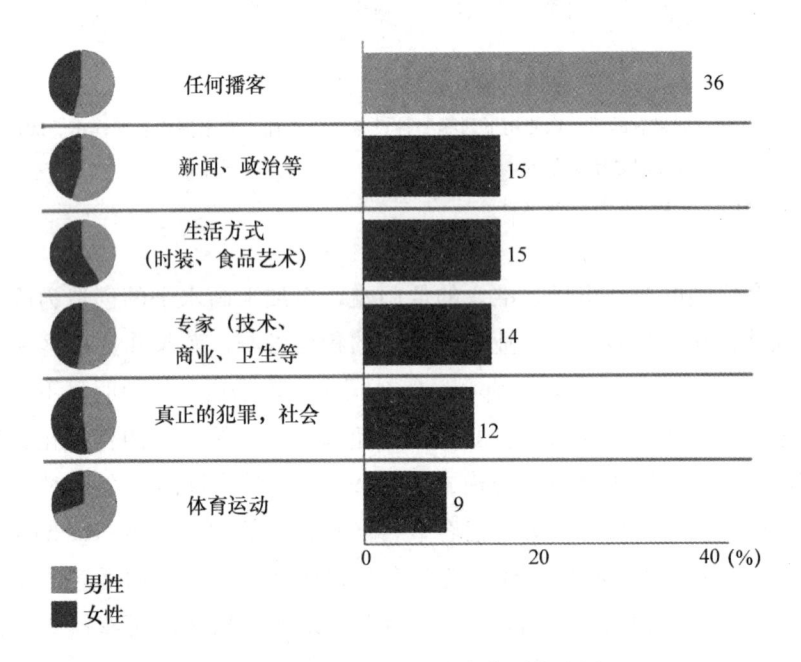

图3 本月使用每一种播客类型的比例

注:问题:播客是一系列的数字音频文件,你可以下载,订阅或收听。上个月你听过下列哪种类型的播客? 基数:所有市场的总样本为75749。

资料来源:路透社《2019年数字新闻报告》。

三 净化媒体生态系统 聚焦媒介治理

(一) 并购浪潮重塑媒体格局 新闻荒漠加速蔓延

媒介技术的变革改变了受众媒介消费方式以及媒介竞争态势。传统媒体的商业模式在硅谷巨头的算法技术面前不堪一击。平台的整合力量以及泛广告业务的激增主导新闻业。大型媒体公司只得试图通过合并和收购的方式获取垄断溢价和竞争优势。在受众群不断减少和平台力量不断增强的情况下,2019年全球出现了数量空前的公司收购与业务合并事件。年初迪斯尼便收购了福克斯,向最有竞争力的内容提供商转向。英国,拥有《每日邮报》(Daily Mail)的媒体集团将 i 报添加到一个包括《都市报》(Metro Free Sheet)在内的稳定版中,使其占据了全国报纸市场的30%左右。美国 GateHouse Media 公司则以惊人的速度完成了对甘尼特公司(Gannett)的收购,联合了美国两家最大的报业连锁店,实现了对美国媒体行业的格局重塑。新媒体投资集团首席执行官 Michael Reed 在交易结束时表示:"这一组合将打造美国领先的具有深度的印刷和数字新闻机构。"[1]

削减成本是传统媒体间并购的首要任务,这一举措能破除部分媒体当下的生存困境,挽救不断下降的利润率。VIce 和 GateHouse Media 并购完成后,均采取了裁员行动以控制预算。专职采访报道人员数量的减少对新闻生产与传播存在消极影响。从整体的媒体生态环境看,并购又催生了多元化和所有权的新问题。广告流量与盈利的双重需求让新闻机构聚焦于所处城市的沿海,富裕的大都市地区,忽视了落后地区与小型社群。媒体巨头的出现使得媒体资源向其自身聚拢,地方新闻媒体的力量被严重削弱,影响了媒体的良性竞争,造成其权威性和公信力下降,"新闻荒漠化"蔓延。

美国北卡罗来纳大学发布的一项报告显示,在美国3143个县中,目前只有一半保留了自己的报纸,其中绝大多数是小型周报,有200多个县则根本没有报纸。全美有超过1300个社群成为新闻报道的"盲区",缺乏

---

[1] "Media Moments 2019: Report Download", 2020, SOVRN, https://www.sovrn.com/media-moments-2019/.

与之相关的公共事务报道。这份报告还指出那些成为"新闻沙漠"的地区或社群往往是"最贫穷的、受教育程度最低、最容易被孤立的"。① 巴西新闻机构发布的地方新闻业调查报告《新闻地图册》显示,巴西有3487座城市(约相当于城市总数的62.6%)现已沦为"新闻荒漠",城市中没有任何当地的新闻媒体。此外,巴西国内还有1074座城市(约占总数的19.2%)已处于"近荒漠化"状态,每座城市中最多有两家新闻媒体正在运营。②

(二) 平台与政府多方协作 助力地方新闻振兴

新闻荒漠现象已经成为当今新闻业危机的核心。根据北卡罗来纳大学教授佩内洛普·阿伯纳西(Penelope Abernathy)对新闻沙漠现象的研究认为,缺乏有意义的当地新闻会导致人们对社区的信任破裂,国家新闻的两极分化以及民主的普遍混乱。随着社交媒体平台已成为新闻生态系统的重要组成部分,社交媒体上新闻的分发和消费是新闻业未来的主要关注点。而且,在对社交媒体在破坏本地新闻中可能扮演的角色进行了长期批评之后,社交媒体平台在帮助维持和促进本地新闻方面的工作变得更加活跃。

作为当下平台媒体巨头之一的Facebook通过共享数据以及为社区建设者提供更多捐款和指导来帮助遏制"新闻荒漠化"。2018年1月,Facebook在美国六个城市首次启动其"Today In"本地新闻模块功能。2019年9月,该服务覆盖到美国境内的6000个城镇。本地新闻只是Today In功能的一部分,其中还包括来自当地团体的帖子以及来自学校和政府的活动和社区公告。该部分的新闻部分展示了当地报纸、博客和电视台的故事。尽管Facebook在早期阶段指出,"美国大约有1/3的用户生活在我们无法在Facebook上找到足够的本地新闻以启动Today In的地方"。③ Facebook通过"用周围地区的相关文章补充可用的本地新闻"来获取本地化内容。因此

---

① 史安斌、戴润韬:《智媒时代重振地方新闻:路径与模式》,《青年记者》2020年第4期。
② 《没有当地媒体 六成以上巴西城市成为"新闻荒漠"》,2019年12月13日,中国新闻网,http://www.chinanews.com/gj/2019/12-13/9033197.shtml。
③ "Facebook Enters the News Desert Battle, Trying to Find Enough Local News for Its Today In Feature", Mar. 18, 2019, Christine Schmidt, https://www.niemanlab.org/2019/03/facebook-enters-the-news-desert-battle-trying-to-find-enough-local-news-for-its-today-in-feature/?relatedstory.

在该功能启用地区，本地新闻在促进公民知情权方面发挥了良好的作用，在故事性较强的文章部分满足了"关键信息需求"。2019年的调查结果显示，美国本地新闻页面的每条帖子互动量同比大幅增长（26%），特别是链接，总互动量同比增长50%，人们分享美国本地新闻链接的比例为97%。

政府以及社会组织通过设立法案以及募捐的方式推动当地新闻的复兴。成立于2003年的Free Press便是一个倡导组织，致力于使公众更多地参与新闻和信息共享的未来。该组织在2015年与美国新泽西州联合启动了"新闻之声"项目，旨在促进社区与新闻编辑室就本地新闻的未来进行对话。在其倡议下，新泽西州成为第一个为当地新闻创新提供资金的州。

从社区行动角度来看，整合当地社区新闻资源，打造适配的本地协作机制，能够有效振兴当地新闻业，扩大报道的覆盖面和影响力。来自腾讯全媒派的研究显示，美国地方媒体科罗拉多媒体项目是具有范本意义的本土新闻业发展模式。该项目将社区中具有共同使命和志趣的的记者、企业家、学者和学生等居民联结在一起组成科罗拉多州最大的新闻编辑室。另一家地方新闻机构丹佛人则获得了会员的支助。美国新闻网站"为了公众"（ProPublica）则与世界各地的专业媒体机构、社会组织和自媒体合作，建立全球性的地方新闻报道网络，以项目招标的形式遴选合作伙伴，确保新闻报道的质量。这一举措使其多次荣获"普利策"新闻奖。[①]

（三）重建平台信任机制 注重隐私保护与数据伦理

2019年是数据与隐私保护正式起步的一年。2018年，欧盟针对个人隐私数据保护的"通用数据保护条例"（GDPR）正式生效。全球的数据与隐私保护力度与范围得到了空前的增强。近年来，隐私泄露丑闻与Facebook、Google等互联网巨头如影随形。2017年，Facebook的第三方合作伙伴Cambridge Analytica及其关联企业SCL将5000万条社交媒体数据应用于政治广告和大选营销的事件将Facebook陷入假新闻和仇恨言论的旋涡。受众对社交媒体中的数据安全问题充满担忧。然而，2019年11月Facebook又被曝出信息泄露事件，再一次冲击公众信任。根据路透社《2019

---

① 史安斌、戴润韬：《智媒时代重振地方新闻：路径与模式》，《青年记者》2020年第4期。

年数字新闻报道》，世界范围内对新闻的平均信任度总体下降了2个百分点，降至42%，不到一半（49%）的人认为他们自己信任新闻媒体使用。通过搜索和社交媒体发现的新闻信任度（33%）保持稳定，但也处于极低水平（23%）。这一数据说明受众对各平台媒体数据道德和数据责任的需求正在持续增加（如图4）。

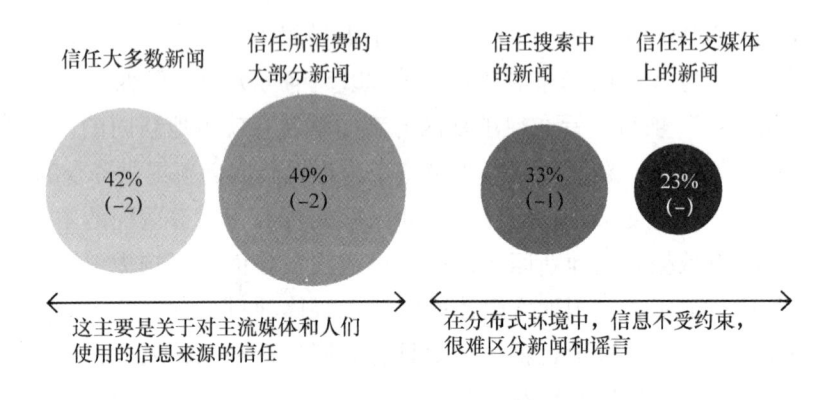

图4 受众对媒体的信任和关注度

注：问题：请说明你同意以下声明的程度：你认为你可以相信大多数新闻/我消费的大部分新闻/在社交媒体上的新闻/搜索中的新闻。基数：所有市场的总样本为75749。

资料来源：路透社《2019年数字新闻报告》。

2019年数据领域最大的变化之一是"第三方cookie的消亡"。[①] 近10年来，第三方cookie一直处于数字广告经济的中心，平台将媒体的数据打包出售给广告商。随着GDPR在2018年的引入和消费者数据权利意识的增强，多个浏览器现在正迫使第三方cookie退出，让媒体重新掌握了绝对权力。苹果公司在WWDC大会上发布了一个新工具来阻止第三方广告追踪器。2020年9月，Firefox表示，他们正在重新租赁一项增强的跟踪保护功能，该功能将在默认情况下阻止浏览器上用户的所有第三方cookie。谷歌浏览器在最新的Chrome 78 Canary版本中测试了一个第三方cookie拦截器。这种隐私驱动的反追踪运动已经对媒体收入产生了影响。失去第三方

---

① "Media Moments 2019：Report Download"，2020，SOVRN，https：//www.sovrn.com/media-moments-2019/.

定位的情况下，媒体将会失去较大份额的程序化广告收入。为抵抗浏览器该举措的影响以及手机第一方数据，各大媒体纷纷转向注册墙，用户需要一个电子邮件地址才能访问文章。对于采用订阅策略的媒体来说，注册墙能使转化率有效提高 10 倍，注册墙也使他们能够准确地看到他们的用户是谁，并减少了对第三方 cookie 的依赖。最后，它能与读者建立直接联系，为建立读者收入打下坚实的基础。

为了挽救陷入危机的平台形象，各平台媒体一方面接受政府监管，引入人工事实审查机制，进行用户平台内容审核和删除工作，另一方面升级平台算法、引入基于 AI 的扫描监测技术，清除违规内容，化解信任危机，挽留平台用户。YouTube 的最新透明度报告显示，它在 2019 年 10—12 月删除了 580 万个视频，其中有近 530 万个视频为算法自动标记删除。在同一时间范围内，还删除了略超过 200 万个频道。这份报告还首次发布了关于视频申诉的信息，显示了互联网巨头如何试图与创作者更加透明。2019 年，Facebook 致力于社交产品转型，建立私人化通信平台，从公开分享信息的 Facebook 平台模式，转向 Messenger 和 WhatsApp 为代表的私密性移动聊天模式，而且 Facebook 正在考虑扩大信息加密的措施，这一举措可以减少消费者个人公布信息，降低隐私泄露风险。过去十余年间，Facebook 建构的"数字化的公开广场"试图打造成世界型的社交图谱，如今，重回小型群组的"客厅空间"。信息对冲机制也在逐步建立。第三方新闻核实机构《华盛顿邮报》Fact Checker 栏目、PolitiFact 网站和 Storyful 网站等在网络空间发挥着信息勘察、新闻打假的功能。

如图 5 所示对新闻媒体的信任越来越多地与对政治的信任程度联系在一起。如果对政治机构的信任下降，那么对新闻媒体的信任就随之下降。而如果政治局势变得更加两极分化，即使是最好的新闻报道也可能被视为偏见。部落化的公众对不迎合自身信仰偏见的媒体充满怀疑，而政客与媒体之间的冲突使得媒体在公众信任危机的地狱中滑翔。新闻回避成为一个现实问题。2019 年 10 月底，Twitter 率先宣布在全球范围内禁止政治广告。这一立场受到了大家的一致认可。社交媒体上政治广告的春天已经过去，取而代之的是平台对其严格的监管与治理。Jack Dorsey 在自己的 Twitter 上表示："我们已决定在全球停止所有在 Twitter 上的政治广告。我们认为政治信息是赢来的，而不是买来的。"政治广告利用社交平台的广告营销事业进行政治活动，展示政治主张，腐蚀媒体作为社会工器的功能。政治上的两极化助长了网上党派议程的增长，再加上"点击诱饵"和各种形式的虚假信息，正进一步破坏人们对媒体的信任，并对如何在数字时代提供平衡、公平的报道提出了新问题。① 2020 年，世界各地大选年的到来，错误信息和虚假信息提供者必将尝试用新策略压倒平台防御的又一次机会。随着世界各地更多的政客拿起唐纳德·特朗普的媒体剧本，这些困境在未来

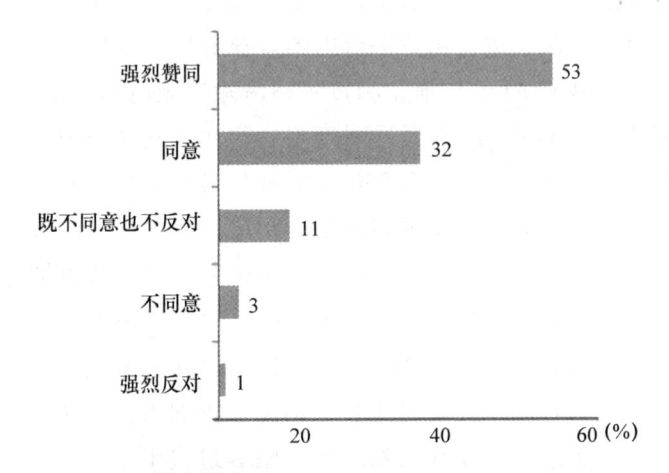

**图 5　新闻媒体应该做更多的工作来呼吁政客的误导性
言论和半真半假的事实**

注：问题：你在多大程度上同意以下说法：新闻媒体应该做更多的工作来呼吁政客的误导性言论和半真半假的事实；基数：所有市场的总样本为 223。

资料来源：Nic Newman, "Journalism, Media, and Technology Trends and Predictions 2020", 2020, Reuters Institute, https：//www.digitalnewsreport.org/publications/2020/journalism-media-and-technology-trends-and-predictions-2020/.

一年将变得更加尖锐。公平透明的媒体是健康运转的民主的一个绝对重要的组成部分。平台媒体应在其中保持新闻立场，坚持事实核查与真相核查，探索诚实政治的内容，有序讨论政治的有效性与政策的发展变化，提高受众的政治参与度与信任度。

---

① "Digital News Report 2019", 2020, Reuters Institute, https：//www.digitalnewsreport.org/survey/2019/.

Western Smart Media Development Report

He Huan

Abstract: In 2019, the intelligent development of Western media showed many characteristics. The fragmentation of information has given birth to "news avoidance" and "news overload". Users called for Slow News to return. And the media focused on high-quality content production. The business model and profit model of the media continued to innovate. The subscription economy represented by paywalls developed steadily, and the diversification of revenue continued to expand. On the one hand, artificial intelligence empowered news production. Intelligent voice and video services developed rapidly, changing the news dissemination ecology. And on the other hand, controversies such as algorithmic bias and news ethics still existed. Western media reshaped the media landscape by mergers and acquisitions. They also worked with governments and non-profit organizations to save the "news desert" phenomenon. Restoring public trust was still an important task for the media. Platforms and media used various methods to rebuild platform trust mechanisms and purify the media ecosystem.

Key words: Subscription economy, Media ecology, Trust rebuilding, Content production

参考文献

《AR＋滤镜＋社交？instagram 的游戏野心要如何填满》，2020 年 6 月 15 日，全媒派微信公众号，https：//mp.weixin.qq.com/s/44YiNS pqTM-LqWRLwh8lq1g。

Damian Radcliffe,"5 Digital Subscription Trends for Publishers, in Charts", Feb. 21, 2020, https：//whatsnewinpublishing. com/5-digital-subscription-trends-for-publishers-in-charts/.

"Digital News Report 2019", 2020, Reuters Institute, https：//www. digitalnewsreport. org/survey/2019/.

"Facebook Enters the News Desert Battle, Trying to Find Enough Local News for Its Today In Feature", Mar. 18, 2019, Christine Schmidt, https：//www. niemanlab. org/2019/03/facebook-enters-the-news-desert-battle-trying-to-find-enough-local-news-for-its-today-in-feature/? relatedstory.

FaisalKalim,"How Publishers are Growing their Audience on TikTok, the App with Over Half a Billion Users", Oct. 11, 2019, https：//whatsnewinpublishing. com/how-publishers-are-growing-their-audience-on-tiktok-the-app-with-over-half-a-billion-users/.

JessicaDavies,"The Financial Times is Rolling Out Subscriber-Only Podcasts", Oct. 28, 2019, https：//digiday. com/? p=350704.

"Media Moments 2019：Report Download", 2020, SOVRN, https：//www. sovrn. com/media-moments-2019/.

Nic Newman,"Journalism, Media, and Technology Trends and Predictions 2020", 2020, Reuters Institute, https：//www. digitalnewsreport. org/publications/2020/journalism-media-and-technology-trends-and-predictions-2020/.

《从"错失的恐惧"到"错过的快乐",泰晤士报、纽约时报正在放慢新闻的脚步丨德外视窗》,2019年10月11日,德外5号微信公众号,https：//mp. weixin. qq. com/s/FESSZN9wFHrGs 8AimzxrWQ。

《没有当地媒体 六成以上巴西城市成为"新闻荒漠"》,2019年12月13日,中国新闻网,http：//www. chinanews. com/gj/2019/12－13/9033 197. shtml。

《全媒派丨流媒体平台瞄准实体电影院,合作背后藏着多少野心?》,2020年6月19日,腾讯网,https：//new. qq. com/omn/20200619/20200619A033YB00. html。

史安斌、戴润韬：《智媒时代重振地方新闻：路径与模式》,《青年记者》

2020年第4期。

《研究称数字时代美国人仍爱电视新闻平面媒体式微》，2018年12月4日，中国新闻网，https：//baijiahao.baidu.com/s？id＝1618885054033316842&wfr＝spider&for＝pc。